本报告得到

国家重点文物保护专项补助资金资助

南宫后底阁

（上册）

河北省文物研究所
邢台市文物管理处　编著
南宫市文物保管所

张春长　　魏曙光　主编
李恩玮　　张　明

文物出版社

图书在版编目（CIP）数据

南宫后底阁／河北省文物研究所，邢台市文物管理
处，南宫市文物保管所编著．—北京：文物出版社，
2019.10

ISBN 978 - 7 - 5010 - 6203 - 4

Ⅰ.①南… Ⅱ.①河… ②邢… ③南… Ⅲ.①佛教—
寺庙—文化遗址—考古发掘—南宫 Ⅳ.①K878.65

中国版本图书馆 CIP 数据核字（2019）第 138291 号

南宫后底阁

编　　著：河北省文物研究所　邢台市文物管理处　南宫市文物保管所
主　　编：张春长　魏曙光　李恩玮　张　明

责任编辑：窦旭耀
封面设计：程星涛
责任印制：张　丽

出版发行：文物出版社
社　　址：北京市东直门内北小街 2 号楼
邮　　编：100007
网　　址：http：//www.wenwu.com
邮　　箱：web@ wenwu.com
经　　销：新华书店
印　　刷：北京京都六环印刷厂
开　　本：889mm×1194mm　1/16
印　　张：40
版　　次：2019 年 10 月第 1 版
印　　次：2019 年 10 月第 1 次印刷
书　　号：ISBN 978 - 7 - 5010 - 6203 - 4
定　　价：880.00 元（全二册）

序

2006 年，围绕 279 件造像的惊现、私挖、抢救、归属，一连串风波跌宕起伏，熬磨得考古队员们哭笑不得。发掘落停，而修行才刚刚开始。

南宫市后底阁遗址的佛寺和造像，历经东魏、北齐、隋唐。最先打动我们的是唐佛的一袭风韵。人们最爱说起佛陀肃穆而神秘的微笑。而这种感受，我们却没有。从佛的眉眼之中飘散开来的是熟悉的生活味道。

人即是佛，佛亦为人。一尊尊佛，仿佛就是比邻而居的众乡亲。佛面多样，善为核心。超乎年龄、性别、长相的淡静、悠闲、成熟，毫无违和，似乎隐隐可以闻到人间烟火气息，示化着佛的境界并非遥不可及。当年祈求命运改变的善男信女，哪能抵挡这种诱惑。

佛教是一种信仰，造像是一种崇拜。但于我们只是一种学说和一种艺术。这批造像反映了工匠们对佛的理解和所达到的艺术高度。对美的思索产生一种力量，诱惑我们着魔一般致力于整理工作，恨不得三两天就把发掘成果呈现给大家。修复、保护、观察、照相、测量，穷尽目力所及的每个细节。业余加班、疲惫不堪的同伴，眼光中满是相惜却无一丝埋怨。我们制订了饱含理想的计划，却忽略了它的宏大需要怎样的支撑。精拍数万影像突出了椎间盘，反复校对图文加深了老花眼。

时间对我们是吝啬的。南水北调保护项目林村墓群、常山郡南城墓地、十里高遗址等文物保护，接着田庄大墓、大广高速下博遗址、大名府故城等项目发掘和《元中都》出版，一系列任务无法躲避，造像整理工作在"开始—搁浅—再开始"中反反复复。奉献之心化解着情绪抵触。多少次熬到旭日东升。幸运女神在 2014 年似乎走近了，邢台市因新建博物馆，着力推动域内发掘资料整理。盼望着能留出几月整块时间给造像整理画个句号，而一个盗掘事件又把我们拉到故郡遗址抢救现场。

重压下的无奈和焦躁，被认为不可理喻。好在恩玮、曙光、张明等戮力同心，推动整理一直前行。那个屡屡为我疏导心塞的人，独自撑起了轻易回不了的家，让几近崩溃的我挺过十二个春秋。终于看到了书稿，这是大家共同努力的结晶。当然还不能忘记大量技术性工作得到了多方无私支持。无力拽住精力衰颓和理想瘦身，好在这项任务总算有了一个交待，也聊以长舒一口滞气。

这批造像集宗教、艺术、历史价值于一体。丰赡信息，契合考古的职业修养，精湛技艺也感染了淳朴心境。从未想过与信众眼中法力超常的佛搭上缘份，却在不经意间邂逅了。当然这次佛缘，只限于对这些造像的发掘、保护和解读。

　　造像质地有白石、青石和素烧陶瓷，属于供奉在家庭佛龛上或寺庙里的小型单独成件的佛教造像，跨越古代佛教造像艺术发展的两个高潮期：魏晋南北朝和隋唐。其中汉白玉造像尤为传神，定州系特色突出，时代特征鲜明，平民造像倾向明显。北朝佛像，中国审美取向的削瘦清秀，脱胎于犍陀罗艺术的高鼻通额、薄唇，菩萨全为秀美女身，随时代前进表现出衣纹质量感、重量感的衰减。工艺精湛的唐代造像最具感染力，尽显浪漫主义与现实主义结合下人格化、世俗化、个性化的独特风貌，刻画准确，比例适度，浪漫夸张，生动活泼，丰腴雍容，精致完美。

　　深厚造诣缘于功夫积淀。雕刻运刀，行云流水；绘画走笔，一气呵成。写实的肌体，协调的比例，灌注其中的匠心和虔诚，生化出益溢穿透力和活化力的磁波，遇逢凝视的目光和摩挲的指尖，一下子便把美感和慈慧融入心灵。

　　探究意义引发哲学思索。这批造像勾勒出两个高潮期造像形态的演化轨迹。从背屏多尊流行、厚衣缛纹、高鼻通额、磨光肉髻独领风骚，到圆雕和龛式出现、薄衣贴体、女身菩萨、涡卷与螺发并举，清晰地映现了犍陀罗、笈多艺术与本土文化的依次消长与融汇，体现了中国文化的包容性和融合力。

　　生发在印度、传到中国的佛教及造像，二千年不断产生着变化。佛教诸神众多，造型和衣纹无疑带着程式化，但它因应朝代更迭和政治经济文化的变化而渐渐显现不同风貌，表情更是社会情感的映现。不同取向使造像风格的时代演化十分明显，却又不似朝代更迭那样昨非今是。文化惯性让这种变化温和而迟滞，因而造像分期无法以国号诏布之刻作为节点。这批造像与佛教初入中国之时已经有了巨大差别。在东魏和隋唐又有了怎样的差异？后底阁造像提供了一个观察窗口。对无纪年造像，定时代风格易而定绝对年代难，几十件铭文佛像恰恰提供了精确标尺。

　　人生哲学是佛教最初的原旨，传入中国注入了实用理性精神，中华文化以其特殊的包容性和融合能力对其改造、消化、吸收。觉悟成佛的释迦牟尼，曾规定比丘不许画像。后来神化，数百年流变中产生的造像，使佛教进入了发展的全新时代。艺术与佛教结合，推动了普及和发展，产生了巨大影响力和感召力。佛教从人生哲学到与艺术糅合具象化的偶像崇拜，崇佛浪潮席卷和"三武一宗"法难的交替，引起深深的哲学思考，成为创意的触媒，留下智慧的启迪。

　　深入研究带出新的课题。武定五年青州刺史造像及仪凤三年前潞州屯留县主簿造像，说明其可能辐射山东青州及山西长治。

　　有文献和石雕铭文可证，曲阳石料和雕刻技术曾远输陕鲁。曲阳出产白石，有悠久的雕刻传统，北魏以来有着连续的造像传承。若说同处河冀、更加近便的后底阁造像来自曲阳，再自然不过。而这一认识随着邺城北吴庄的新发现，出现了波澜。

　　不断刷新认知正是考古的魅力。从时间考察，后底阁埋藏时间与北吴庄造像有相同的规律。其佛寺的兴起与东魏的建立应密切相关，脱不开东魏北齐之都邺城的辐射。发掘者认为北吴庄佛像石料来源于安阳。后底阁与曲阳和邺城直线距离相当，关于它的佛像产地给出一个南辕北辙的寻找方向。

　　寺像隳废之因，最晚刻铭天宝七载，造像经过有意识的挖坑掩埋，似乎指向唐武宗"会昌法难"。那次看似烈度不强的毁佛，竟使佛教衰败千年。可是，细思这又与《入唐求法巡礼行纪》中河朔三镇无视敕令而"佛法之事一切不动"的记载抵牾。综析后底阁、修德寺、寨西店、北吴庄等河北多地埋藏坑出土的造像，有个共同规律，隐隐昭示武周之后玄宗时代造像明显衰落，其戛然而止的时间定格在天宝年间，正是大唐没落的拐点，而距"会昌法难"尚有百年。这座埋藏坑是否中唐某次变故后的瘗埋之举？"安史之乱"扮演了什么角色？深刻的社会背景需要深挖。

另外，素烧陶瓷造像，可以在内丘邢窑找到成堆同类，开示了商品化现象和流通路线。而"武城"铭文为寻找这一古县旧治提供了线索。还发现全国罕见的现象，比如像座莲瓣雕有花萼。独特之处，不一而足。

整理是唯物客观的，而哲学思考、唯心感觉却最为动人，这不是无我境界的宣教，而是一种凡间感悟。我们也是局外旁观者，希望以先睹为快的向导身份，为您的判断提供导览，而非左右您的思想。

张春长

2019 年 7 月 2 日于故郡

凡　例

一、本报告主体内容分为三章，并有结语叙述初步研究成果，书后附录检测报告和统计表。

二、造像按形制分类叙述，每类一般均按编号升序排列。造像文字描述，凡涉及左右方位者，以像身的生理属性为准。

三、造像线图尽可能多的表现各个侧面。排列一般按照"右侧—正面—左侧—背面"的次序，必要时增加俯视和底面。残破严重者表现特征相对明显的两个面。

四、遗迹和造像编号，采用发掘时的正式编号。多块拼合的造像，优先选择其中性质明确者。编号原则：采用一般通行的编号方式，即："发掘年号 - 南宫市 - 后底阁村 - 遗迹单位：遗物序号"。其中关键词选取首个汉语拼音字母作为代表，遗迹单位后加阿拉伯数字表示编号次序，如"101 号探方""2 号灰坑或埋藏坑""1 号沟"，分别编号为"T101""H2""G1"。地层以圆圈序号表示。遗物序号以阿拉伯数字表示。如 2006 年南宫后底阁遗址 202 号探方第④层出土的第 18 号遗物，编号为 2006NHT202④：18。编号前缀"2006NH"在插图和图版目录以及正文行文中均作简化省略处理，即"2006NHT202④：18""2006NHG1：×××""2006NHG2：×××""2006NHH16：×××"，均直接简写成"T202④：18""G1：×××""G2：×××"和"H16：×××"等。南宫后底阁遗址采集品，编号统一采用"2006NHC：×××"，并在正文中简写为"C：×××"。

五、造像题记录文采用简写字体，除了极个别造像铭文因石面损坏而无法拓清字体者，均在图版中附有拓片，以便读者对繁体字、异体字、简笔字和错别字等进行核对。

六、结语中附有《表一 后底阁造像体量、材质统计表》《表二 后底阁造像形制统计表》《表三 后底阁造像内容统计表》《表四 后底阁造像时代统计表》《表五 后底阁造像题记统计表》。

七、附录有：《后底阁造像颜料成分检测报告》《后底阁造像成分分析检测报告》《后底阁造像统计表》。

目　录

插图目录

图版目录

第一章　概况

一　地理环境

南宫市位于河北省东南部，冀、鲁两省交界处，坐标为东经115°08′—115°45′，北纬37°05′—37°27′，属邢台市管辖。地处冀南平原区，属黑龙港地区西南边缘。西控太行，东接漳卫平原，地势由东南向西北倾斜。市域为东南—西北斜带状。从西北向东南长约60公里，从西南向西北宽约20公里，总面积863平方公里①。其南与威县、广宗县相连，西与巨鹿县接壤，北和新河县、冀州市、枣强县毗邻，东南隔清凉江与故城县、清河县相望。平均海拔在27.2—30.1米之间。由于黄、漳二水多次泛滥改道，局部地区形成一些洼地、道沟、坑塘等微地貌。属暖温带大陆性季风气候，年均气温13.7℃，1月份平均气温－2.5℃，7月份平均气温27.2℃，年降水量498毫米，年无霜期约200天。全境共有大小河渠27条，总长367公里。河流均为季节性泄洪河，主要河流东部有清凉江（卫运河支流，境内长25公里，宽128米），中有索泸河（境内长20公里，宽8.5米），西有西沙河（小漳河故道，境内长17公里）②。辖6镇、5乡、4个街道办事处、1个省级经济开发、1个邢台市级经济开发区，464个行政村，总人口50万③。

后底阁遗址位于南宫市东南29公里，隶属紫冢镇，东距京九铁路2公里，距卫运河20公里。地理位置属于河北平原的一部分，是古黄河水系的冲积平原。遗址所在区域属华北平原黑龙港流域，位于清凉江以北、索泸河以东的黄河、清河、漳河故道带上。遗址范围跨越包括后底阁村在内的四个自然村，东临京九线（图一）。

二　历史沿革

《元和郡县志》记载，南宫在《禹贡》中属冀州之域，春秋时期属于晋国，战国时期属于三家分晋后的赵国，秦在此置巨鹿郡，汉代分巨鹿郡，立信都国。

《汉书》载，西汉时，南宫县属于信都国（《后汉书》记载高帝立信都），隶属于冀州。景帝二年（前155年），信都国改为广川国，四年（前153年）又变更为信都郡，随后又改为广川国，宣帝甘露三年（前51年）重新为信都国。南宫县，王莽时名为序下，明帝时更名为乐成，安帝时改为

① 河北省南宫市地名委员会办公室：《南宫地名志》，河北科学技术出版社，1989年。
② 河北省地名办公室：《河北省地名志·邢台分册》第38—41页，1988年（内部资料）。
③ 南宫市人民政府（网站）：《走进南宫·南宫概况》。

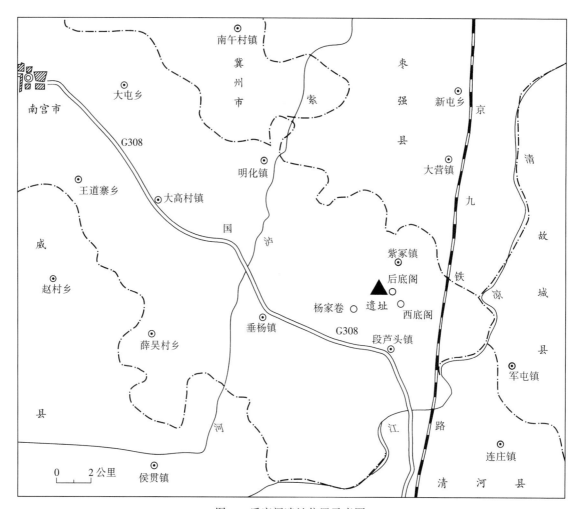

图一 后底阁遗址位置示意图

安平。

《天平寰宇记》记载，东汉时，光武帝刘秀将信都改为长安国，永平十五年（72 年）更名为乐成国，延光元年（122 年）又更名为安平国，中平元年（184 年）安平国撤销，由冀州治理（《大清一统志》记载，三国和曹魏时，南宫隶属于冀州）。晋太始元年（265 年），设立安平国，太康又更名为长乐国（《大清一统志》记载太康五年改为长乐国）。北魏时期，立为长乐郡（《魏书》记载，天平真君二年，经县并入南宫县，后重新复属原处）。北齐与后周均遵循北魏制度设长乐郡，北齐天保七年（556 年）南宫县撤销。隋开皇三年（583 年），长乐郡被废除，隋开皇六年（586 年），南宫县重新设立，隋炀帝时设立信都郡（《元和郡县志》载，大业三年重新设立信都郡）。唐武德四年（621 年），设冀州管辖（《旧唐书》载，武德四年设立宗州，统领南宫，武德九年废宗州，贞观元年南宫重新隶属于冀州）。《旧唐书》载，武德六年（623 年）设总管府，冀州治理下博，贞观元年（627 年）重新治理信都郡，总管府撤销，唐龙朔二年（662 年）改冀州为魏州，咸亨三年（672 年）又重新改为冀州。天宝元年（742 年）改为信都郡，乾元元年（758 年）复为冀州（《大清一统志》记载，隶属于河北道，五代遵循此制度）。

《宋史》载，宋庆历八年（1048 年）升信都郡为武安军节度（《大清一统志》记载，隶属于河北东路，金遵循此制度）。皇祐四年（1052 年），升新河镇为县，废除南宫县，皇祐六年（1054 年），将新河降为镇入南宫县。

《元史》记载，元仍为冀州，领南宫（《大清一统志》记载，元代时，冀州隶属真定路）。

《明史》记载，洪武二年（1369 年），以冀州治理南宫，南宫故城在县西北，成化十六年（1480 年）迁于今。

《大清一统志》记载，明洪武六年（1373 年）隶属真定府。清雍正二年（1724 年）升为直隶州。

南宫的寺院遗址、石雕遗存甚多。《南宫县志》记载的寺院有普彤塔、兴福寺、定觉寺、报恩寺、兴福石佛寺、洪济寺、镇觉寺、重兴寺、普明寺等①。

三 工作概况

2006 年 4 月，南宫市紫冢镇后底阁村村民取土发现石造像 70 余块，河北省文物研究所派员进行调查并向省文物局提交调查报告。按照省局的指示，省文物研究所会同邢台市及南宫市文物部门组成联合考古队，自 4 月 29 日至 12 月 29 日先后分两个阶段对后底阁遗址进行了勘查与发掘。省文物局领导对此次工作高度关注并给予大力支持，7 月 13 日张立方局长召开专门会议听取汇报，并做出重要指示。7 月 14 日，省文物局谢飞副局长亲赴现场指导工作，并召开有省、市、县、镇人员参加的现场办公会，明确了工作思路。会后形成了《南宫市后底阁遗址、小关村遗址抢救性勘探发掘及相关问题现场办公会会议纪要》。

考古队首先展开大范围的区域性调查，通过对沟渠所暴露的地层的观察，对遗址有了初步的认识。遗址内主要有三处现代取土坑。第一处即发掘区所在的取土坑，坑西侧剖面上暴露的地层较厚，含有较多砖瓦残片，与遗址发掘的地层情况相似，多为碎片，并且地层土质颗粒较小，也比较疏松，似经过二次搬运。第二处位于后底阁村东侧，现作为皮毛厂的排水沟，沟中有大量的砖瓦残片，有许多相当完整的素面砖、筒瓦及板瓦。还发现一处砖砌水井。第三处位于杨家卷南侧，正好处于遗址边缘，地层不甚丰富，日用陶器碎片占比例较大，地层土质较硬。另外在遗址外围发现两处墓葬区：一处位于西底阁村南，处于遗址南缘，在长约 150、宽约 10 米的工厂排水渠内，暴露已经破坏的墓葬十余座，均为砖室墓。在渠中采集陶器多件，器型有罐、壶、耳杯等，并有少量瓷器残件。另一处位于遗址北侧，在贾家屯村东，有面积较大的土坑，在坑边缘暴露出多处砖室墓，均遭严重破坏。从这两处墓葬区域来看，墓葬分布相当密集。墓葬上有一层文化层，土质土色与遗址相似，只是比较纯净。这些墓葬应当和遗址时代相当，并有密切关系。

为了更加准确地了解遗址的范围和内涵，以出土石造像的地点为中心，向周围进行钻探。先按十字法布孔，然后以十字为坐标分为四个象限进行钻探。使用 6 米长的铁套杆，采用梅花式布孔，由于文化层距地表深度达到 3—4 米，加上有较厚的淤积胶泥层，土性很黏，提取土样非常困难，打一个探孔需要两三个人配合，工作难度很大。总计勘探面积 120 万平方米，遗址跨越后底阁、西底阁、

---

① 黄容惠修、贾恩绂纂：《南宫县志》卷二《疆域志·古迹篇》第 55—58 页，1976 年据 1936 年刊本影印，成文出版社有限公司印行。

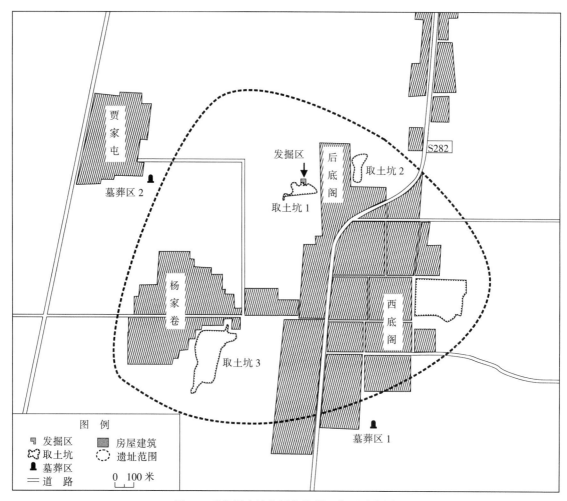

图二　后底阁遗址范围和发掘区位置示意图

杨家卷及贾家屯4个自然村。遗址跨度东西1428、南北1542米。文化层厚度大多在0.2—0.5米之间，部分厚的地方可达1米，可能为遗迹，距地表深3—4米（图二）。

后底阁遗址的抢救性勘查发掘工作，由张春长担任领队，工作分为两个阶段。第一阶段：2006年4月29日至11月13日。梁亮为执行领队，参加人员有省文物研究所张国平、王永亮、李建民，邢台市文管处王晓辉，南宫市文保所张兴岭、周国勋等。完成了对遗址范围的勘探和出土石造像地点的重点性抢救性发掘。第二阶段：2006年11月14日至12月29日。魏曙光为执行领队，参加人员有省文物研究所张国平、王忠刚、王永亮、田有明，邢台市文管处王晓辉及南宫市文保所周国勋等。对出土石造像的附近区域进行补充发掘，对遗址范围、相关遗迹、墓葬区域进一步勘查，并进行数字化测量。

通过勘查基本搞清了遗址的规模和分布范围。遗址分布面积达220万平方米，文化层厚度为0.5米，文化性质单一，遗址所暴露的地方都有大量的砖瓦残块，遗址不同区域的内涵略有差别。遗址西北、东南两个边缘分布有墓葬区，说明该遗址可能不是一般的村落，很有可能是一处规划明确的城镇遗址。抢救发掘的地点出土大量精美石造像，并有部分建筑残迹，如发现有白灰墙皮，部分墙皮还残存红色彩绘，出土大量的建筑构件，含有较大的鸱吻，地层及埋藏坑内有大量的石造像残块，基本可以认定这是一处寺庙遗址。另外从遗址中出土的建筑构件和瓷片，特别是莲花瓦当，初步推断佛寺遗址年代应该在唐代。另外遗址所出土的石造像为有意砸毁并掩埋，并且佛寺本体也被同时毁坏，地面建筑被破坏殆尽，两条深沟并非仅仅作为填埋拆毁的建筑构件之用，还有破坏地基之嫌疑。

后底阁遗址抢救性考古勘查发掘最显著的成果就是二百多件精美汉白玉石造像的发现，这是河北省继 20 世纪 50 年代曲阳县修德寺之后佛教考古的又一重大发现，对推动佛教考古研究的深入具有重要意义。

第二章　地层与遗存

　　发掘区位于后底阁村西，在一个取土坑的北侧，原属于村民打谷场，处于遗址区的西北隅（图版一，1、2）。村民取土发现的石造像位于取土坑北壁。第一阶段发掘工作是 2006 年 4 月 29 日至 11 月 13 日，对被破坏的遗迹进行清理，然后对其周围进行抢救性发掘，发掘 5 米×5 米探方 13 个，发掘面积为 325 平方米。共发现遗迹 17 处，其中灰坑 15 座，埋藏石造像的窖穴 1 座（H16），砖铺地面 1 处。共出土汉白玉石造像残块 324 块，对遗址的内涵有了初步的认识。第二阶段发掘工作是 2006 年 11 月 14 日至 12 月 29 日。发掘 5 米×5 米的探方 3 个，10 米×3 米的探沟 1 条，共发掘 105 平方米。探沟从 T301 和 T302 向南外扩，占据 T401 和 T402 的北部，均已破坏至生土层，G1 南边已不存。完整揭露两条较大的灰沟和一个小型灰坑，出土白、红陶及汉白玉石造像残块 30 余件。灰沟中出土大量的建筑构件，有条砖、筒瓦、板瓦、瓦当、铺地砖以及鸱吻残件，并在填土中发现许多白灰墙皮，部分残存有红色彩绘。在灰沟边发现一处砖砌地面（图三；图版二，1、2）。

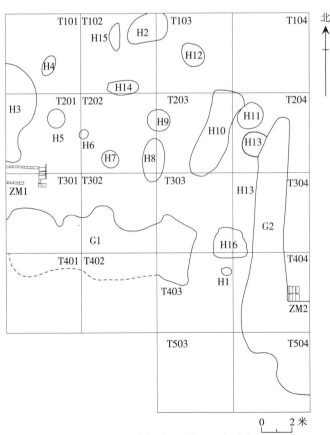

图三　后底阁遗址发掘区平面图

一　地层

遗址的地层堆积共五层，以 T301 北壁为例介绍如下（图版三，1）。

第①层，耕土层，厚 0.1—0.2 米。在发掘区内该层已经被破坏。

第②层，冲积层，厚 1.3—2 米，土质松软，为沙性土，有明显的分层现象，为历年多次淤积形成，包含少量植物根系，内含纯净，不见文化遗物。遍布全方，基本呈水平状分布。

第③层，红胶泥土，厚 0.3—0.5 米，呈红褐色，土质黏硬，包含水锈，纯净。呈水平状分布，遍布全方。

第④层，文化层，呈浅灰色细砂土，厚 0.4—0.5 米，土质松软，颗粒较小，为粉砂土。地层中含有大量的砖瓦碎片，并有少量的陶瓷残片以及汉白玉、白陶、红陶、青石质佛造像残片，并经常伴出铁锈块。所有遗迹均开口于④层下。

第⑤层，生土层，红胶泥土。

二　主要遗迹

H16　位于探方 T303 第 4 层下，打破生土。平面略呈不规则长方形，竖直壁，平底略有起伏，开口东西长 2.1、南北宽 1.9、深 1 米。填土呈灰褐色，开口 0.15 米以下填埋大量造像残块，并有少量的筒、板瓦残片。出土遗物主要发现于 H16，应为掩埋佛像的埋藏坑（图四；图版三，2；图版四）。

G2　纵穿 T204、T304、T404 与 T504 四个探方。呈南北向。平面为长条形，南部向东延伸至发掘区外侧，壁面略呈缓坡状，底部南高北低，不平整，有多处凹坑。南北长 17.5、宽 0.62—3.93、深 0.42—2.1、底宽 0.62—1.94 米。填土为深灰色粉砂土，质地疏松，内含大量草木灰、少许炭屑和石灰墙皮碎块。出土遗物中的建筑构件以素面砖块为主，素面板、筒瓦次之，绳纹板瓦、筒瓦碎块少许，还有鸱吻残片等。还出有陶器残片，以泥质灰陶为主，泥质红陶次之。瓷片有黑釉、黄釉、白釉等，均为素面。可辨器型有盆、罐、碗等。在沟东侧局部残留铺砌地面的青砖（图五；图版五，1）。

其他灰坑皆为浅坑或为地面随意浅挖形成，形状不规则，遗物少见，时代与文化层堆积一致，因而未

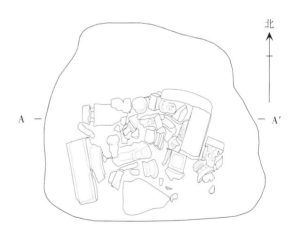

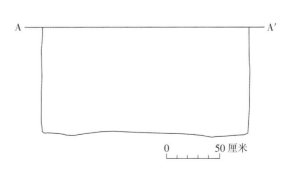

0　　　　50 厘米

图四　H16 平剖面图

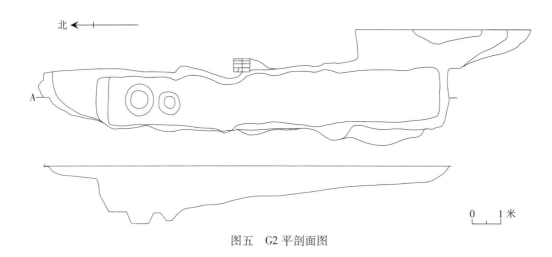

图五　G2 平剖面图

做详细介绍。村民私挖造像,多与发掘 H16 埋藏坑出土造像可以拼合,因而为同一时间、同一性质的遗存,在描述中编号统一归入 H16。另外 G1 南部被破坏,西部不到边,两处砖砌地面(ZM1 和 ZM2)残存很少,形状不完整,不再详述(图版五,2、3、4)。

三　出土遗物

1. 佛教造像。

出土造像共 279 件。按材质可分为:汉白玉造像 224 件,青石质造像 18 件,陶质造像 37 件。按造像形制可分为:背屏式造像 68 件,龛式造像 13 件,单体圆雕造像 170 件,造像残块 28 件。出土带铭文造像 42 件,纪年时代包括东魏、北齐、唐三个时期。详见第三章。

2. 生活容器。

(1)陶器。生活容器多残片,可辨器型主要是盆、罐等。

盆 1 件(T304④:1),泥质红陶,侈口,宽卷沿,沿面一周凹弦纹,圆唇,斜直腹。口径 79、残高 28 厘米(图六,1)。

罐 1 件(T304④:2),泥质灰陶,上部残失,鼓腹,平底。腹径 60、底径 35、残高 36 厘米(图六,2)。

(2)瓷器。瓷器主要有白釉、青釉、黑釉以及黄釉,器类主要有碗、罐、酒盅等。无可复原器物。

黑釉碗(T204④:1),残底部,胎体较白。平底,底心残存三枚圆形支钉痕。外壁底腹交接处略方折。圈足壁外斜。圈足底面平整,边缘向内抹。内外施釉,外施釉不及底,圈足底部有流釉。残高 1.9、圈足底径 9.3 厘米(图六,24)。

青瓷碗(T204④:2),残存下半部,灰胎,较厚,外壁露胎呈褐色。内外腹壁弧曲,底部略平,饼形足,足与底交接处略呈尖角。外施半釉,釉色青黄,气泡明显,内壁施薄釉,釉色青灰,积釉处呈青黄色。残高 4.1 厘米(图六,25)。

青瓷碗(T304④:7),残存圈足处,灰白厚胎,碗底略内凹,圈足外壁竖直,底部内凹。碗底可见青黄釉。残高 2.2、圈足直径 6.3 厘米(图六,26)。

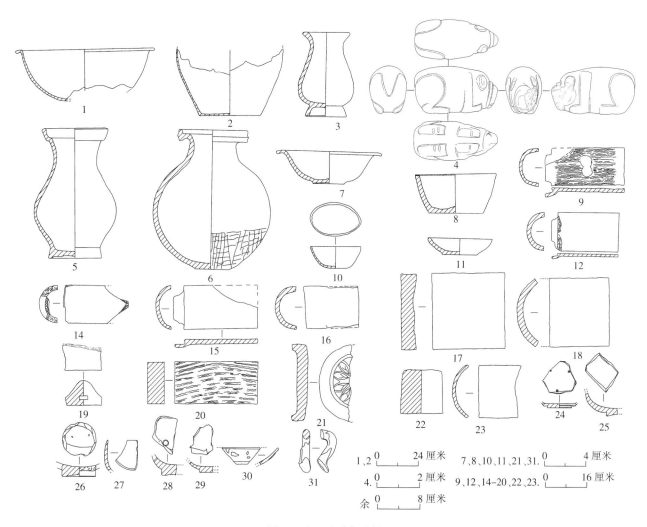

图六　出土及采集遗物

1. 陶盆（T304④：1）　2、6. 陶罐（T304④：2；C：1）　3、5. 陶壶（C：3、2）　4. 石猪（T302④：1）　7、8、11. 陶盘（C：5、4、6）　9、12、14—16. 筒瓦（T101④：1、2；G1：27；T304④：6；G1：26）　10. 陶耳杯（C：7）　17. 方砖（G1：32）　18、23. 板瓦（T101④：3；G1：21）　19. 陶建筑构件（G1：30）　20. 条砖（T103④：3）　21. 瓦当（T203④：2）　22. 石柱（G1：20）　24—31. 瓷器（T204④：1、2；T304④：7；T303④：1；T404④：1；T504④：2；G2：33；T504④：4）

青瓷碗（T404④：1），残存底部，灰白厚胎，碗底略平，可见一枚圆形支钉痕，圈足外壁竖直，底部略内凹。碗底可见青绿釉。残高3.8厘米（图六，28）。

黄釉碗（T303④：1），残存口部，胎略泛红，口部微敛，弧腹近直，外施半釉，裸胎处呈酱紫色。残高6.8厘米（图六，27）。

白釉盏（G2：33），残存口部，胎较白，敞口，圆唇，浅腹，外施化装土半釉，釉色乳白，局部釉层脱落。残高3厘米（图六，30）。

白釉碗（T504④：2），残存底部，胎略黄，玉壁底，矮平。施白釉，釉色灰白。残高2.5厘米（图六，29）。

白釉錾手（T504④：4），弧曲形，截面椭圆形。残高3.9厘米（图六，31）。

3. 建筑构件。主要有砖、瓦、瓦当和鸱吻等。

（1）瓦主要是筒瓦，有素面和绳纹两种。

绳纹筒瓦　1件（T101④：1）。泥质灰陶，外表饰绳纹，内饰布纹，瓦舌较长。通长30.3、宽13.8、高7.4厘米（图六，9；图版六，1）。

素面筒瓦　3件。G1：27，外素面，内饰布纹，厚胎，瓦头有残存的瓦当，可见一周联珠纹。残长24.6、宽14、高7.1厘米（图六，14）。T304④：6，一角残，带瓦舌，残长31.9、宽16、高6.9厘米（图六，15）。G1：26，残半，不见瓦舌，内饰布纹，残长20.4、宽15.2、高7.8厘米（图六，16）。T101④：2，较完好，带瓦舌。长25.6、宽14.3、高6.6厘米（图六，12；图版六，3）。

板瓦　2件。T101④：3，残半，外素面，内饰布纹。残长22.8、宽25.2、高7.9（图六，18）。G1：21，残半，内饰布纹。残长16.3、宽19.3、高6.2厘米（图六，23）。

（2）砖。

条砖　1件（T103④：3）。长方形，表面有斜向绳纹。长31.4、宽15.3、厚6.4厘米（图六，20；图版六，2）。

方砖　1件（G1：32）。泥质灰陶，正面因磕碰造成不平，底面饰绳纹。边长28、厚7厘米（图六，17；图版六，4）。

（3）瓦当。

1件（T203④：2）。圆形，宽平外郭，郭内侧接一周凹弦纹，正中饰莲花纹，莲瓣间有倒三角形莲叶，莲瓣饱满，凸起，背面平整，边缘连接筒瓦。残长7、宽3、厚1厘米（图六，21）。

（4）鸱吻1件（G1：31）。泥质灰陶。修复后基本完好。右侧面呈"C"字型。背面呈左右两端凸起、中间内凹的弯曲水槽状。正面下部为龙头，后部及上部为尾部。眉弓凸起，呈波浪状，眉弓上下缘外翻，与眼睑分界不清，眉尖上挑。眼睑之内有横向椭圆形眼珠。浮雕圆形的睛珠，目视前方。鼻孔朝斜上方，较大，呈椭圆状。鼻上中部有中脊向上弯曲连尾尖，呈弧形，顶部似悬崖状。唇部正面形成一个立面，正面上部略内凹使吻部前凸。龙头大张，刻划牙齿，口内上、下各有一个三角状獠牙和四个锯齿状尖牙，獠牙较大，獠牙上有3道阴刻竖向弧线，长舌上卷。嘴唇呈三条凸起的腮肉状，唇后鬣毛外翻，阴刻密集平行阶梯状弧线。双耳贴头，呈长条海螺状后仰。双角贴头，细长，呈胡须状，尾部卷曲，阴刻4道弧线，可分5节，前四节长度一致，最后一节较长。龙角中部上端刻划竖向凸棱延伸至顶部，与头后侧两道竖向弧线状凸棱于龙头上相交。沿头后侧两凸棱外缘排列密集斜向平行状凸棱，呈鬣毛状向斜上方拂动飘举，通高106、通宽47、长61.5厘米（图七；图版七、八）。

（5）其他构件。

建筑构件　1件（G1：30）。泥质灰陶，素面，外侧转角处外凸，底面有长方形卯孔，外壁竖直，内壁弧曲。残长15.4、残宽7.2厘米（图六，19）。

石柱　1件（G1：20）。砂岩，柱状，上小下大，顶面略弧曲，底面平整。顶部直径14.3、底部直径16.2、高16厘米（图六，22）。

4. 其他石刻

石猪　1件（T302④：1）。淡黄绿色石料，肥润可爱，匍匐状。闭嘴，环绕猪嘴有一周凸棱。

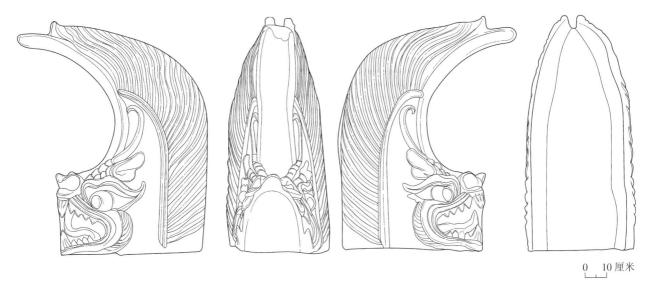

0 ―― 10 厘米

图七 鸱吻（G1：31）

额中略高凸，双耳搭垂。底面四腿有横向凹沟。头部比前肩缩小，尾部呈三角下垂。后肢以凹弧与躯体分开，前肢鼓起，但区分线不明显，摸之能感觉到。长 4、高 2、宽 1.6 厘米（图六，4；图版九，1）

（四）采集遗物

主要在遗址西部，贾家屯村东墓地采集。器型有罐、盘、耳杯、壶等，多为明器。

罐 1 件（C：1），浅盘口，宽方唇，唇部中间一凸棱，矮直领，圆鼓腹，平底内凹。下腹及器底饰交错粗绳纹。肩部二道细线刻纹。口径 12.9，高 25.9 厘米（图六，6；图版九，3）。

壶 2 件。C：3，侈口，平沿，束颈，颈腹不明显，垂腹，圈足外侈，平底。口径 6.8、高 15.9 厘米（图六，3；图版九，2）。C：2，高盘口，外侈，束颈，鼓腹，圈足，下腹及圈足外侧有轮旋纹痕。口径 12.5、高 23.8 厘米（图六，5；图版九，4）。

盘 3 件。C：5，卷沿，方唇，弧腹，平底，薄胎。口径 10.7、底径 4.9、高 2.4 厘米（图六，7）。C：4，小盘，侈口，平沿，沿面上一周凹槽，斜弧腹，平底。口径 7.5、底径 5、高 1.7 厘米（图六，8）。C：6，浅盘，敞口，浅腹，平底。口径 6.2、底径 3.5、通高 6.2 厘米（图六，11）。

耳杯 1 件（C：7）。舟形，近直腹，平底。器型小、薄、不规整。口部长 4.8、宽 3.1 厘米，底部长 2.7、宽 2.1 厘米，高 1.1 厘米（图六，10）。

第三章 出土造像

出土造像按照形制分为背屏造像（第一节）、龛式造像（第二节）、圆雕造像（第三节）、造像残块（第四节）。

背屏造像（第一节）按数量分为多尊式、双尊式和单尊式三类。其中双尊式和单尊式分为如来和菩萨两部分。按编号顺序描述。背屏式造像命名为一铺三尊像或一铺五尊像，一铺如有造像题记，则在之前加年份或造像主人名。

龛式造像（第二节）直接按编号顺序描述。龛式造像命名为一龛某尊像，如有造像题记，则在之前加年份或造像主人名。

圆雕造像（第三节）按尊格分为如来、菩萨、比丘和童子四类。其中如来按姿态可分为立像、倚坐像、结跏趺坐像和姿态不明像四部分；菩萨可分为立像、半结跏趺坐像、思维像和姿态不明像四部分。按编号顺序进行描述。圆雕造像则直接根据造像题材命名，如有造像题记，则在之前加年份或造像主人名。

造像残块（第四节）直接按编号顺序描述。

第一节 背屏造像

共68件。按每件造像数量多寡分为三类：多尊式、双尊式、单尊式，另有背屏的残块单独为一类。多尊式造像有11件，双尊式造像共10件，单尊式造像23件，背屏残块24件。按分类和出土编号描述如下。

一 多尊式背屏造像

共11件。

H16：006

1. 名称：惠岩造一铺五尊像
2. 材质：汉白玉
3. 时代：北齐

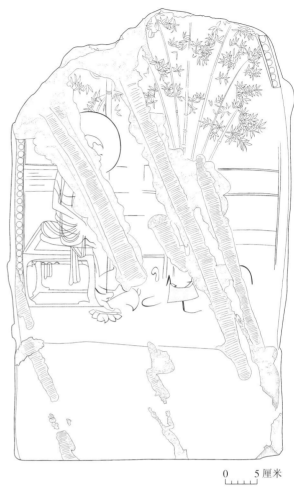

0 ⌊⌊⌊⌊⌊ 5 厘米

图八　惠岩造一铺五尊像（H16∶006）

4. 尺寸：通体残高 68.5、通宽 44.2、主尊像通高 39.1、座高 6.8、左侧阿难身高 20.6、右侧迦叶身高 20.2、左侧菩萨像身高 21.5、右侧菩萨像身高 24.1、台基高 17.5 厘米。

5. 保存状况：背屏上部残缺，主尊，二菩萨及右侧迦叶头部残损。背屏背面有残损。长方体台基正面莲蕾、香炉残。

6. 题记：台基右侧面阴刻字界线，2 列，识别 10 字，楷书（图版一五，6）。录文如下：

　　　□毗罗寺/大像主比丘惠岩

7. 造像：有造像五尊，分别是主尊如来立像一尊、胁侍阿难、迦叶立像各一尊、胁侍菩萨立像二尊。有较大背屏，横方形台基（图八；图版一〇）。

主尊如来像，跣足立于覆莲台上。右臂屈肘，右手举于右胸部位，翻腕，掌心朝外，四指并拢。左臂下垂，左前臂残失。浅浮雕圆形素面头光。如来面相长圆，头上部及右侧残损。眼细长，鼻尖残。双耳贴头，耳垂大，面颊丰盈，嘴唇微闭，嘴角内凹，颈部宽长。内衣袒右，仅见自左肩到右胁下及垂于脚腕衣角，下胸部束带打结，一端垂于腹部，另一端藏于外衣内。中衣仅见左胸部衣边，及垂于小腿中部衣角。大衣覆双肩，胸前"U"形领边，正面垂于膝盖处，体侧衣缘垂至台座。右臂下垂，衣纹饰3层衣褶，正面四组"U"形双阴刻线衣纹，大衣残存部分彩绘。如来略呈八字形站立于浅圆台面上，圆台中部略高，边缘低。刻脚趾，两拇趾残，脚掌宽厚。其下浮雕双层覆莲瓣，上层莲瓣宽厚，中脊高凸，两侧各有一椭圆形高凸物，瓣尖外翻，下层莲瓣仅从上层两莲瓣间露出尖部，中脊高凸，瓣尖外翻（图版一二，1）。覆莲座两侧各有一龙，左右对称。头部向下口吐莲茎，饰鱼尾状花托，分成莲叶、莲花，是为菩萨莲台。另一莲茎，绕于龙的后肘内侧伸出，是为比丘莲台。龙尾上伸至菩萨与比丘间，一爪蹬如来覆莲台，一爪前举于背屏侧缘，一爪扶背屏壁面。龙嘴微张，牙齿参差，咬住莲梗。龙角角尖回卷。鼻子凸起，眼窝深陷，眉毛向后，眉梢上卷，上吻略上扬。上吻尖长，有两须，每爪可见三趾。（图版一二，4；图版一四，2、4）。

　　左侧菩萨像，跣足立于仰莲台上。右臂下垂，右手置腹部，左臂屈肘，左手置胸部，双手均残。浅浮雕圆形素面头光。头部残损，戴项圈。双肩披天衣，阴刻衣边，于下腹部交叉绕向身后，从左肘部垂莲台。腿部着裙，至脚腕。两肩上有球状饰物，右手戴腕钏。菩萨略呈八字形立于莲蓬形仰莲台面上，五指漫漶。身体两侧残余衣角覆座。造像立于素面浅圆台，其下饰双层仰莲瓣，莲瓣素面（图版一一，1）。

　　右侧菩萨像，跣足立于仰莲台上。左臂下垂，左手置腹部，右臂屈肘，右手置胸部，右手残。浅浮雕圆形素面头光。左侧面部残。可见头戴宝冠，已残，冠缯带卷曲下垂至肩。阴刻眉线，眼微闭，眼角上挑。双耳贴头，耳垂大。嘴鼻部残，颈部宽长。内衣袒右，仅见自左肩到右胁下，阴刻斜向衣纹。双肩披天衣，腹前相交打结，下垂覆腿部外侈，阴刻两道衣纹，两腿间下垂一束带，两膝间打"X"形结。右肘部垂下衣襟至莲台。腿部着裙，至脚腕。胸前佩戴圆弧形项圈。双手戴腕钏。右手似持一物，左手可见五指并拢，屈指似握一物。菩萨略呈八字形立于莲蓬形仰莲台面上，五指刻出。右脚及右侧仰莲台残。浮雕莲瓣漫漶（图版一一，4；图版一四，1）。

　　左侧阿难，跣足立于圆台上。双臂屈肘，双手胸前合十。头部挡住主尊部分头光。圆顶丰额，面相方圆，阴刻弯眉，上眼睑略凸，眼微闭状，鼻残。双耳贴头，耳垂大，嘴唇微闭，嘴角内凹，颈部宽长。双肩覆大衣，残存大面积黑色彩绘。右襟裹右臂，左前臂衣襟下垂。两腿间阴刻一道衣纹。小腿部可见内衣，至脚腕。阿难跣足略呈八字形立于素面圆形台面上，五指漫漶（图版一二，2、3）。

　　右侧迦叶，跣足立于圆台上。双臂屈肘，双手胸前合十。头部挡住主尊部分头光。腹部略鼓。面部残损，仅见颈部宽长。双肩覆大衣，阴刻衣边。右襟裹右臂，左前臂衣襟下垂。两腿间阴刻一道衣纹，小腿部可见内衣，至脚腕，可见蓝色彩绘。迦叶略呈八字形立于素面圆形台面上，五指漫漶。右侧圆台及右足残（图版一一，2）。

　　椭圆形背屏上部残缺，背面鼓凸，可见墨绘。两侧边缘绘双线和连珠纹，内部绘有竹林，一像半跏趺坐于方床，一足踏于莲台。其下有比丘2人，持荷花（图版一三）。

　　横方体台基，正面延伸出长方形浅台，浮雕力士托举香炉、护法蹲狮（图版一五，3）。台面左右两侧缘有斜削边。台基左侧绘有两个行走的人物（图版一五，4）。台基右侧绘有一比丘，手持荷花，并阴刻铭文（图版一五，2）。力士为上半身，发际线平直，双眼略鼓，眼微闭，高鼻梁，嘴角略上翘，有圆尖形项圈。托举平案，上置香炉，炉有圆拱形背光，炉上有小圆烟孔。力士从双臂绕出的衣带向上飘举。两侧各有一莲蕾，各有一荷叶，朝向外侧，筋脉突起（图版一五，5）。力士两侧各有一蹲狮，狮尾分三岔，立耳。左侧狮面向正面，两前肢并拢；右狮略低头，右前肢饰卷曲纹，额部阴刻皱纹，脸颊阴刻胡须（图版一一，3；图版一四，3）。覆莲座两侧，台墓面上，分别墨绘一莲花（图版一五，1）。

H16：007

1. 名称：惠岩等造一铺五尊像
2. 材质：汉白玉
3. 时代：北齐
4. 尺寸：通高100、通宽64.8、座宽62、高21.3厘米。
5. 保存状况：透雕背屏残存9块，已拼接，部分残失。主尊头部残缺，左手拇指残，右手残缺。左侧菩萨残缺。台基正面底缘残失，右侧蹲狮面部残。
6. 题记：台基左侧面3列，右侧面1列，识别24字，楷书，自左向右竖读（图版二六；图版二七）。录文如下：

（左）比丘惠岩供养/比丘惠洛供养/比丘僧琮供养/（右）比丘惠桀供养

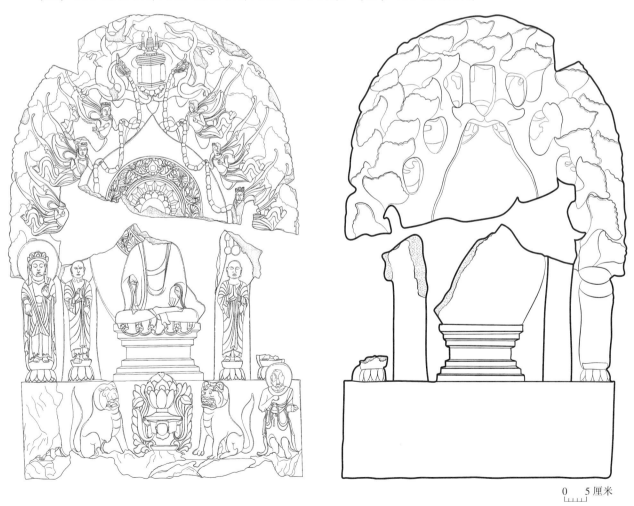

0　5厘米

图九　惠岩等造一铺五尊像（H16：007）

7. 造像：造像五尊，分别是主尊如来坐像一尊、胁侍弟子立像二尊、胁侍菩萨立像二尊。有较大背屏，横方形台基（图九；图版一六、一七）。

主尊如来造像，结跏趺坐。左臂屈肘，左手向下，掌心朝外，四指并拢，拇指断失。右臂屈肘，右手残失。胸部略鼓。可见外层素面舟形身光，内层圆形头光。头光由内向外有六层，第一层为素面圆形，中部微凸，边缘较薄；第二层为两重圆拱形莲瓣，底部为圆形凸起台面；第三层为法轮纹；第四层为两周凸弦纹；第五层为卷草纹，卷草纹为轴对称布局，正中为摩尼珠，有桃形焰光，底部八莲瓣。莲瓣底部向两侧衍生出两根主枝，主枝呈"S"形向两侧延伸；第六层为素面窄缘。背屏背面，阴刻背光形状。两侧为两树干，上部透雕树枝，浮雕树叶。树干可见黑色彩绘勾勒轮廓，红色彩绘填充树干，黑色彩绘勾勒背光形状，黑红彩绘漫漶，仅可局部辨别出有莲花、忍冬纹图案（图版二二，2、3）。主尊内衣袒右，自左肩到右胁下，可见宽衣边。中衣仅见胸部深"U"形领边，及两手腕处衣边外翻，部分垂至右小腿，可见"S"形衣边，底部呈三角状。大衣通肩，胸前"U"形领边，脚腕处衣边外翻，通体衣纹简略。如来着衣底端覆遮方座正面，有六束"S"形衣缘褶皱，底边呈连弧形，右胸可见竖向彩绘衣纹。如来坐于束腰方座，残存部分墨绘。左脚在下，右脚在上，右脚露出，足心向上，刻出脚趾，从大拇趾根阴刻一道细线至足心，脚掌宽厚（图版一八，2）。座台横方形，其下双层方台叠涩下收。方形素面束腰，座基为三层素面方台叠涩，座基两侧台基上，向左右各伸出施红黑彩绘的蔓草，两侧菩萨和弟子莲台前各有莲花状墨绘，均位于台基面上（图版一八，1；图版二三；图版二四，1）。

左侧菩萨像，仅见跣足略呈八字形立于呈半圆体状莲台上，刻出脚趾。分上下两部分，上部素面浅圆台，下部饰双层覆莲瓣，莲瓣素面，瓣尖。

右侧菩萨像，菩萨跣足立于覆莲台上。右臂下垂，右手置于右腰部位。左臂屈肘上举，左手置左胸前，掌心朝内。浅浮雕圆形素面头光。下颌部残。可见头戴三叶形花冠，每瓣阴刻半圆弧线，宝冠上部残。冠缯带于头两侧打结，下垂至肩。天冠台宽，素面，发际线平直。眉弓弯凸，上眼睑略凸，眼细长，微闭状，鼻梁高直，鼻尖残。双耳贴头，耳垂大，嘴唇微闭，嘴角内凹，颈部宽长（图版二〇，3）。胸肌略鼓，胸沟略凹，可见下胸线。上身袒露，双肩披天衣，两腿间相交，膝部上翻，绕于两肘，垂于体侧至座。天衣阴刻两道衣纹。下身着裙，至脚腕，底边呈连续"S"形。胸前佩戴圆尖形项圈。左手戴腕钏，双层素面。右手屈指似握一物，左手似持一物。菩萨略呈八字形立于素面浅圆台，刻划脚趾。其下饰双层覆莲瓣，莲瓣素面，瓣尖（图版二〇，1、2）。

左侧阿难，双臂屈肘，双手胸前合十，刻划五指。残存部分头光，素面圆形。圆顶丰额，面相方圆，眉弓弯凸，阴刻眉线，上眼睑略凸，眼微闭，鼻梁高直，鼻尖残。双耳贴头，耳垂大，嘴唇微闭，嘴角内凹上翘，人中宽深，颈部宽长（图版一九，1）。内衣袒右，自左肩到右胁下；右肩披中衣；大衣袒右，左侧衣襟下垂，右侧衣襟自腰右侧上搭左前臂下垂，衣边呈"S"形，底部呈三角状。双臂有斜向衣纹，两腿阴刻八字形衣纹，下身着裙，至脚腕。阿难略呈八字形立于素面浅圆台，五指漫漶。其下饰双层覆莲瓣，莲瓣素面，瓣尖，外层5瓣，内层4瓣（图版一八，3）。

右侧迦叶，跣足立于圆台上。双臂屈肘，双手胸前合十。残存部分头光，素面圆形。圆顶丰额，面相方圆，额中一圆形凸痕。眉弓弯凸，眉头紧锁。双眼圆瞪，鼻梁高直，鼻尖残。双耳贴头，耳垂大，嘴唇微闭，嘴角内凹上翘，人中宽深，颈部鼓起数道凸棱（图版一九，4）。内衣祖右，自左肩到右胁下；右肩披中衣；大衣祖右，左侧衣襟下垂，右侧衣襟自腰右侧上搭左前臂下垂，衣边呈"S"形，底部呈三角状。双臂有斜向衣纹，两腿阴刻八字形衣纹，下身着裙，至脚腕。迦叶略呈八字形立于素面浅圆台，前脚掌残。其下饰双层覆莲瓣，莲瓣素面，瓣尖，外层5瓣，内层4瓣（图版一九，3）。

背屏，左右对称，主尊上方有六身伎乐天呈弧形飞舞，中央是一座具有三联式塔刹的亭阁式覆钵塔。两侧各有一龙。覆钵塔塔底为双重覆莲台，塔基叠涩两层，塔身可见四面，其上叠涩五层檐。塔顶有两重仰莲状覆钵，素面圆柱形束腰，两重仰莲状承露盘。顶端有三个刹杆，上出三个尖锥状塔刹，两侧短刹套5个相轮，中间长刹套7个相轮。翔龙口、角、耳、眼、獠牙等均刻出，可见三趾，伸一爪托塔底莲台，一爪抚飞天，后腿蹬塔刹，龙口吐璎珞，呈"L"形连续三次弯曲垂下（图版二一，2）。璎珞为一圆形珠和一椭圆形珠相间串起。两侧各有三身飞天托起璎珞。飞天六尊，形象一致，身躯弯成弧形，一腿蜷曲，一腿舒展，上身裸露，下身着裙，双足外露。内侧足心向外，有一道脚掌纹，外侧足心向内。头戴三叶冠，叶内饰弧形阴刻线，戴腕钏。裙腰外翻，天衣从身后绕肩经腋下，飘举于身后。一手屈于胸前，似持一物，目微闭（图版二一，1；图版二二，1）。

台基，横方体，正面延伸出横方体浅坛，浮雕托举香炉人物像、两侧蹲狮、左右两力士（图版二二，4）。浅坛正中覆莲台生出半身像，发际线平直，双眼略鼓，圆瞪，高鼻梁，鼻尖残，人中宽深，嘴唇较厚，双耳贴头，耳垂大，有圆尖形项圈。双臂上举与头托举炉座，自下而上可分为三层，下层为圆形平底，中层为圆柱形束腰，上层仰莲瓣托举花蕾，内层4莲瓣，外层5莲瓣，顶端残，花蕾阴刻莲瓣及桃形纹。人物像从双臂绕出衣带，向上飘举。两侧各有一卷草和莲蕾，朝向外侧（图版二四，2）。香炉两侧各有一蹲狮，两前肢直立。右狮面部，及腿下部均残，后背可见黑彩。半圆立耳，"S"形眉凸起，圆眼，张口露齿，宽鼻，有鼻孔，八字形胡须。头后侧阴刻鬃毛，尾部有斜向墨绘。尾上翘。前胸阴刻三道下弧线（图版二五，2；图版一九，2）。右力士残缺，仅见跣足站立于台面。左力士提右胯，跣足站立于浅坛上，刻脚趾。圆形素面头光，面部残，左前臂残，右臂屈肘，右手握拳横置胸前。上身祖露，戴圆形项圈。天衣阴刻一道衣纹，自双肩下垂，于腹前"X"形交叉，下垂至大腿。天衣上绕两肘，下垂至台面，末端上卷。下身着裙，至小腿，裙底边呈上弧形。腰部裙边外翻，覆遮腰束带，仅见两系带头（图版二五，1）。

H16：046

1. 名称：法静造一铺三尊像

2. 材质：汉白玉

3. 时代：东魏

4. 尺寸：通高10.2、通宽15.7、主尊像身残高1.5、座高3、右侧像残高2.8、座高3、左侧像残高1.2、座高3.5、狮子通高4.5、香炉通高4.2厘米，台基通体长15.7、厚8、高11.2厘米。

5. 保存状况：残存背屏底部部分，三尊像均小腿以上残失。横方体台基正面下缘两角残损，右后侧残损，两狮子嘴部残损，中部香炉残损。

6. 题记：台基背面阴刻8列，识别23字，自右向左竖读（图版二九）。录文如下：

图一〇　法静造一铺三尊像（H16∶046）

□□七/年三月/六日比丘/僧法静/为亡父/母敬造/观世音/像一躯

　　7. 造像：残存造像三尊，分别是主尊菩萨立像一尊、胁侍比丘立像二尊，有横方形台基（图一〇；图版二八，1）。

　　主尊菩萨立像，跣足立于圆形莲台，仅见小腿部长裙外侈，垂于台面，天衣底端外侈，垂于莲台两侧，台座可见"S"形衣纹。莲台半圆形，分三层，上层台面中部高凸，素面。中层浮雕双层覆莲瓣。外层莲瓣为5瓣，莲瓣宽厚，中脊高凸，两侧各有一椭圆形高凸物，瓣尖外翻。内层仅从外层两瓣之间露出尖部，内层莲瓣4片。下层为一层素面覆莲，莲瓣9瓣。

　　左侧比丘立像，跣足立于近圆形莲台。台面中部高凸，素面。仅见小腿部裙边外侈，置台座。裙下露出双足，呈八字形，脚掌宽厚，脚趾刻出。其下浮雕四层素面覆莲瓣。从上至下，第一层7瓣，尖拱形；第二层仅从第一层露出尖部，莲瓣6瓣；第三层莲瓣从第二层露出大部分，莲瓣7瓣，呈尖拱形；第四层从第三层两瓣之间露出尖部，莲瓣7瓣。

　　右侧比丘立像跣足立于近圆形莲台。台面中部高凸，素面。仅见小腿部裙边外侈，置台座。裙下露出双足，呈八字形，脚趾刻出。其下浮雕两层素面覆莲瓣。外层6瓣，尖拱形；内层莲瓣仅从外层两瓣之间露出尖部，莲瓣6瓣。

　　背屏后面素面，仅见底端残部，中间有半圆形凸起，两边下收。

台基为横方体，阴刻铭文。底面内凹，可见不规则凿痕（图版二八，4）。正面底部延伸出长方形浅台，其上浮雕香炉和两狮。两狮相向蹲坐，形象一致。面部朝前，两前肢支地，双眼圆瞪，宽鼻梁，嘴部残。脸部一周毛发后飘并回卷，尾巴弯曲上扬。中部香炉残损，圆台形底座。左右两侧面各开一圆拱形龛，内各浅浮雕结跏趺坐化佛一尊，两臂屈于腹前。头部比例大，有肉髻，双眼微闭，鼻梁窄，嘴角略内凹，下嘴唇厚。两尊化佛着衣相同，外衣覆双肩、前臂和腿部。有宽衣边，在胸前呈"V"形（图版二八，2、3）。

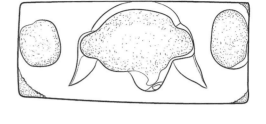

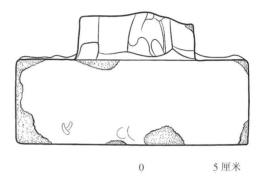

0　　　　　　5 厘米

图一一　一铺三尊像残块（H16：072）

H16：072

1. 名称：一铺三尊像残块
2. 材质：汉白玉
3. 时代：不详
4. 尺寸：通高 8.7、通宽 15.7、主尊台残高 2.2、台基长 15.7、厚 6.5、高 5.68 厘米。
5. 保存状况：残余主尊下身衣纹和横方体台基，左右两侧造像残失。背屏仅见底端残部，素面。
6. 题记：无
7. 造像：残存三尊造像痕迹。主尊菩萨像，天衣下部垂于身体两侧，铺于台基。左脚踏半圆形台，座台近圆柱形台。主尊两侧胁侍仅见圆形断面。台基为素面横方体，正面下缘可见朱砂和墨绘莲瓣痕迹。内凹，可见平行斜向凿痕，边缘有打磨痕迹（图一一；图版三〇）。

H16：105

1. 名称：一铺三尊像
2. 材质：汉白玉
3. 时代：北齐
4. 尺寸：通高 101、通宽 65、主尊像通高 74、像身高 63、座高 10.5、左侧菩萨像通高 50、右侧菩萨像通高 53 厘米，台基高 21、宽 41.4、长 55.7 厘米。
5. 保存状况：背屏断裂成数块，已粘接，顶部残缺。主尊、左侧胁侍菩萨头部断裂已粘接。三尊像面部略残。台基正面菩萨、蹲狮面部略残。
6. 题记：无
7. 造像：造像三尊，分别是主尊如来立像一尊、胁侍菩萨立像二尊。有较大背屏，横方形台基（图一二）。

主尊如来立像，跣足立于覆莲台上。双臂屈肘，左手翻腕向下，掌心朝前，五指并拢，施与愿印。右前臂残失，可见圆形榫卯槽。腹部略鼓。头后石榫接背屏。如来面相长圆，高肉髻，素面，发际线平直，正中略残，素面无发纹。眉弓高凸，接鼻梁，鼻部已残，眼微闭，眼角平直。双耳贴头，

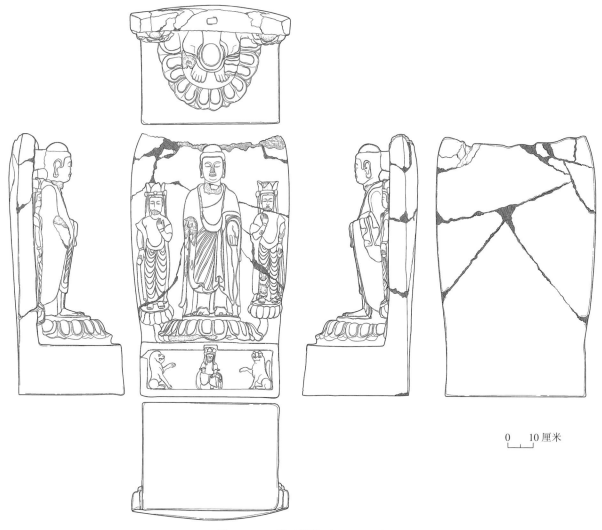

图一二　一铺三尊像（H16：105）

内部结构刻出，耳垂大，嘴唇微闭，唇厚，有人中，嘴角内凹，微上翘，颈部残损。内衣袒右，自左肩到右胁下，可见左肩处领边。下衣垂于脚腕，衣边略外侈，下接台座。大衣覆双肩，胸前呈"U"形领边，下端外翻，领边略凸，有残损。大衣衣角搭左前臂，残存部分红色彩绘。浮雕两臂下竖向衣襟，正面衣缘垂至小腿处，阴刻九组斜向衣纹，每组为双阴刻线或三阴刻线。如来跣足略呈八字形站立于近圆形台面上，刻脚趾，左拇趾残，脚掌宽厚。其下浮雕双层覆莲瓣，上层莲瓣宽厚，中脊高凸，两侧各有一椭圆形高凸物，瓣尖外翻，共5瓣，有两个半莲瓣；下层莲瓣仅从上层两莲瓣间露出尖部，中脊高凸，瓣尖外翻。下接浅圆台。覆莲座两侧各伸出一莲茎，托菩萨莲台。

左侧菩萨像，跣足立于覆莲台上。左臂下垂，左手掌心朝内，右臂屈肘上举，右手置胸部，掌心朝内持物。头戴三叶宝冠，两侧冠缯带打结下垂至肩。天冠台宽，素面，发际线平直，可见墨绘。额宽，眉弓弯凸，接鼻梁，鼻尖残，眼微睁，眼角平直，墨绘睛珠。嘴唇微闭，唇厚，嘴角内凹，下颌、颈部残损。双臂披天衣，垂于腰部，宽衣边，两端沿体侧垂至小腿处，天衣可见黑色彩绘。腿部着裙，垂至脚腕，两腿阴刻对称下弧形衣纹，衣缘外侈，置台座。双手戴腕钏。右手握一物，左手中指无名指屈，握心形环状物。菩萨立于台面上，脚趾刻出。素面浅圆台，其下饰 7 瓣覆莲瓣，素面，瓣尖。其下接莲茎。

右侧菩萨像，跣足立于覆莲台上。右臂下垂，右手掌心朝内，提净瓶，左臂屈肘上举，左手置胸部，掌心朝内持物。头戴三叶宝冠，正面略残损。两侧冠缯带打结，下垂至肩。天冠台宽，素面，正中饰饼状物，发际线平直。额宽，眉弓弯凸，接鼻梁，鼻残，眼微睁，眼角平直。嘴、下颌残损，颈短粗。双臂披天衣，垂于腰部，宽衣边，两端沿体侧垂至小腿处，天衣可见黑色彩绘。腿部着裙，至脚腕，两腿阴刻对称下弧形衣纹，衣缘下接台座。双手戴腕钏。瓶身近圆形，圆柄状底。菩萨立于台面上，脚趾刻出。素面浅圆台，其下饰 8 瓣覆莲瓣，素面，瓣尖。其下接莲茎。

背屏，椭圆形，前后均素面，上部前倾，顶部断面可见 3 个长方形榫卯槽。

台基，为横方体，正面中部略内凹，凿长方形框，内浮雕思维菩萨、左右两护法蹲狮。思维菩萨右腿半跏趺坐于台座上，左手抚于右脚踝处，左手残。右小腿搭于左腿之上，脚尖朝外。左腿自然下垂。右臂屈指，右手残。头戴三叶宝冠，凸出框上沿。两侧冠缯带打结，下垂至肩。天冠台宽，素面，发际线平直，面部残损，五官漫漶。腿部着裙，右脚踝处裙边外翻，素面。双肩披天衣，垂于两肘处，衣边外侈，两端从身后垂于座两侧，至台基，天衣阴刻两道衣纹。左侧蹲狮面向正面，左前肢支地，右前肢前举，后腿卷曲，刻脚趾，尾部上立。双眼圆瞪，眉心呈圆形凸起，立耳，鼻宽已残。嘴微闭，嘴角上翘。右侧蹲狮面向菩萨，右前肢支地，左前肢前举，后腿卷曲，刻脚趾，尾部上立。右眼圆瞪，小耳，咧嘴，可见牙齿（图版三一、三二）。

H16：107

1. 名称：武定五年一铺三尊像
2. 材质：汉白玉
3. 时代：东魏
4. 尺寸：通高 88、通宽 50、主尊像通高 44.5、座高 5.9、左侧菩萨像身高 31、座高 6.1、右侧菩萨像身高 28.5、座高 8 厘米，台基高 21.6、长 42.8、宽 24 厘米。
5. 保存状况：背屏上部残缺，主尊头部残断拼合，二菩萨冠损坏。背屏背面有残损。彩绘严重脱落。
6. 题记：台基背面阴刻字界线，13 列，识别 83 字，楷书（图版三四，2）。自右向左竖读，录文如下：

> 大魏武定五年八/月十五日清信士/佛弟子武城县人/清州刺史崔敬丞/清河郡功曹崔曼/略二人合率邑义/二百人等敬造白/玉像一区上为/皇帝陛下师僧/父母一切众生/龙华三会俱登/上首所求如/意一时成佛

7. 造像：有造像 3 尊，分别是主尊如来立像 1 尊、胁侍菩萨立像 2 尊。有舟形背屏，横方形台基（图一三）。

主尊跣足立于中部的覆莲台之上，头微前倾，含胸鼓腹。左手施与愿印，右手施无畏印。

佛发及磨光肉髻染黑色，佛发中分，前额丰圆，眉用墨色细线，眼用墨线，细长，眼微鼓，鼻直略宽，鼻尖略低，较随意，嘴略凸起，鼻唇沟深，刻出人中，闭口，下唇有沟，丰颔，颈光滑，下耳

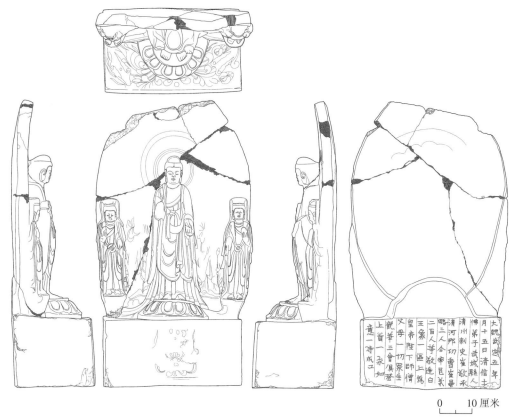

图一三　武定五年一铺三尊像（H16：107）

丰长，头残断粘合，上睑高于下睑，有下视之感。外罩双领下垂式大衣，边缘及内部格线用墨线勾画，右肩残留较多红色，下缘可见金色。左手衣角从右腹绕过，外搭左前臂后拂。右手施无畏印，已残。左手指尖残，可见3道掌纹。内着裙，刻有百褶，并用墨线双勾褶痕，下缘有饰边和红色裙缘。腹部裙带中间打结，右侧带头垂至外衣之外。裙下两侧展，宽于莲台。内着僧祇支，有宽缘。

菩萨左右对称。应该是披外衣、内着斜领僧祇支，下穿裙，姿态与如来类似，头略前倾，含胸，鼓腹。左侧菩萨，跣足，立于莲台，头顶平，冠损坏，缯带束发，从脑两侧后下垂，颈戴项圈。内着僧祇支，外衣从肩下拂，披帛腹部穿环交叉。下垂从膝部后拂。右手提法器，左手擎莲蕾。裙横边、下摆及裙褶都用墨线描边填充红色，披帛，外部披衣都见有红色。菩萨面部较模糊。右侧菩萨，项圈尖拱形，披外衣下垂至莲台外侧。手提桃形袋状法器。菩萨裙腰有一横向裙带，左侧菩萨较清晰，右侧似有若无。

背屏，垂立于台基上面后部，莲瓣形，前面瓣尖向前呈弧形略弯，上部勾勒头光，墨线7周，其中有6条每两两一组组成双勾边缘，其间有填色，内周还有一周单墨线，背光中央区域残留红色，现已脱落，只是颜色比其他部位显白。背屏下部从中部莲台向左右两侧各伸出粗枝，为浮雕，并勾勒墨线，枝头为莲蓬状的台座，上立菩萨。如来与菩萨之间的背屏上画有向上生长的枝蔓，叶如忍冬，再向上并有荷叶。背屏上部可见墨色线条，残留红色和金色，可惜漫涣不清。背屏侧缘由前向后斜收，下部菩萨的身后，呈弧形内收呈叶瓣状，最下部凸起半圆形。背面上部有圆形头光，多重墨线，可能其中有的两周邻近的墨线为双勾轮廓，内填红色。有一周连弧纹，背屏下部有双勾荷叶的叶筋脉。

　　横长方体座。座底面中间内凹，四周留有窄缘略平，中部有凿痕。前面有彩绘，两侧未见，背面有阴文刻铭。背屏下部左右两侧为菩萨。中部由背屏向前凸出覆盆状莲台。下部高1厘米，开始雕刻宝装莲花，3个大瓣，间隔2个瓣尖，瓣用红色填充。莲肉凸起，中部略平。覆莲向上凸起0.8厘米的圆台。台面其余部位有彩绘，枝蔓卷曲的忍冬纹，左右各有一个荷叶，墨彩勾边，叶缘向上翻卷，背面残留淡红彩饱满待开的莲苞一朵。用毛笔绘画，笔画两端较细而中段较粗，极其流畅，技艺高超（图版三三；图版三四，1）。

H16∶200

1. 名称：一铺三尊像
2. 材质：汉白玉
3. 时代：北齐
4. 尺寸：造像通高34.3、造像通宽18.7、主尊像身高17.5、比丘像高11.3、主尊座高2、比丘座高3.7厘米，台基高6.5、长19.3、宽8.1厘米。
5. 保存状况：背屏顶部残失，左侧弟子足座部分略残，台基正面左上角残失。
6. 题记：无
7. 造像：造像三尊，分别是主尊菩萨立像一尊、胁侍比丘立像二尊。有较大背屏，横方形台基（图一四）。

0 　　　　5厘米

图一四　一铺三尊像（H16∶200）

主尊菩萨立像，左臂屈肘下垂，左手置于左胯侧，刻划五指，掌心朝内，手指朝下，中指与无名指弯曲，其余手指伸直。右臂屈肘上举，右手置于右胸前，刻划五指，手指朝上，掌心朝内，大拇指与四指分离。溜肩，腰较细，腹微鼓。戴三叶宝冠，顶部椭圆状，冠面浮雕3片仰莲瓣，中部莲瓣较大，两侧下垂冠缯带至近肘部，素面。头部未刻发丝，发际线略呈上弧形。面部长圆，眉弓微凸，与鼻根相连；眼细长，眼角上扬，上眼袋鼓起，眼微睁，刻画睛珠；鼻高窄，可见鼻唇沟；宽人中；唇薄，刻唇峰，嘴角微上扬，内凹；双耳贴头，耳垂肥大，简单刻划耳部轮廓，下垂至颈部。颈部略呈梯形，颈根呈椭圆状突出。可见上身有4道左高右低弧线衣纹。可见天衣披双肩，自双肩至腹前交叉下垂至膝，后上绕又搭肘下垂至座台侧。天衣在肩部和膝处部分较宽，未刻衣纹。小腿两侧天衣有部分翻折，底边略呈"S"形，较宽。下身着长裙，覆脚踝，表现双腿，下摆略外侈，垂于座台上。左手提心形环状物，右手举莲蕾状物。露足尖和脚背，跣足，刻划脚趾，呈八字形外摆，立于莲台上。台圆形，扁平，自上而下分三段，依次是：上段为较小浅圆台，素面；中段浮雕双层覆莲瓣，外层莲瓣宽大，3个整片和2个半片，未见中脊，瓣尖略厚，内层莲瓣只露部分中脊和瓣尖，4片；下段为较大浅圆台，素面。

左侧比丘立像，双手合十举于胸前，未刻划五指。头部无发。面部竖向椭圆状，眉弓与鼻根相连；眼细长，上眼袋鼓起，眼微睁，刻画睛珠；鼻窄长，有鼻唇纹，刻人中，唇薄，嘴角上扬。双耳贴头，耳垂肥大，垂至颈部。颈部表现不明显。大衣披双肩，覆双臂，两侧衣边于腹前相交竖直垂于小腿中部。右侧衣襟下垂至腹前，衣角上绕搭左上臂下垂，其余覆腿。大衣衣纹斜向弧线状，衣纹向双手处聚集。大衣下露裙，覆脚踝，下摆略外侈，垂于座台上，表现双腿。露足尖，呈八字形外摆，立于座上。座圆柱状，台面中部略凸，上宽下窄，素面。

右侧比丘造像与左侧比丘相似。

背屏竖向尖拱形，高大，顶部前倾，侧壁削斜边，背面底部半圆状凸起，素面。

台基，横方台，较高大。台面略平；四侧壁光滑，素面；底面中部略内凹，有斜向平行状粗凿痕，边缘打磨（图版三五）。

H16：214

1. 名称：河清三年一铺三尊像
2. 材质：汉白玉
3. 时代：北齐河清三年（564年）
4. 尺寸：通高12.9、通宽22.4、主尊像身高3.2、主尊座高3、左侧座高3、右侧座高2.5厘米，台基高8、长22.4、宽8.4厘米。
5. 保存状况：残余造像足座及底部横方台基。局部略残失。
6. 题记：台基右侧面阴刻3列，识别9字；背面阴刻8列，识别23字（图版三六，2、3）。自右向左竖读，录文如下：

（右）河清三/年三月廿/□佛弟/（背）□□□/□造观世/音玉像一/区上为皇/帝陛下愿/为居家/眷属□/时成佛

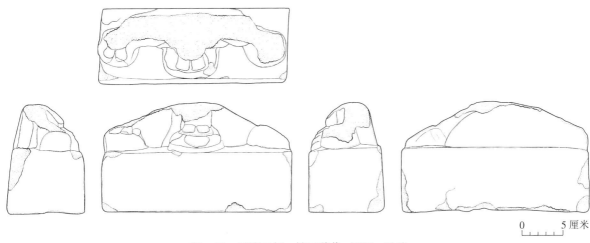

图一五　河清三年一铺三尊像（H16:214）

7. 造像：残存造像痕迹三尊，分别是主尊像一尊、胁侍像二尊。有横方形台基（图一五）。

主尊立像裙覆脚踝，似露足尖，跣足，足跟紧挨，足尖略分离，刻划脚趾，立于莲台上，两侧天衣微外侈，下垂至台基上。莲台覆盆状，自上而下分三段，上段较小浅圆台，素面；中段浮雕单层覆莲瓣，外层莲瓣宽大，3片，尖部突出；下段较大浅圆台，素面。

左侧胁侍像仅残余座台，呈椭圆状。

右侧胁侍像立像，裙覆脚踝，穿鞋，双足并拢，右脚背有凹槽，立于单层仰莲台上。莲台外层莲瓣宽大，3片。

背屏残余底部，背面基部可辨半圆形凸起。

台基，长方体台，台面略内高外低，底面中部内凹，有斜向平行状凿痕，边缘打磨（图版三六，1）。

H16:279

1. 名称：武定三年一铺三尊像残块
2. 材质：汉白玉
3. 时代：东魏武定三年（545年）
4. 尺寸：通高12.5、通宽14、右侧力士像身高3.8、主尊莲座高4.2厘米，台基高7、长14、宽7.3—7.6厘米。
5. 保存状况：背屏残余底部，主尊及右侧造像残余双脚，左侧残余力士双足，长方体台基正面下缘略残。
6. 题记：台基背面阴刻9列，识别52字（图版三七，2）。自右向左竖读，录文如下：

刘敬兰敬造玉/像一躯上为皇/家宰相既身/父母七世先亡居/家眷属后为/法界咸同斯福/武定三年岁□/十月丙午朔五日/甲戌造迄

7. 造像：台基上残存三尊像痕迹（图一六）。中央主尊立于半圆台。脚两侧残余衣边，向两侧外

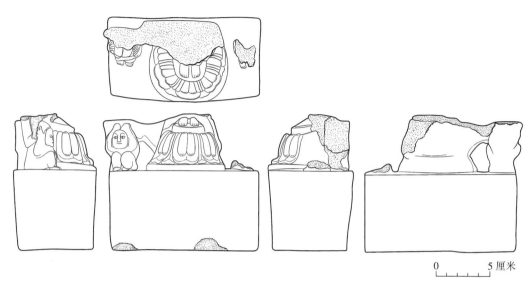

图一六　武定三年一铺三尊像残块（H16：279）

侈。跣足，五指分明，脚掌宽厚，立于小圆台上。小圆台下为覆莲台，浮雕双层覆莲瓣，外层 3 瓣，莲瓣长圆，中脊高凸，两侧各有一椭圆形高凸物，瓣尖外翻；内层两瓣，仅从外层莲瓣间露出中脊和瓣尖。莲瓣下有素面浅台。

主尊右侧，残存尊像足部，足下有一力士蹲坐台基上，双手举于头部两侧托尊像双足。托足力士面部方圆，双目圆睁，鼻梁宽，鼻尖略残。双膝并拢，两脚跣足，可见脚趾。

主尊左侧，残存托足力士双足，脚趾刻出。

背屏仅残余底部部分，素面。台基素面横方体，底面可见平行竖向凿痕（图版三七，1）。

H16：319

1. 名称：一铺三尊像

2. 材质：汉白玉（颜色偏青）

3. 时代：北齐

4. 尺寸：通高 26.6、通宽 11.8、主尊高 15.3、右侧造像高 12.5、左侧造像高 12.4 厘米，台基高 5.2、长 11.8、宽 4.9 厘米。

5. 保存状况：背屏顶部略残，造像五官均模糊，主尊冠顶残。背屏中部断裂，已粘接。局部略残失。

6. 题记：无

7. 造像：造像三尊，分别是主尊菩萨立像一尊、胁侍比丘立像二尊。有较大尖拱形背屏，横方形台基（图一七）。

主尊造像为菩萨立像，左臂屈肘平垂，左手置于胯侧，掌心朝外。右臂屈肘平举，手置于右胸前，掌心朝外，手指朝上，刻划手指、掌纹，五指并拢。溜肩，腹微鼓，胸平。头戴宝冠，顶部残，冠台莲瓣状，下有天冠台，素面，未见冠缯带。头部未刻发丝，有黑色墨迹，发际线平缓。面部椭圆，五官模

0 ┈┈┈┈ 5 厘米

图一七　一铺三尊像（H16：319）

糊，眉弓微凸；眼细长，上眼睑鼓起；鼻梁高窄，鼻头呈三角状，双耳贴头，简单刻划耳部轮廓，下垂齐下颌。颈部短而细，上窄下宽，圆弧状颈根突出。头光圆形，浮雕于背屏上，底端过双肩，从内向外分两层，依次是：内层圆形，素面；外层浮雕莲瓣，莲瓣宽大，9 片，瓣尖突出。头光下接身光，至台基上，刻划轮廓线，其余素面。上身着内衣，袒右，自左肩至右胁下，有衣边，宽 0.2 厘米。双肩披天衣，腹前"X"形交叉下垂至近膝处，上绕搭双肘，后沿身侧下垂座台上，尾部卷曲。天衣腿部部分较宽，刻划轮廓线。下身着长裙，覆脚踝，中部阴刻一道竖向直线以表现双腿。戴项圈，"U"形，双层素面，下垂 3 片莲瓣，中部莲瓣较大，瓣尖突出。两腿间下垂牌饰，底端呈倒三角状，中间阴刻两道横向平行直线。露足尖，跣足，刻划脚趾，双足分离，平行状，立于浅圆台上，浅圆台素面。

右侧比丘立像，双臂屈肘于腹前，双手上下相合，双手未表现，躯体细长，上下身分界模糊。头部无发。面部方圆，眉弓与鼻根相连，合眼，内凹，上眼睑鼓起，鼻梁高窄，鼻头呈三角状，耳部贴头，左耳未表现。颈部短，圆弧状颈根突出。上身着内衣，袒右，自左肩至右胁下，素面。大衣披双肩，双领下垂，于手腕处下垂，衣边呈竖向弧线，下摆垂于小腿处，其中右侧衣襟下垂至腹前，一角上搭左前臂下垂，其余部分覆腿，右侧大衣底边呈半"U"形，左侧大衣底边呈直角状。大衣衣纹数道斜向弧线，向腹部聚集。下身着长裙，覆足，中部阴刻一道竖向直线。未见足面，立于浅圆台上，浅圆台素面。

左侧比丘立像，头部无发。面部椭圆，面朝右前方，眉弓凸起，眼球突出，目视略偏右前方，鼻部突起，较窄，耳部贴头，右耳未刻划。比右侧造像略高，其余与右侧造像相似。

背屏较大，呈莲瓣状。顶部呈尖拱状，前倾，中部较宽，底部较窄，略有内收。边缘有一圈凸起的边框，宽约 0.4—0.5 厘米。背面素面。

台基，横方体，上窄下宽，素面，台面中部微鼓，四侧面素面，底面中部有深凹槽，可见不规则凿痕，边缘有打磨痕迹（图版三八）。

H16：024

1. 名称：多尊式背屏造像胁侍菩萨像
2. 材质：汉白玉
3. 时代：东魏
4. 尺寸：残高 18.5、残宽 16.2、像身高 15 厘米。
5. 保存状况：残余背屏局部及菩萨膝部以上，菩萨面部、左耳、左胸残损。局部略残失。
6. 题记：无
7. 造像：造菩萨立像一尊。有背屏（图一八）。

菩萨立像，左臂屈肘上举，左手置于左胸前，刻划五指，掌心朝内，手掌朝上。右臂屈肘下垂，右手置于右胯侧，刻划五指，掌心朝内，指尖朝下，中指和无名指弯曲，其余伸直。左手托莲蕾状物。右手提心形环状物。腹微鼓，腰较细。头戴宝冠，冠面浮雕 3 片仰莲瓣，两侧下垂冠缯带至肩部，较厚，未见冠台。头部未刻发丝，面部长圆，五官不清，可见右耳贴头，宽大，下垂至肩部，简单刻划耳部轮廓。颈部短而宽，呈下弧状梯形，下弧形颈根。上身内衣，自右肩至左胁下，中部阴刻三道衣纹。披帛自肩部至腹部穿方形饰物交叉，呈"X"形，垂至腿前，后分别上绕搭肘下垂，下垂部分断失。天衣上阴刻一道衣纹。右肩天衣沿身侧下垂。下身着裙，可见两腿间阴刻一道竖向直线。

背屏残块，较厚，素面。

台基残失不存（图版三九，1）。

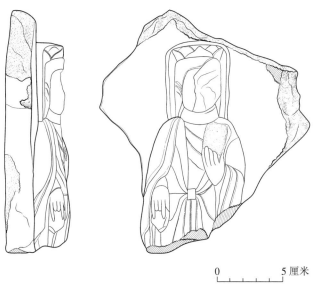

0　　　　　　　　5 厘米

图一八　多尊式背屏造像胁侍菩萨像（H16：024）

二　双尊式背屏造像

共 10 件。按题材可分为如来像和菩萨像两类。分类按编号介绍如下。

（一）如来像

共 2 件。

H16：145

1. 名称：显庆元年一铺二佛像
2. 材质：青石
3. 时代：唐代显庆元年（656 年）
4. 尺寸：通残高 20、通残宽 19.7、像身残高 12.6 厘米，台基高 12.4、长 18.6、宽 6.8—10.2 厘米。
5. 保存状况：背屏仅残余底部，左侧佛像上半身残失，左臂残，左腿膝部略残，右侧佛头部残失，台基正面右下角残。
6. 题记：台基背面阴刻 8 列，识别 30 字，楷书（图版三九，4）。自右向左竖读，录文如下：

显庆元年/二月十八日李君/□妻为亡/过父母敬/造石像一/区合家供/养侍佛/时

7. 造像：造像两尊，均为如来坐像，有横方形台基（图一九）。

右尊如来坐像，左臂屈肘，上举于左胸部，手指刻出，右臂下垂，右手抚于右大腿处，左腿半跏趺坐，右腿下垂，胸部突起，略显胸肌。着通肩大衣，覆腿，素面，腕部下垂衣纹。可见颈部下弧形

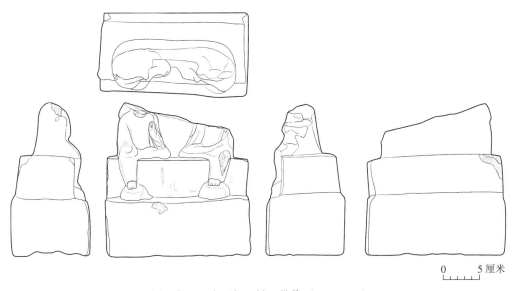

0　　5 厘米

图一九　显庆元年一铺二佛像（H16：145）

衣纹，跣足踏于横方体台基上一半圆球形台上，右脚宽厚，五指刻出。坐于横方体台，素面。

左尊如来坐像，仅见右臂屈肘，上举于右胸部，手部残，右腿半跏趺坐，左腿下垂。着通肩大衣，覆腿，素面，腕部下垂衣纹。跣足踏于横方体台基上一半圆球形台上，左脚宽厚，五指略刻出。坐于横方体台，素面。

背屏仅见下端残部。连接台座。背屏后侧素面。

台基，横方体，素面，背面阴刻铭文。底面可见竖向凿痕（图版三九，2、3）。

H16：216

1. 名称：天保六年一铺二佛像
2. 材质：汉白玉
3. 时代：北齐天保六年（555年）
4. 尺寸：通高27.3、通宽13.7、像身高10.6厘米、台基高7.4、长13.3、宽13.7厘米。
5. 保存状况：背屏边缘有残损，左侧造像头部缺失。背屏断裂为两段，已粘接。局部略残损。
6. 题记：台基右侧面阴刻5列，识别23字；背面阴刻6列，识别25字；左侧面阴刻2列。识别5字（图版四〇，3）。自右向左竖读，录文如下：

（右）天保六年七月/廿四日佛弟子/比丘僧智□/□玉像一区/□为皇祚□/（背）□下为边地/卷埃之类/后为七世先/亡父母属眷/大小宜佛□/法恒与□/（左）会无量俱/集

7. 造像：造像两尊，均为如来坐像，有较大尖拱形背屏，横方形台基（图二〇）。

右侧如来坐像，双臂贴体下垂，双手呈拱手状。溜肩。肉髻表现不明显，头部未刻发丝，发际线

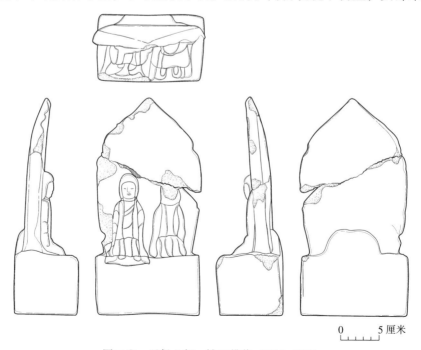

图二〇　天保六年一铺二佛像（H16：216）

平缓。面部长圆，五官模糊，眉弓与鼻根相连；眼细长，上眼睑略鼓；鼻梁与鼻翼略等齐；嘴角微上扬；未雕出耳部。颈短，椭圆状颈根。内衣袒右，自左肩至右胁下，可见腹前刻划与衣襟平行的斜向弧线。大衣披双肩，有衣边，手腕处衣边外翻，双领下垂衣边与手腕下垂衣边相连，呈竖向弧线状，自肩部垂至台基上，双臂刻划斜向弧线衣纹。上下衣分界不明显，下衣表现不明显。结跏趺坐，右足在上，刻划脚趾，左足未刻划，坐于台基台面上。

左侧如来像与右侧如来造像相似，相比略小较低。

背屏较大，呈仰莲瓣状，顶部尖拱状，上部前倾，中部较宽，底部内收，局部可见墨彩痕迹。侧壁削斜边。背面底部有凸起半圆状浮雕，下与台基相接。

台基横方体，台面略平，前低后高，前侧素面，左、右、背面刻铭文，底面中部略凹，有不规则凿痕，边缘有打磨痕迹（图版四〇，1、2）。

（二）菩萨像

共 8 件。

H16：039

1. 名称：武平二年一铺二菩萨像

2. 材质：汉白玉

3. 时代：北齐武平二年（571 年）

4. 尺寸：通高 20、通宽 10.7、像身高 10 厘米，台基座高 4、长 10.8、宽 5.2—5.6 厘米。

5. 保存状况：背屏上部残损，右侧菩萨头部略残，横方体台基局部略残。

6. 题记：台基右侧面阴刻 3 列，识别 7 字；背面阴刻 4 列，识别 9 字；台基左侧面阴刻 2 列，识别 4 字（图版四四）。录文如下：

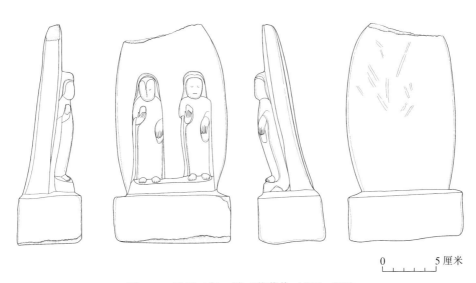

图二一　武平二年一铺二菩萨像（H16：039）

（右）武平／二年三／月廿／（背）三日比／丘尼／惠元／为父／（左）造像／一区

7. 造像：造像两尊，均为菩萨立像，有较大背屏，横方形台基（图二一）。

二菩萨形态相同。右臂屈肘上举。左手置于左腰部位，背屏呈椭圆形，整体前倾。底部内收。背屏前后素面。菩萨头戴宝冠，素面，略残损。冠缯带垂及肩部，发际线平直。面长圆，五官漫漶。腹部略鼓。菩萨均通体无衣纹，仅见天衣绕搭两臂，沿身侧下垂至莲台。菩萨右手均掌心朝内，持一物。右侧菩萨左手持心形环状物，左侧菩萨左手似持瓶。跣足，呈八字形站立，脚掌略宽，五指分明。二菩萨并立于相连的覆莲台上。覆莲台半长圆形。浅浮雕双层覆莲瓣，莲瓣宽，共4瓣，内层仅从外层两瓣之间露出尖部，共3瓣，莲瓣下有素面浅台（图版四一、四二）。

台基横方形，左右两侧及后面阴刻铭文（图版四三）。

H16：138

1. 名称：一铺二菩萨像
2. 材质：汉白玉
3. 时代：北齐
4. 尺寸：通高26.3、通宽13.5、像身高11.3厘米，台基座高6.4、长3.5、宽5.1厘米。
5. 保存状况：背屏尖部略残，右侧菩萨头冠、前额残损，横方体台基局部略残。可见多处土锈。
6. 题记：无
7. 造像：造像两尊，均为菩萨立像，有较大背屏，横方形台基（图二二）。

二菩萨形态相同。右臂屈肘上举于胸前，五指刻出。左臂屈肘，置于左腰部，左手下垂，五指漫漶。背屏呈尖拱形，上部略前倾。底部略内收。背屏前后素面。菩萨头戴宝冠，素面。右侧菩萨宝冠略残。冠缯带自头两侧垂及肩部，发际线平直。面长圆，五官漫漶。颈部上窄下宽。菩萨着衣相同，通体无衣纹，衣边垂至台面，略外侈，露脚踝。右手旁均阴刻一道上弧形衣纹，两

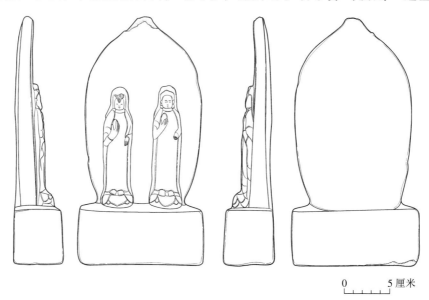

0   5厘米

图二二　一铺二菩萨像（H16：138）

臂下各阴刻一道竖向衣纹，下垂至莲台两侧。菩萨右手均掌心朝内，持一物。跣足站立，脚掌略宽，五趾分明。半圆形覆莲台，台面中部略高，边缘部位较低。浅浮雕覆莲瓣，莲瓣宽，莲瓣下有素面浅台。

台基为横方体，素面。底面可见平行斜向凿痕。台基边缘有打磨痕迹（图版四五）。

H16：141

1. 名称：天统□年一铺二菩萨像

2. 材质：汉白玉

3. 时代：北齐天统□年

4. 尺寸：通高 19.9、通宽 12.8、像身高 11.7 厘米，台基座高 5.7、长 11.9、宽 5.2 厘米。

5. 保存状况：背屏上部残。右侧菩萨头冠残，横方体台基正面右侧上下角残。背面多处土锈。

6. 题记：台基右侧面 2 列，识别 4 字；台基背面 4 列，识别 11 字；台基左面 3 列，识别 9 字（图版四六，3）。录文如下：

（右）天统□/年五/（背）月七日/佛弟赵/□为亡/父母及/（左）夫己身/眷属一/时作佛

7. 造像：造像两尊，均为菩萨立像，有较大背屏，横方形台基（图二三）。

二菩萨立像姿态对称。左尊菩萨右臂屈肘上举，左臂屈肘，左手下垂，置于左腰部。右尊菩萨左臂屈肘上举，右臂屈肘，右手下垂，置于右腰部。残存背屏略呈竖椭圆形，略前倾，底部下收，背屏前后素面。二菩萨头戴宝冠。可见左尊菩萨宝冠前饰莲瓣 3 瓣。冠缯带从头两侧下垂至肩部。二菩萨面部漫漶，脸型方圆，右尊菩萨可见眼部刻线。左尊菩萨小嘴，嘴角内凹。菩萨衣纹相同，仅见天衣从两肘部沿体侧垂于半圆座，略外侈。裙边覆脚踝。左侧菩萨右手掌心朝内，似持莲蕾。右尊菩萨左手掌心朝内，似持莲蕾。跣足略呈八字形站立，脚掌略宽。半圆形覆莲台，台面中部较高边缘略低，浅浮雕双层覆莲瓣，莲瓣宽，共 3 瓣，内层仅从外层两瓣之间露出尖部，

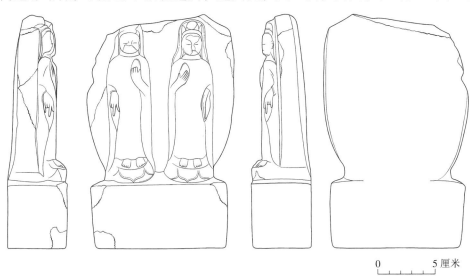

0 _____ 5 厘米

图二三　天统□年一铺二菩萨像（H16：141）

共 2 瓣。

台基为素面横方体，后面、左右两侧刻铭文。底面略内凹，可见放射状凿痕。边缘有打磨痕迹（图版四六，1、2）。

H16：163

1. 名称：天保九年一铺二菩萨像
2. 材质：汉白玉
3. 时代：北齐天保九年（558 年）
4. 尺寸：通高 30.6、通宽 19.5、左侧像高 20、右侧像高 20.1、左侧座高 1.9、右侧座高 1.8 厘米，台基高 8.5、长 19.5、宽 7.9 厘米。
5. 保存状况：背屏残存 5 块，已粘接。左侧菩萨头顶部、腰部磕残，残损严重。
6. 题记：台基背面阴刻 8 列，识别 48 字（图版四七，3）。录文如下：

　　　天保九年八月十 / 九日佛弟子张 / 次显为亡息胡 / 奴敬造观世音 / 像一区愿亡者记 / 西方妙乐国土 / 又及一切众生俱 / 时成佛

7. 造像：造像两尊，均为菩萨立像，有较大背屏，横方体台基（图二四）。

左尊菩萨立像，左臂屈肘下垂。右臂屈肘上举，右手置于右胸前，手指朝上，掌心朝内，刻划五指。溜肩，面部长圆，五官漫漶，可见眉弓与鼻根相连；眼细长，刻划上下眼睑；鼻头较大；双耳贴头。颈部短，椭圆状颈根突出。内衣袒右，有衣边，刻划左高右低弧线衣纹。双肩披天衣，下垂至腹

0　　5 厘米

图二四　天保九年一铺二菩萨像（H16：163）

前"X"形交叉，下垂至膝处，后上绕各搭双肘下垂至座台上，下摆略外侈。膝两侧天衣部分有"S"形底边。下身着长裙，覆脚踝，表现双腿，未见裙纹。左手持心形环状物，右手举莲蕾状物。露足尖，跣足，刻划脚趾，呈八字形外摆，立于莲座上。莲座圆形，台面中部略凸，侧面浮雕覆莲瓣，4片，莲瓣宽大，瓣尖略厚，莲瓣下有半圆台，素面。

右侧菩萨立像，左臂屈肘上举，手置于左胸前，刻划五指，手掌朝上，掌心朝内，大拇指与四指分离，持莲蕾状物。右臂屈肘下垂，右手置于腰右侧，刻划五指，手掌朝下，掌心朝内，中指与无名指弯曲，其余伸直，提心形环状物。溜肩，头戴宝冠，顶部呈圆弧状，冠面浮雕莲瓣，似三片莲瓣，中部莲瓣较大，左右冠面与正面冠面有三角状空隙，两侧冠缯带沿身侧下垂至肘部，未见冠台。头部未刻划发丝，发际线平缓。面部长圆，五官模糊，眉弓与鼻根相连；眼细长；鼻窄，左侧鼻翼与嘴部残损；嘴角上扬；双耳贴头，宽大，下垂齐下颌。颈短，椭圆状颈根突出。天衣腹前打圆结。其余部分与左侧菩萨对称。

背屏较大，残，略呈竖向椭圆状，素面。背面底部可见半圆状凸起，下接台基，素面。

台基为横方体，高大。台面略平；后面刻铭文，其余素面；底面中部略内凹，可见斜向平行状粗凿痕，边缘打磨（图版四七，1、2）。

H16：176

1. 名称：一铺二菩萨像
2. 材质：汉白玉
3. 时代：北齐
4. 尺寸：残高29.3、通宽17.3、像身高16.4厘米，台基座高7.5、长15.5、宽9.4厘米。
5. 保存状况：背屏顶部缺失，中部斜向断裂，已粘接。背屏左侧断裂口处有一角缺失，两菩萨宝冠顶部残损，左侧菩萨右手残损，右侧菩萨双手残损，横方体台基正面下缘中部残损，左下角略残，后面左下角残损。背面可见多处土锈。
6. 题记：无
7. 造像：造像两尊，均为菩萨立像，有较大背屏，横方体台基（图二五）。

二菩萨基本一致。右臂屈肘，右手举于右胸部，二菩萨右手均残。左臂下垂屈肘，左手置于左腰部位。掌心朝内，手指朝下。左侧菩萨左手可见手指。菩萨头戴宝冠，顶部均残失，冠缯带从头两侧下垂至肩。发纹正中两分，施黑色彩绘。下庭较长，面相长圆，墨绘弯眉，眉头连眼角，双目微闭，眼角略上吊，鼻尖残，小嘴薄唇，嘴角内凹上翘，耳大贴头，耳垂长，左侧菩萨嘴两侧有酒窝。下颌阴刻月牙状弧线，颈部上窄下宽。菩萨衣着可见内衣袒右，有彩绘宽衣边。双肩披天衣，从两肩前垂出，至腹前打结，左侧菩萨系双结，右侧菩萨系单结，交叉下垂两腿膝部。双肩覆另一束天衣，搭于两前臂，下垂于身体两侧，至半圆台外侈。下身着裙，两腿间雕刻并彩绘竖向衣纹，下部裙缘覆脚踝，略外侈，至半圆形台上。胸前佩带宽扁牌饰施紫色彩绘，素面。二菩萨右手均持一物。左手屈中指、无名指、小拇指持一环状物。二菩萨跣足，呈八字形并列立莲台，脚掌宽厚，五趾刻出。莲台上部为素面浅半圆台。中部为半圆形覆莲台，浅浮雕双层覆莲瓣，外层莲瓣尖拱形，每瓣根部有三道阴刻线，共5瓣，内层仅从外层两瓣之间露出尖部，略有中脊，共4瓣。下部为素面浅台。

图二五　一铺二菩萨像（H16：176）

背屏呈竖椭圆形。两侧边略斜削，底部下收，背面下部半圆形凸起。

台基为素面横方体，正面有黑色墨绘。底面可见放射状凿痕。

造像尚存三处彩绘痕迹。第一处为圆形头光，紫色彩绘勾勒轮廓，内描出数个横向格，间隔用红色彩绘填充，左侧菩萨头光脱落严重；第二处为椭圆形身光，紫色彩绘勾勒轮廓，用红色彩绘画横向格，左侧菩萨身光脱落严重；第三处为紫色彩绘勾勒背屏边缘，墨线画出火焰纹轮廓，红色彩绘填充（图版四八）。

H16：186

1. 名称：武平二年一铺二菩萨像

2. 材质：汉白玉

3. 时代：北齐武平二年（571 年）

4. 尺寸：残高 20.4、通宽 10.5、左像身高 10.6、右像身高 10.8、座高 1.9 厘米，台基高 4.5、长 10.5、宽 4.2 厘米。

5. 保存状况：背屏底部断裂，已粘接，顶部缺失。台基局部缺失。局部略残失。

6. 题记：台基右侧面阴刻 2 列，识别 6 字；背面阴刻 5 列，识别 14 字（图版四九，3）。录文如下：

（右）武平二/年三月/（背）二日王/次和造/像一区/为一切/众生

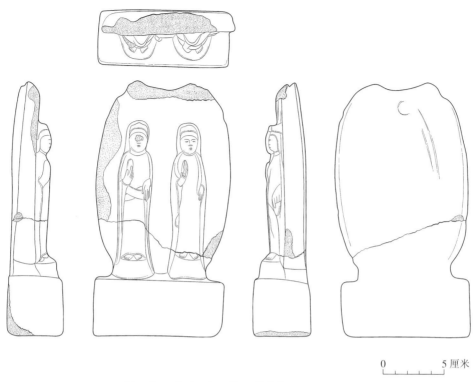

图二六　武平二年一铺二菩萨像（H16：186）

7. 造像：造像两尊，均为菩萨立像。有较大背屏，横方体台基（图二六）。

二菩萨像基本一致。立像，左臂略屈肘下垂，左手置于胯侧，刻划五指，中指和无名指弯曲，其余伸直，手掌朝内，指尖朝下。右臂屈肘上举，右手置于右胸前，刻划五指，细长，并拢，掌心朝内，手指朝上。瘦高，身躯细长，腹微鼓，腰较细，溜肩。戴宝冠，素面，两侧有冠缯带下垂至肩上，未见冠台。头部未见刻发丝，面部椭圆状，五官紧凑，刻划简略，唇小，嘴角微上扬，下巴较尖，双耳贴头，下垂至肩部。颈部短粗，颈根凸出。可见身体两侧天衣，下垂至座台上，下摆略外侈。下身着长裙，覆脚踝。未表现衣纹。左手持心形环形物，右手托一莲蕾状物。露足尖，跣足，呈八字形外摆，刻划脚趾，立于座上。座椭圆状，台面较小，略呈前低后高，上窄下宽，素面。

背屏，较大，竖向椭圆状，素面。背面有墨绘痕迹。侧壁削斜边。

台基为横方体，台面较平，前高后底，右侧与后侧刻铭文，其余素面。底面粗糙，有平行状凿痕，边缘有打磨痕迹（图版四九，1、2）。

H16：210

1. 名称：天统四年一铺二菩萨像

2. 材质：汉白玉

3. 时代：北齐天统四年（568年）

4. 尺寸：残高23.4、通宽15.6、左像身高15.1、右像身高11.2、座高2.5厘米，台基高5.1、长15.6、宽5.7厘米。

5. 保存状况：背屏顶部缺失，右侧菩萨头部缺失，背屏断为4块，已粘接。局部略残失。

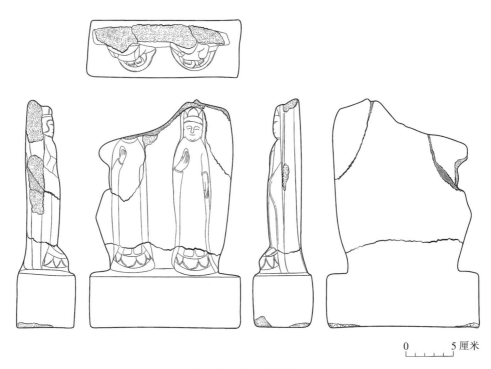

图二七　天统四年一铺二菩萨像（H16∶210）

6. 题记：台基右侧面阴刻2列，识别4字；背面阴刻6列，识别13字；左侧面阴刻1列，识别2字（图版五〇，3）。录文为：

（右）天统/四年/（背）五月/十二日/张福/仁敬/造白/玉像/（左）一区

7. 造像：造像两尊，均为菩萨立像，有较大背屏，横方体台基（图二七）。

二菩萨基本一致，右尊菩萨像略高。菩萨立像，左臂略屈肘下垂，左手置于左胯侧，刻划手指，中指和无名指弯曲，其余伸直，指尖朝下，手掌贴体。右臂屈肘上举，右手置于右胸前，刻划五指，指尖朝上。腰较细，腹微鼓。戴宝冠，顶部圆弧状，冠面呈3片莲瓣，中部莲瓣较大，两侧下垂冠缯带至肩部，未见冠台。头部未刻发丝，发际线略右高左低。面部长圆，饱满，五官模糊，眉弓与鼻根相连，鼻宽，唇小，较厚，嘴角上扬，双耳贴头，下垂至肩部。颈短，椭圆状颈根凸显。可见身侧帛带下垂至座台两侧，下摆略外侈。着衣未表现衣纹。右手握莲蕾状物。左手持环状物，表现不明显。露足尖，跣足，呈八字形外摆，刻划脚趾，立于莲台上。莲台圆形，自上而下分两段，上段浮雕双层覆莲瓣，外层莲瓣宽大，3片，瓣尖突出，略厚，内层莲瓣只露部分高凸中脊和瓣尖，2片；莲瓣下有浅圆台，素面。

背屏为竖向椭圆状，打磨光滑，素面，侧壁削斜边。

台基为横方体，较高大，正面素面，背面与侧壁刻铭文。底面中部略内凹，有斜向平行状粗凿痕，边缘打磨（图版五〇，1、2）。

H16∶213

1. 名称：一铺二菩萨像

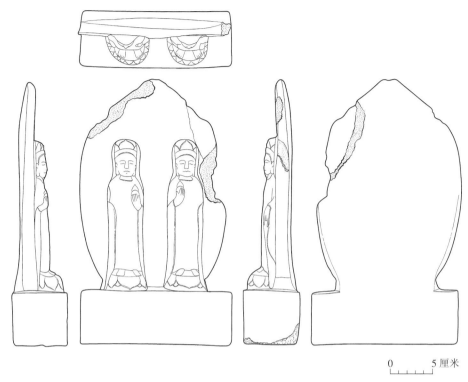

0　　　5厘米

图二八　一铺二菩萨像（H16：213）

2. 材质：汉白玉

3. 时代：北齐

4. 尺寸：通高 29.9、通宽 17.1、像身高 15.8、座高 2.1 厘米，台基高 5.8、长 17.1、宽 6.2 厘米。

5. 保存状况：基本完好。背屏顶部及左侧部分残，菩萨面部及手部分残。局部略残失。

6. 题记：无

7. 造像：造像两尊，均为菩萨立像，有较大背屏，横方体台基（图二八）。

二菩萨形态对称，为立像。左侧菩萨左臂略屈肘下垂，左手置于左胯部，贴体，指尖朝下，掌心朝内。右臂屈肘上举，右手置于右胸前，刻划五指，大拇指与四指分离，掌心朝内，手指朝上。溜肩，戴宝冠，顶部圆弧状，冠面浮雕 3 片仰莲瓣，中部莲瓣较大，未见冠台，两侧下垂冠缯带至肩部，素面。头部未刻发丝，发际线平缓。面部竖向椭圆状，眉弓较浅，与鼻根相连；眼细长，平直，上眼睑微鼓；鼻与嘴唇部模糊；双耳贴头，简单刻划耳部轮廓，下垂至肩部。颈短而细，椭圆形颈根突出。着衣表现不明显，下衣摆覆脚踝。手腕处可见下垂衣边，直线状，垂至座台两侧。未见衣纹。右手持莲蕾状物。露足尖，跣足，呈八字形外摆，刻划脚趾，立于莲座之上。座覆盆状，顶面中部略凸，侧面浮雕双层覆莲瓣，外层莲瓣宽大，3 片，尖部突出，略厚，内层莲瓣只露瓣尖，2 片，莲瓣下有浅圆台，素面。右侧菩萨右臂略屈肘下垂，右手置于右胯部。左臂屈肘上举，左手置于右胸前，其余部分二者基本相同。

背屏较高大，呈竖椭圆形，顶部尖拱状，中部略宽，底部内收，素面。

台基横方体。台面较平；正面有墨绘痕迹，其余侧面素面；底面中部内凹，有斜向平行状凿痕，边缘打磨（图版五一）。

三　单尊式背屏造像

共23件，均为汉白玉造像。可分为如来像和菩萨像，按尊格和编号顺序介绍如下。

（一）如来像

共3件。

H16：117

1. 名称：亏宝等造一铺单尊如来像
2. 材质：汉白玉
3. 时代：北齐
4. 尺寸：通高29.6、通宽12.1、像身高16.7厘米，座高5.4、长12.1、宽8.6厘米。
5. 保存状况：背屏尖部残损，右侧上部残损，背屏断裂为3段，已粘接，造像头部残损，右手略残。座基右侧下沿略残。

0 ────── 5厘米

图二九　亏宝等造一铺单尊如来像（H16：117）

6. 题记：座基背面阴刻 6 列，识别 15 字（图版五二，3）。自右向左竖读，录文如下：

　　清信/女纯/亏明照/清信/女亏宝/番供养

7. 造像：造如来立像一尊（图二九）。

如来右臂屈肘，右手翻腕上举，手掌朝前，左臂屈肘下垂，翻腕掌心朝前，手指朝下，腹部略鼓。竖椭圆形背屏，顶部尖拱状，背面底部有半圆形凸出，上部略前倾。头两侧残余耳垂，垂至颈部。颈部宽长。内衣袒右，有宽衣边并用黑色彩绘勾勒出，内衣在腹前有两系带下垂，大衣覆双肩，胸前呈"U"形领边，下端外翻，大衣衣角搭左前臂。可见双肘下垂衣纹，绘有墨线，衣缘至小腿处，大衣衣纹简略，仅底端刻衣纹"S"形褶皱。小腿处可见内衣衣纹，覆脚踝，衣边外侈，可见竖向衣纹。左手屈三、四、五指，手握一物。跣足呈八字形，立于半圆形浅台，脚掌宽厚，脚趾刻出。

半圆形台素面，下接半圆形覆莲座，黑色彩绘勾勒出双层覆莲，内层仅从外层两瓣之间露出尖部，外层莲瓣圆拱形，可见 9 片，内层莲瓣可见 8 片。其下接素面半圆形座基，上有黑色轮廓线，后面阴刻铭文。底面粗糙，可见不规则凿痕。

背屏前后均施有彩绘。共三处，第一处为圆形头光，红色彩绘勾勒轮廓，内层黑色彩绘画出头后莲花；第二处为椭圆形身光，红色彩绘勾出两层纹饰，身光内层填充红色彩绘；第三处为红色彩绘勾出背屏边缘，黑色彩绘画出火焰纹。背屏背面可辨一圈红色轮廓线，头光与身光右下角勾勒一朵莲花（图版五二，1、2）。

H16：168

1. 名称：一铺单尊如来像

2. 材质：汉白玉

3. 时代：东魏

4. 尺寸：通高 37.6、通宽 16.5、像身高 20.1、座高 3.6 厘米，台基高 8.9、长 16.5、宽 10.2 厘米。

5. 保存状况：背屏顶部及左侧缺失。造像双手残损。台基正面左上角、右下角和背面左下角残损。背屏断为 4 块，头部和足部断裂，已粘接。局部略残损。

6. 题记：无

7. 造像：造如来立像一尊。有背屏，横方体台基（图三〇）。

如来立像，左臂屈肘，左手下垂至左胯侧，右臂屈肘，右手举至右胸前。躯体略前倾，溜肩，腹微鼓。高肉髻，素面，头部未刻发丝，发际线平缓，中部略上凸。面部长圆，饱满，有一道裂纹。眉弓微凸，阴刻眉线，呈上弧状，眉头与鼻根相连；眼微闭细长，眼角微上扬，刻划上下眼睑；鼻较宽，鼻头较大，残；刻人中；唇较薄，嘴角微上扬；双耳贴头，较短，下端齐嘴唇，简单刻划耳部轮廓。颈部表现不明显。内衣袒右，自左肩至右胁下，有衣边，腹前系带，打圆结，结绳两分下垂入大衣内。大衣披双肩，有衣边，左侧衣襟自肩部下垂，右侧衣襟自肩部下垂至腹部，上搭左肘后下垂。大衣下垂至座台两侧，下摆略外侈。双臂阴刻衣纹阶梯状斜向弧线，腿部阴刻左高右低双弧线衣纹，腿中部偏左侧见一段竖向褶皱，底边呈连续"S"形。下身着裙，覆脚踝，大衣下可见，素面。露足

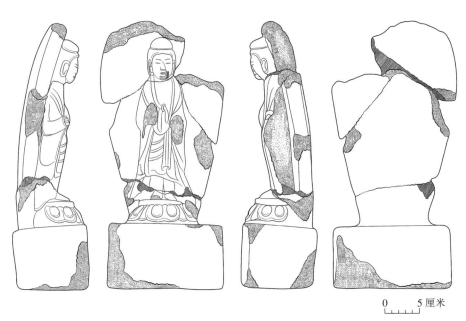

图三〇　一铺单尊如来像（H16：168）

尖，跣足，呈八字形外摆，刻划脚趾，立于莲座上。座圆形，自上而下分3段：上段较小高圆台，素面；中段浮雕双层覆莲瓣，外层莲瓣宽硕，3片，中脊高凸，脊两侧有椭圆形高凸物，瓣尖外翻，内层莲瓣只露高凸中脊和瓣尖，2片；下端较大浅圆台，素面。

背屏呈舟状，上端较宽，外侈，下端较窄，整体前倾，素面。背屏背面底部有半圆状凸起，素面。

台基为横方体，较高大。台面较平，前高后底；四侧面素面；底面中部略凹，有斜向平行状凿痕（图版五三）。

H16：318

1. 名称：一铺单尊如来像
2. 材质：汉白玉
3. 时代：东魏
4. 尺寸：通高25.3、通宽22.2、像身高6.4厘米。
5. 保存状况：残余背屏顶部及如来头部。背屏断裂为4块，已粘接，如来面部磨损（图三一）。
6. 题记：无
7. 造像：背屏顶部略呈尖拱状，弧形前倾，前后素面。其下残存一高浮雕如来头部。如来高肉髻，素面，发际线较平。面相长圆，眉弓凸，眉较平，微下撇，眉头接鼻梁，鼻尖磕残。上眼睑下垂，眼微睁，未刻睛珠。下唇厚。双耳大，贴头，耳垂长，简略刻出耳廓内结构，其下残失（图版五四，1）。

（二）菩萨像

共20件。

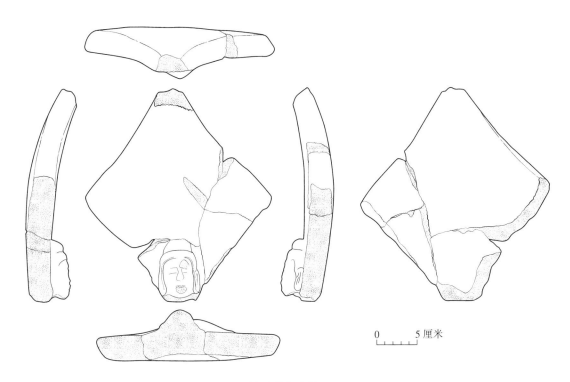

图三一　一铺单尊如来像（H16：318）

H16：022

1. 名称：一铺单尊菩萨像

2. 材质：汉白玉

3. 时代：北齐

4. 尺寸：背屏高 7.8、背屏宽 13.2、头高 5.5、头宽 4.1 厘米。

5. 保存状况：菩萨颈部以下残失，鼻部略残。背屏残余局部。

6. 题记：无

7. 造像：残存菩萨像一尊（图三二）。菩萨头戴宝冠，冠顶部残失，天冠台略残，两侧冠缯带打结，下垂至颈，两鬓角呈"V"形。额中部发际线凸起，将发两分。面相长圆，眉弓略凸，弧形阴刻弯眉，施黑彩。眼睑微鼓，双目微闭，高鼻梁，鼻尖残。小嘴厚唇，唇峰明显，嘴角内凹，耳大贴头，耳垂下垂至颈部，耳廓内部结构刻出。

背屏正面可见红、黑彩绘，背面可见墨线，边缘为削斜边（图版五四，2）。

H16：026

1. 名称：一铺单尊菩萨像

2. 材质：汉白玉

3. 时代：北齐

4. 尺寸：背屏高 10.2、背屏宽 11.9、头光高 6.4、头光宽 7.5、头高 4.9、头宽 3.4 厘米。

5. 保存状况：菩萨颈部以下残失，鼻部略残。背屏残余局部。

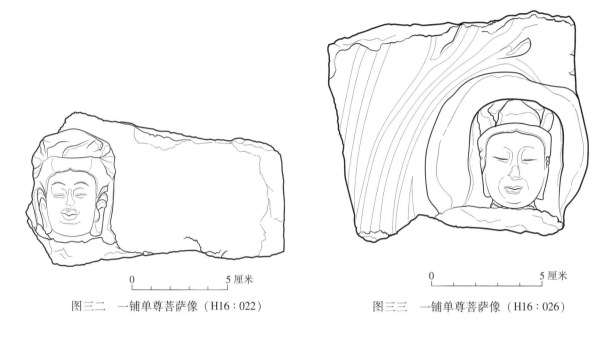

图三二　一铺单尊菩萨像（H16：022）　　　　　图三三　一铺单尊菩萨像（H16：026）

6. 题记：无

7. 造像：菩萨造像一尊（图三三）。头戴宝冠，冠顶略残，施有黑色彩绘，正面雕有两重莲瓣，瓣尖略残，两侧冠缯带下垂至颈。额中部发际线略凸，将发两分，有黑色彩绘。面相长圆，眉弓略凸。眼睑微鼓，双目微闭，鼻残。小嘴薄唇，唇峰明显，嘴角内凹，耳大贴头，耳垂下垂至颈部，耳廓内部结构刻出。

背屏正面可见 3 道红色彩绘线条。圆饼状头光，素面（图版五四，3）。

H16：036

1. 名称：一铺单尊菩萨像

2. 材质：汉白玉

3. 时代：东魏

4. 尺寸：通高 21.4、通宽 11.9、像身高 13.7 厘米，台基高 5.7、长 11.9、宽 7.9 厘米。

5. 保存状况：背屏上部残失，小腿处断裂，已粘接。可见多处土锈。

6. 题记：无

7. 造像：造菩萨像一尊，有背屏、横方体台基（图三四）。

菩萨立像，右臂屈肘上举于胸前。左手置左腰部位，掌心朝内，指尖朝下，中指、无名指弯曲，似持心形环状物。右手掌心朝内，似持莲蕾。菩萨头戴宝冠，素面，冠顶中部高凸。冠缯带从头两侧垂至肩部，发际线平直。绘紫色圆环形头光。面长圆，双耳较大，耳垂厚，垂至下颌，双目微闭，眉弓略凸，眉头接鼻梁。鼻梁嘴唇部漫漶。菩萨上身可见天衣，搭于两肩，下垂穿于腹前璧环，交叉垂在两腿面，天衣阴刻对称"U"形衣纹。再上绕搭于两前臂，沿体侧垂至半圆台两侧，腹前璧环下垂一带，末端呈鱼尾状。上身内衣袒右，自左肩到右胁下，可见宽衣边。下身着裙，覆脚踝，略外侈。颈部戴项圈，可见倒尖拱形牌饰，施紫色彩绘。两肩系装饰带，左肩可见一端呈鱼尾状，两臂外侧

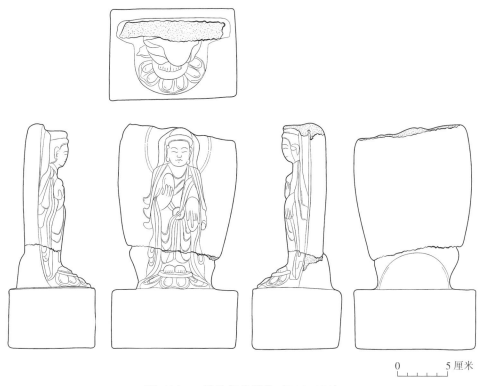

图三四　一铺单尊菩萨像（H16：036）

均三条带垂下，末端尖状，外侈。跣足，两脚并拢，刻脚趾，立于半圆形浅台。其下浮雕双层覆莲瓣，莲瓣宽肥，共4瓣，中脊略凸，两侧各有一椭圆形高凸物，瓣尖外翻，内层仅从外层两瓣之间露出尖部，有中脊，共两瓣。

背屏略呈竖椭圆形，底部下收。整体微前倾，下部可见一半圆形凸出与台基相连。背屏前后素面。

台基为横方体，正面残存墨绘，可辨出莲花（图版五五）。

H16：054

1. 名称：一铺单尊菩萨像

2. 材质：汉白玉

3. 时代：北齐

4. 尺寸：通高15.5、通宽17、像身高15.5厘米。

5. 保存状况：残余造像颈以下膝以上部位。双手缺失，背屏残余身侧部分。

6. 题记：无

7. 造像：造菩萨像一尊，有背屏（图三五）。

菩萨立像，左臂略屈肘下垂，左手置于左胯侧。右臂屈肘上举，右手置于右胸侧。左手提椭圆状物，右手举莲蕾状物。戴项圈，上缘呈圆弧状，下缘呈倒三角状，素面。左肩侧似有冠缯带残块。可见内衣，自左肩至右胁下。天衣覆双肩，下垂至腹前"X"形交叉，打结下垂。天衣中部阴刻两道

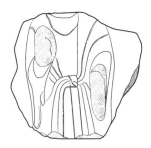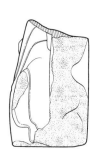

0　　5厘米

图三五　一铺单尊菩萨像（H16∶054）

衣纹。下身着裙，两腿间阴刻一道竖向裙纹。

　　背屏残余身侧部分，较厚，素面，形制不清（图版五六，1）。

H16∶075

1. 名称：一铺单尊菩萨像残块
2. 材质：汉白玉
3. 时代：北齐
4. 尺寸：通高10、通宽11.9、像身高1.2、座高1.8厘米，台基高6.3、长11.9、宽5.8厘米。
5. 保存状况：造像小腿以上残失，背屏残余底部，素面，有台基。
6. 题记：无
7. 造像：残存菩萨脚部，仅见裙覆脚踝，外侈，天衣底端垂于身体两侧至半圆台。跣足，呈八字形，足跟并拢，脚掌宽厚，刻脚趾。莲台半圆形，台面中部高，素面。其下浮雕双层覆莲瓣。每层莲瓣均为3瓣，外层莲瓣宽厚，呈尖拱形，素面，内层仅从外层两瓣之间露出尖部。其下为素面浅半圆台。

　　台基为素面横方体。底面内凹，可见放射状凿痕（图三六；图版五六，2、3、4）。

H16∶102

1. 名称：一铺单尊菩萨像残块
2. 材质：汉白玉
3. 时代：北齐
4. 尺寸：通高11.9、通宽13、像身高2.8、座高2.8厘米，台基高5.9、长13、宽7.5厘米。
5. 保存状况：背屏仅残余底部，造像小腿以上残失，横方体台基底部略残。
6. 题记：无
7. 造像：残存菩萨立像腿足部，腿部着裙，素面。两侧天衣外侈，垂至莲台两侧。跣足呈八字形立于半圆台上，两足五趾分明，脚掌宽厚。素面半圆浅台下浮雕

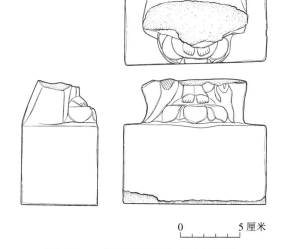

0　　5厘米

图三六　一铺单尊菩萨像（H16∶075）

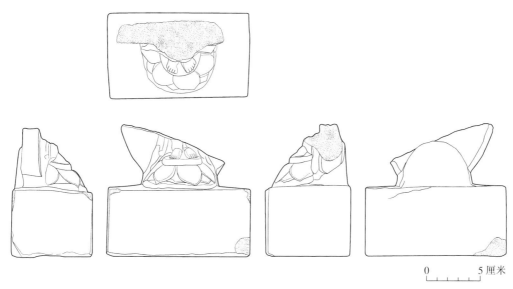

图三七　一铺单尊菩萨像（H16∶102）

双层覆莲瓣。外层莲瓣 4 瓣，素面，尖拱形，内层仅从外层两瓣间露出尖部，共 3 瓣。底部素面浅半圆台。

背屏仅见下端残部，背面素面，底部有半圆形凸起。台基为横方体，素面，底面内凹，可见放射状凿痕（图三七；图版五七，1、2）。

H16∶135

1. 名称：一铺单尊菩萨像
2. 材质：汉白玉
3. 时代：东魏
4. 尺寸：通高 26.5、通宽 22.7、像身高 26.5、背屏厚 1.6—3 厘米。
5. 保存状况：背屏上、下两端缺失。躯体小腿以下断失。宝冠略缺失。局部略残失。

图三八　一铺单尊菩萨像（H16∶135）

6. 题记：无

7. 造像：造菩萨像一尊，有背屏，背屏上有墨绘（图三八）。

菩萨立像，左臂屈肘下垂，左手置于腰左侧，指尖朝下，掌心朝内，刻划手指，大拇指、食指和小拇指伸直，其余手指弯曲并拢。右臂屈肘上举，右手置于右胸前，手掌朝上，掌心朝内，刻划手指，大拇指、食指和小拇指伸直，其余手指弯曲并拢。左手握心形环状物，右手举莲蕾状物。溜肩，腹微鼓。戴宝冠，顶部残，冠有三面，由两段竖向连珠带隔开，有冠台，素面，冠缯带沿头侧下垂至肩前，尾部略呈三角状。头部未刻发丝，发际线平缓。戴项圈，上缘圆弧状，下缘倒三角状，素面。面部椭圆状，眉弓微凸，眉头与鼻根相连；眼细长，上下眼睑微鼓；鼻高窄，鼻头残；刻人中；嘴角微凹，嘴唇较厚；双耳贴头，较小，简单刻划耳部轮廓，下垂齐下嘴唇部。颈部短，较细。内衣袒右，自左肩至右胁下，有宽衣边。双肩披天衣，自肩部沿胸前下垂于腹前穿过璧环，"X"形交叉，后各垂至膝处上绕搭肘下垂，腿部天衣呈"U"形，衣纹呈阶梯状。身侧天衣，沿身体两侧向外飘散，呈锯齿状，下摆外侈，可见右侧一处底边呈连续"S"形。下身着长裙，双腿间阴刻一道竖向直线，裙纹竖向弧线状。

背屏宽大，残余背屏部分两侧为削斜边，背屏前后两面模糊可见墨线痕迹。背面下方用墨线绘出两个莲台，左侧莲台较小，应为覆莲，覆莲以上较模糊。右侧为仰覆莲台，莲瓣较为清晰，中部可见有下垂的衣纹覆住莲瓣，仰覆莲其上墨线模糊不清。背屏正面两侧墨线较模糊，似衣纹（图版五七，3、4）。

H16：139

1. 名称：惠愍造一铺单尊菩萨像
2. 材质：汉白玉
3. 时代：北齐
4. 尺寸：通高11.9、通宽10.9、像身高1.5、座高2.3厘米、台基高5.3、长10.9、宽4.9厘米。
5. 保存状况：背屏仅残余底部，造像小腿以上残失，横方体台基背面右上角残损（图三九）。

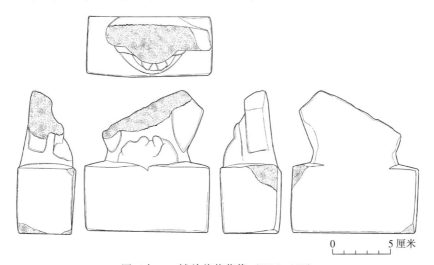

0　　　　　5厘米

图三九　一铺单尊菩萨像（H16：139）

6. 题记：台基左侧竖向阴刻一列，右侧竖向阴刻一列，识别4字（图版五八，2）。录文如下：

（左）像主／（右）惠愍

7. 造像：仅存菩萨腿部，腿部着裙，覆脚踝。两侧天衣外侈，垂至莲台两侧。造像跣足呈八字形立于半圆台上，两足似站于莲瓣上，脚趾漫漶，脚掌宽厚。其下浮雕双层覆莲瓣。外层莲瓣3瓣，素面，呈尖拱形，内层莲瓣2瓣，仅从外层两瓣间露出尖部。

背屏下端底部两侧内收，连接台基。背面素面。台基横方体，左右两侧刻有铭文。底面可见平行斜向凿痕，边缘打磨（图版五八，1）。

H16：177

1. 名称：一铺单尊菩萨像
2. 材质：汉白玉
3. 时代：北齐
4. 尺寸：通高27.8、通宽12.4、像身高12.8厘米，台基高6.3、长12.3、宽7.8厘米。
5. 保存状况：背屏尖部两处断裂，已粘接。下部断裂，已粘接。背屏右侧断裂处缺失，横方体台基正面下缘略残，菩萨宝冠及面部残损。
6. 题记：无
7. 造像：造菩萨像一尊，有背屏、横方体台基（图四〇）。

菩萨立于半圆台上。右臂屈肘，右手举于右胸部，掌心朝内，左臂屈肘，左手下垂，置于腹前，

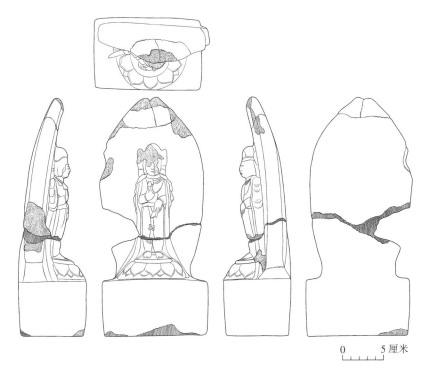

0 　　　5厘米

图四〇　一铺单尊菩萨像（H16：177）

掌心朝内，屈中指、无名指、小拇指。头戴宝冠，冠缯带于宝冠两侧系结，下垂至肩部。面部残损严重，仅残余面部右侧下半部分，右耳垂大，贴头。薄唇，嘴角内凹，颈宽，腹部略鼓出。可见内衣祖右，自左肩到右胁下，左右肩部皆有一圆形凸起，各下垂一带至前臂下。双肩披天衣，外侈，体侧下垂覆半圆台两侧，至台基面上。腰部束宽带，并在两腿间下垂一帛带，两膝间有一"X"形结。下身着裙，裙边覆脚踝，略外侈。左手戴腕钏，颈戴项圈，项圈上缘为圆弧状，下缘为倒三角形，素面。双手各持一莲蕾。跣足立于莲台，双足略呈八字形，脚掌略宽，五趾刻出。莲台上部为素面浅半圆形，中部为半圆形，浅浮雕双层覆莲瓣，外层莲瓣尖拱形，共5瓣，内层莲瓣仅从外层两瓣之间露出尖部，略有中脊，共4瓣。下部为素面浅台。

背屏整体略前倾，呈竖椭圆形，顶部为尖拱状。底部下收。背屏前后素面。

台基素面横方形。底面有不规则凿痕（图版五八，3）。

H16：178

1. 名称：一铺单尊菩萨像
2. 材质：汉白玉
3. 时代：北齐
4. 尺寸：通高23.9、通宽10.6、像身高11.8厘米，台基高4.8、长10.1、宽5.9厘米。
5. 保存状况：背屏上部两处断裂，已粘接。底部断裂，已粘接，背屏尖部略残。菩萨右手残损，横方体台基局部略残。整体有多处土锈。
6. 题记：无

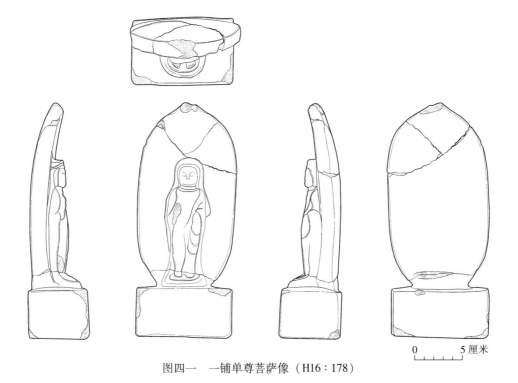

图四一　一铺单尊菩萨像（H16：178）

7. 造像：造菩萨像一尊，有背屏、横方体台基（图四一）。

菩萨立像，右臂屈肘，右手举于右胸部，右手残损。左臂屈肘，左手下垂置于左腰部，掌心朝内。腹部略鼓。头戴发箍，头顶平，发箍带头两侧打结，下垂至肘部。发纹中部两分，可见墨绘。面部较宽扁，眉弓突出，接鼻梁，鼻尖圆，双目微闭，上眼睑略鼓。双耳贴头，耳垂大，下嘴唇厚，短颈。双肩披天衣，覆双臂下垂，至腹前交叉于一圆结，下垂至两腿膝部，两腿各阴刻三条下弧形衣纹。再绕搭两前臂，垂于体侧至台。颈前佩戴项圈，下缘呈尖拱形，下坠一宝珠，挂于胸前。右手可见持莲蕾状物，左手屈指，勾心形环状物。菩萨跣足略呈八字形，站立于半圆台台面上，刻脚趾。其下为一层素面浅台。

背屏整体内凹，呈竖椭圆形，上部略前倾。底部下收。背屏背面素面。正面可见墨绘，似绘身光。

台基素面横方形。底面可见斜向交错凿痕（图版五八，4）。

H16：202

1. 名称：一铺单尊菩萨像
2. 材质：汉白玉
3. 时代：北齐
4. 尺寸：通高16、通宽11.1、像身高10.5、座高1.3厘米，台基高3.8、长11.1、宽5.1厘米。
5. 保存状况：背屏上半部残失，小腿部断裂已粘接，菩萨上半身残失，台基左前角残损。
6. 题记：无
7. 造像：造菩萨像一尊，有背屏、横方体台基（图四二）。

菩萨立像，右臂仅见屈肘，左臂屈肘置于左腰部，左手下垂。左手提一物。腹部略鼓。通体几乎无衣纹。仅见两臂下阴刻一道衣纹，沿身侧下垂至莲台两侧，应为天衣。衣裙下垂至座，覆

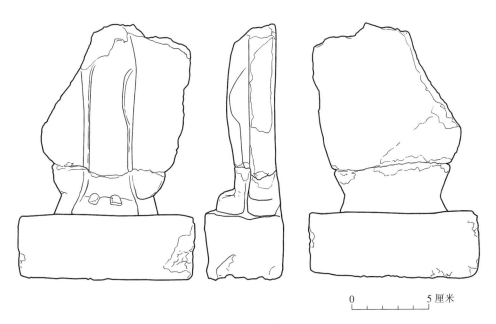

图四二　一铺单尊菩萨像（H16：202）

脚踝。跣足，双脚瘦长，五趾分明。立于素面浅半圆台，其下浅浮雕一层覆莲瓣，莲瓣宽，共3瓣，呈尖拱形。

背屏整体略前倾。背面两边略削，底部下收。背屏前后素面。

台基横方体，磨光素面。底面略内凹，可见平行斜向凿痕，边缘打磨（图版五九，1、2）。

H16：204

1. 名称：一铺单尊菩萨像
2. 材质：汉白玉
3. 时代：北齐
4. 尺寸：通高23.8、通宽11.3、像身高11.7、座高1.7厘米，台基高5.1、长11.3、宽7.8厘米。
5. 保存状况：背屏断裂，已粘接。背屏顶部略残。局部略有残失。
6. 题记：无
7. 造像：造菩萨像一尊，有背屏、横方体台基（图四三）。

菩萨立像，左臂屈肘斜向下垂，左手置于左腿前侧，刻划五指，指尖朝下，手心朝内。右臂屈肘上举，右手置于右胸前，刻划五指，大拇指与四指分离，手心朝内，手指朝上。右手举莲蕾状物。双手腕戴腕钏，素面环状。上半身略前倾，腰较细，腹微鼓。戴宝冠，顶部半圆状，冠面浮雕3片仰莲瓣，呈圆拱形，瓣尖略厚，冠台素面。两侧下垂冠缯带至肩部，与宝冠连接部分可见打结。头部未刻发丝，发际线平缓。面部方圆，眉弓与鼻根相连；眼细长，上眼睑鼓起，眼线平直，尾部上挑；鼻残；唇小，嘴角内凹；双耳贴头，下垂齐下颌。颈短，表现不明显。上身着天衣，披双肩，覆上臂，较宽，自两肩斜向下垂至腹前，"X"形交叉后各搭肘垂至座台上。天衣衣纹阴刻线。下身着长裙，覆脚踝，表现双腿。露足尖，跣足，呈八字形外摆，刻划脚趾，立于莲台上。莲台，半圆形，上下分两段，依次是：上段浅圆台，素面；下段覆盆状，浮雕覆莲7瓣，莲瓣细长，较密。

0 　 5厘米

图四三　一铺单尊菩萨像（H16：204）

背屏较大，呈舟状，上部分前倾，顶部尖拱状，中部较宽，底部内收，可见边缘有阴线刻浅边，宽0.4厘米，其余素面。背部素面。

台基为横方体，较高大。台面较平，略前低后高；四侧面素面；底面略平，可见凿痕，略呈密集菱形方格状，边缘有打磨痕迹（图版五九，3、4）。

H16：212

1. 名称：一铺单尊菩萨像
2. 材质：汉白玉
3. 时代：东魏
4. 尺寸：通高28.9、通宽13.9、像身高16.1、座高3.1厘米，台基高6、长13.9、宽7.9厘米。
5. 保存状况：背屏中部断裂，已粘接。背屏顶部、右下侧、造像左手缺失，台基正面右下角缺失。局部略残损。
6. 题记：无
7. 造像：造菩萨像一尊，有背屏、横方体台基（图四四）。

菩萨立像，左臂表现不明显，右臂屈肘上举，手置于右胸前，刻划五指，掌心朝内，手指朝上。左手似提心形物，右手托莲蕾状物。腹微鼓。戴宝冠，顶部圆弧状，冠面浮雕3片仰莲瓣，中部莲瓣较大，两侧下垂冠缯带至肩，冠台素面。头部未刻发丝，发际线平缓。面部长圆，眉弓与鼻根相连；眼细长，眼线呈波浪状，上眼睑鼓起，下眼睑呈卧蚕状；颧骨较高；鼻较宽，鼻头较大；刻人中；嘴唇上部略鼓，唇薄，嘴角微翘，内凹；双耳贴头，下垂齐下颌，简单刻划耳部轮廓。颈细，较短。戴项圈，呈上弧形，上缘呈圆弧状，下缘呈倒三角状，素面。上身着内衣，有衣边，自左肩至右胁下，素面。双肩披天衣，自双肩垂至腹前"X"形打结交叉下垂至膝前，分别上绕搭双肘下垂座台侧。天衣在膝处部分较宽，中部阴刻一道衣纹。小腿左侧天衣可见部分"S"形衣纹，小腿右侧天衣可见部

图四四　一铺单尊菩萨像（H16：212）

分"之"字形衣纹。下身着长裙，覆脚踝，表现双腿，未见裙纹。裙底边部分折叠，呈倒三角形。露足尖，刻划脚趾，呈八字形外摆，立于莲台之上。台座为覆盆状，自上而下分三段：上段为较小浅圆台，素面；中段浮雕双层覆莲瓣，外层莲瓣宽硕，3 片，中脊高凸，脊两侧有椭圆状高凸物，瓣尖略厚，内层莲瓣只露高凸中脊和瓣尖，4 片；下段为较大浅圆台，素面。

背屏较大，竖向椭圆状，顶部略前倾，侧壁削斜边。背面底部有半圆状凸起，均素面。

台基为高横方体。台面略平，略前高后低；四侧壁光滑，素面；底部粗糙，有不规则和斜向粗凿痕，边缘有打磨痕迹（图版六〇）。

H16：261

1. 名称：一铺单尊菩萨像

2. 材质：汉白玉

3. 时代：不详

4. 尺寸：通高 9.2、通宽 7.2、像身高 9.2 厘米。

5. 保存状况：菩萨上半身和小腿部以下残失。

6. 题记：无

7. 造像：可见背后方形立柱，应为大背屏一部分。菩萨残存左前臂下垂。腹部浮雕 4 道竖向衣纹，腹前天衣呈"U"形下垂，腿部天衣呈"U"形，左手握天衣，下垂体侧，身体右侧天衣竖直下垂。下半身着裙。左手戴腕钏（图四五；图版六一）。

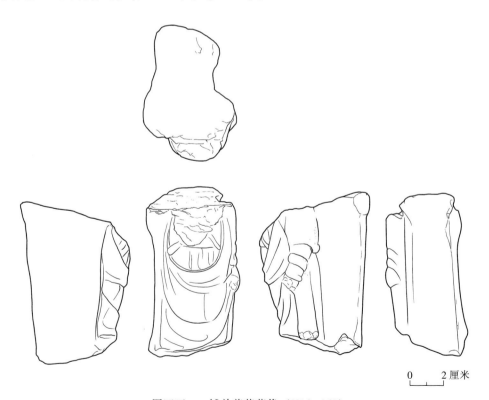

0 　 2 厘米

图四五　一铺单尊菩萨像（H16：261）

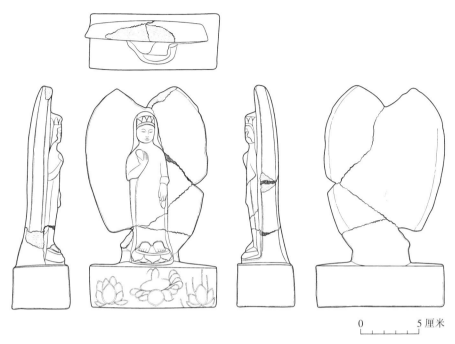

图四六　一铺单尊菩萨像（H16：264）

H16：264

1. 名称：一铺单尊菩萨像

2. 材质：汉白玉

3. 时代：北齐

4. 尺寸：通高 18.3、通宽 11.1、像身高 11.1、座高 1.6 厘米，台基高 3.1、长 11.1、宽 4.7 厘米。

5. 保存状况：背屏顶部残失，右下角处残缺，整体断为 4 块，已粘接。

6. 题记：无

7. 造像：造菩萨像一尊，有背屏、横方形台基（图四六）。

菩萨立于莲台上。右臂屈肘上举于右胸前，右手掌心朝内，刻手指。左臂略屈肘置于左腰部，左手下垂。右手似持莲蕾，左手持心形环状物。菩萨头戴三叶宝冠，素面。冠缯带从头两侧垂至肩部，天冠台宽，发际线平直。面长圆，鼻部残，眉弓略突出，双目微闭，小嘴薄唇，双耳贴头，耳垂近肩部。通体无衣纹，仅见天衣绕搭两臂，沿身侧下垂至莲台。跣足略呈八字形站立，脚掌宽厚，五趾分明。立于素面浅半圆台，其下半圆形覆莲台。浅浮雕双层覆莲瓣，莲瓣宽，共 3 瓣，内层仅从外层两瓣之间露出尖部，可见两瓣，莲瓣下有素面浅台。

背屏呈竖椭圆形，整体前倾。背面两边略削，底部下收。背屏前后素面。

台基为横方体，正面可见墨线痕迹，绘有 3 朵莲花。底面略内凹，可见竖向平行凿痕，边缘打磨（图版六二）。

H16：276

1. 名称：武定二年一铺单尊菩萨像

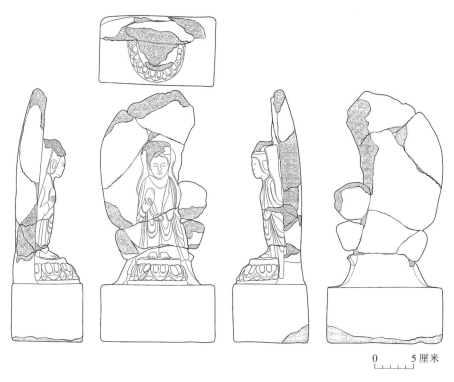

0　　　5厘米

图四七　武定二年一铺单尊菩萨像（H16：276）

2. 材质：汉白玉

3. 时代：东魏武定二年（544 年）

4. 尺寸：通高 31.8、通宽 15、像身高 14.4、座高 3.6 厘米，台基高 6.9、长 15、宽 9.2 厘米。

5. 保存状况：背屏顶部及左侧部分缺失，菩萨头顶部及左手略缺损。背屏残断为 8 块，已粘接。局部残损。

6. 题记：台基右侧面阴刻 5 列，识别 16 字；背面阴刻 8 列，识别 26 字；左侧面阴刻 4 列，识别 10 字（图版六三，3）。自右向左竖读，录文如下：

（右）大魏武定/二年三月/廿二日南/宫赵显龟/□□/（背）□□□敬/造白玉象/一区阿婆/现在记生/先方之□/请土见□/安隐后一/切合生□/（左）同上愿/息女外/敬侍佛/时

7. 造像：造菩萨像一尊，有背屏、横方形台基（图四七）。

菩萨立像，左臂屈肘下垂，右臂屈肘上举，右手置于右胸前，刻划五指，手掌朝上，掌心朝内。左手持椭圆状物，右手举莲蕾状物。溜肩，躯体较短，略前倾。戴宝冠，冠面不清，冠台素面，两侧下垂冠缯带至上臂侧，较宽。头部未刻出发丝，发际线中部两分。面部椭圆。眉弓与鼻根相连；眼细长，微上扬；鼻窄，鼻头残；嘴唇细长；双耳贴头，下垂至肩部，简单刻划耳部轮廓。颈短，表现不明显。戴项圈，较宽，上缘呈圆弧状，下缘呈倒三角状，素面。上身着内衣，自左肩至右胁下，有衣边。双肩披天衣，下垂至腹前"X"形交叉，分别垂于腿前向上翻折，呈"U"形，上搭双肘下垂至台基上。天衣衣纹呈阶梯状。下身着长裙，覆脚踝，垂于莲座上，表现双腿，有纵向裙纹，底边表现不明显。露足尖，跣足，呈八字形外摆，刻划脚趾，立于莲座上。莲座呈半圆状，自上而下分三段：上段为较小浅半圆台，素面；中段浮雕双层覆莲瓣，外层莲瓣宽硕，5 片，瓣尖较尖，外翻，中脊高凸，脊两侧有椭圆形高凸物，内层莲瓣只露外翻瓣尖，较厚，6 片；下段为较大浅半圆台，素面。

背屏呈竖椭圆状，上半部分前倾，中部较宽，上下内收，侧壁削斜边，背面底端略凸起，素面。

台基为横方体，侧面及背面刻铭文，正面无纹。底面中部略内凹，四周有放射状凿痕，边缘打磨（图版六三，1、2）。

H16：280

1. 名称：一铺单尊菩萨像

2. 材质：汉白玉

3. 时代：东魏

4. 尺寸：通高 10.6、通宽 11.6、像身高 3.9、座高 1.6 厘米，台基高 5.5、长 13.1、宽 8.4 厘米。

5. 保存状况：背屏残余底部，造像小腿以上残失，台基正面右下侧残损，背面左下角残损。

6. 题记：无

7. 造像：残存菩萨立像一尊，仅见小腿处着裙，有两道下弧线衣纹。裙覆脚踝，两侧外侈，腿左侧天衣覆半圆台，有"S"形褶皱。跣足，五趾分明，呈八字形，立于莲台。莲台有 3 层，上层素面圆形；中层浮雕双层覆莲瓣，呈尖拱形，素面，每层莲瓣 4 片，莲瓣宽厚，内层莲瓣仅从外层两瓣之间露出尖部，共 4 片；下层素面圆台。

背屏残余底部部分，底部两侧略下收，素面。背面有半圆形凸起。台基为素面横方体，底面可见平行斜向凿痕（图四八；图版六四，1、2）。

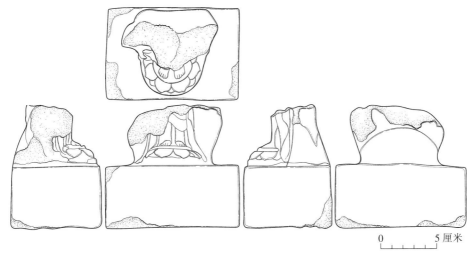

图四八 一铺单尊菩萨像（H16：280）

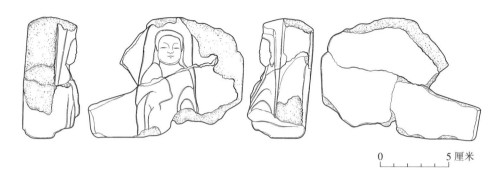

0　　　　　　　　5 厘米

图四九　一铺单尊菩萨像（H16：301）

H16：301

1. 名称：一铺单尊菩萨像

2. 材质：汉白玉

3. 时代：东魏

4. 尺寸：通高8.5、通宽11.7、像身高8.5 厘米。

5. 保存状况：残余背屏局部和菩萨上半身。冠顶残，左臂残。造像断为3块，已粘接。

6. 题记：无

7. 造像：造菩萨像一尊。

菩萨立像，右臂屈肘上举，手置于右胸前，刻划手指。右手持莲蕾状物。溜肩，躯体修长。戴宝冠，顶部残，冠面刻3片仰莲瓣，中部莲瓣较大，两侧下垂冠缯带至上臂侧，较厚，未见冠台。头部未刻发丝，发际线平缓。面部长圆，五官模糊，眉弓与鼻根相连；眼细长，平直，未刻眼珠；鼻宽，略残；唇小，较薄，唇角上扬；双耳贴头，耳垂肥大，垂至肩上，简单刻划耳部轮廓。颈短。可见双肩披天衣，搭覆上臂，垂至腹前，中部刻划一道衣纹。

背屏残余身侧部分，素面（图四九；图版六四，3）。

H16：332

1. 名称：一铺单尊菩萨像

2. 材质：汉白玉

3. 时代：北齐

4. 尺寸：通高12.6、通宽8.5、像身高12.6 厘米。

5. 保存状况：残存菩萨小腿以上及部分背屏，断为3块，已粘接，菩萨面部残损严重，胸部残损，小腿部以下残失。

6. 题记：无

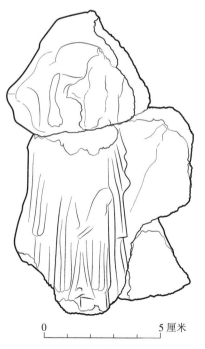

0　　　　　　　5 厘米

图五〇　一铺单尊菩萨像（H16：332）

7. 造像：造菩萨像一尊，残存背屏（图五〇）。

菩萨左臂屈肘，左手下垂，置于腹前，掌心朝内。腹部略鼓出，右臂不辨。头戴宝冠，冠面已残，冠缯带自头两侧下垂及肩，面部漫漶。双肩披天衣，体侧下垂，微向外扬，阴刻竖向衣纹。两腿间下垂一帛带，腹部下方有一"X"形结，下身着裙。左手似持一莲蕾。

背屏前后素面（图版六四，4）。

G2：2

1. 名称：一铺单尊菩萨像

2. 材质：红陶

3. 时代：唐

4. 尺寸：通高 25、通宽 14.4、像身高 15.4、座高 7 厘米。

5. 保存状况：背屏左侧与右侧均有缺失，台基右侧缺失，右手缺失。头部断裂，已粘接。局部略有残失。

6. 题记：无

7. 造像：菩萨造像一尊（图五一）。

菩萨半跏趺坐，左臂屈肘下垂，与身躯分离，左手抚左膝上，握天衣，塑造手指，指尖朝下。右臂屈肘上举，手置于右肩外侧，可见手掌朝上。双手腕处可见腕钏。腰较细，腹微鼓，塑造倒三角状肚脐。左腿屈膝下垂，右腿盘腿横放。可见桃形头光，顶部尖拱状，边缘较厚，中心可见一圈连珠带纹饰，连珠带边缘塑造凸弦纹。戴宝冠，冠面呈箭头状，中脊高凸，并向后卷折，冠正中底部有一颗较大圆珠，冠两侧底部有较小圆珠，未见冠缯带。头部刻划密集斜向平行状发丝，中部阴刻一道横

图五一　一铺单尊菩萨像（G2：2）

向弧线，将发丝分为双层，发丝沿中部两分，分为四个部分。发际线中部凸起，呈尖拱状。右上臂侧可见一缕发丝，尾部卷曲。面部长圆。眉弓微凸，呈上弧状，与鼻根相连；眉间内凹，似有白毫相；眼细长，上眼睑微鼓，刻卧蚕眉；鼻根窄，鼻头呈三角状；颧骨微凸，可见鼻唇沟，刻人中；上嘴唇较厚，有唇峰、唇珠，嘴角微凹；双耳贴头，较大，下垂齐下颌骨，简单刻划耳部轮廓。颈细，可见两层肉褶，略呈"V"形颈根。戴项圈，连珠带状，边缘刻凸弦纹。项圈两侧下垂连珠带状璎珞入裙内。胸部轮廓明显。双肩披天衣，自双上臂沿身侧下垂，左侧天衣穿过左手，下垂至左小腿侧，右侧天衣垂至座台上，衣纹呈阶梯状。下身着裙，覆脚踝，上裙缘略外翻。腰部系带，腰带处刻划绳纹，左小腿处有2道"U"形衣纹，其右侧有竖向弧线衣纹，右腿可见3道左高右低弧线，右腿下着衣见两层，底边呈下弧形。菩萨座基正中生出2朵小莲台，莲台间有打结状莲茎，菩萨左足踏左侧小莲台，坐束腰座。座台为横方体，自上而下分三层，中层横方台较大，上层和下层横方台较小，素面。束腰四棱柱，素面。座基为横方体，四层叠涩递增，素面。

背屏顶部呈尖拱状，较厚，前倾。两侧壁竖直，素面。

台基为横方体。侧壁与背屏等齐，后侧与背屏无明显分界，素面（图版六五）。

四　背屏造像残块

共24件。按编号顺序介绍如下。

H16：023

1. 名称：背屏残块
2. 材质：汉白玉
3. 时代：北齐
4. 尺寸：通高9.1、通宽10.7厘米。
5. 保存状况：仅发现局部残块。
6. 题记：无
7. 造像：正面左侧可见双腿，直立屈膝状，右腿较大，左腿较小，脚尖朝左；正面中部有半"U"形带状物，由3股竖向连续方格带组成；正面右侧有一飞天面部，发中部两分，有黑色墨绘，头后有墨绘一圈状头光，右侧有左高右低凿痕，飞天面部椭圆，可见墨绘眉弓，刻划眼部、耳部，其余漫漶不清。背屏背面光滑，素面（图五二；图版六六，1）。

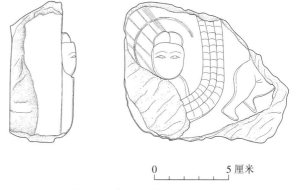

0　　　　　5厘米

图五二　背屏残块（H16：023）

H16：042

1. 名称：背屏造像台基
2. 材质：汉白玉
3. 时代：不详

4. 尺寸：通高 7.2、通宽 10、像身高 1.7 厘米，座高 5.5、长 10、宽 8.2 厘米。

5. 保存状况：仅残余躯体双足、横方体座及背屏底部残痕。

6. 题记：无

7. 造像：造像残存跣足一双，呈八字形立于横方体台面上，脚掌宽厚，足面筋骨凸起，五趾分明。脚间及两侧可见着衣垂于台面上，右侧衣摆上有墨绘衣纹。横方体台座素面，底面可见平行斜向凿痕（图五三；图版六六，2、3）。

H16：049

1. 名称：背屏残块

2. 材质：汉白玉

3. 时代：北齐

4. 尺寸：通高 9、通宽 6.2 厘米。

5. 保存状况：残余背屏圆柱状残块。

6. 题记：无

7. 造像：未见造像。圆柱正面浮雕盘曲的龙，上部残余龙腿及三趾龙爪，并踩在下部蜷曲龙腿上，可见尾部。背面素面（图五四；图版六六，4）。

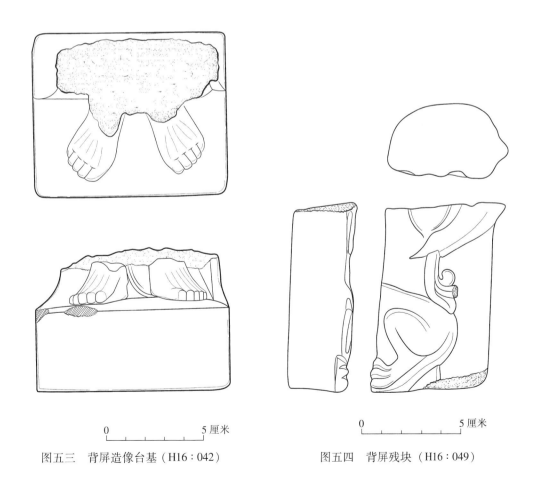

0　　　　　5 厘米　　　　　　　　　　0　　　　　5 厘米

图五三　背屏造像台基（H16：042）　　　图五四　背屏残块（H16：049）

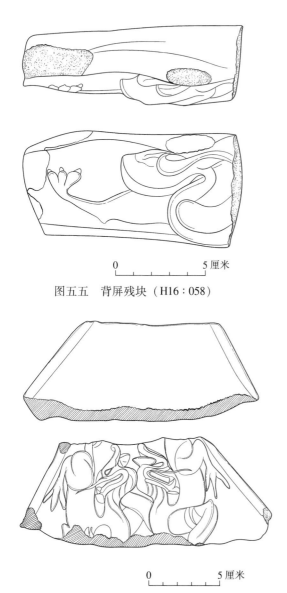

图五五　背屏残块（H16∶058）

图五六　背屏残块（H16∶061）

H16∶058

1. 名称：背屏残块
2. 材质：汉白玉
3. 时代：北齐
4. 尺寸：通高 12.2、通宽 6.5、厚 4.3 厘米。
5. 保存状况：残存背屏圆柱状残块。
6. 题记：无
7. 造像：未见造像。残块呈圆柱状，浮雕龙形纹饰。龙面部较扁，五官模糊，双角后仰，唇部突出，较大。颈细长，呈"S"状弯曲。可见一腿前伸，刻龙爪三趾，朝上。其余光滑，素面（图五五；图版六七，1）。

H16∶061

1. 名称：背屏残块
2. 材质：汉白玉
3. 时代：北齐
4. 尺寸：通高 7.4、通宽 17.6、厚：2.9 厘米。
5. 保存状况：残余梯形背屏残块。
6. 题记：无
7. 造像：未见造像。残存浮雕对称状双龙，龙身相向，龙首相背。头部扁长，双角后仰，细长，末端卷曲；双耳细长，末端涡状；刻划眼珠，呈椭圆状；嘴唇微张，前凸，刻划獠牙。颈细，呈"S"形弯曲，可见躯体细长，呈半"U"状，素面。双龙可见 5 条腿，其下刻龙爪三趾，朝下。残块两侧边缘斜削，有凸棱（图五六；图版六七，2）。

H16∶073

1. 名称：背屏残块
2. 材质：汉白玉
3. 时代：不详
4. 尺寸：通高 14.5、通宽 24.3 厘米。
5. 保存状况：残余头光上半部分，中部头像残失。头光边缘略残。
6. 题记：无
7. 造像：仅见头光上半部，正面中部残余半圆形浅台。由内向外浮雕 3 层纹饰：内层两重莲瓣，

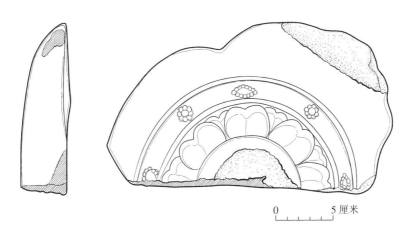

图五七　背屏残块（H16：073）

莲瓣瓣尖翻翘内凹，上层莲瓣残余 4 瓣。下层莲瓣从外层两瓣之间露出中脊和尖部，残余 4 瓣；中层边缘饰凸弦纹，内缀圆形、菱形牌饰，牌饰均为连珠纹，在头部两侧对称分布；外层素面。头光背面素面，中部厚，边缘较薄（图五七；图版六八）。

H16：077

1. 名称：背屏残块

2. 材质：汉白玉

3. 时代：北齐

4. 尺寸：通高 13、通宽 10.2、坐像身高 3.5 厘米。

5. 保存状况：残余背屏局部。

6. 题记：无

7. 造像：残存莲华化生像一尊，上半身自莲花中涌出，头微昂，两臂屈肘，两手交叉置于胸前，右手压住左手，掌心向内，刻手指。头部残损难辨。颈下浮雕弧形项圈。

背屏残块呈三角形。正面浮雕树枝，有红色彩绘。树干前一龙嘴衔住莲茎，其上莲蓬中涌现一

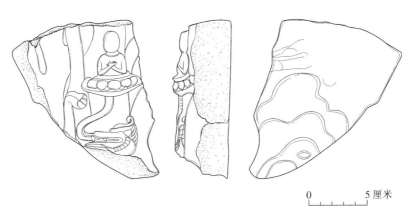

图五八　背屏残块（H16：077）

化生像。莲蓬状座台，一层半圆形浅台，下接半圆形覆莲台，莲瓣两重，素面，外层 5 瓣，内层 2 瓣，呈圆拱状，内层仅从外层两瓣之间露出尖部。座台下伸出一莲茎，被下端龙嘴衔住，龙下颚略残，龙吻部长，露出一颗獠牙，龙角后飘并回卷，尖耳，后有鬃毛，前端残余一龙爪上扬，后折，三趾。背面下部可见浅浮雕树叶，上部可见黑色墨绘（图五八；图版六九）。

H16∶120

1. 名称：背屏残块
2. 材质：青石
3. 时代：不详
4. 尺寸：通高 3.9、通宽 6.9、厚 2.1 厘米。
5. 保存状况：残余头光局部。
6. 题记：背屏背面可见阴刻 3 字，中部为一"供"字。
7. 造像：未见造像。头光边缘薄，呈弧形。正面外层似阴刻火焰纹，中层两层为凸弦纹，内浅浮雕忍冬纹，内层浮雕莲瓣两层（图五九；图版七〇，1）。

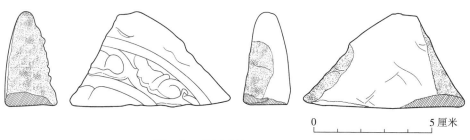

0　　　　　　5 厘米

图五九　背屏残块（H16∶120）

H16∶185

1. 名称：背屏残块
2. 材质：汉白玉
3. 时代：不详
4. 尺寸：通高 25.9、通宽 29.8 厘米。
5. 保存状况：残余头光局部，顶部及左侧部分缺失。破碎，已粘接。局部残失。
6. 题记：无
7. 造像：残存 7 尊小坐佛像（图六〇）。

背屏圆形，顶部似为尖拱状，从内向外分三层。

内层浮雕双层莲瓣，内外层各 4 片，莲瓣宽大，瓣尖略呈尖拱状，内层莲瓣比外层莲瓣略小。莲芯圆形，中间有方形卯孔，呈圜钱状。

中层浮雕 7 尊小佛像。如来均结跏趺坐，双臂下垂于腹前，未刻划手掌，有尖拱形桃状头光，高肉髻，未刻划发丝，眉弓与鼻根相连；眼球呈横向椭圆状凸起；鼻头大，呈三角状；嘴唇凸起；未见双耳。五官刻划简略。大衣披双肩，双领下垂交于腹前，有衣边，阴刻衣纹数道斜向弧线，腿部两侧

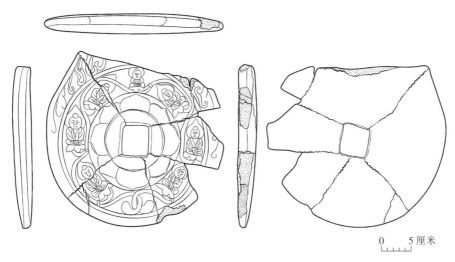

图六〇　背屏残块（H16：185）

衣纹横向弧线，腿部中部衣纹竖向弧线，衣纹向腹部聚集。坐覆莲座，莲瓣可见3片，其余6组佛像形象相似，自上而下佛像体型略有逐渐变大趋势。佛像间缠绕卷草纹，下垂至底部呈"X"形交叉。外圈一周凸弦纹。

外层上半部可见火焰纹，下半部素面。

背面光滑，素面（图版七〇，2）。

H16：240

1. 名称：背屏残块

2. 材质：汉白玉

3. 时代：不详

4. 尺寸：通高8.6，通宽14.2厘米。

5. 保存状况：残余背屏顶部。

6. 题记：无

7. 造像：缺失。背屏呈尖拱形，前后均素面（图六一）。

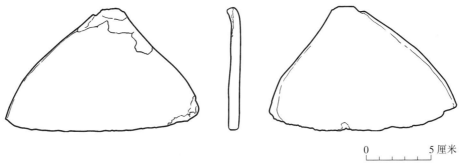

图六一　背屏残块（H16：240）

H16：242

1. 名称：背屏残块

2. 材质：汉白玉

3. 时代：不详

4. 尺寸：通高9.2、通宽7、像高5厘米。

5. 保存状况：残余背屏局部。头像残损严重。

6. 题记：无

7. 造像：残存头像痕迹。背屏较厚，前后素面（图六二；图版七一，1）。

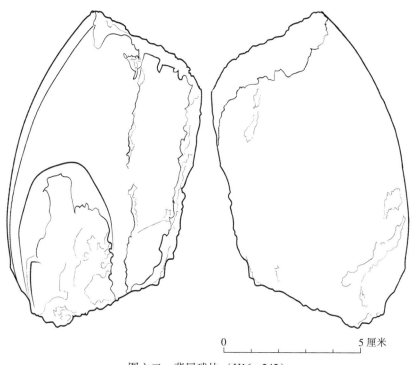

0　　　　　　　　　5厘米

图六二　背屏残块（H16：242）

H16：246

1. 名称：背屏残块

2. 材质：汉白玉

3. 时代：不详

4. 尺寸：通高14、通宽16.6、厚1.4—1.6厘米。

5. 保存状况：残余背屏部分，断为两块，已粘接。

6. 题记：无

7. 造像：未见造像。背屏圆形，中部为一方孔，一侧边缘残失，方孔正面开口大，背面开口小。背面略弧，背面磨光，正面较粗糙（图六三；图版七一，2）。

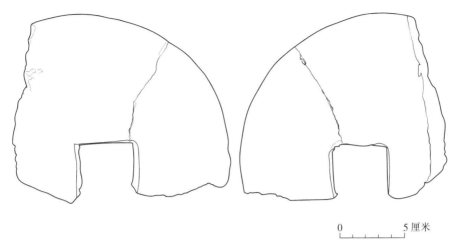

图六三　背屏残块（H16∶246）

H16∶250

1. 名称：背屏残块

2. 材质：汉白玉

3. 时代：北齐

4. 尺寸：通高19.3、通宽6.8厘米。

5. 保存状况：残余背屏圆雕残块。

6. 题记：无

7. 造像：未见造像。残块为圆柱形，表面打磨较光，应为背屏上一透雕树干，呈"S"形（图版七一，3）。

H16∶256

1. 名称：背屏残块

2. 材质：汉白玉

3. 时代：不详

4. 尺寸：通高9.9、通宽12.6、厚2.8厘米。

5. 保存状况：残余头光一角。

6. 题记：无

7. 造像：未见造像。背屏边缘薄中间厚，背面素面，侧缘略削，正面浅浮雕两层纹饰。内层残余两层莲瓣，外层莲瓣瓣尖外翻回卷，可见两瓣，内层从外层两瓣之间露出尖部，略有中脊，可见两瓣。外层饰卷草纹，其中浅浮雕二化佛，左侧佛头部缺失，大衣覆双肩，胸前衣边呈"U"形，两臂下垂，屈肘，双手叠于腹前，结跏趺坐，坐于覆莲座上，共3瓣圆拱形莲瓣。从覆莲座下伸出卷草纹两束两分。右侧化佛半身像，大衣覆双肩，胸前衣领呈"U"形，两臂下垂，屈肘，双手叠于3莲瓣覆莲座上，头后有头光，五官漫漶。外缘一周凸弦纹（图六四；图版七一，4）。

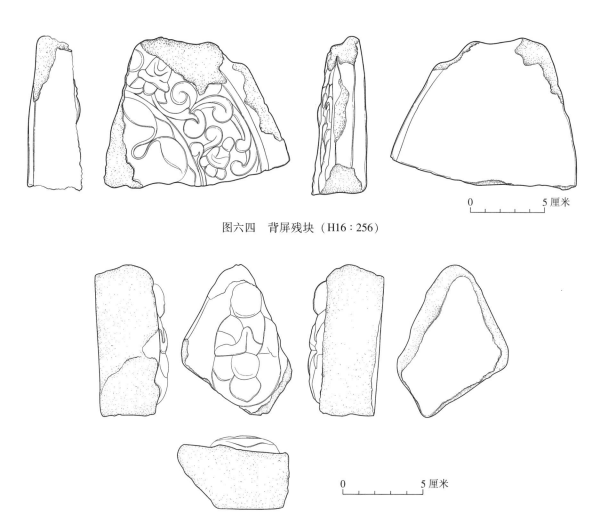

图六四　背屏残块（H16：256）

0　　　　　5厘米

图六五　背屏残块（H16：263）

H16：263

1. 名称：背屏残块

2. 材质：汉白玉

3. 时代：不详

4. 尺寸：通高9.2、通宽7.3、厚3.6、佛像高7.9厘米。

5. 保存状况：残余背屏局部。

6. 题记：无

7. 造像：残存化生童子一尊，双臂下垂，屈肘，双手合十于胸前。圆顶丰额，面相方圆，眉弓弯凸，鼻尖残，眼微闭，小嘴。双耳贴头，下垂至肩部。仅见大衣，覆双肩，裹双臂。在腹下浮雕一莲花，中部圆形花心，莲瓣3瓣，莲瓣尖拱形，其下圆形浅台（图六五；图版七二，1）。

H16：271

1. 名称：背屏残块

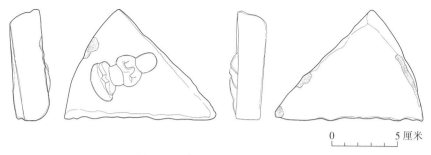

图六六　背屏残块（H16：271）

2. 材质：汉白玉

3. 时代：不详

4. 尺寸：残长 11.3、残宽 9.2、厚 2.3、像通高 5.4 厘米。

5. 保存状况：残余背屏局部。

6. 题记：无

7. 造像：背屏正面残存结跏趺坐童子像一尊，面相方圆，双目闭合，嘴角内凹，鼻梁略凸，鼻尖已残，双耳简略刻出。两臂下垂屈肘，双手胸前合十，未刻衣纹，两腿向外屈膝，双脚掌心相并，坐于半圆形素面台上。

背面素面，边缘略削（图六六；图版七二，2）。

H16：315

1. 名称：背屏残块

2. 材质：汉白玉

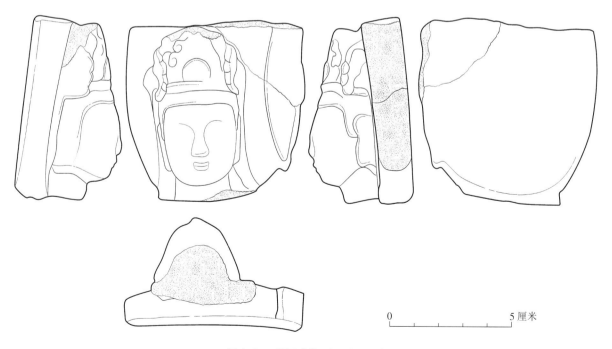

图六七　背屏残块（H16：315）

　　3. 时代：北齐—隋

　　4. 尺寸：通高7、通宽7.3、像身高7厘米。

　　5. 保存状况：颈部以下残失，头部以上背屏残失。

　　6. 题记：无

　　7. 造像：残存菩萨一尊（图六七）。戴高宝冠，正中宝珠装饰，边缘似尖拱形火焰纹，两侧阴刻对称卷曲纹，宝冠左右为团花状物，冠缯带从中穿出，打结，下垂至颈旁，素面。天冠台窄，素面，可见发纹仅中部两分。面部长圆，额宽。眉弓弯凸，眉头接鼻梁，高鼻梁，鼻翼宽，鼻尖残。眼微闭，上眼睑略鼓，眼角略上扬。有人中，嘴唇微闭，下唇厚，嘴角内凹微上翘。双耳大，贴头，耳垂长。下颌较平略有棱，颈部较细长。

　　背屏前后素面，有较完整的圆弧边缘，应为该菩萨的头光。头左侧残存弧形浅台，应为主尊头光（图版七二，3）。

　　H16：321

　　1. 名称：背屏残块

　　2. 材质：汉白玉

　　3. 时代：不详

　　4. 尺寸：通高10.5、通宽9.4、像身高4.3厘米。

　　5. 保存状况：残余背屏及菩萨头部残块，面部残损。

　　6. 题记：无

　　7. 造像：残存菩萨头像，戴三叶宝冠，冠缯带自头两侧下垂及肩，发际线呈弧形，"V"型鬓角，发际可见黑色墨绘。面部残损，仅见双耳较大，贴面下垂。菩萨左侧可见一椭圆形断面。

　　背屏前后素面。背面可见有浮雕树干状物（图六八；图版七二，4）。

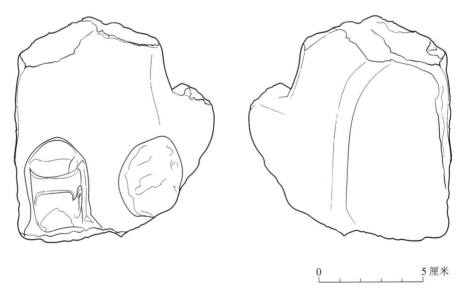

0　　　　　　　　　　5厘米

图六八　背屏残块（H16：321）

H16：328

1. 名称：背屏残块
2. 材质：汉白玉
3. 时代：北齐
4. 尺寸：通高 21.7、通宽 15.2 厘米。
5. 保存状况：残余背屏部分残块。
6. 题记：无
7. 造像：背屏正面浮雕树干和枝叶（图六九）。叶片可见五组，每组基本相同，叶片下垂，根部均用三颗圆珠相连，每组三片叶，中部有凸棱，每片叶分三叉，一片小叶叠于两片大叶上。树干局部可见墨线勾勒痕迹。背屏后部磨光，可见墨线绘出树干、枝叶缠绕的轮廓，红色彩绘填充（图版七三）。

H16：336

1. 名称：背屏残块
2. 材质：汉白玉
3. 时代：不详
4. 尺寸：通高 9.3、通宽 13.5 厘米。
5. 保存状况：残余背屏顶部。
6. 题记：无

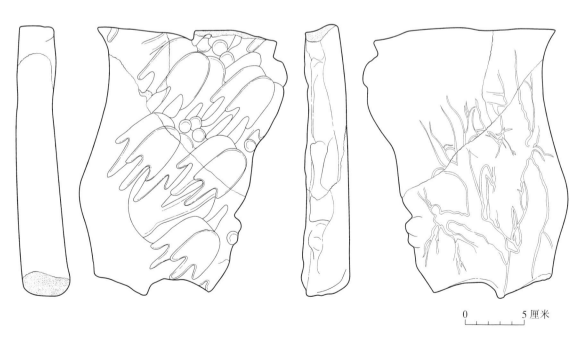

0   5 厘米

图六九　背屏残块（H16：328）

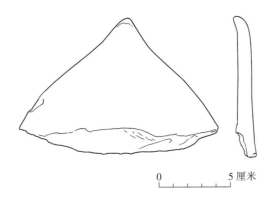

图七○　背屏残块（H16∶336）

7. 造像：未见造像。残余背屏顶部，呈尖拱形，背面中部略鼓，前后素面（图七○；图版七四，1）。

G1∶17

1. 名称：背屏残块

2. 材质：红陶

3. 时代：唐

4. 尺寸：通高 11.6、通宽 5.5、厚 1.2 厘米。

5. 保存状况：残余头光左半部分。

6. 题记：无

7. 造像：未见造像（图七一）。头光左半部分呈半圆状，顶部较尖，略前倾。正面自内向外分三部分：内层为素面半圆；中层饰连珠纹，边缘半周凸棱；外层饰火焰纹，边缘半周凸起。右侧面为断面；背面光滑，残余一方形卯孔的痕迹；左侧面为削斜边，素面（图版七四，2）。

G1∶22

1. 名称：背屏残块

2. 材质：红陶

3. 时代：唐

4. 尺寸：通高 10、通宽 5.7、厚 2 厘米。

5. 保存状况：背屏残块。

6. 题记：无

7. 造像：似背屏局部（图七二）。顶面、左侧面、底面为断面；背面光滑，素面，右侧面削斜边，素面。正面正中似莲茎上生莲花，图像两侧有竖向边缘轮廓线（图版七四，3）。

G1∶23

1. 名称：背屏残块

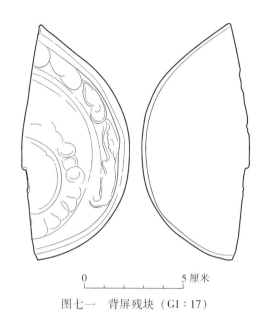

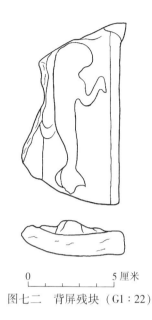

图七一　背屏残块（G1∶17）　　　　图七二　背屏残块（G1∶22）

2. 材质：红陶

3. 时代：唐

4. 尺寸：通高 11.5、通宽 6.1 厘米。

5. 保存状况：似背屏残块。

6. 题记：无

7. 造像：残块整体呈竖长条状（图七三）。顶面，左侧面，底面为断面；右侧面为削斜边，光滑，背面光滑，素面。自上而下可分两部分，上部可见覆莲台，其上似有立像，莲台呈半圆形，覆莲瓣 3 片，莲瓣呈半圆状，莲瓣根部相连；下部为一立像局部，面部椭圆状，五官漫漶不清，双臂屈肘上举，双手合十于胸前，双肘下有带状物下垂，表现腹部和双腿，着衣不详，双足残失。

从残块断面可见原造像整体为中空结构（图版七四，4）。

G1∶25

1. 名称：背屏残块

2. 材质：红陶

3. 时代：唐

4. 尺寸：通高 20、通宽 5.5 厘米。

5. 保存状况：残余部分背屏。

6. 题记：无

7. 造像：残块整体呈竖向长条状，左侧面为削斜边，背面光滑，素面，正面塑造人像与纹饰，其余为断面。正面左侧边缘有轮廓凸棱。正面自上而下可分三部分，依次是：上段残余结跏趺坐像左腿和左前臂，左手抚左小腿处，刻划五指，指尖朝下；其衣摆自然下垂，中段布幔状装饰和 5 个卷草状物；下段有一立像，较大，左臂屈肘平举，左手置于腹前，左前臂略残，面部扁圆，漫漶不清，

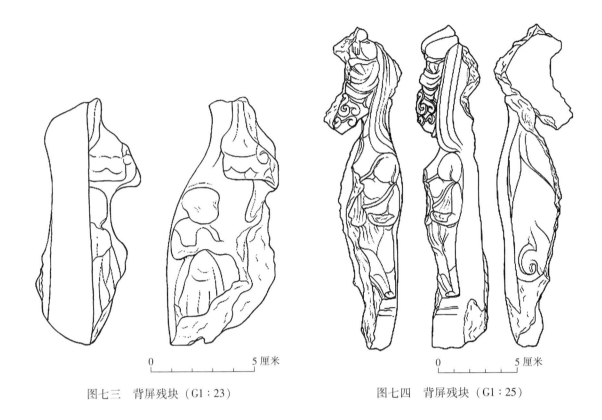

图七三　背屏残块（G1∶23）　　　　　　　　图七四　背屏残块（G1∶25）

内衣祖右，自左肩至右胁下，右肩有衣角偏搭，其余着衣不详，腰下有纵向衣纹，左腿直立，左足足尖略朝右摆，右腿残，立于浅台上（图七四；图版七五）。

第二节　龛式造像

共 13 件。按编号顺序排列。

H16∶157

1. 名称：总章二年一龛三尊像

2. 材质：青石质

3. 时代：唐总章二年（669 年）

4. 尺寸：龛外顶部尖拱形，龛内顶部圆拱形，龛浅，正面弧形，龛顶弧形，龛底斜平，内高外低。龛楣中部略前凸。有台基。通高 28.7、通宽 19.5、如来像高 9、座高 5.4、左侧菩萨像高 12.5、座高 0.5、右侧菩萨像高 12.5、座高 0.8 厘米，台基长 19.8、宽 6.4、高 7.6 厘米。

5. 保存状况：保存较完好。局部略有残失。

6. 题记：龛像背面阴刻 10 列，识别 30 字（图版七七）。自右向左竖读，录文如下：

图七五　总章二年一龛三尊像（H16：157）

总章二/年十月/廿一日田/向七母/刘为亡/息阿仵/敬造弥陀/像一铺/合家供/养

7. 造像：龛内浮雕造像三尊，分别是主尊如来坐像、胁侍菩萨立像二尊（图七五）。

主尊如来结跏趺坐，左臂屈肘上举，手置于左胸前，刻划五指，并拢，掌心朝内，指尖朝上。右臂下垂，右手抚右膝内侧，刻划五指，并拢，指尖朝下。宽圆肩。高肉髻，未见发纹，发际线平缓。面部方圆，眉弓微凸，与鼻根相连，眼微闭，细长，眼角上扬，上眼睑鼓起，鼻头呈三角状，嘴唇较薄，微上扬，未见耳部，颈短而细，表现不明显。胸部微鼓。未刻划着衣和表现衣纹。腰部阴刻一道横向弧线。未表现双足，坐束腰座。座台半圆状，素面。束腰，椭圆状，素面。座基半圆状，素面。

左尊菩萨立像，左臂下垂，手置于大腿侧。右臂屈肘上举至右胸前。均未刻手指。腹微鼓，腰较细，提右胯，躯体略左倾。戴高宝冠，未刻发丝，发际线平缓。面部方圆，右面部略残，眉弓微凸，呈上弧状，与鼻根相连，眼微闭，上眼睑鼓起，鼻头较大，呈三角状，嘴唇薄，嘴角上翘，未见耳部，颈短而细。着衣表现不明显。腰部刻划一道弧线。下身着裙，覆脚踝。双腿间刻凹槽。左手提一物，呈三角状。右手举一物，呈三角状。露足尖，跣足，未刻脚趾，立于浅圆台上，素面。

右尊菩萨立像，左臂屈肘上举，手置于左胸前。右臂下垂至大腿侧，均未刻手指。腹微鼓，提左胯，躯体略右倾。头部与头两侧相连，未刻发纹，发际线平缓。面部椭圆，眉弓微凸，呈上弧状，与鼻根相连，眼微闭，上眼睑鼓起，鼻头呈三角状，嘴唇薄，嘴角上翘，"U"字形，未见耳部，颈短而细。着衣表现不明显。腰部刻划一道弧线。下身着裙，覆脚踝。双腿间刻凹槽。左手举一物，呈三角状。右手提一物，呈三角状。露足尖，跣足，未刻脚趾，立于浅圆台上，素面。

台基长方体。正面底部有浅坛，坛中部浮雕香炉，呈桃形，素面，底部有一浅圆台，素面。坛上两侧浮雕卧狮，对称状，面向中部香炉，卧狮后腿蹲坐，前腿向前伸直，头下低，面部简略雕刻。底面中部略凹，有斜向平行状粗凿痕，边缘未打磨（图版七六）。

H16：172

1. 名称：显庆五年一龛四尊像

图七六　显庆五年—龛四尊像（H16：172）

2. 材质：青石质

3. 时代：唐显庆五年（660 年）

4. 尺寸：造像龛立面形状较方，呈尖拱形，正中开龛，龛楣圆拱形，正中雕一锥状突起。有台基。通高 30.2、通宽 21.4、主尊像身高 9.6、座高 6、两侧胁侍菩萨像通高 14.2 厘米，内龛高 18.4、宽 17.7、深 3.4 厘米，台基长 21、高 7.8、宽 4.3 厘米。

5. 保存状况：底部台基力士与两狮残损严重。

6. 题记：龛像背面阴刻 6 列，识别 20 字，楷书（图版七九）。自右向左竖读，录文如下：

　　　显庆五年／六月日王／买德为／亡母敬造／弥陁像／一铺

7. 造像：造像四尊，分别是如来坐像二尊、胁侍菩萨立像二尊。造像手部较大，比例失调（图七六）。

左尊如来跏趺坐像，右臂屈肘，右手举于右胸部，翻腕，掌心向内，手指长，五指并拢。左臂下垂，左手抚于左小腿部。头顶肉髻凸起，发际线平直，面相长圆，上眼睑隆起，鼻头呈三角形，嘴微闭，嘴角下吊，下嘴唇突出，耳大贴头，耳垂厚，垂至肩膀。衣纹不辨。双足覆大衣下。

右尊如来结跏趺坐像，左臂屈肘，左手举于左胸部，翻腕，掌心向外，手指长，四指并拢。右臂下垂，右手抚于右小腿部。头顶肉髻凸起，发际线平直，面相长圆，眉弓突出，鼻梁凸起，鼻头呈三角形，嘴微闭，胸肌略凸，耳大贴头，耳垂厚，垂至肩膀。右腹部可见大衣衣边。双足覆大衣下。

台座为束腰座，上缘刻四个半圆形图案，下部台座为素面。

左尊菩萨立像，右臂屈肘，右手上举，掌心向内，置于右胸，五指修长，左手下垂于左大腿外侧，五指简略刻出，掌心向内。左膝微屈，上半身略向右倾。头戴宝冠，宝冠正面部分残损，冠缯带下垂覆肩，面相长圆，双眼凸，鼻宽，嘴唇厚，短颈。腿部着裙，裙腰外裹。右手似持莲蕾，左手所持物漫漶。跣足呈八字形立于半圆形素面台上，双足漫漶。

右尊菩萨立像，左臂屈肘，左手上举，掌心向内，置于左胸，五指修长，右手下垂于右大腿外侧，右手屈三、四指，掌心向内。右膝微屈，上半身略向左倾。头戴宝冠，冠缯带下垂覆肩，面相长圆，双眼凸，上眼睑突出，鼻梁宽，短颈。腿部着裙，裙腰外裹，腰带中间有一圆形牌饰。左手似持莲蕾，右手所持物漫漶。跣足呈八字形立于半圆形素面台上。脚趾刻出，修长。

台基横方体，正面延伸出长方形浅台，其上浮雕力士和二狮，残损严重。两狮相向而蹲，左侧狮两前腿前伸，头部略下低，右侧狮头部略下低，右前腿站立。力士居中，双膝跪地，两臂向上托举，头顶一物。底面可见不规则粗凿痕。龛背面有平行的横向粗凿痕（图版七八）。

H16：174

1. 名称：显庆二年一龛二佛像

2. 材质：青石质

3. 时代：唐显庆二年（657 年）

4. 尺寸：造像龛立面形状较方，呈尖拱形，正中开龛，龛楣圆拱形，正中雕一锥状突起，已残。两侧分别雕有五边形立柱，其上下及中部连接处呈素面圆形柱础状。通高 26.3、通宽 21.4、主尊像身高 8.1、座高 5.7 厘米，内龛高 14.8、宽 15.1、深 2.9 厘米，台基高 8.3、长 17.5、宽 7.6 厘米。

5. 保存状况：龛楣尖部残损，造像龛中部断裂，已粘接，下部横方体台基正面左侧残损，整体可见多处土锈。

6. 题记：龛像背面阴刻方格字界 8 列，识别 29 字，自右向左竖读，楷书（图版八一）。录文如下：

大唐显庆/二年七月/一日张公/王为己身/敬造弥陁/像一铺合/家供养佛/时

7. 造像：如来坐像二尊（图七七）。

图七七　显庆二年一龛二佛像（H16：174）

　　左尊如来结跏趺坐，右臂屈肘，右手举于右胸部，翻腕，掌心似向外，手指长，四指并拢。左臂下垂，左手置腿部。头顶肉髻凸起，双耳较大，垂至两肩，圆脸，双目微闭，上眼睑隆起，鼻尖残，嘴微闭，嘴角上翘，有脂肪袋，颈短。下颌阴刻3道竖线。胸前衣缘成"V"字形交领。左侧衣边叠压右侧衣边，局部残留红色彩绘。

　　右尊如来结跏趺坐，右臂屈肘，右手举于右胸部，翻腕，掌心似向外，手指长，四指并拢。左臂下垂，左手置腿部。头顶肉髻凸起，圆脸，眉弓突出，双目微闭，嘴角内凹，有脂肪袋，颈短。胸前衣缘成"V"字形交领。左侧衣边叠压右侧衣边，局部残留红色彩绘。

　　二佛并坐于半圆形束腰座。双足覆大衣下，坐于束腰座。上部呈半圆形素面圆台，其下接素面半圆形台，中部半圆形束腰，座基为素面半圆形台。

　　台基横方体，正面延伸出长方形浅台，其上浮雕力士和二狮，残损严重。二狮相向而蹲，左侧狮残失，右侧狮头部略向下，两前腿扭向右前方。力士居中，双膝跪地，左臂下垂，支地，右手上举，与头共托半圆形浅台，其上浅浮雕莲瓣两重。力士头部前倾，圆脸大眼，眉弓凸起，眉头接鼻梁，鼻部残。嘴角上扬。底面可见竖向粗凿痕（图版八〇）。

H16：215

1. 名称：显庆四年一龛六尊像
2. 材质：青石质
3. 时代：唐显庆四年（659年）
4. 尺寸：方形单层龛。龛外顶部呈尖拱状，较平直，龛内顶部方形；龛侧壁上窄下宽，内收；龛顶与正面有明显转角，壁面较平；龛底斜平，略内高外低。龛楣中部略前凸，其中刻划面部，面部椭圆状，眼细长，眼角上扬；鼻呈三角形；嘴唇细长，阴刻一道"U"形线。龛侧面和背面有密集斜向浅痕。有座基。龛通高34.6、通宽26.8、像身高19.15、座高7.7厘米，台基高9.6、长26.8、宽9.9厘米。

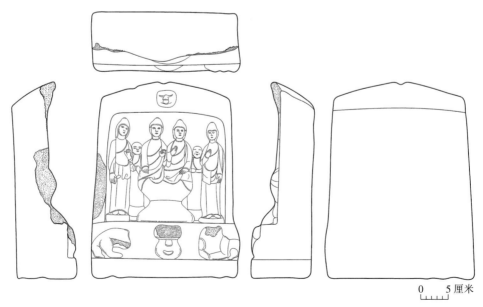

图七八　显庆四年一龛六尊像（H16：215）

5. 保存状况：基本完好。龛顶、龛右侧壁及长方体台局部略残失。可见土锈痕迹。

6. 题记：龛像背面阴刻7列，识别32字（图版八三）。自右向左竖读，录文如下：

显庆四年三/月十三日张/君宗敬为亡/姑阿芙造弥/陀像一铺/合家眷属/侍佛供养

7. 造像：造像六尊，分别是主尊如来坐像二尊、胁侍比丘立像二尊、菩萨立像二尊（图七八）。

左尊如来结跏趺坐。左臂下垂，左手抚左膝内侧，刻划五指，指尖朝下；右臂屈肘上举，手置于右胸前，刻划五指，并拢，指尖略朝左上方，掌心朝内。溜肩，高肉髻，肉髻与头部无明显分界，头部未刻发丝。面部方圆，眉弓与鼻根相连；眼闭，略内陷，上眼睑鼓起；鼻短，较宽，鼻头呈三角状；唇小，较薄；双耳与头部相连，表现不明显。颈细，未见明显雕刻。内衣袒右，自左肩至右胁下，素面。中衣覆右臂沿右前臂两侧下垂，衣纹不明显。大衣袒右，左侧衣襟下垂，右侧衣襟自腰右侧上绕，披于左肩后侧。大衣正面衣纹左高右低有斜向弧线。未露足，坐束腰座，与右侧如来共坐一座。

右尊如来与左侧如来相似。其中左臂屈肘上举，置于左胸前，刻划五指，呈握拳状，掌心朝外。右臂下垂，右手抚右膝内侧，刻划五指，指尖朝下。大衣袒右，右侧衣襟自腰右侧上绕，衣角覆腿垂于座台前，衣角上搭左前臂下垂。大衣底边可见一处"S"形衣纹。

座台覆盆形，素面；束腰较短较细，素面；座基覆盆状，素面。

左尊菩萨立像，左臂下垂至大腿侧，刻划五指，手指朝下，掌心贴体；右臂屈肘上举，手置于右胸前，刻划五指，并拢，手指朝左上方，掌心朝内。手腕处刻划突出。溜肩，腰较细，腹微鼓，躯体左倾，提右胯，身体略呈"S"形。戴宝冠，顶部呈覆斗状，与头部分界不明显，两侧下垂冠缯带至肩部，较厚。头部未刻发丝，发际线略呈"U"形。面部方圆，眉弓与鼻根相连；眼闭，略内陷，上眼睑鼓起；鼻短，较宽，鼻头呈三角状；唇小，较薄；双耳与头部相连，表现不明显。颈细，分界不明显。可见上身着内衣，自左肩至右胁下，素面。双肩披天衣，未刻衣纹。下身着长裙，覆脚踝，垂于座台上。上裙缘外翻，刻划外翻裙缘衣纹半"U"形弧线，中部刻划一道直线。下垂长裙素面。露足尖，跣足，呈八字形外摆，刻划脚趾，立于台上。浅圆台，素面。

右尊菩萨立像与左侧菩萨相似。其中嘴角上扬，呈"U"形；头部左倾；左臂屈肘上举，手置于左胸前，呈握拳状，掌心朝外，手掌朝上，刻划五指；右臂下垂，手置于腿侧，刻划五指，中指、无名指弯曲，其余伸直，手握心形环形物；刻划外翻裙缘竖向弧线衣纹，底边呈连续"S"形。

左尊比丘立像，位于左侧如来与左侧菩萨之间。双手相连于腹前，手部表现不明显，胸微鼓。圆顶，面部椭圆。五官刻划简单，双眼较大，横向椭圆状；鼻头椭圆状；嘴细长，阴刻一道横向弧线表现。着衣未表现。上下衣分界不清。未表现双足，立于台上。台较高，椭圆形，素面。

右尊比丘与左侧比丘相似。

台基为长方体台。正面底部有浅坛，之上有3段浮雕：中部香炉，椭圆状，残。香炉底部刻人像，结跏趺坐，头部扛香炉，双臂下垂至膝侧，头为圆形，未刻五官，着衣未表现；左侧卧狮，朝向香炉，躯体健硕，后腿蹲坐，前腿前伸相接，面朝正面，五官不清；右侧卧狮，朝向香炉，后腿蹲坐，前腿屈膝前伸，头部下倾，面朝左侧，双耳较小，五官不清。

底面中部略凹，四周有放射状凿痕，边缘未打磨。龛背面有多组交错的凿痕（图版八二）。

H16：218

1. 名称：一龛三尊像

2. 材质：青石质

3. 时代：唐

4. 尺寸：造像龛立面形状较方，呈尖拱形，正中开龛，龛楣圆拱形，正中雕一锥状突起。通高24.5、通宽15—17.2、主尊高7.8、座高4.8厘米，内龛高17.6、宽11.9、深1.8厘米，台基高7.5、长17.2、宽6.6厘米。

5. 保存状况：基本完好，局部略残损。

6. 题记：无

7. 造像：造像三尊，分别是如来坐像一尊，胁侍菩萨两尊（图七九）。

龛外顶部呈尖拱形，龛内顶部圆弧状，龛楣中部略前倾；龛侧壁上窄下宽底端较宽；龛顶弧形，正壁弧形，龛顶与正壁无明显界限；龛底斜平，内高外低。

主尊如来结跏趺坐，左臂略屈肘下垂，左手抚左膝内侧，刻划五指、并拢，指尖朝下。右臂屈肘上举，手置于右胸前，掌心朝内，手指朝上，刻划五指。高肉髻，椭圆状，头部未刻发丝，发际线平缓。面部方圆，上宽下窄，五官模糊，眉弓微凸，与鼻根相连，眼闭，上眼睑鼓起，唇小，双耳贴头，下垂至近肩部，颈细。大衣袒右，自左肩到右胁下，腰部阴刻一道"U"形弧线。未露足，坐束腰座，座台圆形，碗状，素面，束腰鼓状，中部凸起，素面。座基覆盆状，素面。

右侧菩萨立像，右臂下垂。左臂屈肘上举，手置于左胸前，掌心朝内，手指朝上。发际线上弧状，面部椭圆，额头较宽，眉弓与鼻根相连，眼细长，鼻呈三角状，唇小，嘴角微翘，双耳贴头下垂。颈短，表现不明显。上身着衣表现不明显，腰部似系带，下身着裙，覆脚踝，表现双腿。戴宝冠，较高，顶部较尖，正面中部有一道竖向凹痕。双手持椭圆状物。露足尖，刻划脚趾，立于椭圆形座。座素面。

左侧菩萨立像与右侧菩萨造像对称相似。

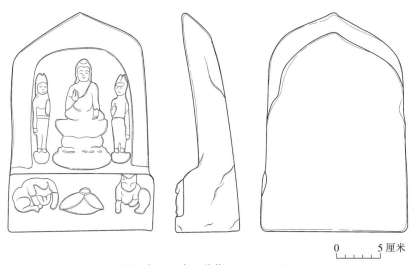

0　　　　5厘米

图七九　一龛三尊像（H16：218）

台基为横方体台，正面下端有浅坛，坛上自左向右有 3 段雕刻，依次是：左侧卧狮，后腿蹲坐，前腿直立，肌肉突出，双耳略呈三角形竖立，眉弓凸出，鼻部简略刻出，朝向正面；右侧卧狮，身体呈"U"形，头部贴地，朝向正面，后腿蹲坐，前腿前伸，双耳竖立，呈三角形；中部香炉，覆钵状，自上而下分三段，依次是：上段较小浅圆台，素面；中段浮雕 2 片覆莲状；下段圆锥体状。底面凹陷不平，有不规则粗凿痕，边缘未打磨。龛背面有平行斜向的凿痕（图版八四）。

H16：236

1. 名称：总章元年一龛五尊像
2. 材质：青石质
3. 时代：唐总章元年（668 年）
4. 尺寸：造像龛立面形状较方，呈尖拱形，正中开龛，龛楣圆拱形，正中雕一锥状突起。通高 35.1、通宽 23.5 厘米，主尊像通高 16.2、身高 11、座高 5.9 厘米，左侧比丘像通高 8.6、右侧比丘像通高 13.7、左侧菩萨像通高 9、右侧菩萨像通高 15.7 厘米，台基高 10.8、长 23.5、宽 5—8.6 厘米，内龛高 19.5、宽 20.5、深 2 厘米。
5. 保存状况：造像龛上半部断裂，已粘接，左上部残失。左侧比丘菩萨上半身缺失，主尊佛像躯体缺失，仅余头部，右侧比丘左肩断失。
6. 题记：龛像背面阴刻纵列字界，8 列，识别 33 字，楷书（图版八五，2）。自右向左竖读，录文如下：

总章元年/七月十九日/刘士洛为/亡过女敬/造弥陀佛/一铺外生/男李阿预/合家供养

7. 造像：造像五尊，分别是如来坐像一尊、胁侍比丘立像二尊、菩萨立像二尊（图八〇）。

图八〇　总章元年一龛五尊像（H16：236）

主尊如来结跏趺坐于束腰座上，右手抚右膝内侧，五指并拢，手指修长。如来面相方圆，高肉髻，发际线平直。眉弓弯凸，接鼻梁，鼻梁高直，鼻尖残，上眼睑鼓，眼微闭。有人中，嘴唇微闭，嘴角内凹。腿部覆衣，双足覆大衣下。坐于束腰座，束腰底座由上层仰台、束腰和下层覆台组成，均为素面，束腰半圆柱形。

左侧菩萨立像，右臂屈肘，左臂下垂，仅见腿部着裙，左手戴腕钏，左手似持一物，菩萨跣足立于素面半圆形台面上，刻出脚趾。

右侧菩萨立像，右臂下垂，右手残失。左臂屈肘，上举于左胸部，左手向上，掌心向内，略右倾。腹部略鼓。头顶近半圆形突起，素面发纹，两侧冠缯带下垂及肩。眉弓弯凸，眼部较大，眼微闭。鼻梁突起，嘴微闭，嘴角内凹，颈部细长。通体无衣纹，腿部着裙。双手戴腕钏，左手持一物。菩萨跣足立于素面半圆形台面上，五趾刻出。

左侧比丘立像，双臂屈于腹前，通体无衣纹，跣足立于素面半圆形台面上，五趾漫漶。

右侧比丘立像，双臂屈于腹前。圆顶丰额，面相方圆，眉弓弯凸，接鼻梁，鼻梁高直，鼻尖残，上眼睑略凸，眼微闭。嘴唇微闭，嘴角内凹，颈部细长。通体无衣纹，衣边至脚踝。跣足立于素面半圆形台面上，五趾漫漶。

台基为横方体，正面延伸出长方形浅台，其上浮雕力士和两狮，残损严重。力士结跏趺坐于浅台台面上，面部五官漫漶，头部微低，左臂上举，与头共托半圆形台，右臂下垂抚于右大腿部，胸肌略鼓，刻下乳线，腹部鼓出，力士两侧各一蹲狮，姿态对称，狮子后腿蜷曲蹲坐，两肩扭向前方，两前肢支台，低头下倾，立耳。台基底面可见竖向粗凿痕（图版八五，1）。

H16：239

1. 名称：显庆二年一龛五尊像
2. 材质：青石质
3. 时代：唐显庆二年（657 年）

0   5厘米

图八一　显庆二年一龛五尊像（H16：239）

4. 尺寸：造像龛立面形状较方，呈尖拱形，正中开龛，龛楣圆拱形，正中雕一锥状突起。通高32.2、通宽21.6厘米，主尊像通高16.6、座高6.5厘米，左侧比丘像通高9.2、右侧比丘像通高9.8、左侧菩萨像通高12.7、右侧菩萨像通高13.4厘米，台基高9.9、长21.4、宽11.2厘米，内龛高18.5、宽17、深3厘米。

5. 保存状况：造像龛整体略残损，台基右侧狮子残损。

6. 题记：龛像背面阴刻7列，识别20字，楷书（图版八七）。自右向左竖读，录文如下：

显庆二／年四月／十二日／赵孝志／为亡考／敬造像／一铺

7. 造像：造像五尊，分别是如来坐像一尊、胁侍比丘立像二尊、菩萨立像二尊（图八一）。

主尊如来结跏趺坐，右手置右膝内侧，五指并拢，右手略残，左前臂屈肘上举，置左胸部位，掌心向外，五指略刻出。高肉髻，发际线平直，面相方圆。眉弓弯凸，接鼻梁，鼻梁高直，鼻尖残，上眼睑微鼓，眼微闭。有人中，嘴唇微闭，嘴角内凹，双耳贴头，下垂至肩部。颈部较粗，有两蚕道。内衣袒右，自左肩到右胁下。大衣仅见左腕部衣边，下垂至左膝内侧。双足覆大衣下。坐于束腰座。束腰底座由上层仰台、束腰和下层覆台组成，均为素面，束腰半圆柱形。

左侧菩萨立像，左臂下垂，左手残。右前臂屈肘上举，置右胸部，右手掌心向内。右手持一物。身体略左倾，腹部略鼓。头戴冠，上部残，两侧冠缯带下垂及肩。眉弓弯凸，眼部较大，上眼睑微鼓，眼微闭。鼻梁突起，嘴微闭，唇厚，嘴角内凹。通体无衣纹。腿部着裙。菩萨跣足立于素面半圆形台面上，双足漫漶。

右侧菩萨立像，右臂下垂。左前臂屈肘上举，置左胸部，左手掌心向内。腹部略鼓。右手似持净瓶，左手持一物。头戴冠，上部略残，两侧冠缯带下垂及肩。眉弓弯凸，眼部较大，上眼睑微鼓，眼微闭。鼻梁突起，嘴微闭，唇厚，嘴角内凹。内衣袒右，自左肩到右胁下。天衣覆双肩，及两臂。腰束带，两端呈八字形垂于右大腿，腿部着裙。菩萨跣足立于素面半圆形台面上，五趾刻出。

左侧比丘立像，双臂屈于腹前。圆顶丰额，面相方圆，眉弓弯凸，接鼻梁，鼻尖残，上眼睑略凸，眼微闭状。嘴唇微闭，嘴角内凹，颈部细，通体无衣纹，跣足立于素面半圆形台面上，双足漫漶。

右侧比丘立像，双臂屈于腹前，头部左倾，圆顶丰额，面部漫漶，上眼睑略凸，颈部细，通体无衣纹，跣足立于素面半圆形台面上，双足漫漶。

台基为横方体，正面延伸出长方形浅台，其上浮雕力士和两狮。力士半跏趺坐于浅台台面上，左腿盘于身前，右腿支于身侧。面部五官漫漶，头部微低，两臂上举，与头共托半圆形台，上置香炉。力士两侧各一蹲狮，左侧狮面向前方，毛发自面部两侧下垂及肩，两前腿伸直，后腿蹲在台面，面部漫漶。右侧狮残损严重。台基底面可见不规则粗凿痕（图版八六）。

H16：326

1. 名称：乾封三年一龛三尊像

图八二　乾封三年一龛三尊像（H16：326）

2. 材质：青石质

3. 时代：唐乾封三年（668 年）

4. 尺寸：龛形不明，有台基。通高 17、通宽 18.4 厘米，主尊像通高 10.1、座高 4.9 厘米，左侧比丘像通高 10、右侧比丘像通高 9 厘米，台基高 6.3、长 18.4、宽 4.3—6 厘米。

5. 保存状况：造像龛上半部残失，余下断为 5 块，已粘接。主尊、左侧比丘像头部残失，右侧比丘像残，台基底部残损。

6. 题记：龛像台基背面阴刻 8 列，识别 26 个字（图版八八，2）。自右向左竖读，录文如下：

乾封三年／正月十六日／韩善济／自为身／敬造弥／陁像一铺／合家供／养

7. 造像：造像三尊，分别是主尊如来坐像，胁侍比丘立像二尊（图八二）。

主尊如来结跏趺坐，左手置左膝内侧，五指并拢，右前臂屈肘上举，置右胸部位，掌心向内，五指略刻出。通体无衣纹，仅见右前臂大衣下垂至右腿上。右手似持莲蕾，双足覆大衣下，坐于束腰座。束腰底座由上层仰台、束腰和下层覆台组成，均为素面，束腰半圆柱形。

左侧比丘立像，双臂屈于腹前，通体无衣纹。

右侧比丘立像，跣足立于素面半圆形台面上，着衣不详。

台基为横方体，正面延伸出长方形浅台，其上浮雕香炉和两狮。香炉呈素面尖拱形，下接素面半圆台。香炉两侧各一卧狮，左侧狮面向右下方，两立耳，两前腿伸直，后腿蹲在台面。右侧狮卧于浅台，面向香炉。台基底面可见不规则凿痕（图版八八，1）。

G1：14

1. 名称：龛式造像

2. 材质：红陶

3. 时代：唐

4. 尺寸：通高 10.9、通宽 14.7 厘米。

5. 保存状况：似造像龛台基局部。残损较严重。

6. 题记：无

7. 造像：残存主尊及右侧胁侍像之座，主尊座仅存方形座基右角，右侧胁侍仅见仰莲台左角（图八三）。

台基底部有一浅坛，坛中央有莲花，花上有小立像，沿身躯轮廓有凸棱，头部残，左臂残，右臂下垂至身侧，向右扬，未刻右手，胸部和腹部鼓起，双腿粗壮，右膝略屈，立于仰莲座，座自上而下分三段：上段浅台，素面；中段仰莲；下段为圆柱状莲茎，素面。台基背面光滑，素面，底面略平，素面。

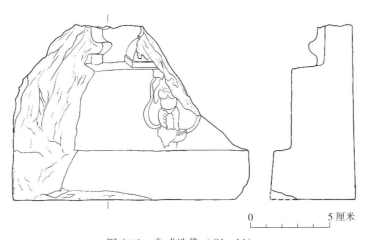

0　　　　　　5厘米

图八三　龛式造像（G1：14）

G2：1

1. 名称：一龛五尊像

2. 材质：红陶

3. 时代：唐

4. 尺寸：龛形不详。通高 18.5、通宽 14.8、主尊身高 7、座高 1.5 厘米。

5. 保存状况：造像龛如来头部以上残失，右侧胁侍像腿部以上残失，如来左侧造像残失。如来左前臂残失，腿部残损。背面可见火烧痕。

0　　　　　　　　　　　5 厘米

图八四　一龛五尊像（G2：1）

6. 题记：无

7. 造像：造像残存三尊，分别是主尊如来坐像、右侧力士像、右侧胁侍像。推测龛内原应为五尊造像（图八四）。

主尊如来倚坐，两膝外侈，左臂屈肘，右手抚大腿，手指向内。仅见颈根，右臂可见内衣衣纹。大衣袒右，衣角从右胁下，绕腹前，搭左肩，腹部数道下弧形衣纹。大衣覆腿，至脚踝。双足呈八字形踏圆座。圆座正面饰对称卷草纹，正中一莲瓣。

右侧胁侍立像，跣足并立于浅半圆台，素面。

右侧力士立像，两腿跨立站于浅台，双足脚尖向外。

台基为横方体，正面延伸出长方形高台，其上正中浮雕童子，右侧浮雕蹲狮。比丘两腿向外盘屈，双脚掌心相并。两臂下垂，双手置腿上，左手上托一圆形物，右手托一长条形物。蹲狮面部向外，头顶两立耳，双眼圆瞪，宽鼻，两前腿直立，两后腿蜷曲（图版八八，3）。

G2 : 3

1. 名称：一龛五尊像

2. 材质：红陶

3. 时代：唐

4. 尺寸：造像石正中开龛，外龛尖拱形，内龛尖拱形，三角形龛楣。通高29、通宽19.5、像身高9、座高3.8厘米。

5. 保存状况：造像龛右侧残失。

6. 题记：无

7. 造像：造像仅存三尊，分别是主尊如来坐像、左胁侍菩萨、左侧力士像，推测龛内原有五尊像（图八五）。龛上部正中浮雕一瑞兽，面部漫漶。内龛楣两边各一飞天。束发髻，一手前伸，头朝下脚朝上。

主尊如来结跏趺坐，左臂屈肘，左手上举于胸前，掌心向右。右臂下垂，抚右膝内侧。肉髻高而小，发际线平直，面部漫漶。内衣覆双肩，可见右臂衣纹，右胸衣边。大衣袒右，衣角从右胁下，绕腹前，搭左肩。腹部及左臂浮雕数道下弧形衣纹。大衣覆腿，遮台座正面。坐素面方台，下有两层素面方台叠涩下收。四边形束腰，座基自上而下有3段，上段为素面四边形浅台，中段为素面四棱台，下段为素面四边形浅台。

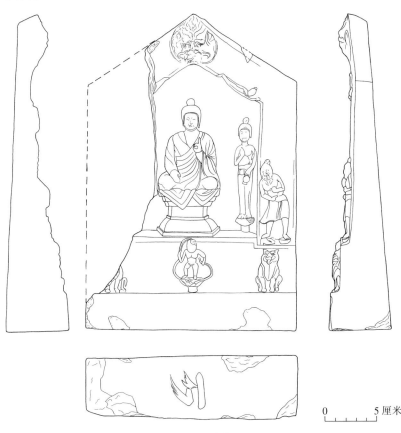

0 　　　　　5厘米

图八五　一龛五尊像（G2 : 3）

　　左侧胁侍菩萨立像，左臂下垂，左手置腿前，右臂屈肘，右手上举，置胸前。束高发髻，颈部细长，面部漫漶，下身着裙，腰部裙边翻卷，裙摆至脚踝。左手勾一净瓶，右手似持莲蕾。跣足踏莲台，有3瓣仰莲，下接莲茎（图版八八，4）。

　　左侧力士立像，上身右倾，双臂屈肘，左手握拳，横置胸前，右手握拳，横置腹前。面部漫漶，束发髻，颈部筋骨突出。上身袒露，胸肌略鼓，下身着裙，至膝。跣足跨立左侧龛门边。

　　台基为横方体，正面延伸出横方形浅台，其上浮雕童子和两狮。两狮面部向前，两前腿直立，后腿蜷曲，两膝外侈，立耳，嘴微张。童子居中，两臂外张，屈肘，左臂向下，右臂向上。面部漫漶，两臂下及右手上有圆弧形带状物，胸肌略鼓，双足跨立，踏莲台，有三瓣仰莲，下接莲茎。

G2：11

1. 名称：造像龛残块
2. 材质：红陶
3. 时代：唐
4. 尺寸：龛形不明。残通高10.5、通宽11、座高2.5厘米。
5. 保存状况：残余造像龛左下角
6. 题记：无
7. 造像：仅见主尊残座基，素面棱台，下接一浅台。台基为横方体，正面延伸出横方形浅台，其上浮雕一狮。面部向前，两前腿直立，后腿蜷曲，两膝外侈，立耳，嘴微张，胸略鼓（图八六；图版八八，5）。

G2：15

1. 名称：造像龛残块

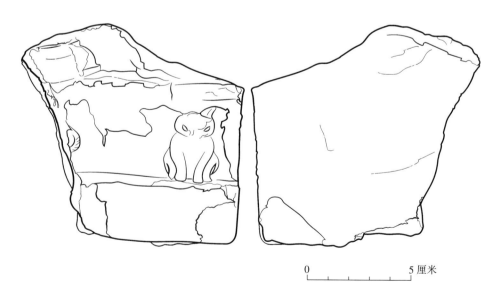

图八六　造像龛残块（G2：11）

2. 材质：红陶

3. 时代：唐

4. 尺寸：残通高 14、通宽 13 厘米。

5. 保存状况：残余左上部。

6. 题记：无

7. 造像：造像石正中开龛，外龛尖拱形，内龛圆拱形，三角形龛楣（图八七）。仅存两尊，分别是主尊如来像、左胁侍菩萨像。如来高肉髻，左胁侍菩萨束高发髻。造像龛上部正中浮雕一瑞兽，咧嘴，可见两颗獠牙，两门牙，眉骨高凸。左胁侍菩萨上方龛楣边浮雕一飞天，头向右，天衣上飘，双腿上扬（图版八八，6）。

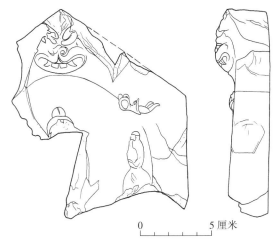

0   5 厘米

图八七 造像龛残块（G2：15）

第三节 圆雕造像

共 169 件，按尊格分为如来造像、菩萨造像、比丘造像、童子造像四类。如来像依据姿态不同又分为立像、倚坐像、结跏趺坐像、姿态不明造像等四类；菩萨像依据姿态不同又分为立像、半跏趺坐像、思维坐像、姿态不明造像等四类。介绍如下。

一 如来像

共 98 件。按照如来姿态将其分为四类：立像、倚坐像、结跏趺坐像、姿态不明造像。按编号顺序介绍如下。

（一）如来立像

共 3 件。

H16：031

1. 名称：如来立像

2. 材质：汉白玉

3. 时代：北齐—隋

4. 尺寸：通高 16.7、通宽 6、像身高 14、座高 2.7 厘米。

5. 保存状况：造像头部残失，左肩残缺，右手残失，背面可见土锈。

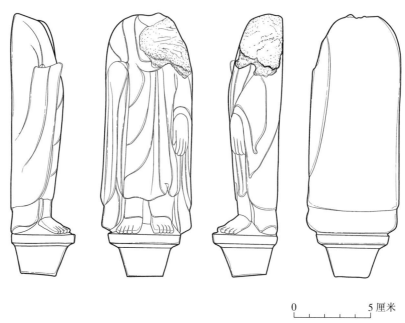

图八八　如来立像（H16：031）

6. 题记：无

7. 造像：如来左臂下垂，手掌朝内，五指刻出，指尖朝下。右臂屈肘，腹部略鼓。大衣通肩，胸前呈深"U"形领边，领边下端外翻，大衣衣角搭左前臂。左腿阴刻竖向衣纹，右腿阴刻左上右下斜向衣纹，两臂下浮雕竖向衣襟。脚踝处可见内衣衣边。双足宽厚，五趾刻出。榫形圆台台面中间高边缘低。圆台下为一上宽下窄形圆榫，素面，底面磨光（图八八；图版八九）。

H16：184

1. 名称：如来立像

2. 材质：汉白玉

3. 时代：北齐—隋

4. 尺寸：通高 14.6、通宽 6、像身高 12.2 厘米。

5. 保存状况：如来膝部以下缺失。胸部断裂，已粘接。可见墨绘痕迹。

6. 题记：无

7. 造像：如来立像，两臂屈肘平举，左手置于左跨侧，指尖朝下，手心朝外，刻划五指和掌纹。右手置于右跨侧，指尖朝上，手心朝外，刻划五指和掌纹。腹微鼓。头光圆形，头外围墨绘一圈宽大莲瓣，高肉髻，头部未见刻划发丝，有黑色墨绘。发际线平直。面部长圆，眉弓微凸，眉头与鼻根相连；眼细长，有上下眼睑；鼻高窄，鼻头残，略呈三角状；嘴唇厚；双耳贴头，简单刻划耳部轮廓，耳垂齐下颌骨。颈部细长，颈根呈圆弧状。内衣袒右，自左肩至右胁下，素面，腰部系带，打圆结，结绳下垂，呈八字形，右侧结绳较长。大衣通肩，右侧衣襟垂至腹前，上搭左前臂沿身侧下垂。双臂刻划两道衣纹，腿前衣纹左高右低弧线，背部素面（图八九；图版九〇）。

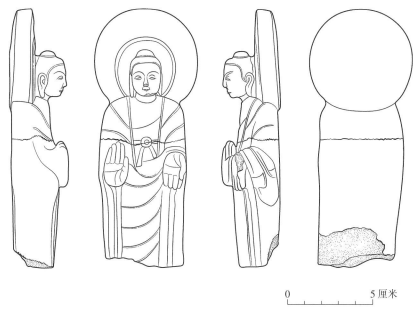

图八九　如来立像（H16：184）

H16：353

1. 名称：如来立像

2. 材质：青石质

3. 时代：北齐—隋

4. 尺寸：通高71、通宽23、像身高64、座高7厘米。

5. 保存状况：头颈残失，两前臂断失，圆台正面残损。

6. 题记：无

7. 造像：如来双臂屈肘，腹部微鼓。内衣袒右，自左肩到右胁下，有宽衣边，可见墨绘，腹前可见阴刻一道连弧形衣纹。中衣覆右肩、右臂。大衣自左肩到右胁下，右襟于中衣下绕腹前，腹前衣边外翻，搭左前臂，垂至腿部。可见左胸部宽衣边，两臂各阴刻3道斜向衣纹。正面阴刻数道下弧形衣纹，衣缘垂至脚踝处。可见两层衣边，衣边平直。如来跣足站立于圆台上，刻脚趾，脚掌宽厚。台面中部高，边缘低。素面圆台下收，侧面较光滑，接浅圆台，侧面多竖向粗凿痕（图九〇；图版九一、九二）。

（二）倚坐像

共4件。

H16：005

1. 名称：如来倚坐像

2. 材质：汉白玉

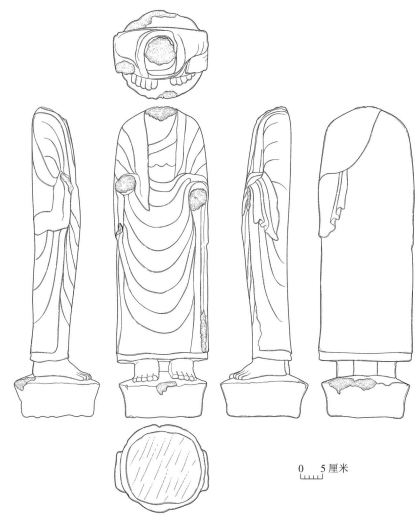

图九〇　如来立像（H16∶353）

3. 时代：唐

4. 尺寸：通高 87.6、通宽 35、像身高 73.5、座高 24.6 厘米。

5. 保存状况：右手、座束腰部立柱和座基局部缺失。足莲座与莲茎间有缺失。头部、左足和右足残断拼接。鼻头、下颌部、双手手指、双足脚趾、足踝关节处略残失。

6. 题记：无

7. 造像：如来倚坐，左臂略屈肘下垂，手抚左膝，五指微屈，手掌朝下（图九一；图版九三）。右臂屈肘上举。高肉髻，略呈宝珠形，前部发丝旋涡状。侧面发丝"V"字形，有鬓发，头后发纹呈"U"字形。头后部有方形榫头。面部长圆，眉弓微凸，阴刻细长眉线，呈下弧状，与鼻根相连。眼细长，上眼睑略鼓起，眼角下吊，未刻划睛珠。鼻梁高窄，雕刻鼻柱和鼻孔。人中窄。唇薄，嘴角微上翘，唇峰、唇珠明显。下颌略前凸，颌下有月牙状凹印。双耳贴头，齐颌骨，耳垂长。颈部细长，阴刻二道，椭圆形颈根（图版九四，3）。

内衣袒右，有衣边，宽 1.5 厘米，自左肩至右胁下，未刻衣纹，腰部系带，打圆结下垂，结绳较细（图版九五，2）。中衣覆右肩，衣襟于右胸前下垂，绕搭右臂下垂，露右肘部，内侧下垂至右腿

0　10厘米

图九一　如来倚坐像（H16：005）

上，外侧下垂至座台上，刻划衣纹竖向弧线（图版九四，1）。

　　大衣袒右，自左肩至右胁下。可见袈裟扣，左胸前结绳为扣，似有铃铛状流苏下垂（图版九五，1）。衣襟垂至座台前，一角搭左前臂垂于座台左侧。浅浮雕大衣衣纹左高右低弧线，背部衣纹呈入字形（图版九四、2）。小腿部和腿间衣纹呈"U"字形，左手下侧有倒三角形衣襟。露足，刻划脚趾，双足各踏小莲座，莲座碗状，浮雕双层仰莲瓣，莲瓣宽大，中脊微凸，内层莲瓣只露瓣尖，可见花萼。小莲座由座基底部怪兽所吐莲茎托起，坐束腰座。

　　束腰座，座台方形，浮雕双层仰莲瓣，外层莲瓣宽硕，有花萼，中脊高凸，瓣尖外翻，内层莲瓣只露瓣尖。莲瓣下有浅方台，素面。束腰四棱柱形，四角有立柱残块。正面素面，其余三面中部开龛各雕一力士，面部椭圆状。左侧：左腿支起，右腿盘于身前，左手上举，右手下垂。右侧：双臂下垂，跪坐。背面：双臂下垂，跪坐（图版九七，1；图版九八，1；图版九九，1）。座基为方形台，正面素面，其余三面浮雕双层覆莲瓣，莲瓣宽硕，中脊高凸，脊两侧有椭圆形高凸物，瓣尖外翻。莲瓣上下均有素面窄框（图版九六，2）。

　　台基为纵方形。台基侧面和背面与座基等齐，正面比座基长。正面中部浮雕怪兽（狮）面部。眉弓凸起，下弧状；上眼睑鼓起，刻划眼珠，目视斜下方；鼻梁高窄，鼻头呈三角状，刻划鼻柱和鼻孔；上嘴唇自鼻柱下分两段上扬，双层，可见4颗方形牙齿和2颗倒三角状獠牙，嘴角吐出莲茎（图版九六，1）。其余面素面（图版九七，2；图版九八，2）。

　　G1：11

1. 名称：如来倚坐像
2. 材质：红陶
3. 时代：唐
4. 尺寸：通高18.3、通宽15.4厘米。
5. 保存状况：头部、双手、右胯、双足缺失，座部分残缺。局部略残失。

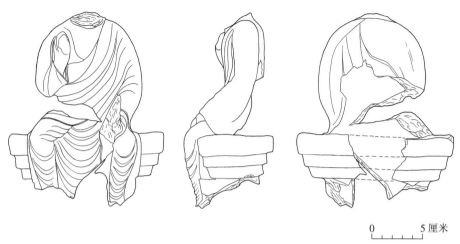

图九二　如来倚坐像（G1：11）

6. 题记：无

7. 造像：倚坐像，左臂下垂，左手置于左腿上，残；右臂屈肘上举，右手腕处可见衣袖。右手置于右胸前，刻划五指，略残。残余颈部呈椭圆形。右衽交领内衣，未见衣纹。大衣袒右，右侧衣襟偏搭右肩和右上臂，横过腹前，覆左胸和左臂，披于左肩后侧，衣边外翻。大衣衣纹左高右低弧线，背部未见衣纹，双腿间和腿上均刻划"U"形弧线。双腿下垂，坐于台上，可见座台三层叠涩下收，座为横方体，素面。以下断失（图九二；图版九九，2）。

G1：12

1. 名称：如来倚坐像

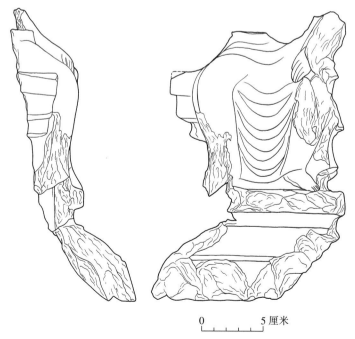

图九三　如来倚坐像（G1：12）

2. 材质：红陶

3. 时代：唐

4. 尺寸：通高23、通宽15、像身高13.7、座高10厘米。

5. 保存状况：残余下半身和座部分残块，背面缺失，局部残失。残损严重。

6. 题记：无

7. 造像：如来倚坐，左手抚左膝内侧，刻划五指。刻划双腿间"U"形衣纹。见左足，足尖略向左，刻划脚趾，右足残。坐束腰座，座台三层，素面；自上而下依次是：上层为较小浅横方台；中层为上小下宽的棱台；下层为较高横方台（图九三；图版一〇〇，1）。

G1：15

1. 名称：如来倚坐像

2. 材质：红陶

3. 时代：唐

4. 尺寸：通高10、通宽10.6厘米。

5. 保存状况：残余下半身，双足缺失，背面缺失。

6. 题记：无

7. 造像：如来倚坐，双腿和双腿间均刻划"U"形衣纹。背面可见指纹（图九四；图版一〇〇，2）。

0 ____ 5厘米

图九四　如来倚坐像（G1：15）

（三）结跏趺坐像

共78件。分为单尊式和多尊式。

单尊式，77件。

H16：001

1. 名称：上元元年如来坐像

2. 材质：汉白玉

3. 时代：唐上元元年（674年）

4. 尺寸：通体高89.3、宽32.6、像身高49.8、座高28.5厘米，台基高10.5、长40.5、宽39.5厘米。

5. 保存状况：头部、右臂残断，已拼接。右手五指残缺。束腰座台面边缘略残，束腰部分的6根小立柱残失。

6. 题记：台基正面阴刻方格字界，4行18列，识别71字，楷书，其中"苍"字为漏刻，在八、九列和一、二行之间的十字线交点上补刻的；右侧面阴刻方格字界，4行16列，识别61字（图版一〇四；图版一〇五，2、3）。录文如下：

（正）上元元年/正月一日/贾士达敬/弥陀像一/躯上为天/皇下及七/世先亡师/僧父母法/界

0　　　　　10厘米

图九五　上元元年如来坐像（H16：001）

苍生同施/人等达妻/刘达息贾/德通第天/造大务元/振大禹妹/胜娘二娘/三娘四娘/通息威节/弟威/（右）严都惟/那张婆□/通妻王造/妻崔 男 威/容威俭威/猛女阿容/阿妙务妻/赵男威敬/女娥莫振/妻田男神/荷阿九女/无方无端/宝积禹妻/韩男威果/女阿娥合/家供养

7. 造像：如来结跏趺坐，头微昂，左手下垂，抚左膝内侧，五指伸直，刻指甲。右臂屈肘，右手翻腕上举右肩前，掌心朝前，有掌纹4道，腕纹2道。高肉髻，有5排螺发，其顶素面圆饼状。头前部，有5排螺发；头两侧有3行螺发，头后部没有螺发。螺发大小不匀，左旋、右旋均有。头后部刻划发际线为上弧形。佛头后面枕部有方形插榫断茬。面部略呈椭圆形，腮部略宽。眉弓略凸，阴刻细长眉线，眉头接鼻梁。眼细长，上眼睑略鼓起，眼角长而下吊，未刻划睛珠。鼻梁窄，鼻头呈三角形，有小鼻孔、鼻柱。人中宽。嘴角上翘，上唇薄，唇峰、唇珠明显，下唇较厚。下颌略前凸，颌下有月牙状凹印。双耳贴头，耳垂残。颈部较粗，有2道蚕节纹，颈根略呈"V"字形，浅浮雕胸骨中缝（图版一〇三，1）。

内衣袒右，自左肩到右胁下，大衣袒右，衣边翻折，自左肩到右胁下，衣角搭左肩垂背左部。浮雕大衣衣纹，左高右低弧线状。另外，右肩覆横披，绕搭右前臂下垂身侧，露右肘部（图版一〇二）。

双足覆大衣下，坐于束腰莲座。座台圆形，浮雕双层仰莲瓣，莲瓣宽厚，中脊凸起，瓣尖略外翻。莲瓣下有两层素面圆台叠涩下收。束腰六棱柱形，素面，六面中部各有立柱（均残失）。座基自上而下有3段：上段为两层素面圆台叠涩；中段浮雕双层覆莲瓣，莲瓣宽肥，中脊高凸，两侧各有一椭圆形高凸物，瓣尖外翻；下段莲瓣下有素面浅台两层（图版一〇一；图版一〇三，2、3）。

台基，方形，素面，阴刻题记（图九五；图版一〇五，1）。

H16：002

1. 名称：龙朔三年如来坐像
2. 材质：汉白玉
3. 时代：唐龙朔三年（663年）
4. 尺寸：通高91.7、通宽40.6、像身高51、膝间宽29.9、头光残高20.3、头光直径33、束腰莲座通高27.7、力士高5.2厘米，座基长38.8、宽38.2、高13.5厘米。
5. 保存状况：头部残断，已拼接。头光上半部残缺，右前臂残断，莲台台面边缘略残，台基正面左上角、下角均有残缺。束腰正面右侧托举力士缺失，右侧前廊柱残缺。
6. 题记：台基正面阴刻方格字界，5行，14列，70个方格，识别68字；左侧面阴刻方格字界，5行，15列，75个方格，共40个字；右侧面阴刻方格字界，5行，14列，70个方格，识别40字；

图九六　龙朔三年如来坐像（H16：002）

0　10厘米

背面阴刻方格字界，5 行，15 列，75 个方格，识别 73 个字。均楷书（图版一一〇、一一一、一一二）。录文如下：

　　（正）大唐龙朔三/年岁次癸亥/六月壬癸朔/廿九日辛亥/大像主云骑/尉韩善行队/下五十人等/虽生在阎浮/依希舍卫之/国奉□勅东/罚见亲之日/不期共发鸿/心造白玉像/□铺誓愿之/（右）后□圣泽之/所有征采昆/山之无价镌/成此像诸行/人等沐浴洗/心终身皈敬/镌名于后/维那赵孝强/勋官王弘善/维那张文遇/维那王才卿/维那张祇达/维那张士雅/维那韩客仁/（背）维那赵孝晟/维那张道仁/维那张大信/维那赵孝恪/维那张君胄/维那王行里/维那王晟感/维那赵善贵/刘玄琰张师/仁张玄远□/玄儁张感仁/张弘揩赵元/方张善晏张/菅生张处言/□忙生赵大/（左）慈苟玄贵张/高进张黑仁/张善藏林留/客林玄亮张/弘道王广慎/姚通德潘□/德□□□□/维那李毛仁/维那王信正/

7. 造像

如来结跏趺坐，左手下垂，抚左膝内侧，五指微屈，中指略长，刻指甲（图版一〇九，3）。右臂屈肘，前臂残失。有圆形头光，上半部残失，正面浮雕 4 层纹饰，由内而外依次是：素面饼状、双层莲瓣（有素面圆形花蕊，双重宽莲瓣，瓣尖略外翻）、两道凸弦纹，内缀圆形和菱形牌饰，牌饰边缘为连珠纹，头部两侧对称分布；阴刻火焰纹。头光背面素面，中部微凸，边缘较薄。覆钵形高肉髻，螺发略呈圆锥状，大小较匀，素面。肉髻上有 8 层螺发，头前部有 7 层螺发。前额中部发际线略下凹。额心眉间有圆形凸起白毫相。面部长圆形，下庭较长。眉弓较平，阳刻弯眉，眉中阴刻线一道。眼细长，上眼睑下垂，眼袋略鼓起，眼角平直，睛珠阴刻半圆。鼻梁窄，鼻头残，有小鼻孔、鼻柱。人中较深长。嘴角深凹微上翘，上唇厚，唇峰明显，唇线阴刻，下唇较薄，唇颏沟圆凹状。双耳大，贴头，耳垂长，有长耳洞。下颌有脂肪袋，刻三道。颈根阳刻上弧形凸线（图版一〇八，3）。胸肌略鼓，胸沟略凹，浮雕右侧下乳线。

内衣袒右，有窄衣边，腰系带于腹前打单结下垂，腰带上下阴刻斜向弧线衣纹（图版一〇九，1）。右肩可见中衣覆肩、肘下垂，背面可见腋下衣边外翻褶皱；大衣袒右，有衣边，覆左肩，绕右胁下，背面可见窄衣边，右襟绕腹前，系于左肩袈裟扣。袈裟扣后部在左肩背部，方形扣托，伸出两绳，周围大衣有褶皱；前部覆花状，二绳相系打结，垂带顺左上臂下垂，一股垂莲台上，末端有流苏（图版一〇九，2）。中衣、大衣衣纹简略。双足覆大衣下。坐于束腰莲座（图版一〇七，2、3；图版一〇八，1、2）。

座台圆形，浮雕双层仰莲瓣，下有花萼。每层莲瓣均为 8 瓣，莲瓣宽，中脊略凸，尖翻翘，瓣面阳刻莲瓣状装饰，花萼边缘向外翻折，中脊略凸。莲瓣下有素面圆台及八棱浅台叠涩下收。束腰八棱柱形，素面，外围镂雕廊柱和力士。正面右侧力士缺失，左侧力士站姿，双手上举，双肘微屈，手与头顶平托上层莲台，提左胯。力士面部漫漶，胸肌浑圆，腹部略鼓，上身裸，下身腰部似有裙，双腿并立，跣足（图版一〇九，4、5）。束腰左右侧和背面各有二廊柱，均用三颗圆珠上下连接，珠间由两个环箍间隔。座基自上而下有两段：上段为八棱浅台及素面圆台叠涩；下段浮雕双层覆莲瓣，莲瓣宽肥，中脊高凸，背两侧各有一椭圆形高凸物，瓣尖外翻（图版一〇九，6）。

台基方形，素面，侧面阴刻题记（图版一○六；图版一○七，1）。

H16：003

1. 名称：调露元年如来坐像

2. 材质：汉白玉

3. 时代：唐调露元年（679 年）

4. 尺寸：通高 71、通宽 36、像身高 34、座高 35 厘米。

5. 保存状况：佛头残缺，右臂自上臂处残裂，已粘接。右手指残缺，左手食指残缺，台基左前角残，右侧两道刮擦，后面下部残损。

6. 题记：台基正面阴刻方格字界，18 列，识别 126 字，除第一列以为，其余 11 列并未按照方格刻铭文；左侧面阴刻方格字界，18 列，识别 55 字；右侧面阴刻方格字界，16 列，识别 106 字；背面阴刻方格字界，18 列，识别 100 字（图版一一五，2、3；图版一一六、一一七、一一八）。均楷书，自右向左竖读，录文如下：

（正）惟大唐调露元/年十月日大像主/宣勇师上柱国/韩善行队下五/十人等奉/勅东征敬造弥陀/像一躯并二菩萨上/为天皇天后下/为七世先亡都维那/上骑都尉韩客仁维/那上护军王信政/上柱国张文遇轻车/张弘道维那上护军/赵孝恪上柱国贾/夫造骑都尉张祇达/护军张胡仁上柱国/潘

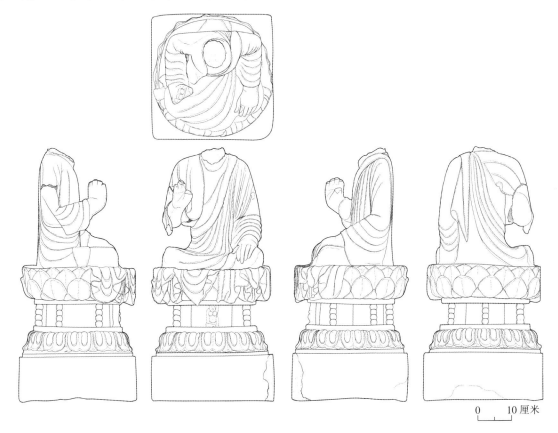

图九七　调露元年如来坐像（H16：003）

行兴上柱国张仁/亮护军张黑仁/（右）上骑都尉张弘怀/上柱国王师受上骑/都尉王金柱轻车/郑义深上护军崔/康师护军李子贡/轻车□玄携骑都/王仁员轻车张感仁/上柱国刘玄嗣□/军刘玄琰轻车翟及□/轻车姚通德轻车王/元景轻车王德济/护军王文质柱国潘/行宽轻车李毛仁/轻车□□果/□车张□秀护/□□朗轻车□天度/（背）轻车寻君武护/军苟玄贵护军/田师楷轻车宋□/利轻车王道师轻车/张谨慎轻车侯天德/轻车李怀感/轻车王玄友轻车/王师文柱国王钦/明轻车马小豹/轻车王汉贤/护军张仁智/轻车王习成/轻车王智臣/轻车王定方/轻车王立文轻车/王弘立轻车□□□/轻车寻君□/（左）轻车张有道/柱国王弘善/轻车张禄专/轻车廿阿孩/轻车李表仁/轻车田弘昉/轻车韩文经/轻车郑仁弘/轻车马留生/骑都寻师表/柱国王元礼

7. 造像：如来结跏趺坐，左手下垂，抚左膝内侧，五指伸直，刻指甲（图版一一四，2）。右臂屈肘，右手翻腕上举，掌心朝前，阴刻掌纹两道。右肩可见横披，右肩胛处可见自内衣翻出，阴刻两道上弧形衣纹，覆右肩、臂下垂身侧置座；内衣袒右，自左肩到右胁下；大衣袒右，覆左肩，绕腰右侧，可见宽衣边，右襟绕腹前，覆腿部及座右前侧，衣角搭左肩垂背左部。浮雕大衣衣纹，左高右低弧线状，左臂左高右低斜向衣纹。如来着衣覆遮座台正面及两侧，正面浮雕3道下弧形衣纹，两侧衣纹杂乱繁多。

双足覆大衣下（图版一一三，4）。坐于束腰座。座台面边缘阴刻一周弦纹。座台圆形，浮雕4层仰莲瓣，每层均有8瓣。由下至上，第一层莲瓣宽厚，中脊凸起，瓣尖略外翻，呈尖拱形。第二层与第一层形制相同，仅在第一层的两瓣之间露出中脊和瓣尖。第三层在第二层两瓣之间露出，形制与第一层相同，仅露出上半部分。第四层仅露出尖部，莲瓣下有单层素面圆台下收。束腰六棱柱形，素面，外围镂雕1力士及5个立柱。力士位于正面，坐姿，右腿屈盘，左腿屈膝竖立，左手和头顶托住座台底部，右手下垂撑在右大腿上。胸部为两球状物，腹部圆鼓，有肚脐，下身着短裙。面部可见眼鼻嘴（图版一一四，1）。其余五面中部各圆雕一立柱，由4颗圆珠上下连接。座基自上而下有3段：上段为单层素面圆台；中段浮雕双层覆莲瓣，莲瓣宽肥，中脊高凸，两侧各有一椭圆形高凸物，瓣尖外翻，内层仅在外层的两瓣之间露出中脊瓣尖，每层均有12瓣；下段莲瓣下接素面浅台（图版一一五，1）。

台基方形，素面，侧面阴刻题记（图九七；图版一一三，1、2、3）。

H16：004

1. 名称：如来坐像

2. 材质：汉白玉

3. 时代：唐

4. 尺寸：通高68.2、通宽29.7、像身高35.9、座高32.2厘米。

5. 保存状况：左前臂、左膝和座束腰立柱缺失。右臂、座基束腰部残断，已拼接。右手近腕部、座台前部及侧面、座基四周局部略有残失。

6. 题记：无

7. 造像：如来结跏趺坐，左臂屈肘，前臂残失。右臂下垂，手抚右膝内侧，五指略屈（图版一

0　　5厘米

图九八　如来坐像（H16∶004）

二一，3、4），刻划指甲，并拢。胸部轮廓明显，可见右乳晕和胸肌中缝。高肉髻，前部发丝呈旋涡转（前发逆时针，肉髻顺时针），侧面发丝"V"字形，有鬓发，头后部有方形榫头痕迹，3 个圆形榫眼，有平行细条的纵向发丝。面部长圆，眉弓微凸，阴刻细长眉线，下弧状。眼细长，上眼睑略鼓，眼角下型，未刻划晴珠。鼻梁高窄，鼻略残，有小鼻孔，人中窄，嘴角上翘，唇峰，唇珠明显。下颌略前凸，颌下有月牙状凹痕，双耳贴头，耳垂长，贴颌骨。颈根部可见弧形肉褶。

　　内衣袒右，有衣边，宽约 1.7 厘米，自左肩至右胁下，未刻衣纹。腰系绳带，打圆结下垂，结绳较细，下垂结绳略呈"S"状（图版一二一，2）。大衣袒右，左侧衣襟覆肩下垂，右侧衣襟自右胁下上裹，一角覆右腿下垂至座台前，一角搭左肘下垂至座台上，衣边外翻。浮雕大衣衣纹，左高右低弧线状，外衣背后衣纹呈入字形（图版一二二，4）。可见裙覆左腿，阴刻横向腿部衣纹两道。座台侧衣纹多"U"形、竖向弧线或褶皱状，衣纹有两层，底边多呈连续"S"状（图版一二一，1）。

　　双足覆衣下，坐于束腰座上（图版一二二，1、2、3）。座台圆形，浮雕双层仰莲瓣，莲瓣宽厚，下有三角连弧花萼，中脊略凸，瓣尖外翻。莲瓣下有两层圆台叠涩下收，素面。束腰圆柱形，腰部有 7 个立柱（均残失）。每两立柱间有椭圆形壶门，门内雕人面，共 7 个，人脸阳刻粗眉线，眉尾上扬，眼大而圆，眼角上扬，刻有眼珠，鼻根与眉头相连，鼻头大，呈三角形，刻有鼻孔、鼻柱、人中，嘴唇宽厚，唇峰明显（图版一二三）。座基有 3 段，上段为两层圆台叠涩，素面；中段浮雕双层覆莲瓣，莲瓣宽肥，中脊高凸，脊两侧各有一椭圆形高凸物，瓣尖外翻；下段两层浅圆台，素面（图九八；图版一一九、一二〇）。

H16∶027

1. 名称：如来坐像

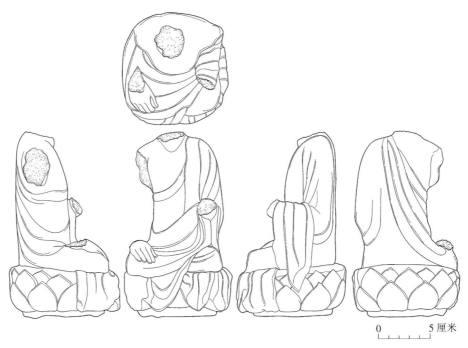

图九九　如来坐像（H16：027）

2. 材质：汉白玉

3. 时代：唐

4. 尺寸：通高17.4、通宽10.4、像身高12.4、座高5厘米。

5. 保存状况：头部残失，右臂残失，左手残失，仰莲座以下座基缺失。

6. 题记：无

7. 造像：如来结跏趺坐，右手抚右膝内侧，五指伸直。左臂下垂，屈肘，左手残失。仅见脖颈根部。内衣袒右，自左肩到右胁下，有宽衣边；大衣袒右，覆左肩，绕腰右侧。右襟绕腹前，可见宽衣边，覆腿，搭左肘，垂于座台侧面。衣纹简略，可见大衣衣缘垂至座台右前侧，浮雕左高右低斜向衣纹。左臂浮雕斜向衣纹。如来着衣覆遮座台正面及两侧，衣纹杂乱繁多。双足覆大衣下。坐于莲座。座台圆形，浮雕3层仰莲瓣。下层中层莲瓣均为6瓣，素面。莲瓣宽，圆尖形，上层莲瓣4瓣，仅从中层莲瓣间露出尖部。莲瓣下有层素面圆台下收。其下可见方形束腰断面，4根立柱残痕（图九九；图版一二四）。

H16：029

1. 名称：如来坐像

2. 材质：汉白玉

3. 时代：唐

4. 尺寸：通高16.4、通宽10.8、像身高12.4、座高4厘米。

5. 保存状况：造像头部残失，左手残失，座下部残失，右手指略残。

6. 题记：无

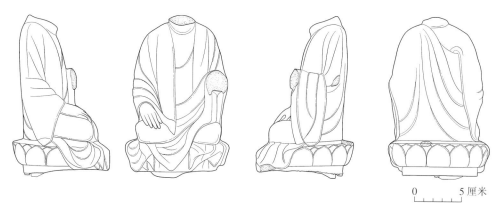

图一〇〇　如来坐像（H16：029）

7. 造像：如来结跏趺坐，右手下垂，抚右膝内侧，五指伸直。左臂屈肘，左手残失。仅见颈根，有肉褶痕迹。右肩可见横披，右肩胛处可见自内衣翻出，覆右肩、臂下垂身侧置座；内衣袒右，自左肩到右胁下；大衣袒右，覆左肩，绕腰右侧，可见宽衣边，右襟从横披下绕腹前，覆腿部及座右前侧，上搭左肘下垂置座。如来着衣覆遮座台正面及两侧。大衣衣边可见少许墨绘。双足覆大衣下，坐于莲座。

座台圆形，浮雕双层仰莲瓣。外层莲瓣 7 瓣，内层 6 瓣。莲瓣宽，呈尖拱形，内层莲瓣仅从外层莲瓣间露出尖部。莲瓣下较小素面圆台。可见方形束腰断痕，每面中部各有一立柱断痕（图一〇〇；图版一二五）。

H16：033

1. 名称：如来坐像
2. 材质：汉白玉
3. 时代：唐
4. 尺寸：通高 23.2、通宽 10.6、像身高 11.6 厘米，台基高 11.2、长 7—10、宽 2.2—6.4 厘米。
5. 保存状况：头部残失，左前臂残断，佛座束腰中部断裂已粘接，束腰部分 4 根小立柱残失，座基右侧残。
6. 题记：无
7. 造像：如来结跏趺坐。右手下垂，抚右膝内侧，四指伸直，拇指分开。左臂屈肘，前臂残失。头颈残失，仅见颈根阴刻一蚕道，胸下阴刻一道下乳线。内衣袒右，自左肩到右胁下，仅见衣边。大衣自左肩到右胁下绕与身前，搭左臂，覆左肩，衣边外翻，背部衣纹呈“人”字形。腹部浮雕左上右下斜向衣纹，如来着衣覆遮座台正面及两侧，成 3 片。正面浮雕 3 道下弧形衣纹，方座正面转角处浮雕“U”形衣纹。右小腿置于左小腿之上，露右脚前脚掌，脚趾不辨。坐于束腰座。座台横方形，其下双层方台叠涩下收。横方形束腰，素面，四角各有一圆雕立柱，均残失。座基自上而下有两段，上段为两层素面方台叠涩，下段素面横方体台。底面有多处竖向凿痕（图一〇一；图版一二六）。

H16：035

1. 名称：如来坐像

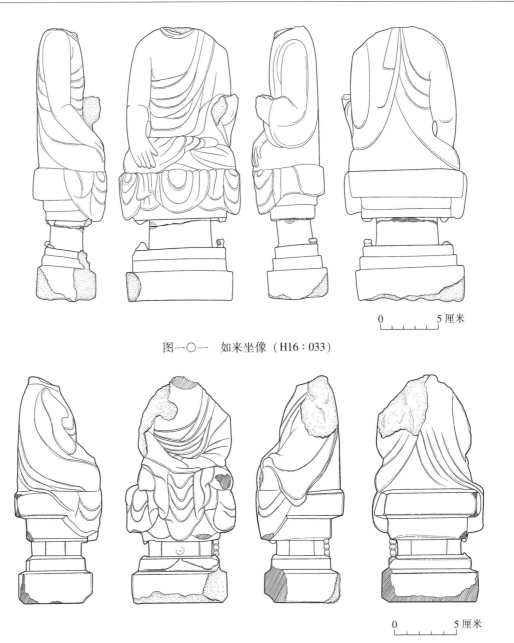

0　　　　　5厘米

图一〇一　如来坐像（H16：033）

0　　　　　5厘米

图一〇二　如来坐像（H16：035）

2. 材质：汉白玉

3. 时代：唐

4. 尺寸：通高18、通宽8.9、像身高8.8厘米，座高8.7、长5.2—8、宽4—6.5厘米。

5. 保存状况：头部残失，两肩残损，左膝略残。佛座束腰部分3根立柱断失。座基正面，左前角残失，底缘略有残损。

6. 题记：无

7. 造像：如来结跏趺坐。双臂下垂，双手相叠置腹前，左手在上右手在下，五指并拢，掌心向上。头颈残失，仅见颈根及阴刻一蚕道，胸肌略鼓。内衣袒右，自左肩到右胁下，仅见宽衣边。大衣自左肩到腰右侧绕身前，搭左臂，覆左肩，衣边外翻，可见墨绘，左臂可见斜向衣纹，身左侧大衣衣角下垂至座。背部衣纹呈人字形，大衣自两膝间下垂遮座台正面，两腿间浮雕4道下弧形衣纹。两侧有"S"形褶皱。如来着衣覆遮座台两侧，正面转角处浮雕两道"U"形衣纹。双足覆大衣下。坐于束腰座。座台横方形，其下接较小方台。束腰横八棱柱状。外围四角立柱仅残余左后侧一根，由3颗圆珠上下连接。座基自上而下有两段，上段为单层素面浅方台，下段素面横方体台。底面粗糙（图一○二；图版一二七）。

H16：037

1. 名称：如来坐像

2. 材质：汉白玉

3. 时代：唐

4. 尺寸：通高10.6、通宽7.5、像身高3.4、座高7厘米。

5. 保存状况：造像躯体上半身残失，佛座束腰正中立柱断失，座基左侧中部残损。

6. 题记：无

7. 造像：如来结跏趺坐，仅见左手抚左膝，五指伸直。仅见腹前内衣，宽衣边。大衣从腰右侧绕于身前，大衣衣角覆台右前侧，覆左前臂，垂于身侧，浮雕数层左高右低斜向衣纹。如来着衣覆遮座台正面及两侧。正面浮雕下弧形衣纹，座台两侧浮雕"U"形衣纹。双足覆大衣下。坐于束腰座。座台圆形，浮雕双层仰莲瓣，外层莲瓣雕出6瓣，莲瓣呈尖拱形，莲瓣宽厚，中脊略凸。内层5瓣，仅从外层两瓣之间露出尖部。莲瓣下有单层素面圆台下收。束腰方形，素面，四面中部各圆雕一立柱，由3颗圆珠上下连接。仅正面立柱断失。座基自上而下有3段：上段为单层素面圆台；中段浮雕双层覆莲瓣，莲瓣呈圆拱形，莲瓣宽厚。外层莲瓣9瓣，内层仅从外层两瓣之间露出尖部；下段素面圆台。底面略打磨（图一○三；图版一二八，1）。

H16：041

1. 名称：如来坐像
2. 材质：汉白玉
3. 时代：唐

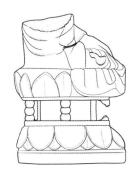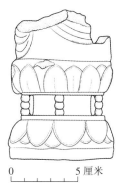

图一○三　如来坐像（H16：037）

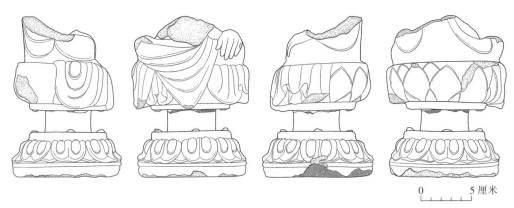

0　　　　　　　5 厘米

图一〇四　如来坐像（H16：041）

4. 尺寸：通高 15.4、通宽 10.8、像身高 4.7、座高 10.8 厘米。

5. 保存状况：造像上半身缺失，右膝略残。佛座束腰上缘处断裂，已粘接。四根立柱均断失，座基底部周缘略残。

6. 题记：无

7. 造像：如来结跏趺坐，仅见左手抚左膝内侧，五指伸直。仅见腿部覆大衣，垂于身左侧。大衣覆遮圆座正面及两侧。正面浮雕下弧形衣纹，左侧浮雕竖向衣纹，右侧浮雕"U"形衣纹。双足覆大衣下。坐于束腰座。座台圆形，浮雕 3 层仰莲瓣，下层莲瓣呈尖拱形，可见 4 瓣；中层莲瓣宽厚，素面，可见 4 瓣；上层莲瓣仅从中层两瓣之间露出尖部，可见 5 瓣。座台下有单层素面圆台下收。束腰方形，素面，四面中部各圆雕一立柱，均断失。座基自上而下有 3 段：上段为单层素面圆台；中段浮雕双层覆莲瓣，莲瓣宽肥，中脊高凸，两侧各有一椭圆形高凸物，瓣尖外翻，外层莲瓣 8 瓣。内层仅从外层两瓣之间露出尖部，中脊高凸，瓣尖略外翻；下段素面圆台。底面可见呈中心放射状凿痕，边缘打磨（图一〇四；图版一二八，2）。

H16：043

1. 名称：如来坐像

2. 材质：汉白玉

3. 时代：唐

4. 尺寸：通高 23.4、通宽 10.1、像身高 14.1、座高 9.2 厘米。

5. 保存状况：面部、头顶部残损，颈部断裂，已粘接，右肩后侧残损，右前臂残失，躯体腰部断裂，已粘接，左臂及肩部残损，座基正面残损，底部周缘略残。

6. 题记：无

7. 造像：如来结跏趺坐，左手下垂，抚左膝内侧，五指伸直。右臂仅见肘部，屈肘。头颈仅见半截左耳及后部发缘，颈根呈"V"字形。右肩可见横披，右肩胛处可见自内衣翻出，阴刻两道上弧形衣纹，覆右肩、臂下垂身侧置座；内衣袒右，自左肩到右胁下，有宽衣边；大衣袒右，覆左肩，绕腰右侧，可见宽衣边，右襟绕腹前，覆腿部及座右前侧，衣角搭左肩垂背左部。浮雕大衣衣纹，左高右低弧线状，左臂左高右低斜向衣纹。如来着衣覆遮座台正面及两侧，正面浮雕 3 道下弧形衣纹，两

图一〇五　如来坐像（H16：043）

侧衣纹杂乱繁多。

双足覆大衣下。坐于束腰座。座台圆形，浮雕3层仰莲瓣，下层三角形莲瓣。中上层莲瓣各7片，中层莲瓣宽厚，呈尖拱形。上层莲瓣仅从中层两瓣之间露出尖部。座台下有单层素面圆台下收。束腰五棱柱形，素面，每面正中各圆雕一立柱，由4颗圆珠上下连接。

座基自上而下有两段：上段为单层素面圆台；下段浮雕双层覆莲瓣，外层莲瓣宽厚，中脊略凸，内层莲瓣仅从外层两瓣之间露出中脊和尖部。底面可见向心放射状凿痕（图一〇五；图版一二九）。

H16：044

1. 名称：如来坐像
2. 材质：汉白玉
3. 时代：唐
4. 尺寸：通高23.9、通宽10.5、像身高12.2厘米，座高11.6、长10.3、宽7.7厘米。
5. 保存状况：头部缺失，上半身断裂，已粘接，右前臂残失，佛座束腰上缘断裂，已粘接，4根立柱断失，座基左前角处残损。
6. 题记：无
7. 造像：如来结跏趺坐，左手下垂，抚左膝内侧，五指伸直。右臂屈肘，前臂残失。胸肌略鼓，可见下乳线。内衣袒右，自左肩至右胁下，系腰带，于腹前打结，腰带较宽，可见3层，腰带上下阴刻竖向褶皱；右肩可见中衣覆肩，搭肘，垂于身侧至仰莲台侧面；大衣袒右，覆左肩，绕腰右侧，衣边外翻，右襟绕腹前，搭左肘，垂于身侧至莲台侧面。如来着衣覆遮座台正面及两侧，成3片。正面浮雕3道下弧形衣纹，两侧有"S"形褶皱，方座正面转角处浮雕"U"形衣纹。背部浅浮雕斜向衣纹。右臂可见墨绘。双足覆大衣下。坐于束腰座。

图一〇六 如来坐像（H16：044）

座台横方形，浮雕 3 层仰莲瓣，下层三角形，可见 6 瓣。中层莲瓣宽大，呈圆拱形，可见 7 瓣，上层莲瓣仅从中层两瓣之间露出圆拱状上半部，可见 6 瓣。莲瓣下有双层素面方台叠涩下收。束腰近六棱柱，前后各浮雕一力士。正面力士头部、膝部缺失，两腿屈跪于座基方台，双臂撑在左膝上，胸腹圆鼓。后面力士头部残磕，五官漫漶，躯体略向右侧倾斜，右侧小腿盘起，右手撑于右腿膝部，左腿屈膝竖立，左肘挂于左膝上，左手托住仰莲台。束腰四角各有一立柱，均断失。

座基自上而下有三段：上段为两层素面方台叠涩；中段浮雕双层覆莲瓣，外层前后各有 3 个莲瓣，左右各两个莲瓣，莲瓣宽厚饱满，每瓣中心各一椭圆形凸起物。内层莲瓣仅从外层两瓣之间露出尖部，瓣尖略外翻；下段素面横方形浅台。底面有打磨痕迹（图一〇六；图版一三〇，1）。

H16：051

1. 名称：如来坐像

2. 材质：汉白玉

3. 时代：唐

4. 尺寸：通高 9.5、通宽 8.8、像身高 2.2、座高 7.2、座直径 8.8 厘米。

5. 保存状况：造像躯体上半身残失，左膝略残。佛座束腰四根立柱断失，座基底部周缘略残。

6. 题记：无

7. 造像：如来结跏趺坐，仅见右手抚右膝内侧，五指伸直。大衣绕腹前，垂至身前座台右前侧，

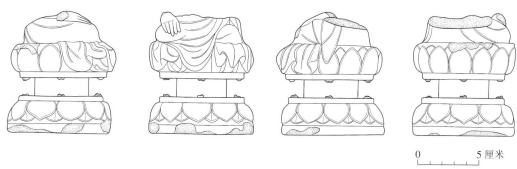

图一〇七 如来坐像（H16：051）

饰下弧形衣纹。另一衣角垂于身左侧至座台。如来着衣覆遮座台正面及两侧，衣纹杂乱繁多。双足覆大衣下。坐于束腰座。座台圆形，浮雕双层仰莲瓣，内外层各莲瓣7片，外层莲瓣宽厚，素面，呈圆拱形。内层莲瓣仅从外层两瓣之间露出尖部，尖部均残。座台下有单层素面圆台下收。束腰方形，素面，四面中部各圆雕一廊柱，均断失。座基自上而下有3段：上段为单层素面圆台；中段浮雕双层覆莲瓣，内外层各10瓣莲瓣，外层莲瓣宽厚，呈圆尖形。内层仅从外层两瓣之间露出尖部，中脊略凸，瓣尖略外翻；下段素面浅圆台。底面打磨较光（图一〇七；图版一三〇，2）。

H16：052

1. 名称：如来坐像
2. 材质：汉白玉

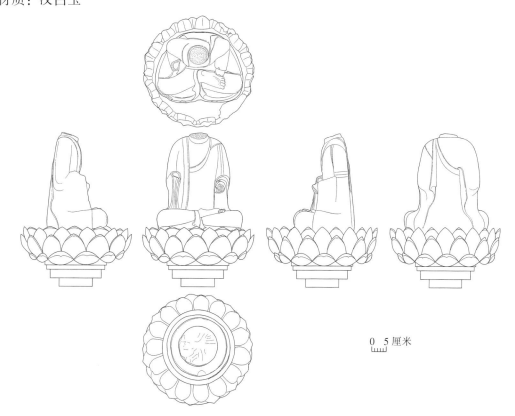

图一〇八 如来坐像（H16：052）

3. 时代: 北齐—隋

4. 尺寸: 通高 50、通宽 36、像身高 32、座高 18 厘米。

5. 保存状况: 造像头部残失, 两前臂残失, 右臂榫卯凹槽。部分仰莲瓣残损。

6. 题记: 无

7. 造像: 如来座像与座台分体拼合 (图一○八; 图版一三一)。如来结跏趺坐, 两臂下垂屈肘。头部断失, 仅见颈根, 胸肌略鼓。内衣覆双肩, 右胸可见竖直下垂衣边至腿, 墨绘宽衣边。右臂下可见阴刻数条竖向衣纹, 背面可见腋下衣边外翻褶皱; 大衣袒右, 覆左肩, 绕右胁下, 右襟从内衣下绕腹前, 上搭左肩后背。正面背面均见衣边外翻, 左臂及后背可见墨绘田相格。脚踝处衣边外翻, 覆座。右小腿置于左小腿之上, 露右脚, 脚掌朝上, 第三指下、脚后跟各阴刻弧线。如来盘坐在浅台之上 (图版一三二, 5)。

座台圆形, 台面上有一浅凹槽, 前宽后窄。座像下部浅台恰能嵌入其中。浮雕 4 重仰莲瓣, 由下至上, 第一重为底部外层, 外层莲瓣饱满厚重, 瓣尖略外翘, 莲瓣 15 片; 第二重莲瓣从第一层两瓣之间伸出, 瓣尖突出, 略外翘, 莲瓣 15 片; 第三重从第二重两瓣之间伸出而高出台面, 瓣尖略翘。可见莲瓣内面, 中间阴刻一道竖线, 莲瓣残余 14 片, 此重莲瓣最大; 第四层仅从第三层莲瓣两瓣之间露出尖部, 尖部大部分均已磕残, 莲瓣高出台面, 可见莲瓣内面, 中间阴刻一道竖线, 莲瓣残余 13 片。莲瓣下有 4 层素面圆台叠涩下收。下部座基缺失 (图版一三二, 1、2、3、4)。

H16: 101

1. 名称: 如来坐像

2. 材质: 汉白玉

3. 时代: 唐

4. 尺寸: 通高 53.5、通宽 20.9、像身高 32.9、座高 20.6、座直径 20.9 厘米。

5. 保存状况: 头部断裂拼合, 上睑微残, 鼻尖部残。台座束腰立柱残缺三个。右前臂残断。后脑榫头残断。

6. 题记: 无

7. 造像: 如来结跏趺坐。右前臂残断, 似施无畏印。左手抚左膝处, 滑润修长, 拇指分开。颈部有三道蚕节纹。乳突状螺发高肉髻, 弯眉有凹线, 下睑卧蚕与面部有凹线分开, 细长目, 高鼻, 上睑圆鼓, 唇部微凸, 略有紧闭之感。下颌有一弧形刻痕, 双耳大小适中, 下巴中间微凹, 头后有一方榫, 可能用来安装头光, 额正中微凹。双眉之间有一阴刻边缘的圆形白毫相。嘴角深凹, 面形略方, 双颌角圆润。胸部圆润丰满, 下有 "W" 形凹线, 胸沟弧凹。袒左肩, 外衣从身前裹覆下体, 一角绕搭右前臂, 其余裹右肩从背部绕向前腹, 又搭向右肩, 绕身右外裹右前臂。中衣从左胁下斜向右肩, 裹后背, 横过左肩从左前臂外侧缠绕后从腕下绕出, 外搭左大腿, 下缘压在腿下, 交代不清晰, 衣纹表达写实。如来着衣覆遮座台正面及两侧, 略成三片, 正面浮雕三道下弧形衣纹, 两侧有弧形或竖褶, 折叠往复多呈 "U" 形, 下缘有残。如来背部衣纹呈 "儿" 字形外分。双足覆于大衣下。

圆形须弥座。座台圆形, 浮雕仰莲, 前面为衣纹遮掩, 后面为莲瓣两层, 瓣外层 6 个, 另外两侧各露局部, 内层有 5 个瓣尖, 尖部外翻。座台下有素面圆台三层, 依次叠涩内收, 下接圆柱形束腰,

图一〇九　如来坐像（H16：101）

有6个串珠式廊柱，每柱五珠。台基自上而下分为三段：上段两层素面圆台叠涩外展；中段浮雕两层宝装覆莲8个，外层重瓣宽肥，中脊高凸，两侧各有一饱满的椭圆形莲肉，瓣尖外翻，围绕莲肉及瓣缘有阴纹线刻，内层仅露中脊和反翘的瓣尖；下段为素面浅圆台。底面有大致向中心的辐辏凿痕，不甚规矩（图一〇九；图版一三三、一三四）。

H16：106

1. 名称：如来坐像

2. 材质：汉白玉

3. 时代：唐

4. 尺寸：通高26、通宽11.7、像身高14.1厘米，座高11.9、长11.7、宽7.7厘米。

5. 保存状况：头部、左手、右前臂、右膝和座束腰部正面右侧立柱缺失。腰部断裂，已粘接。座台背面左角、座基正面左右角和背面右角略有残失。局部粘有土锈斑迹。

6. 题记：无

7. 造像：如来结跏趺坐，左臂屈肘上举，右臂略屈肘，右手抚右膝内侧，刻划五指，指尖朝下。

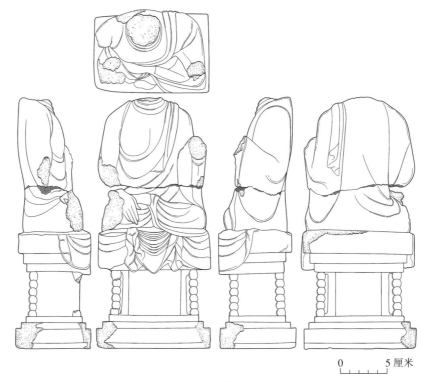

图一一〇　如来坐像（H16：106）

残余颈部平面呈椭圆形，可见 3 层肉褶。胸部轮廓明显，可见右胸下乳线。内衣袒右，自左肩至右胁下，素面。大衣袒右，左侧衣襟未表现，可见腹前露衣一角，右侧衣襟偏搭右肩和右上臂，搭右肘部，衣角裹右腿，横过腹前，覆左臂，披于左肩后侧，衣边外翻。右腰处有左高右低弧线。双臂未见衣纹，两小腿处各有两道下弧线衣纹，底边外翻。座台前部衣纹稠密，可见两层，外层可分为 3 片，一片位于正面中部，另两片分别位于座台前两角，每片均有"U"形衣纹。左小腿压右小腿上，露左足，足心朝上。坐束腰座。

　　座台为横方体，素面，3 层叠涩下收。束腰八棱柱状，素面，四角共有 4 根连珠状立柱（正面右侧立柱残失），每根立柱由 6 颗圆珠组成。座基横方形，自上而下可分为 3 段：上段叠涩两层浅横方台，素面；中段较大横方台，素面；下段较小浅横方台，素面。底面略平，多纵向平行状凿痕（图一一〇；图版一三五）。

H16：108

1. 名称：如来坐像

2. 材质：汉白玉

3. 时代：唐

4. 尺寸：通高 27.5、通宽 15.9、像身高 12.9、座高 14.7、座直径 15.9 厘米。

5. 保存状况：头部、双手、右臂和座束腰部立柱残失。局部略有残失。

6. 题记：无

7. 造像：如来结跏趺坐，左臂屈肘平举，右手抚右膝残余拇指。躯体略后倾，上身略修长。残

图一一一 如来坐像（H16∶108）

余颈部平面呈椭圆形。胸部轮廓明显。内衣袒右，自左肩至右胁下，有衣边，宽约 0.85 厘米，素面。大衣袒右，左侧衣襟竖向下垂，右侧衣襟自腰右侧胁上绕，横过腹前，衣角覆右腿垂至座台正面中右部，衣角上搭左肘垂至座台上。大衣正面衣纹左高右低弧线，背部衣纹呈人字形，左上臂衣纹斜向弧线。左腿上有横向衣纹。座台前部衣纹稠密，由两段竖向褶皱可分为 3 片，一片位于正面中部，另两片分别位于双膝下，每片均有"U"形衣纹，底边呈"U"形。两段褶皱下均可见一层着衣，竖向弧线衣纹，底边呈连续"S"形，左侧褶皱衣纹较右侧褶皱衣纹密集。座台前部衣纹底边整体较平。

双足覆衣下，两膝间腿部略内凹。坐束腰座。座台圆形，浮雕 4 层仰莲瓣，最下层莲瓣较小，莲瓣之间分离，三角状，可见 7 瓣；中二层莲瓣较宽，中脊微凸，瓣尖外翻，最上层莲瓣只露外翻瓣尖。莲瓣下有浅圆台，素面。束腰五棱柱形，素面，各面中部圆雕立柱（均残失）。

座基自上而下有 3 段：上段为较小浅圆台，素面；中段浮雕双层覆莲瓣，莲瓣宽厚，中脊高凸，脊两侧有椭圆形高凸物，瓣尖外翻，内层莲瓣只露瓣尖；下段为较大圆台，刻划一周弦纹。底面略平，中部不规则凿痕，四周放射状凿痕，边缘未打磨（图一一一；图版一三六）。

H16∶109

1. 名称：如来坐像

2. 材质：汉白玉

3. 时代：唐

4. 尺寸：通高 24.4、通宽 11.4、像身高 12.2 厘米，座高 12.2、长 11.4、宽 7.7 厘米。

5. 保存状况：头部、部分左前臂和座束腰部立柱缺失。座台背面右角断裂，已粘接。右前臂部分残缺。局部略有残失。可见土锈斑迹。

图一一二　如来坐像（H16：109）

6. 题记：无

7. 造像：如来结跏趺坐，左臂屈肘上举，右臂下垂，右手抚右膝内侧，刻划五指，大拇指与四指略分离，指尖朝下。残余颈部平面呈椭圆状。胸部轮廓明显。内衣袒右，自左肩至右胁下，素面。大衣袒右，右侧衣襟偏搭右肩及右前臂，绕右肘部，横过腹前，衣角覆腿垂于座台正面中部，上搭左臂披于左肩后侧，衣边外翻。大衣正面衣纹呈"U"形，背面衣纹呈人字形弧线。座台前部衣纹稠密，可见两层，外层可分为3片，一片位于正面中部，另两片分别位于座台前两角，每片均有"U"形衣纹。内层素面，底边呈下弧形。双足覆衣下。坐束腰座。座台为横方体，叠涩下收3层，素面，束腰八棱柱状，素面，四角有立柱（均残失）。座基为横方体，叠涩3层，素面。底面较平，有不规则凿痕，粗糙（图一一二；图版一三七）。

H16：111

1. 名称：如来坐像

2. 材质：汉白玉

3. 时代：唐

4. 尺寸：通高27.7、通宽12.5、像身高14.4厘米，座高13.3、长12.5、宽7.7厘米。

5. 保存状况：头部、左臂缺失。束腰背面右侧立柱断失。右臂、腰部、腿部和座台断裂，已粘接。局部略有残失。

6. 题记：无

7. 造像：如来结跏趺坐，左手抚左膝内侧，刻划五指，并拢，指尖朝下，右臂屈肘上举。腹部微鼓。残余颈部平面呈椭圆状，可见阴刻椭圆形颈根。着衣不详。上身可见4道自左肩至右胁下弧线，腹前2道"U"形弧线。右臂及背面素面。腿部衣纹呈人字形，有一道墨笔彩绘，臀部有两道墨

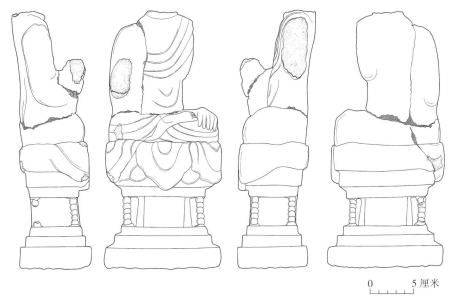

图一一三　如来坐像（H16∶111）

笔彩绘。座台前部衣纹较密集，可见两层，外层可分为 3 片，一片位于正面中部，另两片分别位于座台前两角，每片均有 2 道"U"形衣纹，底边呈倒三角形。内层素面，底边呈下弧形。右小腿压左小腿上，露右足，足心向上，刻划脚趾。坐束腰座。座台为横方体，3 层叠涩下收，素面。束腰为四棱柱状，素面，四角各有连珠立柱（背面右侧立柱残失）。每根立柱由 5 颗圆珠组成。座基为横方体，3 层叠涩递增，素面。底面较平，有不规则褶皱，粗糙（图一一三；图版一三八）。

H16∶112

1. 名称：如来坐像

2. 材质：汉白玉

3. 时代：唐

4. 尺寸：通高 21.3、通宽 10、像身高 11.4、座高 9.8、座直径 9.8 厘米。

5. 保存状况：头部、左手、右臂手腕以上和座束腰部立柱缺失。腰部断裂，座束腰部断裂，已粘接。局部略有残失。

6. 题记：无

7. 造像：如来结跏趺坐，左臂屈肘平举，右手抚右膝内侧，刻划五指，指尖朝下。残余颈部平面呈椭圆形，可见椭圆形颈根。内衣袒右，自左肩至右胁下，素面。大衣袒右，左侧衣襟自肩部竖直下垂，右侧衣襟自腰右侧上绕，横过腹前，上搭左前臂垂于座台上，一衣角覆腿垂于座台正面中右侧，衣边外翻。大衣正面衣纹左高右低弧线，左上臂未见衣纹，背部衣纹呈左高右低弧线。座台前部衣纹稠密，可分为 3 片，一片位于正面中部，另两片分别位于双膝侧，每片均有"U"形衣纹，底边呈"U"形。座台前部衣纹底边整体较平。

双足覆衣下，两膝间腿部，略凹。坐束腰座。座台平面呈圆形，浮雕 3 层仰莲瓣，最下层莲瓣较小，呈三角状；中层莲瓣宽大，瓣尖略厚，中脊微凸；最上层莲瓣只露瓣尖。莲瓣下有一层浅圆台，

0   5 厘米

图一一四　如来坐像（H16：112）

素面。束腰为五棱柱状，素面，各面中部圆雕立柱（均缺失）。座基自上而下分为3段：上段较小圆台，素面；中段浮雕双层覆莲瓣，莲瓣宽硕，中脊微凸，瓣尖略厚，内层莲瓣只露瓣尖；下段为较大圆台，素面。底面较平，大致有3组斜向阶梯状凿痕，边缘打磨（图一一四；图版一三九）。

H16：113

1. 名称：如来坐像

2. 材质：汉白玉

3. 时代：唐

4. 尺寸：通高14.9、通宽10.4、像身高10.8、座高4.1、座直径10.4厘米。

5. 保存状况：头部、部分左前臂和座台以下均缺失。右臂断裂，已粘接。局部略有残失。

6. 题记：无

7. 造像：如来结跏趺坐，左臂屈肘上举。右臂略屈肘下垂，右手抚右膝内侧，刻划五指，并拢，指尖朝下。残余颈部平面呈椭圆形。胸部轮廓明显。内衣袒右，自左肩至右胁下，素面。大衣袒右，左侧衣襟竖直下垂，右侧衣襟自腰右侧上绕，横过腹前，衣角覆右腿垂于座台正面中右侧，衣角搭左前臂沿身侧垂于座台上，衣边外翻，宽约1.7厘米。大衣正面衣纹左高右低弧线，左上臂斜向弧线，左前臂横向弧线阶梯状，背部衣纹为人字形弧线。座台前部衣纹稠密，自左向右大致分5组："U"形弧线"U"形底边、竖向褶皱"S"形底边、"S"形弧线衣纹"U"形底边、竖向褶皱"S"形底边、"U"形弧线"U"形底边。双足覆衣下，两膝间腿部略凹。坐莲座。座台，圆形，浮雕双层仰莲瓣，莲瓣宽厚，中脊微凸，瓣尖略厚，内层莲瓣露中脊和瓣尖，与外层莲瓣相似。莲瓣下有浅圆台，素面。圆台下有束腰和立柱残痕，以下断失（图一一五；图版一四〇）。

0　　　　5厘米

图一一五　如来坐像（H16∶113）

H16∶116

1. 名称：如来坐像

2. 材质：汉白玉

3. 时代：唐

4. 尺寸：通体残高23.7、通体残宽10.5、像身残高13厘米，座高10.7、长10.5、宽7.7厘米。

5. 保存状况：头部断缺，左前臂断缺。束腰廊柱残断。右手及右腿外侧残缺。

6. 题记：无

7. 造像：如来结跏趺坐于台上（图一一六）。袒右肩，前胸有"W"形纹。可见佛依两层。外衣从右腋斜裹左肩，有一角绕搭左前臂下垂，背部一缕衣角从内层穿出，贴右大腿向身前绕搭右腕并下垂（图版一四一，4）。身前衣纹垂覆莲台。圆形莲台，后部切去五分之二周，留有凿痕。台座底层高2厘米之上雕覆莲双层，再向上高起2厘米圆柱，收为圆柱形束腰，有串珠状廊柱4根，均残断。向上外展高2.5厘米柱状，盆形平台，佛坐其上（图版一四一，1、2、3；图版一四二）。

H16∶121

1. 名称：如来坐像

2. 材质：汉白玉

3. 时代：唐

4. 尺寸：通高16.7、通宽9.5、像身高11.5厘米，座高5.2、长8.4、宽5.5厘米。

5. 保存状况：头部、部分左臂和座台以下断失。部分左小腿、右膝、右手拇指和座台局部残失。局部略残损。可见土锈痕迹。

6. 题记：无

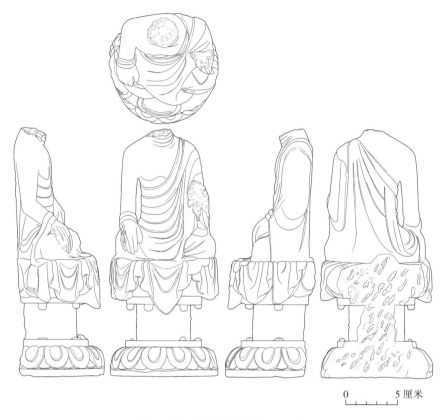

0   5厘米

图一一六　如来坐像（H16∶116）

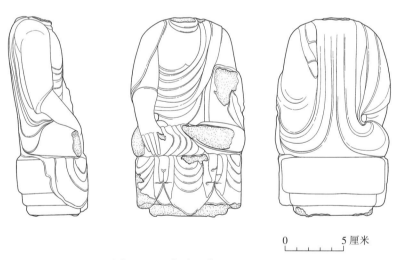

0   5厘米

图一一七　如来坐像（H16∶121）

　　7. 造像：如来结跏趺坐，左臂屈肘上举。右臂略屈肘下垂，右手抚右膝内侧，刻划五指，大拇指与四指略分离，指尖朝下。躯体略后倾。残余颈部平面呈椭圆形。可见两层蚕节纹。胸部轮廓明显，有下乳线。内衣袒右，自左肩至右胁下，与大衣分界不清。大衣袒右。右侧衣襟偏搭右肩和右上臂，裹右肘，横过腹前，衣角覆右腿，衣角搭左臂，披于左肩后，衣边外翻，腹前衣边有折叠。大衣正面衣纹左高右低弧线，背部衣纹"儿"字形弧线。双臂未见衣纹，腿部衣纹呈阶梯状弧线。座台前部衣纹稠密，由两段竖向褶皱分为 3 片，一片位于正面中部，另两片分别位于座台前两角，每片均有 4 道 "U" 形衣纹，底边呈下弧形。双足覆大衣下，左小腿压右小腿上，坐残座。座台为横方体，3 层叠涩下收，素面。底面四角有立柱残块。以下断失（图一一七；图版一四三）。

H16：124

1. 名称：如来坐像

2. 材质：汉白玉

3. 时代：唐

4. 尺寸：通高 16.6、通宽 8.2、像身高 9.3、座高 7.3、座直径 8.2 厘米。

5. 保存状况：头部、左手和座束腰部立柱缺失。座束腰部断裂，已粘接。局部略残失。

6. 题记：无

7. 造像：如来结跏趺坐，左臂屈肘略平举。右臂略屈肘下垂，右手抚右膝内侧，刻划五指，并拢，指尖朝下。残余颈部平面呈椭圆形。胸部轮廓明显。内衣袒右，自左肩至右胁下，素面。大衣袒右，左侧衣襟竖直下垂，右侧衣襟自腰右侧上绕，横过腹前，衣角覆右腿垂于座台正面中右侧，衣角搭左前臂沿身侧垂于座台上，衣边外翻。大衣正面衣纹左高右低弧线，左上臂斜向弧线，背部衣纹入字形弧线。座台前部衣纹稠密，自左向右大致分 3 组：竖向褶皱连续 "S" 形底边、半 "U" 形弧线 "U" 形底边、竖向褶皱连续 "S" 形底边。双足覆衣下，两膝间腿部略内凹。

束腰座，座台平面为半圆形，浮雕双层仰莲瓣，莲瓣宽厚，中脊微凸，瓣尖略厚，内层莲瓣露中脊和瓣尖，与外层莲瓣相似。莲瓣下有浅圆台，素面。束腰为四棱柱状，每面中部圆雕立柱，除正面外其余三立柱断失，立柱由 3 颗圆珠组成。座台自上而下分三段：上段较小圆台，素面；中段浮雕双

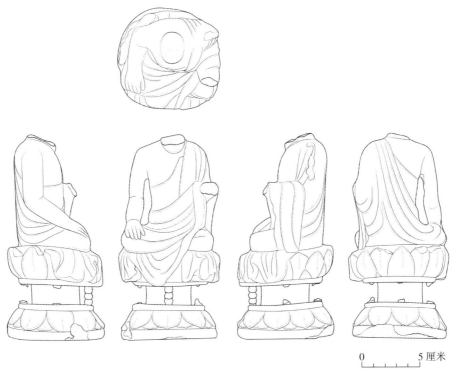

图一一八　如来坐像（H16：124）

层覆莲瓣，莲瓣宽厚，中脊微凸，瓣尖外翻，内层莲瓣只露瓣尖；下段较大圆台，素面。底面略平，有斜向阶梯状和不规则凿痕，粗糙（图一一八；图版一四四）。

H16：125

1. 名称：如来坐像
2. 材质：汉白玉
3. 时代：唐
4. 尺寸：通高 21.1、通宽 10.4、像身高 11.2 厘米，座高 9.9、长 10.4、宽 8.3 厘米。
5. 保存状况：头部、左手缺失。局部略有残失。局部有土锈斑。
6. 题记：无
7. 造像：如来结跏趺坐，左臂屈肘平举。右臂略屈肘下垂，右手抚右膝内侧，刻划五指，四指并拢，与大拇指分开，指尖朝下。残余颈部平面呈椭圆形。内衣袒右，自左肩至右胁下，素面。大衣袒右，左侧衣襟自肩部竖直下垂，右侧衣襟自腰右侧上绕，横过腹前，衣角覆腿垂于座台正面中右侧，衣角上搭左前臂垂于座台上，衣边外翻。大衣正面衣纹左高右低弧线，左上臂未见衣纹，背部衣纹呈左高右低弧线。座台前部衣纹稠密杂乱，衣纹整体底边较平。双足覆大衣下，两膝之间腿部略凹。坐束腰座。

座台平面为横圆形，浮雕双层仰莲瓣，莲瓣宽硕，中脊微凸，瓣尖略厚，内层莲瓣只露中脊和瓣尖。莲瓣下有浅圆台，素面。束腰部五棱柱状，每面中部圆雕连珠立柱，每根立柱由 4 颗圆珠组成。座基自上而下分 3 段：上段较小浅横圆台，素面；中段双层覆莲瓣，中脊微凸，脊两侧有椭圆形

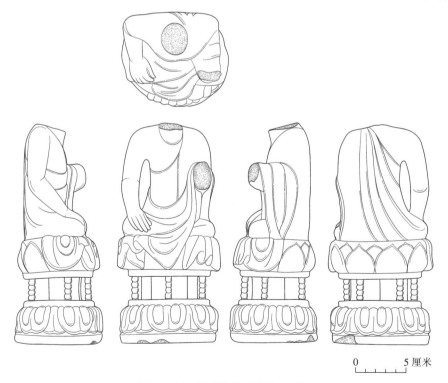

0   5 厘米

图一一九　如来坐像（H16：125）

高凸物，瓣尖外翻，内层莲瓣只露瓣尖；下端较大浅圆台，素面。底面略平，有不规则凿痕，边缘打磨（图一一九；图版一四五）。

H16：126

1. 名称：如来坐像

2. 材质：汉白玉

3. 时代：唐

4. 尺寸：通高 19.5、通宽 9.5、像身高 9、座高 10.5、座边长 9 厘米。

5. 保存状况：胸部以上大面积残失。残损严重，躯体刻划衣纹残损，模糊不清。局部略有残失。

6. 题记：无

7. 造像：如来结跏趺坐，左臂屈肘上举，手置于左胸前，手掌残损。右膝上有右手痕迹。内衣袒右，自左肩至右胁下，未见衣纹。大衣袒右，左侧衣襟下垂，右侧衣襟自腰右侧，横过腹前，上搭左前臂下垂，有衣边。腿部上有"U"形衣纹和竖向衣纹，左大腿侧有右高左低衣纹，右大腿侧有斜向弧线。座台正面刻划"U"形衣纹，背面有"S"形着衣底边。双足覆大衣下，两膝间腿部较平。

坐束腰座。座台平面为方形，浮雕单层仰莲瓣，两侧面及背面的底部可见。莲瓣下有浅圆台，素面。束腰圆柱状，四角圆雕连珠立柱，紧贴束腰连珠立柱 4 根，共 8 根。每根立柱由 3 颗圆珠组成。座基方形，自上而下分 3 段：上段较小浅方台，素面；中段浮雕双层覆莲瓣，莲瓣宽硕，中脊微凸，脊两侧有椭圆形高凸物，瓣尖外翻，内层莲瓣只露中脊和瓣尖；下段有较大方台，素面。座基底面中部有杂乱凿痕，四周有放射状凿痕，边缘未打磨（图一二〇；图版一四六）。

H16：129

1. 名称：如来坐像

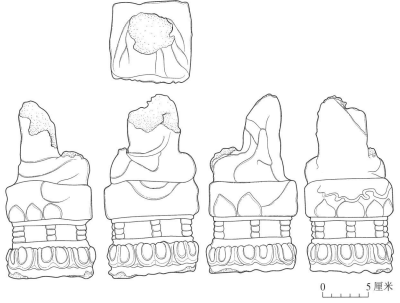

图一二〇　如来坐像（H16：126）

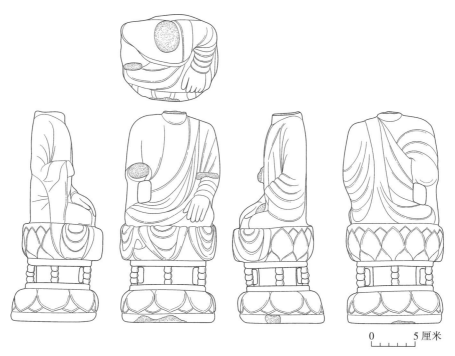

0 — — — — 5 厘米

图一二一　如来坐像（H16∶129）

2. 材质：汉白玉

3. 时代：唐

4. 尺寸：通高 23.2、通宽 10.9、像身高 13 厘米，座高 10.2、长 10.9、宽 9.1 厘米。

5. 保存状况：头部和右手缺失。座基底部、左臂肘部和右手处略残失。右胸衣纹模糊。局部有土绣斑迹。

6. 题记：无

7. 造像：如来结跏趺坐，上身修长，左臂下垂，手抚膝内侧，刻划五指，并拢，指尖朝下。右臂屈肘略平举。双肩较宽。残余颈部平面呈椭圆形。可见椭圆形颈根。内衣袒右，自左肩至右胁下，未见衣纹。横披自右肩胛骨内衣下露出，覆右臂垂至座台侧，露肘，右侧衣襟自肩搭右前臂垂至座台，在右胸前与右臂间形成折叠，背部阴刻下弧形衣纹。大衣袒右，左侧衣襟未表现，右侧衣襟自腰右侧上绕，衣角覆右腿，衣角上绕覆左胸，披于左肩后侧，未覆左臂，衣边外翻。大衣正面衣纹左高右低弧线，背部衣纹可见中部竖向弧线，两侧衣纹弧线沿中部向两侧外摆。左上臂衣纹斜向弧线阶梯状，左前臂衣纹横向弧线阶梯状。座台前部衣纹自左向右分为 3 片，每片均刻划 3 道“U”形弧线衣纹，底边呈“U”形弧线。中片位于座台正面中部，另两片各位于双膝下。双足覆衣下，两膝间腿部较平。

坐束腰座。座台平面为椭圆形，刻划 3 层仰莲瓣，最下层莲瓣三角形，较小；中层莲瓣略长，较密集；内层莲瓣只露瓣尖。莲瓣下有一层较小浅圆台，素面。束腰四棱柱状，各面中部圆雕连珠立柱，每个立柱由 3 颗圆珠组成。座基自上而下 3 段：上段为较小圆台，素面；中段浮雕双层覆莲瓣，外层莲瓣宽硕，中脊表现不明显，内层莲瓣只露部分中脊和瓣尖，瓣尖略厚；下段为较大圆台，素面。底面略平，有不规则凿痕，边缘未打磨（图一二一；图版一四七）。

图一二二　如来坐像（H16：130）

H16：130

1. 名称：如来坐像
2. 材质：汉白玉
3. 时代：唐
4. 尺寸：通高21、通宽12.4、像身高14.1、座高7.2、座直径12.4厘米。
5. 保存状况：背屏部分、左手，躯体右侧部分及座部分缺失。腰部断裂，已粘接。局部有残失。
6. 题记：无
7. 造像：如来结跏趺坐，左臂屈肘上举，右臂略屈肘下垂，手置于右膝处，刻划五指，掌心朝上。可见部分头光，素面，背面中部略鼓。高肉髻，见3层螺发。头部正面刻3层螺发，侧面数层不清，发际线平缓。面部方圆。眉弓微凸，阴刻眉线，眉头与鼻根相连；眼细长，紧闭，上睑和下睑微鼓；颧骨微凸；鼻宽，鼻头呈三角状；嘴唇较长，嘴角微上翘；双耳贴头，宽大，耳垂齐下颌骨，刻划简单轮廓。颈部短粗，阴刻椭圆状颈根。内衣袒右，自左肩至右胁下，有衣边，腰部系带，结绳两分下垂。右前臂覆衣，似有中衣。大衣袒右，左侧衣襟未表现，右侧衣襟自腰右侧上绕，衣角覆腿垂于座台前侧，衣角搭左前臂下垂，衣边外翻，底边外翻。大衣背面底边呈圆弧形垂于座台上。大衣正面衣纹左高右低弧线衣纹，背面上部分刻划左高右低弧线衣纹，下部分右高左低弧线衣纹。座台前衣纹密集，多刻划横向和斜向弧线，底边略呈连弧形，底边外翻。足覆衣下，两膝间双腿略薄。

坐于束腰座。座台平面为圆形，浮雕3层仰莲瓣，莲瓣宽大，内层莲瓣只露部分中脊和瓣尖，瓣尖略厚，中脊微凸。莲瓣下叠涩两层浅圆台，素面。底面可见束腰残块和立柱残痕。束腰为棱柱状，侧面浮雕人像，大部分缺失（图一二二；图版一四八）。

H16：131

1. 名称：如来坐像

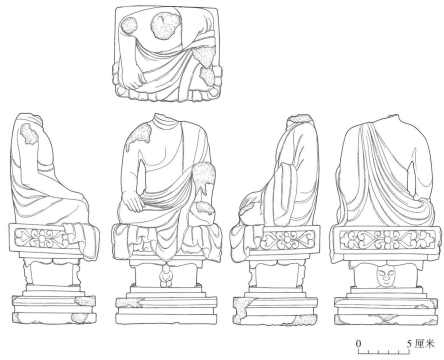

0 　　　　　5 厘米

图一二三　如来坐像（H16：131）

2. 材质：汉白玉

3. 时代：唐

4. 尺寸：通高19.9、通宽11、像身高10.4厘米，座高9.4、长11、宽9.8厘米。

5. 保存状况：头部、部分左前臂和座束腰立柱缺失。右肩、左膝和座基局部残失。局部有土锈痕迹。

6. 题记：无

7. 造像：如来结跏趺坐，左臂屈肘略上举。右臂下垂，右手抚膝内侧，刻划五指，并拢，指尖朝下。残余颈部平面呈椭圆形，可见两层肉褶。胸部轮廓明显，浮雕下乳线和胸肌中缝。内衣袒右，自左肩至右胁下，素面。大衣袒右，左侧衣襟下垂，右侧衣襟自腰右侧上绕，横过腹前，衣角裹右腿垂至座台右部，衣角搭左前臂沿身侧垂至座台上。大衣正面衣纹左高右低弧线，背部衣纹人字形弧线，左上臂斜向弧线。座台前部衣纹稠密，由两段竖向褶皱为3片，一片位于正面中部，另两片分别位于座台前两角，每片均有"U"形衣纹。两段褶皱下均可见一层着衣，素面，底边呈连弧形。双足覆外衣下。

坐束腰座。座台为横方体，侧面中部浮雕植物纹饰，呈轴对称。下接一层浅方台，素面。束腰四棱柱，四角略削，四侧面上部浮雕尖拱状。正面浮雕一尊跪像轮廓，双臂下垂抚腿部，双腿并拢屈膝跪姿，未见明显五官和着衣。背面浮雕一面部，面相长圆，双眉弓起，眼球突出，鼻翼两侧阴线刻出，鼻下凹陷，嘴微闭。其余素面，四角有立柱残块。座基自上而下分两层，上层叠涩递增两层浅方台，素面；下层束腰方台，束腰以上部分侧面刻划两道轮廓线，其余素面（图一二三；图版一四九）。

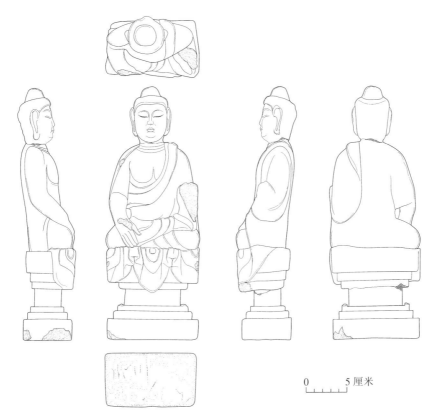

图一二四　如来坐像（H16：133）

H16：133

1. 名称：如来坐像

2. 材质：汉白玉

3. 时代：唐

4. 尺寸：通高 29.3、通宽 11.3、像身高 16.3 厘米，座高 13、长 11.3、宽 5.9 厘米。

5. 保存状况：部分左前臂、左手和座束腰立柱缺失。颈部和座束腰部断裂，已粘接。右手和座局部略残失。

6. 题记：无

7. 造像：如来结跏趺坐，左臂屈肘。右臂下垂，右手抚右膝内侧，刻划五指，指尖朝下，四指与大拇指分离。躯体略后倾。高肉髻，素面。头部素面，头背面粗糙，略有凸起。发际线平缓。面部方圆，眉弓略凸，眉弓与鼻根相连，上眼睑略鼓，眼睛微闭，眼角上扬，鼻窄，鼻头呈三角形，唇峰和唇珠明显，下嘴唇较厚，双耳贴头，耳垂齐下颌处。下颌圆润微鼓，饱满。颈短，较宽，可见 3 层凸起蚕节纹。胸部轮廓明显，刻划下乳线。内衣袒右，自左肩至右胁下，素面。外衣袒右，左侧衣襟未表现，右侧衣襟偏搭右肩和右上臂，绕右肘部，横过腹前，衣角裹右腿垂至座台正面中部，衣角搭左臂，披于左肩后侧，衣边外翻，腹前衣边有折叠。座台前部衣纹稠密，由两段竖向褶皱可分为 3 片，一片位于正面中部，另两片位于座台前两角，每片均有 "U" 形衣纹，底边呈倒三角形。双足覆大衣下，右小腿压左小腿上。

坐束腰座。座台为横方体，3 层叠涩下收，素面。束腰八棱柱状，素面，四角有立柱（均残失）。座基横方形，3 层叠涩，素面。底面中部略内凹，有不规则凿痕，粗糙（图一二四；图版一五〇）。

H16：140

1. 名称：如来坐像

2. 材质：汉白玉

3. 时代：唐

4. 尺寸：通高 26.4、通宽 9.8、像身高 16.2 厘米，座高 10.1、长 10、宽 6.8 厘米。

5. 保存状况：佛头残断拼合，座束腰立柱残缺。佛衣下缘残损。左手自上臂处残断，右肩右前臂右手指残。

6. 题记：无

7. 造像：如来结跏趺坐于台面上，右手下垂，抚右膝内侧，五指伸直。馒头磨光肉髻，双耳垂至与下颌平齐，较长。方脸，高鼻直挺，眉弓有凹弧，头后有榫，断面方形，丰颔，双唇微凸，有唇沟，嘴角下凹。颈部三道蚕节纹。袒右肩，胸前一道 "W" 形纹。外衣一角上折，从左前臂外侧向前臂绕搭下垂，覆身前，下垂方座，从左肩背后绕右腋下横过前腹外搭左前臂下垂至腿。前部衣纹下缘，覆盖台子正面并垂至台下，对称，下缘有残。佛身后背刻出衣纹走势。右手抚膝已残，左手前臂残断，可能施无畏印。胸部有沟，呈凹感。内有僧祇支，裹右肩，从右臂外侧搭绕前臂，从腕下绕至台侧下垂，座底略平。方形须弥座下部 4 层叠涩内收，方柱束腰，每角一立柱，均残断。束腰之上

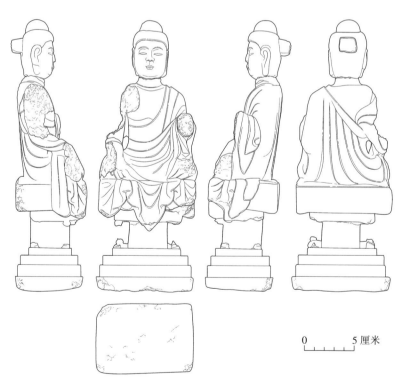

0 _____ 5 厘米

图一二五　如来坐像（H16：140）

两层台依次外扩（图一二五；图版一五一、一五二）。

H16∶143

1. 名称：如来坐像
2. 材质：汉白玉
3. 时代：唐
4. 尺寸：通高 35.5、通宽 19、像身高 18.1、座高 17.7、座直径 18.9 厘米。
5. 保存状况：头部、左手和座束腰个别立柱缺失。像腰部和右臂断裂，已粘接。局部略缺失。
6. 题记：无
7. 造像：如来结跏趺坐，左臂屈肘上举。右臂略屈肘下垂，手抚膝内侧，刻划五指，并拢，指尖朝下。颈细长。残余颈部平面呈椭圆形，可见 3 道蚕节纹，椭圆形颈根，颈下阴刻一道下弧形弧线。胸部轮廓明显，刻划下乳线。内衣袒右，自左肩至右胁下，素面。横披自右肩胛骨内衣下露出，覆右肩，沿右上臂侧下垂，后缠绕右前臂至手腕处，可见 2 道衣纹。大衣袒右，左侧衣襟未表现，背部可见自左肩至腰右侧窄衣边，右侧衣襟自腰右侧上绕，横过腹前，衣角覆左臂披于左肩后侧，衣边外翻。大衣正面衣纹左高右低弧线，背部衣纹竖向弧线。座台上衣纹与座台前部衣纹有分界。座台前部衣纹稠密，杂乱。双足覆大衣下，左小腿叠压右小腿上。

坐束腰座。座台平面为横向椭圆形，浮雕 3 层仰莲瓣，最下层莲瓣花萼状，莲瓣根部相连，中脊内凹；中层莲瓣宽大，中脊不明显，瓣尖略厚；内层莲瓣只露部分中脊和瓣尖。莲瓣下叠涩两层较小浅圆台，素面。束腰圆柱状，素面，四周有 6 根连珠立柱，背面两立柱缺失，每根立柱由 6 颗圆珠组成。座基平面为圆形，自上而下分两层：上层叠涩递增两层浅圆台，素面；下层束

图一二六　如来坐像（H16∶143）

腰圆台，上层圆台削边，束腰部均匀浮雕圆珠 6 颗（部分缺失），其余素面。底面略平，四周有密集放射状凿痕，边缘打磨（图一二六；图版一五三、一五四）。

H16：146

1. 名称：如来坐像

2. 材质：汉白玉

3. 时代：唐

4. 尺寸：通高 34.4、通宽 19.4、像身高 16.8 厘米，座高 17.6、长 19.4、宽 17.9 厘米。

5. 保存状况：头部、右臂、左手和座束腰立柱缺失。座束腰部断裂，已粘接。左右膝和座基局部略残失。

6. 题记：无

7. 造像：如来结跏趺坐，左臂屈肘平举。胸部轮廓明显。残余颈部平面呈椭圆形。可见一蚕纹和椭圆形颈根。内衣袒右，自左肩至右胁下，素面，腰部系带打圆结，结带两分下垂。大衣袒右，左侧衣襟竖直下垂，右侧衣襟自腰右侧上绕，横过腹前，衣角覆右腿垂于座台正面中右侧，衣角搭左前臂沿身侧垂于座台上，衣边外翻。大衣正面衣纹左高右低弧线，左上臂斜向弧线，背部衣纹人字形弧线。座台前部衣纹稠密杂乱。衣纹底边整体较平。双足覆大衣下，两膝之间腿部略凹。

坐束腰座。座台平面为圆形，浮雕 3 层仰莲瓣，最下层莲瓣较小，呈三角状；中层莲瓣宽大，瓣尖略厚，中脊微凸；最上层莲瓣只露瓣尖。莲瓣下叠涩两层浅圆台，素面。束腰六棱柱，四周圆雕 5 根立柱（均缺失），每个转角处浅浮雕有伎乐像，正面雕一跪像，座台底面残余头部痕迹，双手撑于

图一二七　如来坐像（H16：146）

大腿部位，双腿并拢屈膝跪姿，双胸丰隆，腹微鼓。伎乐像自力士左起第一位，呈单腿站立姿态，左臂向外平举，前臂屈肘下垂，右臂向外平举屈肘，前臂上举，左腿屈膝后扬，右腿直立，未见明显五官和着衣，胸前和腹部均鼓起。第二位，呈盘坐姿态，上身修长，左臂屈肘下垂，手置于腹部，右臂屈肘平举，手置于胸前，双手持竖向笛状物。第三位盘坐姿态，底部有一椭圆形底座，面部模糊不清，躯体略矮小，左臂垂于左下方，右臂举于右上方，胸部略鼓。第四位呈盘坐姿态，面部模糊不清，双臂屈肘上举于肩左侧，持一横笛，腹部微鼓，似有肚脐，腰部有系带。第五位呈盘坐姿态，左臂屈肘，左手置于腹侧，手中似举椭圆状物，右臂下垂，手置于腿部，腰部有系带。第六位呈立姿，面部雕刻模糊，左臂朝左上方上举，右臂向外屈肘，手置于胯侧，两胸丰隆，腹部鼓起。

座基自上而下分3段，依次是上段叠涩两层浅圆台，素面；中段浮雕两层覆莲瓣，莲瓣宽大，中脊高凸，脊两侧有椭圆形高凸物，瓣尖外翻，内层莲瓣只露瓣尖；下段较大浅圆台，刻划一周弦纹。底面略内凹，中部有不规则凿痕，四周有放射状竖向凿痕（图一二七；图版一五五）。

H16：148

1. 名称：如来坐像

2. 材质：汉白玉

3. 时代：唐

4. 尺寸：通高25.3、通宽14、像身高13.1厘米，座高12.2、长14、宽10.1厘米。

5. 保存状况：头部、左手、右臂和座束腰立柱缺失。座束腰正面人像头部缺失。右手五指尖部和座基局部略有残失。

6. 题记：无

7. 造像：如来结跏趺坐，左臂屈肘略平举。残余右手，置于右膝内侧，刻划手指，掌纹，掌心朝上。残余颈部平面呈椭圆形。可见一蚕道和椭圆形颈

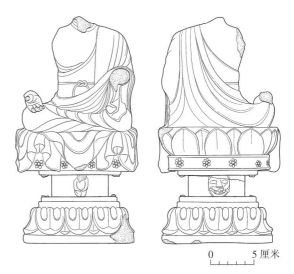

图一二八　如来坐像（H16：148）

根。胸部轮廓明显，见胸肌中缝和右胸下乳线。内衣袒右，有衣边，自左肩至右胁下，素面，腰部系带，打结下垂，结绳两分下垂。大衣袒右，左侧衣襟沿左肩下垂，右侧衣襟自腰右部上绕，横过腹前，衣角裹右腿垂至座台前，衣角搭左前臂沿身侧下垂至座台上，衣边外翻。大衣正面衣纹左高右低弧线，背部衣纹呈人字形弧线。左上臂衣纹斜向弧线阶梯状。座台前部衣纹由两段褶皱分为3片，每片均浮雕2道"U"形弧线，底边呈"U"形，竖向褶皱底边呈连续"S"形。双足覆大衣下，左小腿压右小腿上，两膝之间腿部较薄。

坐束腰座。座台为横方体，自上而下分3段：上段浮雕双层仰莲瓣，莲瓣宽硕，中脊微凸，瓣尖略厚，内层莲瓣露出中脊和瓣尖；中段较大方台，顶端和底端一周凸起，中部一周均匀浮雕由7—8颗圆珠组成的花形饰物，正面和背面各4个，侧面各3个；下段较小方台，素面。束腰四棱柱，四角有立柱（均缺失）。正面浮雕跪像轮廓，头部磕残，双臂下垂，抚腿根部。背面浮雕面

部，额部凸起，双眼略鼓，鼻头呈三角形，牙齿外露。座基自上而下分3段：上段叠涩递增两层方台，素面；中段浮雕双层覆莲瓣，莲瓣宽大，中脊高凸，脊两侧有椭圆形高凸物，瓣尖外翻，内层莲瓣只露瓣尖；下段较大浅方台，素面。底面略平，四周有放射状凿痕，边缘未打磨（图一二八；图版一五六）。

H16：151

1. 名称：乾封二年如来坐像
2. 材质：汉白玉
3. 时代：唐乾封二年（667年）
4. 尺寸：通高27.9、通宽16、像身高16.8厘米，座高11、长16、宽16.7厘米。
5. 保存状况：头部、左手、右臂和座束腰立柱缺失。座束腰断裂，已粘接。像背部、右腿、座台和座基局部略残失。
6. 题记：台基右侧面阴刻10列，识别30字；背面阴刻10列，识别31字；左侧面阴刻11列，识别38字（图版一五八，2、3、4；图版一五九）。均楷书，录文如下：

（右）乾封二/年岁次/丁卯十/一月丁/巳朔十/六日壬/申卢州/司户参/军第二/男散官/（背）张行本/为己考/姚敬造/弥陁像一/躯上为/皇帝及/合家眷/属法界/终生共/同此福/（左）其年十/一月十六/日并迁奉/俱必本妻/武城崔果/□长女本/男知绚知/则知俭知/俱知□□/□知纪女/□娘、十娘

7. 造像：如来结跏趺坐，左臂屈肘上举。残存右手抚右膝内侧，刻划五指，并拢，指尖朝下。残余颈部平面呈椭圆形。胸部轮廓明显，有胸肌中缝。内衣袒右，自左肩至右胁下，有衣边，宽0.3厘米，腰部系带，打结，结绳两分下垂，左侧结绳下垂较长，圆结四周有斜向弧线衣纹，大衣袒右，左侧衣襟自左肩下垂，右侧衣襟自腰右侧上绕，横过腹前，衣角裹右腿叠于座台上，衣角搭左前臂沿身侧垂于座台上。大衣正面衣纹左高右低弧线，腿部衣纹斜向弧线。大衣背面垂于座台上，背面

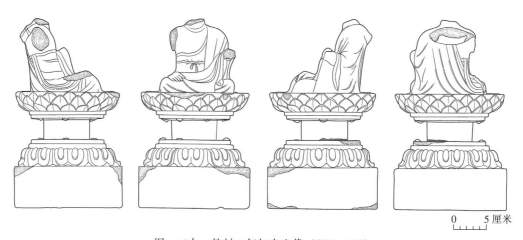

0　　　　5厘米

图一二九　乾封二年如来坐像（H16：151）

中部有斜向长弧线，左侧有右高左低短弧线，底边呈"S"形和下弧形。双足覆衣下，未露足，两膝之间腿部较薄。

坐于束腰座。座台平面为圆形，侧面浮雕3层仰莲瓣，莲瓣较小，紧密，中脊微凸，瓣尖略厚，内层莲瓣只露部分中脊和瓣尖。莲瓣下叠涩两层浅圆台，素面。束腰圆柱，素面，四周有6根立柱（已缺失）。座基自上而下分2段：上段叠涩递增两层浅圆台，素面；下段浮雕双层覆莲瓣，莲瓣宽硕，瓣尖外翻，中脊高凸，脊两侧有椭圆形高凸物，内层莲瓣只露高凸中脊和外翻瓣尖。

台基为方台，正面素面，其他三面刻铭文。底面中部呈方形深凹，有粗凿痕，边缘未打磨（图一二九；图版一五七；图版一五八，1、5）。

H16：156

1. 名称：显庆三年如来坐像

2. 材质：汉白玉

3. 时代：唐显庆三年（658年）

4. 尺寸：通高20.4、通宽12.8、像身高9.1、座高10.7、座直径12.8厘米。

5. 保存状况：头至肩部和右手缺失。局部略残失。

6. 题记：座束腰及台面上顺时针阴刻一周，识别21字，录文如下：

　　　　显庆三年五月廿五日，贾士达妻刘为亡女造像一躯。

7. 造像：如来结跏趺坐，左臂略屈肘下垂，手抚膝内侧，刻划五指，指甲，四指与大拇指略分离，指尖朝下。右臂屈肘略上举。内衣袒右，自左肩至右胁下，未见衣纹。左胸前有佛衣左襟下垂。

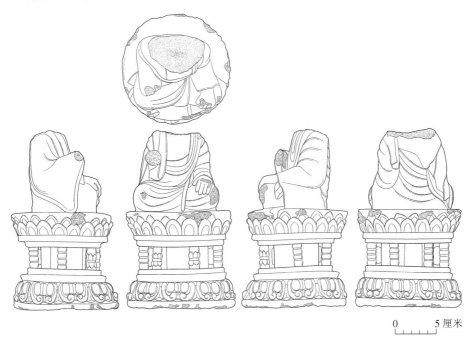

0 ┈┈┈ 5厘米

图一三〇　显庆三年如来坐像（H16：156）

中衣自右肩胛骨大衣下露出，覆右肩、臂，右侧衣襟自肩部下垂至右胸，后上绕右前臂下垂及座，阴刻窄衣边，右上臂衣纹斜向弧线阶梯状。大衣袒右，左侧衣襟不明，右侧衣襟自腰右侧，横过腹前，上绕覆左胸，披于左肩后侧，未覆左臂，衣边外翻。腹前衣边有折叠，底边外翻，自左肩内侧至左腿内侧。大衣正面衣纹左高右低弧线，背面衣纹左高右低弧线。左上臂斜向弧线阶梯状。座台前部未覆衣。双足覆衣下，未露足，两膝间双腿略薄。

坐束腰座。座台平面为圆形，浮雕双层仰莲瓣，座台正面内层莲瓣漫漶不清，外层莲瓣密集，相叠，中脊微凸，瓣尖外翻，莲瓣中阴刻小莲瓣，内层莲瓣只露瓣尖。莲瓣下有一层较小浅圆台，素面。束腰六棱柱，顶部和底部有六棱状方台，素面，中间为六棱柱，六角处圆雕连珠立柱，正面两立柱中部有仰覆莲饰物。座基自上而下分3段：上段为较小浅圆台，素面；中段浮雕双层覆莲瓣，外层莲瓣宽肥，饱满，瓣根相连，中脊高凸，脊两侧有椭圆形高凸物，瓣尖外翻呈对称涡状，左侧面有一莲瓣，无中脊，上有一个椭圆形饰物，为其他莲瓣一半大，内层莲瓣只露部分中脊和瓣尖；下段为较大浅圆台，素面。底面略内凹，有较粗放射状凿痕，边缘未打磨（图一三〇；图版一六〇）。

H16：160

1. 名称：如来坐像

2. 材质：汉白玉

3. 时代：唐

4. 尺寸：通高26.9、通宽11.5、像身高17.4、座高9.1、座直径11.5厘米。

5. 保存状况：基本完好。肉髻、左膝和座束腰背面立柱残失。颈部断裂，已粘接。左耳下垂部

0　　　　　5厘米

图一三一　如来坐像（H16：160）

略残断。局部略残失。

6. 题记：无

7. 造像：如来结跏趺坐，头微上昂。左臂屈肘上举，左手屈肘翻腕上举至左胸前，指尖朝上，手心朝内，刻划五指，并拢。右臂略屈肘下垂，手抚膝内侧，刻划五指，并拢，掌心朝下。高肉髻，顶部、前侧及右侧残缺，见斜向阶梯状发纹。头前部，见4缕发丝组成的漩涡纹，每缕发丝由3根组成，多见斜向阶梯状发丝，发纹有墨绘痕迹。头后有方形榫块。发际线平缓。面部呈椭圆状，眉弓微凸，阴刻眉线，眉尾平直，眉弓与鼻根相连。眼细长，微睁，眼角下吊，未刻眼珠。鼻梁高窄，鼻头呈三角形，略残，刻鼻柱。见人中，嘴角微翘，唇峰和唇珠明显。下颌部有脂肪袋。双耳贴头，下垂至下颌骨。内衣袒右，自左肩至右胁下，有衣边。横披自右肩胛骨内衣下露出，覆右臂，右侧衣襟沿右胸前垂至右腿，右臂有斜向阶梯状弧线衣纹。大衣袒右，左侧衣襟自肩部下垂。右侧衣襟自腰右侧上绕，横过腹前，衣角垂于座台正面中右侧，衣角搭左前臂沿身侧下垂至座台上，衣边外翻。大衣正面衣纹左高右低弧线，背部衣纹呈人字形弧线。左上臂衣纹不明显。座台前部衣纹复杂稠密，自左向右大致分3组，第一组竖向褶皱，底边呈连续"S"形，衣纹较稀疏；第二组位于右腿下，半"U"形衣纹，底边呈倒三角形；第三组竖向褶皱，底边呈连续"S"形，衣纹较密集。双足覆着衣下，未露足。两膝间腿部较平。

坐束腰座。座台平面为圆形，浮雕3层仰莲瓣，莲瓣较小，较密集，中脊微凸，瓣尖较厚，内层莲瓣只露瓣尖，莲瓣下有一层浅圆台，素面。束腰四棱柱，每面中部圆雕连珠立柱。每根立柱由5颗圆珠组成（背面立柱缺失）。座基自上而下分3段，上段较小浅圆台，素面；中段浮雕双层覆莲瓣，中脊高凸，脊两侧有椭圆形高凸物，莲瓣宽硕，瓣尖略外翻，内层莲瓣只露瓣尖；下段较大浅圆台，素面。底面略平，有不规则凿痕，粗糙（图一三一；图版一六一）。

H16：166

1. 名称：如来坐像

2. 材质：汉白玉

图一三二　如来坐像（H16：166）

3. 时代：唐

4. 尺寸：通高 29.4、通宽 13、像身高 16.3、座高 12.9、座直径 13 厘米。

5. 保存状况：头部、部分右前臂和座束腰立柱断失。座束腰断裂，已粘接。局部略有残失。可见土锈痕迹。

6. 题记：无

7. 造像：如来结跏趺坐，上身较修长，左臂略屈肘下垂，左手抚左膝内侧，刻划五指，四指与大拇指略有分离，指尖朝下。右臂屈肘略平举。残余颈部平面呈椭圆形。细长。可见椭圆形颈根。胸部较平。内衣袒右，自左肩至右胁下，未见衣纹。横披自右肩胛骨内衣下露出，覆右臂垂至座台侧，露肘，右侧衣襟自肩搭右前臂垂至座台上，在右胸前与右臂间形成折叠，右前臂侧可见衣边外翻，未见衣纹。大衣袒右，左侧衣襟未表现，右侧衣襟自腰右侧上绕，衣角覆右腿下垂至座台正面中右侧，衣角上绕覆左胸，披于左肩后侧，未覆左臂，衣边外翻。大衣正面衣纹左高右低弧线，背部衣纹可见中部竖向弧线，两侧衣纹弧线沿中部向两侧外摆。左上臂衣纹斜向弧线阶梯状，左前臂衣纹横向弧线阶梯状。座台前部衣纹稠密，可分为 3 片，一片位于正面中部，另两片分别位于两腿侧，每片均有"U"形衣纹"U"形底边。两段褶皱底边呈"S"形。座台前部衣纹整体底边较平，幅度小。双足覆衣下，未露足，两膝间双腿略薄。

坐束腰座。座台平面为圆形，浮雕 3 层仰莲瓣，外层莲瓣宽大，中脊微凸，瓣尖略厚，中层莲瓣宽大，露大部分，中脊微凸；内层莲瓣只露部分中脊和瓣尖。莲瓣下有一层较小浅圆台，素面。束腰五棱柱，每面中部圆雕连珠状立柱（均不同程度残缺）。座基自上而下分 3 段：上段为较小浅圆台，素面；中段浮雕双层覆莲瓣，莲瓣宽硕，中脊高凸，脊两侧有椭圆形高凸物，瓣尖略厚，内层莲瓣只露部分中脊和瓣尖；下段为较大浅圆台，素面。底面略平，有不规则凿痕，边缘未打磨（图一三二；图版一六二）。

H16∶173

1. 名称：如来坐像

2. 材质：汉白玉

3. 时代：唐

4. 尺寸：通高 26.1、通宽 15、像身高 14.3、座高 11.7、座直径 15 厘米。

5. 保存状况：头部及左手断失。座基背面和左侧面部分有残失。局部略有残失。

6. 题记：无

7. 造像：如来结跏趺坐，左臂屈肘平举。右臂下垂，抚右膝内侧，刻划五指，指尖朝下。残余颈部平面呈椭圆形。可见椭圆形颈根。内衣袒右，自左肩至右胁下，素面。大衣袒右，左侧衣襟竖直下垂，右侧衣襟自腰右侧上绕，横过腹前，衣角覆右腿垂于座台正面中右侧，衣角搭左前臂沿身侧垂于座台上，衣边外翻。大衣正面衣纹左高右低弧线，左上臂未见衣纹，左前臂横向弧线阶梯状，背部衣纹呈"人"字形弧线。座台前部衣纹复杂稠密，杂乱。双足覆大衣下，两膝间双腿略薄。

坐束腰座。座台平面为圆形，浮雕 3 层仰莲瓣，自下而上：第一层莲瓣 7 片，中脊微凸；第二层莲瓣 6 片，莲瓣宽大，中脊微凸；第 3 层莲瓣 5 片，只露瓣尖和中脊，瓣尖略宽。莲瓣下有一层浅圆

图一三三　如来坐像（H16：173）

台，素面。束腰五棱柱状，每面中部圆雕连珠立柱，每个立柱由 4 颗圆珠组成。座基自上而下分 3 段：上段较小浅圆台，素面；中段浮雕双层覆莲瓣，莲瓣宽硕，中脊高凸，脊两侧有椭圆形高凸物，瓣尖外翻，内层莲瓣只露瓣尖；下段较大浅圆台，素面。底面略平，有呈中心放射状凿痕，边缘有打磨痕迹（图一三三；图版一六三）。

H16：181

1. 名称：如来坐像
2. 材质：汉白玉
3. 时代：唐
4. 尺寸：通高 19.1、通宽 13.3、像身高 6.5、座高 12.5、座直径 13.3 厘米。
5. 保存状况：残余像下半身、左前臂和座。局部略残损。
6. 题记：无
7. 造像：如来结跏趺坐，残存左前臂下垂，左手抚左膝内侧，刻划五指，四指与大拇指略分离，指尖朝下。可见大衣，覆右腿，部分垂于座台前，大衣正面衣纹左高右低弧线，背面衣纹"U"形弧线。背部中央见尖状衣角。右大腿侧面可见倒三角形衣角。左前臂衣纹横向弧线阶梯状。左腿部可见一道横向弧线衣纹。左侧衣纹下弧形连接左前臂衣纹，右侧衣纹下弧形延伸至右大腿侧。座台前部衣纹稠密，可分为 3 片，一片位于正面中部，另两片分别位于双膝下，每片均有"U"形衣纹，中片底边呈倒三角形，两侧底边呈"U"形。两段褶皱下均可见一层着衣，竖向褶皱，底边呈"S"形。双足覆大衣下，两膝间双腿略薄。

坐束腰座。座台平面为圆形，浮雕 3 层仰莲瓣，最下层莲瓣呈连弧花萼状，中脊内凹；中层莲瓣

0 ————— 5 厘米

图一三四　如来坐像（H16：181）

呈桃形，莲瓣宽大，中脊微凸，瓣尖略厚，内层莲瓣只露部分中脊和瓣尖。莲瓣下有一层浅圆台，素面。束腰五棱柱状，每面中部圆雕连珠立柱，每根立柱由 5 颗圆珠组成。座基平面为圆形，自上而下分 3 段：上段为较小浅圆台，素面；中段浮雕双层覆莲瓣，莲瓣宽硕，中脊高凸，脊两侧有椭圆形高凸物，瓣尖外翻，内层莲瓣只露高凸中脊和外翻瓣尖；下段为较大浅圆台，素面。底面略平，中央有不规则凿痕，四周为密集的放射状凿痕，边缘打磨（图一三四；图版一六四）。

H16：182

1. 名称：咸亨元年如来坐像

2. 材质：青石质

3. 时代：唐咸亨元年（670）

4. 尺寸：通高 28.4、通宽 12.8、像身高 12 厘米，座高 16.9、长 12.8、宽 12.5 厘米。

5. 保存状况：头颈和右膝残缺。右手指尖和座局部残失。残存造像背面有土锈。可见红墨痕迹。

6. 题记：台基背面阴刻 6 列，识别 25 字，楷书，自右向左竖读（图版一六六，2）。录文如下：

咸亨元年九/月十二日张/□习为亡/父敬造弥/陁像一区/合家供养

7. 造像：如来结跏趺坐，左臂下垂，左手抚左膝内侧，刻划五指，四指与大拇指分离，指尖朝下。右臂屈肘上举至右胸侧，手掌朝上，掌心朝外，五指清晰，四指与大拇指分离，刻划掌纹 3 道和手指关节纹。内衣袒右，自左肩至右胁下，未见衣纹。中衣覆右臂沿右前臂两侧下垂，外侧下垂至座台上，右侧衣襟自胸前下垂至右膝上，与右臂间形成折叠，背面右上部 3 道左低右高弧线衣纹，下部见 2 道左高右低弧线衣纹，背面中部可见数道左高右低弧线衣纹，其余位置未见明显衣纹。大衣坦

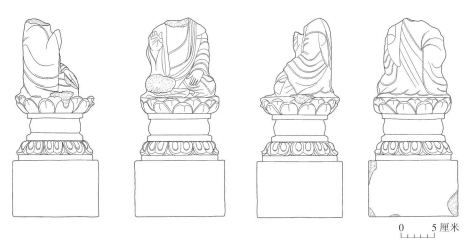

图一三五　咸亨元年如来坐像（H16：182）

右，左侧衣襟自肩部下垂，右侧衣襟自腰右侧上绕，横过腹前，衣角覆右腿敷于座台上，底边呈连续"S"形，衣角覆左胸和左肩，搭于左肩后侧，未覆左臂，衣边外翻。大衣正面衣纹左高右低弧线。左臂衣纹横向弧线阶梯状。左膝上可见衣角。双足覆大衣下，两膝之间腿部较平。

坐束腰座。座台平面为圆形，浮雕双层仰莲瓣，外层莲瓣11瓣，莲瓣宽大，中脊微凸，莲瓣外翻，内层莲瓣只露中脊和外翻瓣尖，莲瓣11瓣。莲瓣下有一层浅圆台，素面。束腰圆柱状，中部凸起，上下内收，素面。座基自上而下分3段：上段较小浅圆台，素面；中段浮雕覆莲瓣8瓣，莲瓣宽硕，中脊高凸，脊两侧有椭圆形高凸物，瓣尖外翻，内层莲瓣只露瓣尖；下层较大浅圆台，素面。

台基为长方体高台。背面有阴刻发愿文，其余素面。底面中部略内凹，可见放射状凿痕，边缘打磨（图一三五；图版一六五；图版一六六，1）。

H16：188

1. 名称：如来坐像
2. 材质：汉白玉

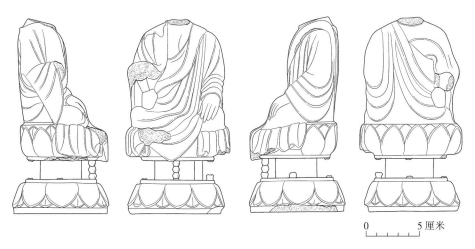

图一三六　如来坐像（H16：188）

3. 时代：唐

4. 尺寸：通高 17.2、通宽 8.7、像身高 9.2、座高 7.7、座直径 8.7 厘米。

5. 保存状况：头部、右前臂和座束腰部分立柱缺失。座束腰部断裂，已粘接。座台前侧和座基左侧略残失，局部略残损。

6. 题记：无

7. 造像：如来结跏趺坐，左臂下垂，抚左膝内侧，刻划五指，大拇指与四指略分离，指尖朝下。右臂屈肘上举。残余颈部平面呈椭圆形。刻胸肌中缝。内衣袒右，自左肩至右胁下，未见衣纹。横披自右肩胛骨内衣下露出，覆右臂垂至座台上，露肘，右侧衣襟自肩搭右前臂垂至座台上，在右胸前与右臂间形成折叠。大衣袒右，左侧衣襟未表现，右侧衣襟自腰右侧上绕，衣角覆右腿下垂至座台，衣角上绕覆左胸，披于左肩后侧，未覆左臂，衣边外翻。大衣正面衣纹左高右低弧线，背部呈人字形弧线。双上臂衣纹斜向弧线阶梯状，双前臂横向弧线阶梯状。座台前部衣纹稠密，自左向右大致分 3 组：竖向褶皱"S"形底边；"U"形弧线"U"形底边；双层竖向褶皱，上层较宽大，底边呈连续"S"形，下层较小，仅在右大腿下露出倒三角状衣角。座台前部衣纹整体底边较平。双足覆大衣下，两膝间双腿略薄。

坐束腰座。座台平面为圆形，浮雕双层仰莲瓣，莲瓣宽大，瓣尖略厚，内层莲瓣只露瓣尖。莲瓣下有一层浅圆台，素面。束腰四棱柱状，每面中部圆雕连珠状立柱，仅存正面立柱，每根立柱由 3 颗圆珠组成。座基圆形，自上而下分为 3 段：上段为较小浅圆台，素面；中段浮雕双层覆莲瓣，莲瓣宽硕，瓣尖略厚，内层莲瓣只露外翻瓣尖；下段为较大浅圆台，素面。底面略平，有不规则凿痕，粗糙（图一三六；图版一六七）。

H16∶189

1. 名称：如来坐像

2. 材质：汉白玉

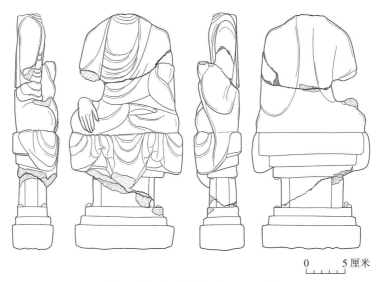

0　　　5厘米

图一三七　　如来坐像（H16∶189）

3. 时代：唐

4. 尺寸：通高 29.7、通宽 14.2、像身高 15.2 厘米，座高 14.5、长 13.5、宽 5.7 厘米。

5. 保存状况：头部缺失，右前臂残断，左手残失，上半身断裂已粘接。佛座束腰中部断裂已粘接，束腰部分四根立柱残失。

6. 题记：无

7. 造像：如来结跏趺坐，右脚在上。右手下垂，抚右膝内侧，四指并拢，拇指分开。左臂屈肘上举。头部残失，仅见颈部浮雕一道蚕节纹。胸肌略鼓，可见右胸下乳线。内衣袒右，仅见右胸下衣边。大衣袒右，衣角偏搭右肩及上臂，自左肩到右胁下，绕于身前，搭左臂、背部，衣边外翻。腹部衣纹呈下弧线状。如来着衣覆遮座台正面及两侧。正面浮雕 3 道下弧形衣纹，两侧有 "S" 形褶皱，方座正面转角处浮雕 "U" 形衣纹。右小腿置于左小腿之上，露右脚，足心向上，脚趾不辨。

坐于束腰座。座台为横方体，3 层方台叠涩下收。束腰横八棱柱状，素面，四角各有一立柱残痕。座基为 3 层素面横方台叠涩。底面可见斜向粗凿痕（图一三七；图版一六八）。

H16：196

1. 名称：如来坐像

2. 材质：汉白玉

3. 时代：唐

4. 尺寸：通高 21.9、通宽 10.8、像身高 11.2 厘米，座高 10.7、长 10.8、宽 5.3 厘米。

5. 保存状况：头部缺失，左前臂缺失，佛座束腰部立柱均断失，左膝部残缺，躯体上半部断裂已粘接。座基底部略残。

6. 题记：无

7. 造像：如来结跏趺坐，右脚在上。右手下垂，抚右膝内侧，四指并拢，拇指分开。左臂下垂，

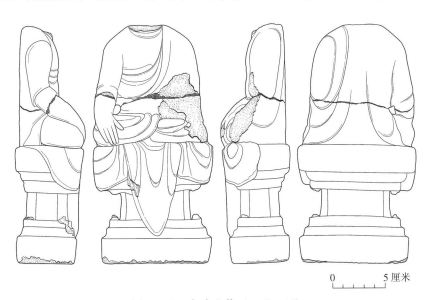

0　　　　　5厘米

图一三八　如来坐像（H16：196）

前臂残失。头颈残失，仅见颈根浮雕一道蚕节纹。胸肌略鼓，右侧阴刻一道下乳线。内衣袒右，自左肩到右胁下，仅见衣边。大衣袒右，衣角偏搭右肩及上臂，从右臂下绕与身前，搭左臂，覆左肩。如来着衣覆遮座台正面及两侧，成三片。正面浮雕三道下弧形衣纹，方座正面转角处浮雕"U"形衣纹。右小腿置于左小腿之上，露右脚，足心向上，脚趾不辨。

坐于束腰座。座台为横方体，素面。其下双层方台叠涩下收。束腰横八棱柱状，素面，四角各有一圆雕立柱，均残失。座基为三层素面方台叠涩。底面可见竖向凿痕（图一三八；图版一六九）。

H16：197

1. 名称：如来坐像

2. 材质：汉白玉

3. 时代：唐

4. 尺寸：通高29.9、通宽14.5、像身高15.9厘米，座高14、长14.5、宽10.4厘米。

5. 保存状况：头部缺失，右前臂断失，造像上半身断裂已粘接，座束腰部断裂已粘接，座束腰部4根立柱断失，座基底部横方台四角均残。

6. 题记：无

7. 造像：如来结跏趺坐。左手下垂，抚左膝内侧，五指并拢。右臂下垂，前臂残失。头颈残失，仅见颈部浮雕两道蚕节纹，颈根下阴刻一道下弧线。胸肌略鼓。内衣袒右，自左肩到右胁下，仅胸前和左肩部露出衣边，衣缘略凸起。右肩可见中衣覆肩、肘，背面可见腋下衣边外翻褶皱；大衣袒右，覆左肩，背面可见宽衣边，绕右胁下，右襟从中衣下绕腹前，搭左肘，垂于体侧覆遮座台。右臂

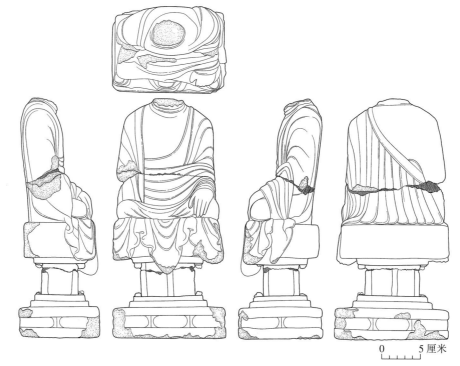

0   5厘米

图一三九　如来坐像（H16：197）

浮雕数道上弧形衣纹，腹部浮雕数道下弧形衣纹，背部浮雕数道竖向衣纹。如来着衣覆遮座台正面及两侧，正面浮雕下弧形衣纹，衣缘垂至束腰处，两侧有"S"形褶皱。方座正面两转角浮雕"U"形衣纹。双足覆大衣下。

坐于束腰座。座台为横方体，其下单层横方台下收。方形束腰，素面。束腰四角及前后侧中部均浮雕方形立柱，共6根，左前角立柱残失，外围四角各有一立柱，均残失。座基自上而下有两段，上段为两层素面横方台叠涩，下段双层出沿横方体台，四角略残，中间方台四角略削，前后各浮雕三壶门，左右各两壶门。底面可见不规则凿痕（图一三九；图版一七〇）。

H16：199

1. 名称：如来坐像
2. 材质：汉白玉
3. 时代：唐
4. 尺寸：通高32.1、通宽19.6、像身高16.9、座高15、座直径19.6厘米。
5. 保存状况：头部残失，右前臂、右手残失，头光大部分残失。
6. 题记：无
7. 造像：如来结跏趺坐，左手下垂，抚左膝内侧，四指并拢，拇指分开。右臂屈肘，前臂残失。仅见头光下沿残部，素面。胸肌略鼓。内衣袒右，阴刻宽衣边。右肩覆中衣，背部见外衣下翻出，右膝内侧可见中衣衣角。大衣袒右，覆左肩，绕腰右侧，右襟于中衣下绕腹前，可见宽衣边，系于左肩袈裟扣，衣褶呈覆花状，上有环绳，相系打活结。袈裟扣后部在左肩背部，菱形扣托，两侧大衣阴刻八字形褶皱。双臂阴刻斜向弧线衣纹，腹前浮雕左上至右下斜向大衣衣纹。身

0   5厘米

图一四〇 如来坐像（H16：199）

后衣边覆台面，成连弧状。如来着衣覆遮座台正面及两侧。可见两层，外层成3片，均为圆弧形衣边，浮雕3道下弧形衣纹。内层仅从外层两圆弧形之间露出，亦为圆弧形衣边，阴刻两道下弧形衣边。双足覆大衣下。

坐于束腰座。座台平面为圆形，浮雕双层仰莲瓣。每层莲瓣均可见11瓣，莲瓣宽，中脊略凸。莲瓣下有双层圆台叠涩下收。束腰圆柱形，外围圆雕8根立柱，均用四颗圆珠上下连接。束腰浮雕八尊伎乐像，自正面向右第一尊，结跏趺坐，腰部横置腰鼓。面部圆形，刻鼻梁，两嘴角略凹，双手自然下垂至腰鼓两端，胸前系带。第二尊，呈跪姿，双手在身体左侧，持一横笛，似在吹奏。面部漫漶，腹部微鼓。第三尊，结跏趺坐，双手持排箫，放于嘴部，似在吹奏，腹部微鼓。第四尊，结跏趺坐，头部前倾，刻鼻梁，两嘴角略凹陷，胸前抱琵琶，右手握于乐器尾端。第五尊，结跏趺坐，头部前倾，鼻部突出，双手置胸前持一物。第六尊，呈跪姿，头部略前倾，鼻梁较高，双臂屈肘，两手置胸前，各持一物。第七尊，结跏趺坐，头部略前倾，面部漫漶，双臂屈肘，双手胸前合十。第八尊，右腿屈膝横盘，左腿屈膝竖立支地，双臂屈肘，双手一上一下吹一物，腰部束一衣带。

座基自上而下有3段，上段为两层素面圆台叠涩；中段浮雕双层覆莲瓣，外层莲瓣宽厚，中脊高凸，两侧各有一椭圆形高凸物，瓣尖外翻，内层仅从外层两瓣之间露出中脊和瓣尖；下段素面浅圆台。底面可见中心放射状凿痕（图一四〇；图版一七一）。

H16∶201

1. 名称：如来坐像

2. 材质：汉白玉

3. 时代：唐

4. 尺寸：通高41.1、通宽19.7、像身高26.5、座高14.6、座直径19.7厘米。

5. 保存状况：右臂残失，左前臂及左手残失，头光大部分残失，颈部断裂已粘接，上半身断裂已粘接，仰莲台左后侧残损，覆莲台下缘略残，左肩多处土锈。

6. 题记：无

7. 造像：如来结跏趺坐，头略前倾，右手下垂，抚右膝内侧，五指伸直，刻指甲。左臂屈肘上举，前臂及左手残失。仅见头光下沿残部，素面，头后椭圆形榫断茬。高肉髻，有5行螺发。头前部，6行螺发，头后部无螺发。螺发大小均匀。面部方圆，眉弓弯凸，阴刻眉线一道，眉弓接鼻梁，鼻尖略残，鼻梁挺直，鼻翼略宽，左侧鼻孔略显。眼细长，上眼睑略鼓起，眼角平直，眼微睁，未刻睛珠。人中浅，嘴唇小，嘴角略凹微上翘，唇峰明显，上唇薄，下唇较厚。下颌阴刻一弧线，有脂肪袋。双耳贴头，左耳垂略残。颈部浮雕两层肉褶。胸肌略鼓。右肩可见横披，右肩胛处可见自内衣翻出，浮雕3道上弧形衣纹，覆右肩；内衣袒右，有窄衣边，腰系带于腹前打单结下垂，腰带上下阴刻斜向弧线衣纹；大衣袒右，自左肩到腰右侧，绕腹前，可见身右侧一束衣缘垂至莲座，腹前可见宽衣边，衣缘搭左肘，衣角垂于体侧，刻"S"形衣褶。左胸可见窄衣边，左臂阴刻斜向弧线衣纹，左腿部横向衣纹密集，背部阴刻数道人字形衣纹。如来着衣覆遮座台正面及两侧。可见两层，两侧外层衣缘下垂，形成两圆弧形，正中倒三角形，边缘阴刻细线一道。内层仅在外层间露出，亦为圆弧形，浮雕4层下弧形衣纹。双足覆大衣下。坐于束腰座。

0 5厘米

图一四一　如来坐像（H16：201）

座台平面为圆形，浮雕 3 层仰莲瓣。外层莲瓣残余 9 片，中层莲瓣残余 8 片，内层残余莲瓣 6 片。莲瓣均较小，中脊略凸，呈圆拱形。莲瓣下有 3 层圆台叠涩下收。束腰八棱柱形，素面。八棱外围均圆雕一根立柱，用 4 颗圆珠上下连接，珠间均由环箍间隔。座基自上而下有 3 段：上段为 3 层素面圆台叠涩；中段浮雕双层覆莲瓣，每层莲瓣均为 10 瓣，莲瓣宽肥，中脊高凸，两侧各有一椭圆形高凸物，瓣尖外翻；内层仅在外层的两瓣之间露出瓣尖，中脊高凸，瓣尖外翻。下段素面浅圆台。底面可见不规则凿痕，边缘竖向凿痕（图一四一；图版一七二）。

H16：203

1. 名称：如来坐像

2. 材质：汉白玉

3. 时代：唐

4. 尺寸：通高 35.2、通宽 19、像身高 19、座高 15.9、座直径 19 厘米。

5. 保存状况：头颈残失，右臂残失，右手略残，左手残失。佛座束腰部 8 根立柱均缺失。躯体腰部断裂已粘接。

6. 题记：无

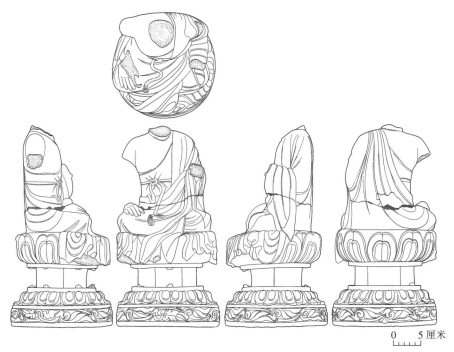

图一四二 如来坐像（H16：203）

7. 造像：如来结跏趺坐，右手下垂，抚右膝内侧，五指伸直，刻指甲。左臂屈肘，左手残失。颈根略呈"V"形，胸肌略鼓。内衣袒右，自左肩到右胁下，腰系带于右腹前打结下垂，两绳头，右端藏于腹前大衣内部，左端下垂至右腿部，末端有流苏。打结处上下阴刻斜向弧线衣纹；大衣袒右，覆左肩，绕腰右侧于腹前，搭左肘，垂于体侧置台座。左臂浮雕斜向衣纹，背部浮雕左上至右斜下大衣衣纹，正面衣缘自左前臂斜，垂至莲座右前侧，衣边翻折。如来着衣覆遮座台正面及两侧，衣纹杂乱繁多，可见一处瓣尖外露，及莲瓣顶起着衣的衣纹。双足覆大衣下。

坐于束腰座。座台平面为圆形，浮雕双层仰莲瓣。外层莲瓣可见 5 瓣，瓣尖略翻翘，莲瓣上阳刻与瓣形一致的凸线装饰。内层莲瓣仅从外层两瓣之间露出尖部，中脊略凸，可见 4 瓣，瓣尖略翻翘。莲瓣下有较小单层圆台。束腰六棱柱形，素面。外围 6 根立柱，均残失，仅存残迹。座基自上而下有 3 段：上段为较小单层素面圆台；中段浮雕双层覆莲瓣，每层莲瓣均为 10 瓣，外层莲瓣宽厚，中脊高凸，两侧各有一椭圆形高凸物，瓣尖外翻；内层仅在外层的两瓣之间露出瓣尖，中脊高凸，瓣尖外翻。下段圆台上下缘各阴刻线一周，中间浮雕一周忍冬纹。底面可见中部不规则凿痕，外围放射状凿痕（图一四二；图版一七三）。

H16：205

1. 名称：如来坐像

2. 材质：汉白玉

3. 时代：唐

4. 尺寸：通高 43.1、通宽 19、像身高 27.8 厘米，座高 15.4、长 19、宽 13.1 厘米。

5. 保存状况：左前臂及左手缺失，右臂残失，头部断裂已粘接，腰部断裂已粘接，座束腰部右

图一四三　如来坐像（H16∶205）

前侧，左后侧及后侧正中立柱残失，座基右侧断裂已粘接。

　　6. 题记：无

　　7. 造像：如来结跏趺坐，左腿在上，右腿在下。右手下垂，抚右膝外，四指并拢，拇指残。左臂屈肘，左手残失。仅见头后侧有方形榫断茬，高肉髻，有6行螺发。头前部有4行螺发，头两侧各7列螺发，大小均匀，头后部无螺发。面部长圆形，眉弓凸起，阴刻眉线一道，眉梢下吊，眉弓接鼻梁，鼻尖残，鼻梁挺直，鼻翼略宽，有小鼻孔、鼻柱。眼细长，上眼睑略鼓，眼角平直，未刻睛珠。人中浅，嘴角略凹，微上翘，唇峰明显，上唇薄，下唇较厚。下颌阴刻一弧线，有脂肪袋。双耳贴头，耳垂残，耳廓内部结构雕出。颈部浮雕3道蚕节纹，颈根下阴刻一道下弧线。刻下乳线，胸肌略鼓。内衣袒右，自左肩到右胁下，仅见宽衣边。大衣袒右，从腰右侧绕于身前，搭左臂，覆左肩，衣边外翻，衣角垂于后背。两腿部浮雕右上至左下斜向衣纹，背部及左臂浮雕竖向大衣衣纹。腹部浮雕下弧形衣纹，并分别沿两腿浮雕4道下弧形衣纹。如来着衣覆遮座台正面及两侧，成5片。正面浮雕5道下弧形衣纹，两侧有"S"形褶皱，方座正面、侧面转角处分别浮雕"U"形衣纹一片。双足覆大衣下。

　　坐于束腰座。座台为横方体，其下接较小方台。横方形束腰，四角略削，素面，仅存左前侧，右后侧立柱，均用7颗圆珠上下连接。正面中部为一跪像，作跪姿，两手扶于两膝部位，头部顶一重物，低头前倾，双肩高耸，胸肌凸起，腹部鼓出。座基自上而下有两段，上段为两层素面方台叠涩，下段双层出沿横方体台，中部方台四角略削，在四角外围分别圆雕一根立柱，仅存右前侧一根，用3颗圆珠上下连接。中部方台浮雕圆饼状，中心圆凸装饰物，前后面各两个，左右各一个（图一四三；图版一七四）。

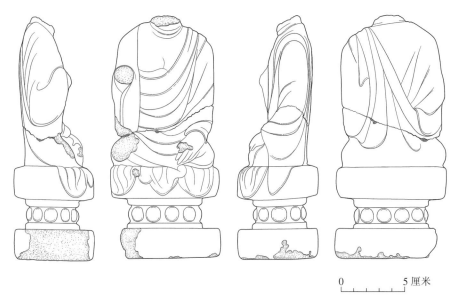

0   5 厘米

图一四四　如来坐像（H16：207）

H16：207

1. 名称：如来坐像

2. 材质：汉白玉

3. 时代：唐

4. 尺寸：通高 18.9、通宽 8.8、像身高 11.6 厘米，座高 7、长 8.8、宽 6.6 厘米。

5. 保存状况：头部、部分右前臂、右膝和座基右侧缺失。像腰部断裂，已粘接。局部略残失。

6. 题记：无

7. 造像：如来结跏趺坐，左臂下垂，左手抚左膝内侧，刻划五指，指尖朝下。右臂屈肘上举。残余颈部平面呈椭圆形。可见阴刻蚕道和椭圆形颈根，颈下阴刻一道"U"形弧线。胸部轮廓明显，刻划下乳线。内衣袒右，自左肩至右胁下，素面。中衣披右肩，覆右臂沿右前臂两侧下垂至座台上，背面刻划 4 道右高左低弧线衣纹。大衣袒右，左侧衣襟表现不明显，右侧衣襟自腰右侧上绕，横过腹前，衣角覆右腿垂至座台正面中部，衣角覆左臂上披于左肩后侧。大衣正面衣纹左高右低弧线，背面呈人字形弧线，腿部右高左低弧线。座台前部衣纹稠密，由两段竖向褶皱可分为 3 片，一片位于正面中部，另两片分别位于座台前两角，每片均有"U"形衣纹，中片底边略呈倒三角形，两侧底边呈"U"形。双足覆大衣下，两膝之间腿部较高。

坐束腰座。座台平面为椭圆形，素面。底部有一层浅圆台，素面。束腰圆柱状，浮雕一周圆形装饰物，共 10 个。座基分上下两层，上层较小浅横圆台，素面；下层较大高横圆台，素面。底面略平，不规则凿痕，粗糙（图一四四；图版一七五）。

H16：208

1. 名称：如来坐像

2. 材质：汉白玉

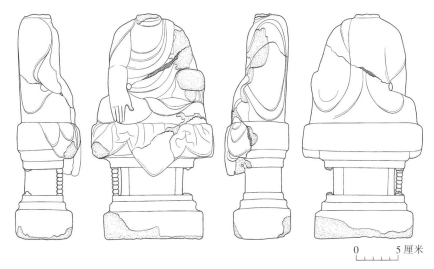

图一四五　如来坐像（H16∶208）

3. 时代：唐

4. 尺寸：通高 25.8、通宽 14、像身高 13.1 厘米，座高 12.7、长 14、宽 6.2 厘米。

5. 保存状况：头部缺失，左上臂残损，左前臂及左手断失，佛座束腰部 3 根立柱断失，座基较残，上半身断裂已粘接，座台正面衣角断裂已粘接。

6. 题记：无

7. 造像：如来结跏趺坐。右手下垂，抚右膝内侧，四指并拢，拇指分开。左臂屈肘，左手残失。头颈残失，仅见颈部浮雕一道蚕节纹。胸肌略鼓，刻横向下乳线。内衣袒右，仅见部分衣边。中衣袒右，自左肩到右胁下，仅见衣边。大衣袒右，衣角偏搭右肩及上臂，从右胁下绕于身前，搭左臂，覆左肩。浮雕腹部衣纹，呈左上右下斜向衣纹。如来着衣覆遮座台正面及两侧，成 3 片。正面浮雕 3 道下弧形衣纹，方座正面转角处浮雕"U"形衣纹。右小腿置于左小腿之上。

坐于束腰座。座台为横方体，素面。其下双层横方台叠涩下收。束腰横八棱柱状，素面，四角各有一圆雕立柱，仅存右前侧一根，用 6 颗圆珠上下连接。座基自上而下有两段，上段为两层素面横方台叠涩，下段素面横方体台。底面有多处平行斜向凿痕（图一四五；图版一七六）。

H16∶209

1. 名称：如来坐像

2. 材质：汉白玉

3. 时代：唐

4. 尺寸：通高 15.5、通宽 13.8、像身高 3.8、座高 11.6、座直径 13.8 厘米。

5. 保存状况：像上半身缺失。残余束腰座、像下半身和右手。局部略有残失。

6. 题记：无

7. 造像：如来结跏趺坐，残余右手，刻划五指，并拢，指尖朝下。腿部见大衣一角垂于座台台面上，衣纹左高右低弧线，底边呈连续"S"形。左膝上有衣角，左腿有横向弧线。背部衣纹垂于座

图一四六　如来坐像（H16∶209）

台台面上，刻划竖向短弧线，底边呈连弧形。双足覆大衣下，两膝间腿部略内凹。

坐束腰座。座台平面为圆形，浮雕双层仰莲瓣，莲瓣略小，密集，瓣尖略厚，中脊微凸，内层莲瓣露大部分。莲瓣下有两层浅圆台，素面。束腰部圆柱状，圆雕一周连珠立柱，共6根，每根由3个小圆珠和3个小圆台交叉组成。座基平面为圆形，自上而下分3段：上段叠涩两层浅圆台，素面；中段浮雕双层覆莲瓣，莲瓣宽硕，中脊高凸，脊两侧有椭圆形高凸物，瓣尖外翻，内层莲瓣只露中脊和瓣尖；下段较大浅圆台，素面。底面略平，中部不规则凿痕，四周略呈放射状凿痕，边缘打磨（图一四六；图版一七七）。

H16∶217

1. 名称：如来坐像

2. 材质：汉白玉

3. 时代：唐

4. 尺寸：通高26.1、通宽12.1、像身高14.3厘米，座高11.7、长11.1、宽8.2厘米。

5. 保存状况：头部残失，左手残失，佛座束腰正面两立柱残失，座基正面左角残。

6. 题记：无

7. 造像：如来结跏趺坐。右手下垂，抚右膝内侧，五指并拢。左臂屈肘，左手残失。仅见颈根部。内衣袒右，自左肩到右胁下，素面；大衣袒右，覆左肩，背面可见宽衣边，绕腰右侧于和腹前，搭左肘，垂于体侧。左臂无衣纹，背、腹部浮雕斜向弧形衣纹，左高右低，如来着衣覆遮座台正面及两侧。正面浮雕下弧形衣纹，方座正面转角处浮雕"U"形衣纹。双足覆大衣下。

坐于束腰座。座台为横方体，浮雕双层仰莲瓣。外层可见9瓣，素面。内层莲瓣可见8瓣，仅从外层两瓣之间露出尖部，中部有脊。莲瓣下有较小单层方台。束腰横八棱柱状，四角棱面略内凹，素面，四角各有一立柱，正面两根已断失，左后柱略残，用4颗圆珠上下连接。座基自上而下有三

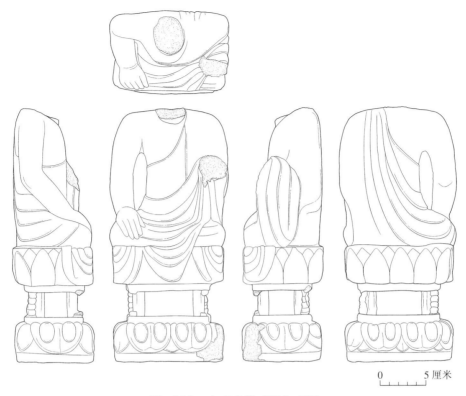

图一四七　如来坐像（H16∶217）

段，上段为单层素面横方台，中段浮雕双层覆莲瓣，每层均6瓣。外层前后各两瓣，左右两侧各一瓣，莲瓣宽厚，中脊高凸，两侧各有一椭圆形高凸物。前后内层莲瓣仅从外层两瓣之间露出尖部，中脊高凸，四角露出大部分内层莲瓣，素面；下段素面横方台。底面有斜向粗凿痕，边缘有打磨痕迹（图一四七；图版一七八）。

H16∶219

1. 名称：如来坐像

2. 材质：汉白玉

3. 时代：唐

4. 尺寸：通高30.8、通宽14.9、像身高16.2、座高14.6、座直径14.9厘米。

5. 保存状况：头部、部分右前臂、像右侧中衣下垂部分和座束腰立柱部分缺失。像腰部断裂，已粘接。左手、左肘后部、右膝、座台前侧和座基左侧残损。

6. 题记：无

7. 造像：如来结跏趺坐，左臂下垂，左手抚左膝内侧，刻划五指，五指并拢，指尖朝下。右臂屈肘略上举。颈部平面呈椭圆形。可见胸部轮廓。内衣袒右，自左肩至右胁下，未见衣纹。横披自右肩胛骨内衣下露出，覆右臂垂至座台上，露肘，右侧衣襟自肩搭右前臂垂至座台上，在右胸前与右臂间形成折叠。大衣袒右，左侧衣襟未表现，右侧衣襟自腰右侧上绕，衣角覆右腿下垂至座台，衣角上绕覆左胸，披于左肩后侧，未覆左臂，衣边外翻。大衣正面衣纹左高右低弧线，背部呈人字

图一四八　如来坐像（H16：219）

形弧线。双臂衣纹斜向弧线阶梯状。座台上阴刻半周轮廓线。座台前衣纹稠密，与座台上衣纹有分界，自左向右大致分3组：双层竖向褶皱连续"S"形底边，上层宽大，下层较小，位于左膝下侧；"U"形衣纹"U"形底边，位于座台正面中部偏右；双层竖向褶皱连续"S"形底边，上层宽大，下层较小，位于右膝下侧。座台前部衣纹整体底边较平，幅度小。双足覆衣下，未露足，两膝间双腿略薄。

坐束腰座。座台平面为圆形，浮雕4层仰莲瓣，最下层莲瓣较小，稀疏，呈三角状；中二层莲瓣宽大，瓣尖略厚，中脊微凸；最上层莲瓣只露瓣尖。莲瓣下有一层浅圆台，素面。束腰五棱柱状，每面中部圆雕连珠立柱，正面和左侧两立柱缺失，每根立柱由4颗圆珠组成。座基圆形，自上而下分3段：上段较小浅圆台，素面；中段浮雕双层覆莲瓣，莲瓣宽硕，中脊高凸，脊两侧有椭圆形高凸物，瓣尖外翻，内层莲瓣只露瓣尖；下段较大浅圆台，素面。底面略平，有不规则凿痕，粗糙，边缘未打磨（图一四八；图版一七九）。

H16：220

1. 名称：如来坐像

2. 材质：汉白玉

3. 时代：唐

4. 尺寸：通高30.6、通宽14.7、像身高15.1厘米，座高15.4、长12.1、宽10.2厘米。

5. 保存状况：头颈断失，左肩部残失，右臂残失，佛座束腰部立柱均缺失，左手残失，座基右

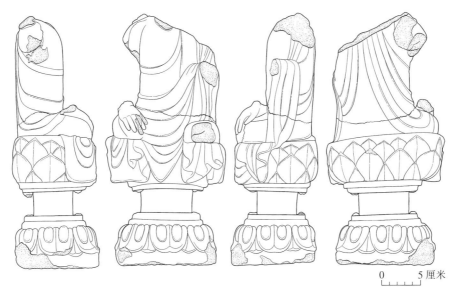

0   5 厘米

图一四九　如来坐像（H16：220）

后侧残，底缘略残。造像腰部断裂已粘接。

6. 题记：无

7. 造像：如来结跏趺坐，右手下垂，抚右膝内侧，五指并拢，刻指甲。左臂屈肘，左手残失。仅见残余右肩部一角。胸肌略鼓。内衣袒右，自左肩到右胁下，有窄衣边；大衣袒右，覆左肩，背面可见宽衣边，绕腰右侧于腹前，搭左肘，垂于体侧置座。腹部浮雕左高右低斜向衣纹，背部浮雕数层八字形衣纹。左臂浮雕 3 道凸棱状斜向衣纹。如来着衣遮座台正面及两侧，正中为三角形外衣角。座正面两转角为"U"形衣纹。双足覆大衣下。

坐于束腰座。座台为横方体，浮雕 4 层仰莲瓣。由下至上，第一层素面三角形，可见 7 瓣，第二层莲瓣残余 7 瓣，莲瓣宽，中脊略凸；第三层莲瓣残余 7 瓣，仅从第二层两瓣之间露出部分，中脊凸。第四层残余莲瓣 6 瓣，仅从第三层两瓣之间露出尖部。莲瓣下有两层方台叠涩下收。束腰为横方体，素面。外围四根立柱，均断失。座基自上而下有 3 段：上段为两层素面方台叠涩；中段浮雕双层覆莲瓣，每层莲瓣均为八瓣，莲瓣宽厚，中脊高凸，两侧各有一椭圆形高凸物，瓣尖外翻；内层仅在外层的两瓣之间露出中脊和瓣尖。下段素面浅方台。底面可见中部竖向凿痕，外围放射状凿痕（图一四九；图版一八〇）。

H16：225

1. 名称：如来坐像

2. 材质：汉白玉

3. 时代：唐

4. 尺寸：通高 25、通宽 12、像身高 12.6、座高 12.3、长 10.3、宽 8.1 厘米。

5. 保存状况：头部、右臂肘部以下和座束腰立柱缺失。腰部断裂，已粘接。座台和座基局部残损。

6. 题记：无

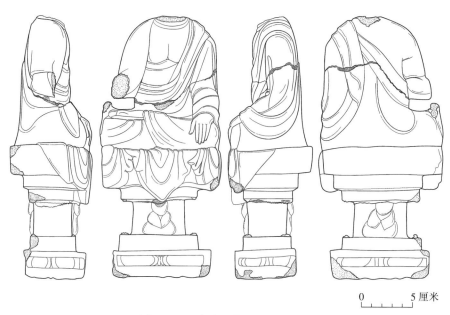

0 ⊢ ⊢ ⊢ ⊢ ⊢ 5 厘米

图一五〇　如来坐像（H16∶225）

　　7. 造像：如来结跏趺坐，左臂下垂，左手抚左膝内侧，刻划手指，大拇指与四指略分离，指尖朝下。右臂略屈肘上举。残余颈部平面呈椭圆形，阴刻蚕道，椭圆形颈根。胸部轮廓明显，有胸肌中缝，刻划下乳线。内衣袒右，自左肩至右胁下，未见衣纹。左胸前有佛衣左襟下垂。中衣覆右臂，露肘部，未见明显衣纹。大衣袒右，左侧衣襟不明，右侧衣襟自腰右侧，横过腹前，上绕覆左胸和左臂，披于左肩后侧，衣边外翻，腹前衣边有折叠。大衣正面衣纹左高右低弧线，背面人字形弧线。左上臂斜向弧线。腿部衣纹呈人字形。座台前部衣纹稠密，由两段竖向褶皱可分为3片，一片位于正面中部，另两片分别位于座台前两角，每片均有"U"形衣纹，底边略呈倒三角形。双足覆衣下，左足在上在外，足心向上，刻划脚趾。右足在下在内。

　　坐束腰座。座台为横方体，素面。三层叠涩下收，素面。束腰四棱柱状，每个转角处有立柱（已缺失），正面和背面浮雕坐像，正面头部圆形，面部不清，双臂下垂于腹部相连，下半身椭圆形，刻划简单；背面与正面相似。其余面素面。座基分两层，上层较小浅横方台，素面；下层较大高横方台，各侧面刻划壶门。底面略内凹，不规则凿痕，粗糙（图一五〇；图版一八一）。

H16∶232

　　1. 名称：如来坐像

　　2. 材质：汉白玉

　　3. 时代：唐

　　4. 尺寸：通高24.3、通宽11.2、像身高12.1厘米，座高11.9、长11.2、宽10.1厘米。

　　5. 保存状况：头颈断失，右肩部残损，左手断失，座束腰部断裂已粘接，束腰部立柱均缺失。座基周缘略残。

　　6. 题记：无

　　7. 造像：如来结跏趺坐，右臂下垂，右手抚右膝内侧，四指并拢，拇指分开。左臂屈肘，左手

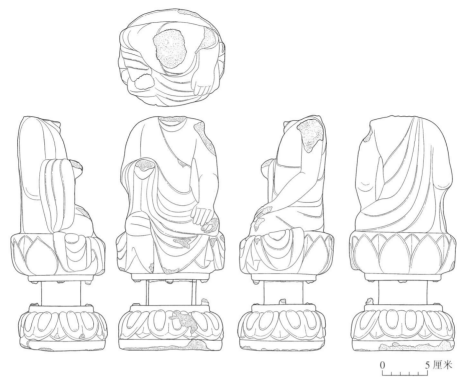

图一五一　如来坐像（H16：232）

残失。仅见颈部浮雕一蚕节纹，颈根呈"V"形。内衣袒右，自左肩到右胁下；大衣袒右，覆左肩，绕腰右侧于腹前，可见宽衣边，垂至莲座，搭左肘，垂于体侧置座。腹部至莲座浮雕数道下弧形大衣衣纹，背部浮雕左上至右下斜向衣纹。如来着衣覆遮座台正面及两侧，座两侧浮雕下弧形衣纹。双足覆大衣下。

　　坐于束腰座。座台平面为椭圆形，浮雕双层仰莲瓣。每层莲瓣可见4片，外层莲瓣宽厚，素面，呈圆拱形。内层莲瓣仅从外层两瓣之间露出尖部，略有中脊。莲瓣下有层椭圆台、下收。束腰为横方体，素面。外围每面正中一根立柱，均断失。座基自上而下有3段：上段为单层素面椭圆台；中段浮雕双层覆莲瓣，每层莲瓣均为6瓣，莲瓣宽厚，中脊高凸，两侧各有一椭圆形高凸物，瓣尖略外翻；内层仅在外层的两瓣之间露出瓣尖，中脊高凸，瓣尖略外翻。下段素面浅椭圆台。底面可见呈中心放射状凿痕，边缘打磨（图一五一；图版一八二）。

H16：234

1. 名称：如来坐像

2. 材质：汉白玉

3. 时代：唐

4. 尺寸：通高19.9、通宽10.5、像身高10.9、座高9.1、座直径10.5厘米

5. 保存状况：头部、右肩缺失。像腰部断裂，已粘接。局部略残损。可见土锈。

6. 题记：无

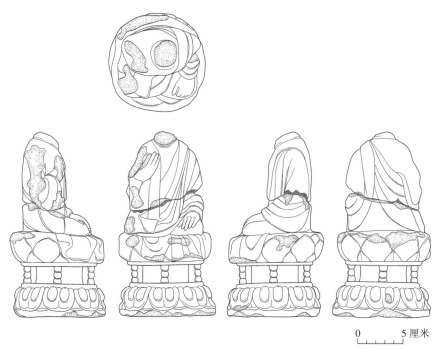

0 ⊢——⊢——⊢ 5 厘米

图一五二　如来坐像（H16：234）

　　7. 造像：如来结跏趺坐，左臂下垂，左手抚左膝内侧，刻划五指，四指与大拇指略分离，指尖朝下。右臂屈肘上举，右手举至右胸前，手掌朝上，掌心朝内，刻划五指，并拢。残余颈部平面呈椭圆形。见椭圆形颈根。内衣袒右，自左肩至右胁下，未见衣纹。横披自右肩胛骨内衣下露出，覆右臂，右侧衣襟沿右胸前垂至右腿。大衣袒右，左侧衣襟未表现，右侧衣襟自腰右侧上绕，衣角覆右腿垂至座台正面中右部，衣角向上覆左臂搭于左肩后侧，衣边外翻。大衣正面衣纹左高右低弧线，左上臂衣纹斜向弧线，左前臂横向阶梯状弧线，背部衣纹人字形弧线。座台前衣纹稠密，自左向右大致分 4 组，依次为："U"形弧线、竖向褶皱"S"形底边、"U"形弧线、竖向褶皱"S"形底边。双足覆大衣下，两膝之间腿部较平。

　　坐束腰座。座台平面为圆形，浮雕 3 层仰莲瓣，最下层莲瓣较小，呈三角状；中层莲瓣宽大，瓣尖略厚，中脊微凸；最上层莲瓣只露瓣尖。莲瓣下有一层浅圆台，素面。束腰四棱柱状，每面中部圆雕连珠立柱，每根立柱由 3 颗圆珠组成。座基圆形，自三而下分 3 段：上段较小浅圆台，素面；中段浮雕双层覆莲瓣，莲瓣宽硕，中脊高凸，脊两侧有椭圆形高凸物，瓣尖外翻，内层莲瓣只露瓣尖；下段较大浅圆台，素面。底面较平，前半部分较光滑，后半部分有斜向阶梯状和不规则凿痕，较粗糙（图一五二；图版一八三）。

H16：268

1. 名称：如来坐像

2. 材质：汉白玉

3. 时代：唐

4. 尺寸：通高 30.3、通宽 12、像身高 18.4 厘米，座高 11.9、长 11.7、宽 6.2 厘米。

图一五三　如来坐像（H16：268）

5. 保存状况：头残断拼合。左手自上臂处残断。

6. 题记：无

7. 造像：如来结跏趺坐于台面上，足掌露出。头圆髻，额中部圆鼓，面部较草率。眉弓下部微凸，似肿眼泡，眼仅一条横线，双耳下部残断。鼻嘴均较模糊，颈部蚕节纹两道。内有僧祇支，外衣纹较模糊。方形须弥座 3 层，方束腰，四角各一连珠立柱，5 珠上部 3 层，叠涩外扩。脑后有圆榫已断。右手抚右膝，左手上举似施无畏印，已残缺。座底有明显凿痕（图一五三；图版一八四、一八五）。

H16：278

1. 名称：如来坐像

2. 材质：汉白玉

3. 时代：唐

4. 尺寸：通高 24.2、通宽 12.7、像身高 14.1 厘米，座高 10.1、长 9.6、宽 5 厘米。

5. 保存状况：头部缺失，左前臂缺失，右肩和右臂残损，右前臂断失。座束腰部后侧 2 根立柱断失，左膝处及座左前角残损。腰部断裂已粘接。

6. 题记：无

7. 造像：如来结跏趺坐，右脚在上。右手下垂，抚小腿内侧，五指伸直。左臂屈肘，前臂残失。头颈残失，仅见颈部浮雕三道蚕节纹。胸肌略鼓，刻下乳线。内衣袒右，自左肩到右胁下，露宽衣

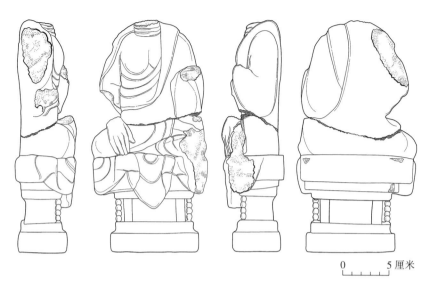

图一五四　　如来坐像（H16：278）

边。大衣袒右，衣角偏搭右肩及上臂，从右肘下绕与腹前，搭左臂，覆左肩，浮雕宽衣边。如来着衣覆遮座台正面及两侧，正面衣角浮雕倒三角形衣纹，垂至束腰。座台正面右角浮雕"U"形衣纹。右小腿置于左小腿之上，袒露脚部，足心向上。

坐于束腰座。座台为横方体，其下两层方台叠涩下收。束腰横八棱柱状，素面。外围四角各圆雕一立柱，均用4颗圆珠上下连接。后侧两根立柱残失。座基自上而下有两段，上段为单层素面横方台，下段素面横方体台。底面中部可见不规则凿痕，边缘打磨（图一五四；图版一八六）。

H16：284

1. 名称：如来坐像

2. 材质：汉白玉

3. 时代：唐

4. 尺寸：通高17.9、通宽12、像身高11.8、座高6.1、长9.4、宽8.2厘米。

5. 保存状况：头颈部残失，右臂残失，右腿上可见右手残痕，左手风化严重。座台以下断失，整体多处土锈。

6. 题记：无

7. 造像：如来结跏趺坐。仅见右手抚右膝内侧。左臂屈肘，左手置于左胸部。内衣袒右，自左肩到右胁下。大衣袒右，衣边外翻，浮雕宽衣边。从腰右侧绕于身前，覆左肩，搭左臂，垂于身侧至莲座。背部浮雕左上至右下弧线状衣纹。腿部浮雕衣纹，呈下弧线状。如来着衣覆遮座台正面及两侧。正面浮雕下弧形衣纹，座台右侧浮雕"U"形衣纹。双足覆大衣下。

坐于束腰座。座台平面为圆形，浮雕双层仰莲瓣。外层莲瓣5瓣，内层莲瓣4瓣，外层莲瓣宽厚，素面。内层仅从外层两瓣之间露出尖部，中脊略凸。其下单层圆台下收。束腰仅见五棱柱形断茬，每边中部一根圆形立柱断痕，其下残失（图一五五；图版一八七）。

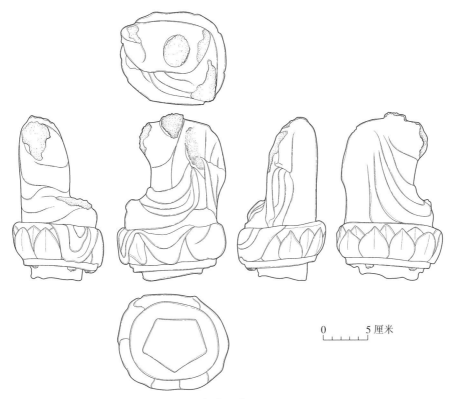

图一五五　如来坐像（H16∶284）

H16∶285

1. 名称：如来坐像

2. 材质：汉白玉

3. 时代：唐

4. 尺寸：通高 26.1、通宽 12.4、像身高 14.9、座高 11.2、座直径 12.4 厘米。

5. 保存状况：头部残失，右手及右前臂残失，左臂残损，腰部断裂已粘接。座束腰与座基处断裂已粘接，座束腰处廊柱均断失，座基右侧残，下缘多处残损。

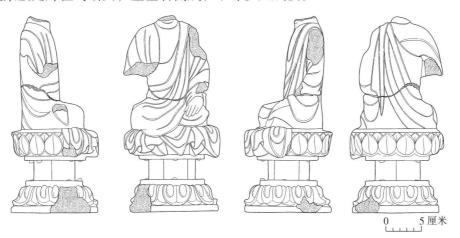

图一五六　如来坐像（H16∶285）

6. 题记：无

7. 造像：如来结跏趺坐，左手下垂，抚左膝内侧，五指伸直，刻指甲。右臂断失。仅见颈部一凹痕，颈根呈"U"形。右肩可见横披，右肩胛处可见自内衣翻出，背部阴刻一道上弧形衣纹，肩前阴刻竖向衣纹；内衣袒右，自左肩到右胁下，衣边略凸起。大衣袒右，浮雕宽衣边，自左肩到右胁下，衣缘搭左肩，背部衣角垂身左侧。正面浮雕左上至右下弧线状衣纹，背部浮雕大衣衣纹，左高右低弧线状。如来着衣覆遮座台正面及两侧。正面浮雕下弧形衣纹，座台两侧浮雕"U"形衣纹。双足覆大衣下。

坐于束腰座。座台平面为圆形，浮雕3层仰莲瓣，每层莲瓣均为7瓣，下层呈三角形。中层莲瓣宽厚，中脊略凸，瓣尖略外翻。上层仅从中层两瓣之间露出尖部。其下单层圆台下收。束腰五棱柱形，素面，每面中部各有一立柱，均残失。座基自上而下有3段：上段为单层素面圆台；中段浮雕双层覆莲瓣，外层莲瓣残余6瓣，莲瓣宽厚，中脊高凸，两侧各有一椭圆形高凸物，瓣尖外翻；内层残余5瓣，内层仅从外层两瓣之间露出中脊和瓣尖；莲瓣下段素面浅台。底面中部有放射状凿痕，外围打磨（图一五六；图版一八八）。

H16：286

1. 名称：如来坐像

2. 材质：汉白玉

3. 时代：唐

4. 尺寸：通高23.7、通宽12.2、像身高12.4厘米，座高11.3、长12.2、宽10厘米。

0 _____ 5厘米

图一五七　如来坐像（H16：286）

5. 保存状况：头部、部分左前臂、右臂和座束腰立柱缺失。座束腰部断裂，已粘接。局部略残损。

6. 题记：无

7. 造像：如来结跏趺坐，左臂屈肘平举。右臂缺失，仅存右手抚右膝内侧，刻划五指，并拢，指尖朝下。残余颈部平面呈椭圆形。胸部轮廓明显。内衣袒右，自左肩至右胁下，有衣边，素面。大衣袒右，左侧衣襟竖直下垂，右侧衣襟自腰右侧上绕，横过腹前，衣角覆右腿垂于座台正面中右侧，衣角搭左前臂沿身侧垂于座台上，衣边外翻。大衣正面衣纹左高右低弧线，左上臂斜向弧线，左前臂横向弧线阶梯状，背部衣纹人字形弧线。左膝前有横向弧线。座台前部衣纹稠密，自左向右大致分3组。依次是：双层竖向褶皱连续"S"形底边，上层较宽大，下层较小位于左膝下；"U"形弧线衣纹"U"形底边，位于座台正面中部偏右；双层竖向褶皱连续"S"形底边，上层较宽，下层较小位于右膝下。座台前部衣纹整体底边较平。双足覆大衣下，两膝之间腿部较薄，略凹。

坐束腰座。座台平面为椭圆形，浮雕4层仰莲瓣，最下层莲瓣较小，呈三角状；中二层莲瓣宽大，瓣尖略厚，中脊微凸；最上层莲瓣只露瓣尖。莲瓣下有一层浅圆台，素面。束腰四棱柱状，素面，每面中部圆雕连珠状立柱，均有不同程度缺失。座基自上而下分三段：上段较小浅圆台，素面；中段浮雕双层覆莲瓣，莲瓣宽硕，瓣尖外翻，中脊高凸，脊两侧有椭圆形高凸物，内层莲瓣只露瓣尖；下段较大浅圆台，刻划一周弦纹。底面较平，有略呈放射状凿痕，粗糙（图一五七；图版一八九）。

H16：287

1. 名称：如来坐像

2. 材质：汉白玉

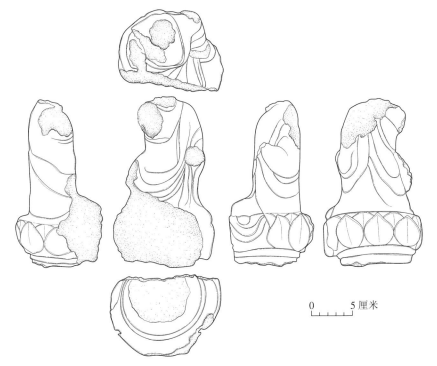

图一五八　如来坐像（H16：287）

3. 时代：唐

4. 尺寸：通高 19.7、通宽 13、像身高 13.7、座高 5.9、座直径 10.5 厘米。

5. 保存状况：头部、部分左前臂、右臂、双腿和座有缺失。左肩后和右胸前大面积残失。

6. 题记：无

7. 造像：如来结跏趺坐，左臂屈肘上举。有明显胸部轮廓。残余颈部平面呈椭圆形。可见胸肌中缝和下乳线。内衣袒右，自左肩至右胁下，有窄衣边。大衣袒右，左侧衣襟沿左胸前下垂，右侧衣襟自腰右侧上绕覆左臂披于左肩后。大衣腹前衣纹左高右低弧线，背部衣纹呈人字形弧线。座台左侧残存衣纹呈"U"形。双足残。

坐莲花座。残余座台，平面为圆形，浮雕 3 层仰莲瓣，最下层莲瓣较小，呈三角状；中层莲瓣宽大，瓣尖略厚，中脊微凸；最上层莲瓣只露瓣尖。莲瓣下叠涩两层浅圆台，素面。底面有束腰和立柱残痕（图一五八；图版一九〇，1）。

H16：288

1. 名称：如来坐像

2. 材质：汉白玉

3. 时代：唐

4. 尺寸：通高 17.5、通宽 11、像身高 9.1 厘米，座高 11.2、长 11、宽 8.9 厘米。

5. 保存状况：残存像下半身、部分左前臂、左手和座。座束腰立柱缺失。座束腰处断裂，已粘接。局部略残损。

6. 题记：无

7. 造像：可见大衣，覆右腿，部分垂于座台前，大衣正面衣纹左高右低弧线，背面衣纹下弧线。

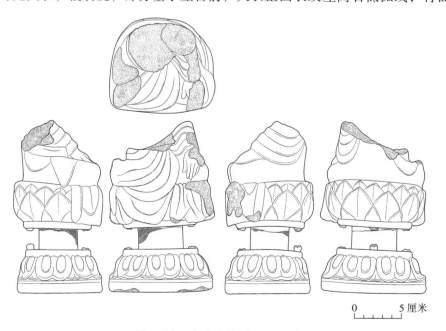

0　　　　5 厘米

图一五九　如来坐像（H16：288）

左前臂衣纹横向弧线阶梯状。座台前部衣纹稠密，杂乱。双足覆大衣下，两膝间双腿略薄。

坐束腰座。座台平面为椭圆形，座台正面较平，浮雕 4 层仰莲瓣，最下层莲瓣较小，稀疏，呈三角状；中部二层莲瓣宽大，瓣尖略厚，中脊微凸；最上层莲瓣只露瓣尖。莲瓣下有一层浅圆台，素面。束腰四棱柱状，素面，每面中部圆雕立柱（均断失）。座基平面为椭圆形，自上而下分三段：上段较小浅圆台，素面；中段浮雕双层覆莲瓣，中脊高凸，脊两侧有椭圆形高凸物，莲瓣宽硕，瓣尖外翻，内层莲瓣只露瓣尖；下段较大浅圆台，刻划一周弦纹。底面略平，有呈放射状凿痕，粗糙，边缘未打磨（图一五九；图版一九〇，2）。

H16：294

1. 名称：如来坐像

2. 材质：汉白玉

3. 时代：唐

4. 尺寸：通高 11.8、通宽 10.5、像身高 9.5 厘米，座高 2.3、长 10、宽 6.5 厘米。

5. 保存状况：头部缺失。局部残损。

6. 题记：无

7. 造像：如来结跏趺坐，双臂下垂至两膝内侧，刻划五指，指尖朝下。残余椭圆形颈根部。内衣胸前左衽交领，未见衣纹。外衣通肩，右侧衣襟自右肩垂至腹部，上绕覆左臂，披于左肩后，呈深"U"形衣领，有衣边。刻划外衣衣纹"U"形弧线，双臂斜向弧线。腿前刻划"U"形弧线。背部衣纹略呈人字形。双足覆衣下，未露足，两膝之间腿部较平。

坐于横方体台上，正面浮雕 3 片仰莲瓣，莲瓣宽大，瓣尖略厚，其余素面。台平面略呈梯形，前宽后窄，底面略平整，可见有凿痕（图一六〇；图版一九一）。

H16：297

1. 名称：如来坐像

0　　　　　5厘米

图一六〇　如来坐像（H16：294）

0 ⌞⌞⌞⌞⌞ 5 厘米

图一六一　如来坐像（H16∶297）

2. 材质：汉白玉

3. 时代：唐

4. 尺寸：通高 36.4、通宽 14.7、像身高 24 厘米，座高 12.4、长 14.7、宽 8.3 厘米。

5. 保存状况：颈部、腰部、座束腰断裂，已粘接。部分左前臂、右前臂、座束腰立柱、座台后部右角和座基前部左角残失。局部有土锈。

6. 题记：无

7. 造像：如来结跏趺坐，左臂屈肘上举。右臂下垂，右手抚右膝内侧，刻划五指，大拇指与四指略分离，指尖朝下。躯体略后倾。腰较细。高肉髻，扁平，素面。头部素面，发际线平缓，头后部有榫块凸起。面部方圆，眉弓略凸，阴刻眉线，呈上弧线，眉弓与鼻根相连，眉间阴刻白毫相。眼睛细长，未刻划眼珠，上眼睑凸起，有卧蚕。鼻梁窄长，鼻头残，呈椭圆形，刻划鼻唇沟。宽人中，嘴唇较厚，唇峰明显，嘴角内凹，唇沟略深陷。下颌有指甲状凹痕。双耳宽大，贴头，下垂齐下颌。颈短，较宽。有 3 道蚕节纹。胸部轮廓明显，可见胸肌中缝和下乳线，内衣袒右，自左肩至右胁下，素面。大衣袒右，左侧衣襟未明显，右侧衣襟偏搭右肩绕右上臂裹肘部，横过腹前，衣角上绕覆左臂，披于左肩后侧，衣边外翻，腹前衣边有折叠。大衣正面衣纹左高右低弧线，背面衣纹呈人字形，双臂未见衣纹。腿部衣纹呈纵向阶梯状，底边外翻。座台前部衣纹稠密，由两段竖向褶皱可分为 3 片，一片位于正面中部，另两片分别位于座台前两角，每片均有"U"形衣纹，底边略呈倒三角形。双足覆大衣，两膝间腿部较高，较平，右小腿压左小腿上，足心朝上，跣足。

坐束腰座。台面为横方形，略前高后低，浮雕单层仰莲瓣，莲瓣宽大，略有重叠，背面莲瓣沿中部外摆。莲瓣下叠涩下收两层浅横方台，素面。束腰四棱柱状，四角略削，素面，四角有立柱（均缺失）。座基平面为横方形，三层叠涩下收，素面。底面略内凹，有不规则凿痕，粗糙（图一六一；图版一九二）。

H16：304

1. 名称：如来坐像
2. 材质：汉白玉
3. 时代：唐
4. 尺寸：通高 14.7、通宽 7.9、像身高 8.5、座高 6.2、座直径 7.9 厘米。
5. 保存状况：头部及部分左前臂缺失。局部略残损。
6. 题记：无
7. 造像：如来结跏趺坐，左臂屈肘平举。右臂略屈肘下垂，右手抚右膝内侧，刻划五指、指甲，并拢，指尖朝下。残余颈部平面呈椭圆形，见两道蚕节纹。胸部轮廓明显，刻胸肌中缝。内衣袒右，自左肩至右胁下，素面。大衣袒右，左侧衣襟竖直下垂，右侧衣襟自腰右侧上绕，横过腹前，衣角覆右腿垂于座台正面中右侧，衣角搭左前臂沿身侧垂于座台上，衣边外翻。大衣正面衣纹左高右低弧线，左上臂斜向弧线，左前臂横向弧线阶梯状，背部衣纹左高右低弧线。座台前部衣纹稠密，座台正面左侧可见"U"形衣纹和竖向衣纹，底边"U"形，其右侧可见双层衣纹，竖向弧线衣纹"U"形底边；座台正面右侧衣纹 3 片，依次可见：之字形衣纹倒三角形底边、"U"形衣纹"U"形底边。两段衣纹中间其下可见一层衣纹，竖向弧线衣纹"U"形底边。双足覆衣下，两膝间双腿略薄。

0　　　　5 厘米

图一六二　如来坐像（H16：304）

坐束腰座。座台平面为圆形，浮雕 3 层仰莲瓣，最下层莲瓣较小，呈三角状；中层莲瓣宽大，瓣尖略厚，中脊微凸；最上层莲瓣只露瓣尖。莲瓣下有一层浅圆台，素面。束腰四棱柱状，素面，各面中部圆雕连珠立柱，每根立柱由 3 颗圆珠组成。座基平面为圆形，自上而下分 3 段：上段较小浅圆台，素面；中段浮雕双层覆莲瓣，中脊高凸，莲瓣宽大，瓣尖略厚，内层莲瓣只露瓣尖；下段较大浅圆台，素面。底面略平，可见不规则凿痕，粗糙（图一六二；图版一九三，1）。

H16：305

1. 名称：如来坐像
2. 材质：汉白玉
3. 时代：唐
4. 尺寸：通高 15.7、通宽 10.1、像身高 4.8、座高 10.35、座直径 10.1 厘米。
5. 保存状况：残余腰以下部分和座。局部略残损。
6. 题记：无
7. 造像：如来坐像，左臂下垂，左手抚左膝内侧，刻划五指，指尖朝下。可见大衣，覆右腿，部分垂于座台前，大衣正面衣纹左高右低弧线，背面衣纹下弧线。座台前部衣纹稠密，与座台上衣纹有分界，由两段竖向褶皱可分为 3 片，一片位于正面中部偏右，另两片分别位于双膝下，每片均有 2 道“U”形衣纹，底边略呈下弧形。座台前部衣纹底边整体较平。双足覆衣下，未露足，两膝间双腿略薄。

坐于束腰座。座台平面为圆形，浮雕双层仰莲瓣，莲瓣宽大，瓣尖略厚，外层莲瓣中脊不明显，内层莲瓣只露中脊和瓣尖，中脊高凸。莲瓣下有一层浅圆台，素面。束腰四棱柱状，素面，各面中部圆雕连珠立柱，每根立柱由 4 颗圆珠组成。座基平面为圆形，自上而下分 3 段：上段较小浅圆台，素面；中段浮雕双层覆莲瓣，莲瓣宽硕，中脊高凸，脊两侧有椭圆形高凸物，莲瓣外翻；下段较大浅圆台，素面。底面略平，可见不规则凿痕，粗糙，边缘未打磨（图一六三；图版一九三，2）。

0 　　　　　5 厘米

图一六三　如来坐像（H16：305）

H16：306

1. 名称：如来坐像

2. 材质：汉白玉

3. 时代：唐

4. 尺寸：通高 19.5、通宽 13.1、像身高 5.7 厘米，座高 13.6、长 10.9、宽 8.2 厘米。

5. 保存状况：造像上半身残失，座束腰处四根立柱残失，莲座左后侧残损，座基左前角残损。

6. 题记：无

7. 造像：如来结跏趺坐。右手下垂，抚右小腿前，五指并拢。仅见大衣，覆双腿，两小腿处各浮雕 3 道凸棱状弧形衣纹。如来着衣覆遮座台正面及两侧。正面可见两层衣纹，外层浮雕下弧形衣纹，内层刻三角形，方座正面两角浮雕 "U" 形衣纹。左小腿在上，左脚搭于右膝内侧，足心向上，刻脚趾。

坐于束腰座。座台平面略呈梯形，前宽后窄。后侧可见浅浮雕双层仰莲瓣，外层共 6 瓣，素面圆拱形，内层仅从外层莲瓣两瓣之间露出尖部，中部有脊。其下双层方台叠涩下收。束腰呈横八棱柱状，素面，外围四角立柱均断失。座基上段为两层素面方台，下段浅浮雕双层覆莲。外层残余 13 瓣，素面圆拱形，内层仅从外层两瓣之间露出尖部，残余 12 瓣，中部有脊。下为素面长方体台。底面可见放射状凿痕，边缘打磨（图一六四；图版一九四，1）。

H16：307

1. 名称：如来坐像

2. 材质：汉白玉

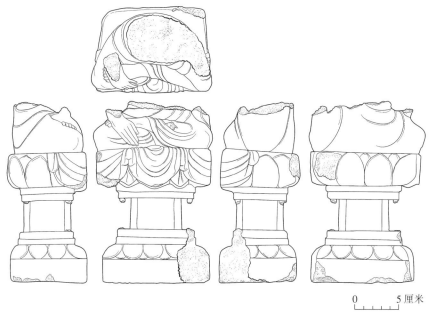

0　　　　　5 厘米

图一六四　如来坐像（H16：306）

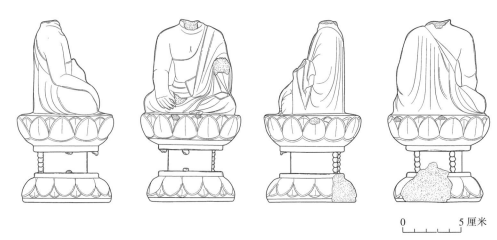

图一六五　如来坐像（H16：307）

3. 时代：唐

4. 尺寸：通高 15.2、通宽 8.4、像身高 7.5、座高 7.6、座直径 8.4 厘米。

5. 保存状况：头部残失，左前臂残失，座束腰部正面 3 根立柱残失，座基后侧残损。

6. 题记：无

7. 造像：如来结跏趺坐，右手下垂，抚右小腿前，四指并拢，拇指分开。左臂屈肘上举。仅见颈部阴刻一蚕道，颈根下阴刻一下弧线。内衣袒右，自左肩到右胁下，左胸可见衣边。大衣袒右，自左肩到右胁下，衣边外翻。大衣自腰右侧绕于腹前，搭左肘，垂于身体外侧。左腹前衣边垂至左大腿内侧，左膝部平铺一衣角。腹前阴刻下弧形衣纹，两小腿阴刻斜向衣纹，背部阴刻竖向大衣衣纹。双足覆大衣下。

坐于束腰座。座台平面为圆形，浮雕双层仰莲瓣，下有花萼，每层莲瓣均为 11 瓣，外层莲瓣宽厚，素面，呈尖拱状。内层仅从外层两瓣之间露出尖部，有中脊。花萼呈三角形，底部相连，共 11 片。其下单层圆台下收。束腰圆柱形，素面，外围可见两根立柱，均用 4 颗圆珠上下连接，正面可见 3 根立柱断痕。座基自上而下有 3 段：上段为单层素面圆台；中段浮雕双层覆莲瓣，外层莲瓣残余 9 瓣，莲瓣宽厚，素面，呈圆拱形；内层残余 8 瓣，内层仅从外层两瓣之间露出尖部，瓣尖略外翻，有中脊；莲瓣下段素面浅台。底面可见不规则凿痕（图一六五；图版一九四，2）。

H16：308

1. 名称：如来坐像

2. 材质：汉白玉

3. 时代：唐

4. 尺寸：通高 10、通宽 15.5、像身高 5 厘米，座高 5、长 10.6、宽 8.9 厘米。

5. 保存状况：残存像下半身、左手和座台。局部略残损。

6. 题记：无

7. 造像：结跏趺坐，残余左手，可见抚左膝，刻划五指，大拇指与四指分离，指尖朝下。可见大衣，覆右腿，部分垂于座台上，背面垂于座台上。大衣正面衣纹"U"形弧线，背面衣纹底边连弧

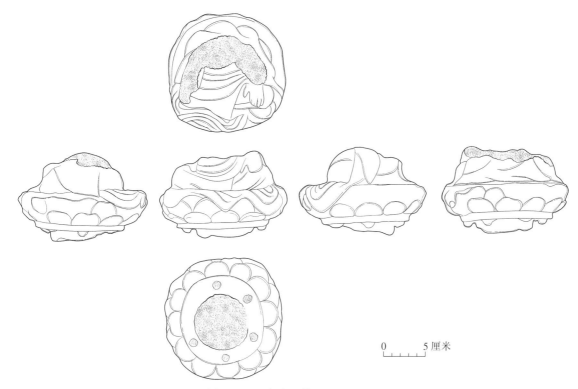

图一六六 如来坐像（H16：308）

形。左小腿处有横向弧线衣纹。座台前衣纹大致可分3片，每片均刻划"U"形弧线，中片底边呈倒三角形，两侧底边呈"U"形。双足覆大衣下，两膝间双腿略薄，略凹。

座台平面为圆形，浮雕3层仰莲瓣，中脊微凸，瓣尖略厚，内层莲瓣只露部分中脊和瓣尖。莲瓣下有一层浅圆台，素面，圆台底面有立柱和束腰残块（图一六六；图版一九五，1）。

H16：309

1. 名称：如来坐像

2. 材质：汉白玉

3. 时代：唐

4. 尺寸：通高8.6、通宽10.9、像身高4、座高4.6、座直径10.9厘米。

5. 保存状况：造像上半身残失，束腰下残失，整体残损严重。

6. 题记：无

7. 造像：如来结跏趺坐。左小腿搭于右小腿上，右手可见置于右膝部。可见大衣覆腿，腹部腿部浮雕下弧形衣纹。双足不辨，坐于束腰座。座台圆形，浅浮雕双层仰莲瓣。外层莲瓣宽厚，素面，中部有脊，莲瓣残存5瓣，内层莲瓣在外层两瓣间，露出尖部，中脊略凸，莲瓣可见3瓣。其下两层圆台叠涩下收。束腰五棱柱形，以下残失。外围可见4根圆形立柱断茬（图一六七；图版一九五，2）。

H16：310

1. 名称：如来坐像

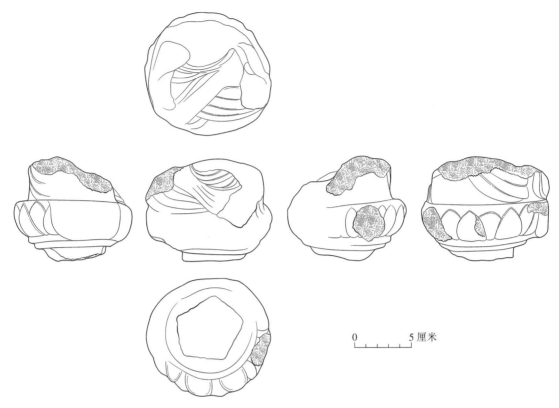

图一六七　如来坐像（H16：309）

2. 材质：汉白玉

3. 时代：唐

4. 尺寸：通高28.3、通宽12.6、像身高14.9厘米，座高13.1、长12.6、宽10.2厘米。

5. 保存状况：头部、右胸部、右臂缺失和座束腰部分立柱缺失。局部略残失。

6. 题记：无

7. 造像：如来结跏趺坐，左臂下垂，左手抚左膝内侧，刻划五指，并拢，指尖朝下。内衣袒右，背面可见，未见衣纹。横披自右肩胛骨内衣下露出。大衣袒右，左侧衣襟未表现，右侧衣襟自腰右侧上绕，衣角覆右腿下垂至座台正面中右侧，衣角上绕覆左胸，披于左肩后侧，未覆左臂，衣边外翻。右大腿侧见倒三角形衣角。大衣正面衣纹左高右低弧线，背部衣纹可见中部竖向弧线，两侧衣纹弧线沿中部向两侧外摆。左上臂衣纹斜向弧线阶梯状。左前臂衣纹横向阶梯状弧线。左大腿处见一道横向弧线。座台前部衣纹稠密，可分为3片，一片位于正面中部，另两片位于座台前两角，每片均有"U"形衣纹，中片底边呈倒三角形，两侧底边呈"U"形。右侧褶皱下可见一层衣纹，位于右膝下，竖向褶皱"S"形底边。座台前部衣纹整体底边较平。双足覆大衣下，两膝间双腿略薄。

坐束腰座。座台平面为椭圆形，浮雕3层仰莲瓣，外层莲瓣宽大，中脊微凸，瓣尖略厚；中层莲瓣露瓣尖和中脊；内层莲瓣只露部分中脊和瓣尖。莲瓣下有一层浅圆台，素面。束腰五棱柱状，素面，各面中部圆雕连珠立柱，每根立柱由4颗圆珠组成，右侧立柱缺失。束腰每个转角刻划面部，面部椭圆，眼部凸出，眉弓与鼻根相连，鼻梁与鼻根等宽，唇部内凹。各面部相似。座基横向椭圆形，自上而下分3段，上段为较小浅圆台，素面；中段浮雕双层覆莲瓣，中脊高凸，脊两侧有椭圆形高凸

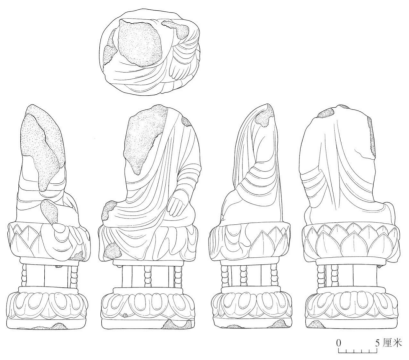

图一六八　如来坐像（H16：310）

物，瓣尖外翻，莲瓣宽硕，内层莲瓣只露部分高凸中脊和瓣尖；下段为较大浅圆台，素面。底面略平，有凿痕，边缘打磨（图一六八；图版一九六）。

H16：317

1. 名称：如来坐像

2. 材质：汉白玉

3. 时代：唐

4. 尺寸：通高 17.6、通宽 11.2、像身高 12.7 厘米，座高 4.9、长 11.2、宽 6.5 厘米。

5. 保存状况：头部、左前臂以下、右手腕处和座台以下断失。像腰部断裂，已粘接。局部略残失。

6. 题记：无

7. 造像：如来结跏趺坐，左臂屈肘上举。右臂下垂，略屈肘，右手抚右膝内侧，刻划五指，大拇指与四指分离，指尖朝下及座台面。残余颈部平面呈椭圆形。浮雕右胸下乳线。内衣袒右，自左肩至右胁下，素面。大衣袒右，左侧衣襟未表现，右侧衣襟偏搭右肩，绕右上臂裹肘，横过腹前，覆左臂披于左肩后侧，衣边外翻，腹前衣边有折叠。大衣正面衣纹左高右低弧线，背部衣纹呈人字形弧线。双臂未见衣纹，右腿上浮雕斜向衣纹。座台前部衣纹稠密，可分为 3 片，一片位于正面中部，另两片分别位于座台前两角，每片均有"U"形衣纹。两段褶皱底边呈"S"形。双足覆大衣下，右小腿压左小腿下。

座为横方体，素面，三层叠涩下收，底面四角有立柱残痕（图一六九；图版一九七，1）。

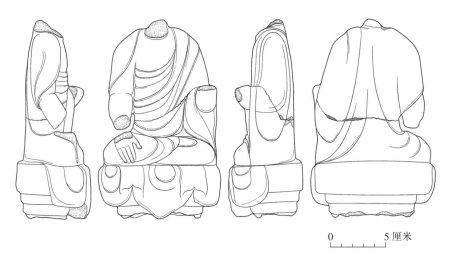

0 ———— 5 厘米

图一六九　如来坐像（H16：317）

H16：329

1. 名称：如来坐像

2. 材质：汉白玉

3. 时代：唐

4. 尺寸：通高 22.1、通宽 17.9、像身高 5.4、座高 17.1、座直径 17.9 厘米。

5. 保存状况：造像上半身缺失，座束腰部 6 根立柱均断失，座基正面残损。

6. 题记：无

7. 造像：如来结跏趺坐，仅见右手掌心向上，搭右膝内侧。阴刻两道手纹，拇指残失。可见大衣覆腿，一衣角绕腹前垂至座台正面，浮雕下弧形衣纹。身体两侧各有衣角垂下，右侧衣角覆座。腹部垂下一系带，搭于右手。如来着衣覆遮座台正面及两侧。两侧浮雕下弧形衣纹，可见莲瓣顶起着衣的衣纹。双足覆大衣下。

0 ———— 5 厘米

图一七〇　如来坐像（H16：329）

坐于束腰座。座台平面近圆形，浮雕 3 层仰莲瓣。外层莲瓣呈圆拱形，瓣尖微鼓，莲瓣 5 瓣。中层莲瓣从外层两瓣之间露出中脊和尖部，莲瓣 4 瓣。内层从中层两瓣之间露出尖部，莲瓣 5 瓣。莲瓣下有层圆台下收。束腰六棱柱形，每面中部略内凹，素面。外围每面正中圆雕一根立柱，均断失。座基自上而下有 3 段：上段为单层素面圆台；中段浮雕双层覆莲瓣，每层莲瓣均为 8 瓣，外层莲瓣宽厚，中脊高凸，两侧各有一椭圆形高凸物，瓣尖略外翻，阳刻莲瓣边缘，至瓣尖处回卷；内层仅在外层的两瓣之间露出瓣尖，中脊高凸，瓣尖翻卷。下段素面浅圆台。底面可见呈中心放射状凿痕（图一七〇；图版一九七，2）。

H16：342

1. 名称：如来坐像
2. 材质：汉白玉
3. 时代：唐
4. 尺寸：通高 29.7、通宽 12.1、像身高 20.3、座高 9.4、座直径 11.6 厘米。
5. 保存状况：左手缺失。颈部和右臂断裂，已粘接。局部略有残失。
6. 题记：无
7. 造像：如来结跏趺坐，左臂屈肘略上举。右臂下垂，略屈肘，右手抚右膝内侧，刻划五指，大拇指与四指略有分离，指尖朝下。躯体略后倾。高肉髻，刻划发丝，发丝呈旋涡状。头部正面发丝逆时针旋涡状，两侧竖向状弧线，发际线平缓。头后部有榫块凸出。面部长圆，呈椭圆状。眉弓微凸，阴刻眉线，呈上弧形，眉弓与鼻根相连。眼细长，未刻眼珠。鼻高窄，挺拔，鼻头略残，呈三角形。宽人中，唇厚，唇珠和唇峰明显，嘴角处深陷。双耳贴头，肥大，下垂至颈部，有脂肪袋。颈

图一七一　如来坐像（H16：342）

宽，刻一蚕道。胸部轮廓明显。

内衣袒右，自左肩至右胁下，素面。大衣袒右，左侧衣襟竖直下垂，右侧衣襟自腰右侧上绕，横过腹前，衣角覆右腿垂于座台正面中右侧，衣角搭左前臂沿身侧垂于座台上，衣边外翻，宽约 1.5 厘米。大衣正面衣纹左高右低弧线，左上臂斜向弧线，左前臂横向弧线阶梯状，背部衣纹人字形弧线。左膝前有横向弧线。座台前部衣纹稠密，自左向右大致分 4 组：双层竖向褶皱连续"S"形底边，上层宽大，下层较小，位于左膝下；"U"形弧线衣纹"U"形底边，位于座台正面中部；双层竖向褶皱"S"形底边，位于右膝下；第四组为"U"形弧线衣纹"U"形底边，位于右腿侧。座台前部衣纹整体底边较平。双足覆大衣下，两膝之间腿部略凹。

坐束腰座。座台平面为圆形，浮雕双层仰莲瓣，莲瓣宽厚，中脊微凸，瓣尖略厚，内层莲瓣露中脊和瓣尖，与外层莲瓣相似。莲瓣下有浅圆台，素面。束腰四棱柱状，素面，各面中部圆雕连珠状立柱，每根立柱有 3 颗圆珠组成。座基圆形，自上而下分 3 段：上段较小浅圆台，素面；中段浮雕双层覆莲瓣，莲瓣宽硕，中脊高凸，脊两侧有椭圆形高凸物，瓣尖外翻，内层莲瓣只露外翻瓣尖；下段较大浅圆台，刻划一周弦纹。底面略平，有略呈放射状凿痕，粗糙（图一七一；图版一九八）。

多尊式，1 件。

H16：171

1. 名称：龙朔二年三尊像
2. 材质：汉白玉
3. 时代：唐龙朔二年（662 年）
4. 尺寸：通高 19.2、通宽 24.8、像身高 5.6、座高 7.1 厘米，台基高 6.7、长 24.8、宽 12.6 厘米。
5. 保存状况：主尊上半身残缺，右手残断，左右两尊像仅残余双脚及覆莲座，长方体台基正面左侧上下两角残损，左侧蹲狮头部残失。背面可见部分土锈。
6. 题记：台基右侧面阴刻字界 4 列，识别 16 字；背侧阴刻字界 11 列，识别 35 字；左侧面阴刻字界 4 列，识别 14 字（图版一九九，2）。自右向左竖读，录文如下：

（右）龙朔二年/四月八日/滕举妻刘/为七世先/（背）亡父母□/现在眷/属敬造/弥陀像/一铺上为/皇帝下/为法界/众生并/同斯福/刘女希仁/摩仁素□/（左）刘男宝/琭琭息思/敬思负思/贤思宝

7. 造像：残存造像三尊，分别是主尊如来像一尊，胁侍像二尊，有横方形台基（图一七二；图版一九九，1）。

主尊如来结跏趺坐，左手掌心向上，置左膝内侧，五指并拢。右臂屈肘，右手残断。内衣袒右，有窄衣边，腰系带于腹前打单结下垂，呈八字形，浮雕腰带。可见中衣覆右臂，下垂至座；大衣袒右，绕腰右侧，右襟绕腹前，遮腿至座，整体衣纹简略。双足覆大衣下。坐于束腰座。莲台圆形，浮雕双层仰莲瓣。每层莲瓣均为 13 瓣，素面，莲瓣宽。内层莲瓣仅从外层两瓣之间露出尖部。莲瓣下有层素面圆台下收。束腰圆柱形，素面，外围圆雕 7 根立柱。每根立柱均用 3 颗圆珠上下连接。下接素面圆台，其下浮雕双层覆莲瓣，莲瓣宽厚，中脊高凸，两侧各有一椭圆形高凸物，瓣尖外翻，莲瓣

图一七二 龙朔二年三尊像（H16:171）

9 片。下层仅从上层两瓣之间露出中脊和尖部，瓣尖略上翘。最下层素面浅圆台。

左侧胁侍像仅见跣足立于覆莲台。刻脚趾，裙缘遮住脚掌部。浅浮雕覆莲瓣一层，可见 6 片。呈圆拱形，素面。

右侧胁侍像仅见跣足立于覆莲台。覆莲台面中部略高。裙缘遮住脚掌部。浅浮雕覆莲瓣一层，可见 5 片。呈圆拱形。

台基为长方体，正面有长方形浅台，中央浮雕力士托物，两侧各有一蹲狮。力士左腿向左屈，刻脚趾，右腿横盘而坐，左肘搭于左膝上，双手上举头顶共托一浅台，其上置物，纵向划分为 7 部分。力士双目微闭，咧嘴，腹部鼓出，刻肚脐，腰间浮雕凸弦纹为腰带，下身着裙，阴刻倒三角形纹。左、右两狮相向而蹲。左狮头缺失，头侧阴刻鬃毛，右前爪上扬，左爪支台，均刻出脚趾。右侧狮头顶有双耳，头侧阴刻鬃毛，垂至两肩部。右前爪支台，刻脚趾，左前爪残断，双眼圆瞪突出，咧嘴。底面可见中部竖向凿痕，左右两侧横向凿痕。

（四）姿态不明造像

共 14 件。

H16:019

1. 名称：如来头像
2. 材质：汉白玉
3. 时代：北齐
4. 尺寸：通高 11、通宽 10.95、像身高 6.5 厘米。
5. 保存状况：造像颈部以下残失，头光上缘残缺。鼻梁和鼻尖残缺。

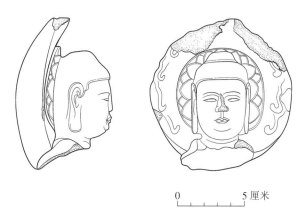

图一七三 如来头像（H16:019）

6. 题记：无

7. 造像：圆尖形头光，上缘残缺。正面浮雕两重纹饰。佛头后为浮雕两层莲瓣，下层莲瓣 7 瓣，瓣尖略外翻，仅从上层两瓣之间露出尖部，上层莲瓣 8 片，略呈三角形；头光边缘阴刻火焰纹。头光背面素面，中部略凸，边缘较薄。高肉髻，素面。前额发际线平直。面部长圆形。眉弓略凸，阴刻细长眉线，眉头接鼻梁。眼细长，上眼睑下垂，眼角平直。高鼻梁，鼻头呈三角形。人中较深。嘴角深凹微上翘，上唇薄，唇峰明显，下唇较厚。双耳大，贴头，下垂至下颌部。下颌有脂肪袋，刻一蚕道（图一七三；图版一九九，3、4）。

H16：020

1. 名称：如来头像

2. 材质：汉白玉

3. 时代：唐

4. 尺寸：通高 11.9、通宽 7.4、像身高 11.9 厘米。

5. 保存状况：佛头肉髻略残，头后部方形榫断失，双耳垂残缺。右侧眉弓处略残，鼻尖和鼻梁略残，整体风化严重。

6. 题记：无

7. 造像：头后部见方形榫残迹。高肉髻，大部分已残缺。余下部分可见浅浮雕人字形发纹。额头正面浅浮雕右旋涡纹，侧面鬓发呈"V"字形。长耳贴面，耳廓内部结构雕出。脸型方圆，眉弓较平，阴刻眉线一道。鼻尖，鼻梁略残，鼻翼宽。双目细长，微睁，上眼睑微鼓。上嘴唇薄，嘴角深凹微上翘，唇峰明显，下颌有月牙形凹痕，有脂肪袋。颈部已断失（图一七四；图版二〇〇）。

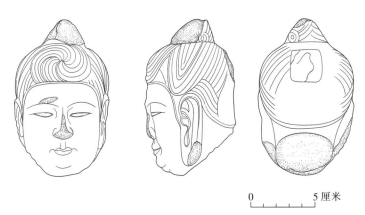

0　　　　　5 厘米

图一七四　如来头像（H16：020）

H16：053

1. 名称：佛装残胸像

2. 材质：汉白玉

3. 时代：不详

4. 尺寸：通高 15.2、通宽 15.7 厘米。

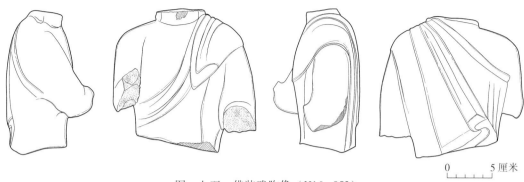

图一七五　佛装残胸像（H16：053）

5. 保存状况：头部残失，两前臂残失，腹以下残失。

6. 题记：无

7. 造像：颈两侧见残余耳垂。大衣袒右肩。可见施有红、黑彩绘。大衣衣角搭于左肩至左胸前，后背可见下垂的衣缘和衣角，大衣衣缘有一条阴刻线（图一七五；图版二〇一，1、2）。

H16：243

1. 名称：佛装残胸像

2. 材质：汉白玉

3. 时代：不详

4. 尺寸：通高9.1、通宽7.5厘米。

5. 保存状况：仅存如来上半身部分。

6. 题记：无

7. 造像：如来左臂屈肘，左手残失。内衣袒右，自左肩到右胁下。大衣上搭左肘，有两道衣纹，可见左胸大衣竖向衣边，衣边外翻，背部可见数道竖向大衣衣纹（图一七六；图版二〇一，3）。

H16：282

1. 名称：佛装残胸像

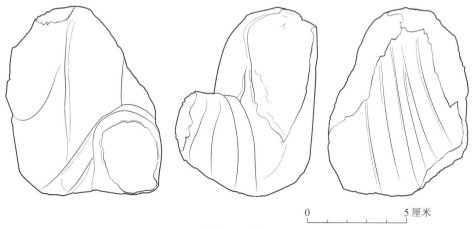

图一七六　佛装残胸像（H16：243）

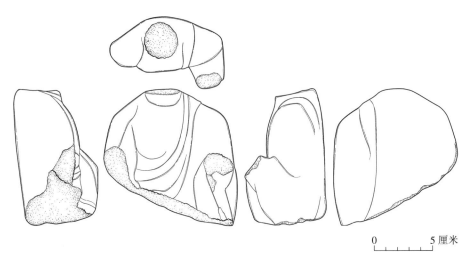

0 ⊢ ┴ ┴ ┴ ┴ ┤ 5 厘米

图一七七　佛装残胸像（H16：282）

2. 材质：汉白玉

3. 时代：不详

4. 尺寸：通高 11.3、通宽 11.6、像身高 11.3 厘米。

5. 保存状况：残余如来上半身，两前臂残失。

6. 题记：无

7. 造像：左臂屈肘上举。仅见颈部一蚕道。阴刻右下乳线，胸肌略鼓。内衣袒右，自左肩到右胁下，仅见衣边。大衣袒右，衣角偏搭右肩，右侧衣襟披覆左臂，两层衣边均有黑色彩绘，未有明显衣纹（图一七七；图版二〇一，4）。

H16：344

1. 名称：如来头像

2. 材质：汉白玉

3. 时代：唐

4. 尺寸：通高 14.7、通宽 8.4、像头高 13.5 厘米。

5. 保存状况：肉髻断裂，已粘接。头后部方形榫残断，鼻尖、下颌略残。

6. 题记：无

7. 造像：残存如来头部。高肉髻，浅浮雕螺发，大小较匀，素面。肉髻上有 7 行螺发，头前部有 6 行螺发。前额发际线较平。面部长圆形，眉弓弯凸，眉中阴刻线一道。眼细长，上眼睑下垂，上眼袋略鼓，眼角略下吊。眉头接鼻梁，高鼻梁，鼻头呈三角形，鼻尖残。人中宽浅。嘴角深凹微上翘，上唇较薄，唇峰、唇珠明显，下唇厚。双耳大，贴头，耳垂长，耳廓内部结构雕出。下颌一道阴刻线，有脂肪袋。后部发缘呈下弧形，残余部分颈部。

头后部见方形榫断茬（图一七八；图版二〇二，1、2）。

H16：345

1. 名称：如来头像

图一七八　如来头像（H16∶344）

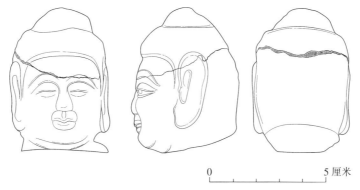

图一七九　如来头像（H16∶345）

2. 材质：汉白玉

3. 时代：唐

4. 尺寸：通高6、通宽4、像头高6厘米。

5. 保存状况：佛头上部断裂，已粘接。整体略残损。

6. 题记：无

7. 造像：残存如来头部。肉髻残，素面。前额发际线平直。面部方圆，阳刻弯眉。眼细长，上眼袋略鼓，眼微闭。眉头接鼻梁，鼻尖残。嘴周缘内凹，嘴唇厚，唇峰、唇珠明显。双耳大，贴头，耳垂长，略残。下颌一道阴刻线，有脂肪袋（图一七九；图版二〇四）。

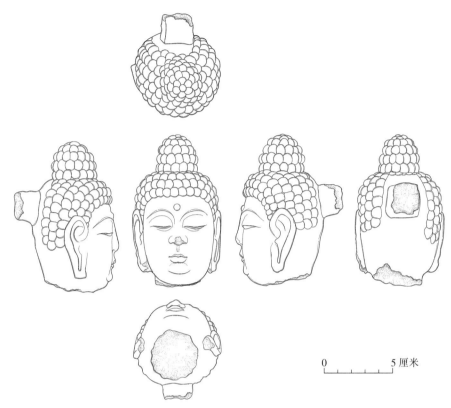

图一八〇 如来头像 (H16∶347)

H16∶347

1. 名称：如来头像

2. 材质：汉白玉

3. 时代：唐

4. 尺寸：通高 10.8、通宽 6.3、像身高 10.8 厘米。

5. 保存状况：头部较完整，鼻尖、两耳垂略残，头后部方形榫残断（图一八〇；图版二〇二，3、4）。

6. 题记：无

7. 造像：残存如来头部。高肉髻，浅浮雕螺发，大小较匀，素面。肉髻上有五行螺发，头前部有 4 行螺发。额心眉间有圆形凸起白毫相。面部长圆，眉弓弯凸，眉中阴刻线一道。眼细长微闭，上眼袋略鼓，眼角略平。眉头接鼻梁，鼻梁窄，鼻头呈三角形，鼻翼宽，鼻尖残，有小鼻孔、鼻柱。人中窄。嘴角深凹微上翘，上唇较薄，唇峰、唇珠明显，下唇厚。双耳大，贴头，耳垂长，耳廓内部结构雕出。下颌一道阴刻线，有脂肪袋。

头后部有方形榫断茬。

H16∶348

1. 名称：如来头像

2. 材质：汉白玉

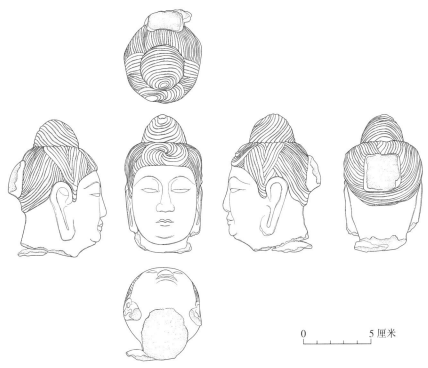

图一八一　如来头像（H16：348）

3. 时代：唐

4. 尺寸：通高9.8、通宽5.9厘米。

5. 保存状况：残存头部。鼻尖、下颌略残，局部略残损。

6. 题记：无

7. 造像：残存如来头部。高肉髻，发丝长条状，正面呈涡状，背面上弧形，黑发，部分颜色脱落。头部，正中刻顺时针旋涡状发丝，两侧发丝呈"V"形，背面发丝呈"U"形，黑发，部分颜色脱落。头后部有榫块凸起。发际线平缓。面长圆，眉弓微凸，阴刻眉线，呈上弧形；眼细长，上眼袋微鼓，眼角下吊，未刻眼珠；鼻梁长，高窄，鼻头呈三角形；人中宽，中部凹；上嘴唇明显，唇峰和唇珠明显，嘴角微上扬，内凹；双耳贴头，简单刻划耳部轮廓，下垂齐下颌骨。下颌肥厚（图一八一；图版二〇三，1、2）。

H16：349

1. 名称：如来头像

2. 材质：汉白玉

3. 时代：唐

4. 尺寸：通高10.2、通宽5.9厘米。

5. 保存状况：残余像头部，耳垂、鼻头略残。

6. 题记：无

7. 造像：残存如来头部。高肉髻，正中刻顺时针旋涡状发丝，背面三角状发丝。头部，正中刻

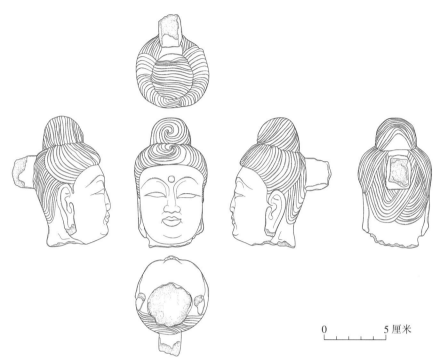

0 　　　　　　5 厘米

图一八二　如来头像（H16：349）

逆时针旋涡状发丝，侧面发丝斜向平行状，背面发丝呈"U"形交叉状。头后部有榫块凸起。发际线平缓。面部长圆，眉弓微凸，阴刻眉线，呈上弧状，眉头与鼻根相连；眉间刻白毫相；眼微睁，眼角略下吊，未刻眼珠，上眼袋微鼓，有卧蚕；鼻高窄，鼻头呈三角状，刻鼻柱和鼻孔；宽人中，中部略凹；嘴角微上扬，略凹，唇峰和唇珠明显，下嘴唇较厚，下颌处有指甲状凹痕；双耳贴头，简单刻划耳部轮廓，下垂齐下颌（图一八二；图二〇三，3、4）。

H16：350

1. 名称：如来头像

2. 材质：汉白玉

3. 时代：唐

4. 尺寸：通高 8.6、通宽 6 厘米。

5. 保存状况：残存像头部。局部略残失。

6. 题记：无

7. 造像：高肉髻，正面刻 3 层螺发。头部，正面刻 3 层螺发，头后部，粗糙，有残块凸起。发际线平缓。面部长圆，阴刻眉线，与鼻根相连；眉间刻白毫相；眼细长，上眼睑鼓起，眼角上扬；鼻高窄，鼻头呈椭圆状；人中中部略凹；上唇凸起明显，唇厚，较短，唇峰和唇珠明显，嘴角微凹；双耳较大，贴头，简单刻划耳部轮廓，下垂齐下颌骨（图一八三；图版二〇五，1、2）。

H16：351

1. 名称：如来头像

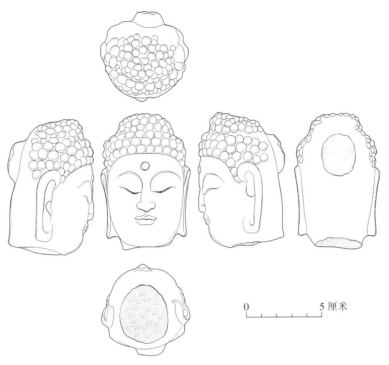

图一八三 如来头像（H16：350）

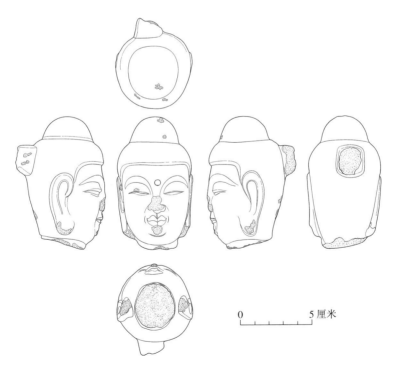

图一八四 如来头像（H16：351）

2. 材质：汉白玉

3. 时代：唐

4. 尺寸：通高 9、通宽 5.4 厘米。

5. 保存状况：残存头部。双耳垂、鼻头、下颌略残失。

6. 题记：无

7. 造像：高肉髻，素面，头部，素面，发际线平缓。头后部有榫块。面长圆，眉弓微凸，呈上弧状，立体感明显，眉头与鼻根相连，眉间刻白毫相；眼细长，上眼袋略鼓，有卧蚕，外眼角略下吊；鼻高窄，鼻头残；人中宽，中部略凹，上嘴唇较厚，唇珠和唇峰明显，嘴角内凹；下颌处有指甲状凹痕。双耳贴头，简单刻划耳部轮廓，下垂齐下颌骨（图一八四；图版二〇五，3、4）。

G1：1

1. 名称：佛装残胸像

2. 材质：红陶

3. 时代：唐

4. 尺寸：通高8.3、通宽9.8厘米。

5. 保存状况：残余上半身正面。头部缺失，左前臂缺失。局部残损。

6. 题记：无

7. 造像：残存佛装造像胸部。左上臂下垂，右臂屈肘上举置于右胸前，刻划手指，指尖朝上，掌心朝内。残余颈根。似有右衽交领内衣，未见衣纹。大衣袒右，左侧衣襟未见，似右侧衣襟偏搭右肩和右上臂，横过腹前，覆左胸和左臂，披于左肩后侧，衣边外翻。大衣衣纹左胸前一道左高右低凸棱。露出右前臂处可见衣袖（图一八五；图版二〇六，1）。

G1：9

1. 名称：如来头胸像

2. 材质：白陶

3. 时代：唐

4. 尺寸：通高14.6、通宽9.7厘米。

5. 保存状况：残余上半身，局部略残失。

6. 题记：无

7. 造像：残存如来头胸部。左上臂下垂，以下残。右臂屈肘上举，掌心朝内，手掌朝上，刻划五指。高肉髻，头部未见发纹，头后有竖方形卯洞。发际线平缓，面部椭圆，略朝右扭。未刻眉；眼

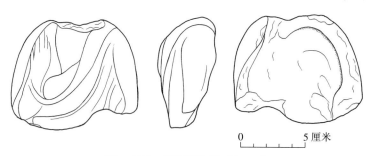

图一八五　佛装残胸像（G1：1）

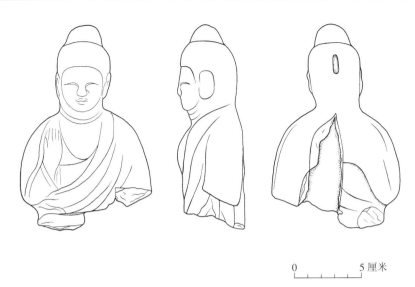

图一八六　如来头胸像（G1∶9）

细长，平直；鼻头较大，呈三角状；唇较厚，嘴角略内凹；双耳贴头，较小，简单刻划耳部轮廓。颈部较粗。右衽交领内衣，未见衣纹。大衣袒右，左侧衣襟未见，右侧衣襟偏搭右肩和右上臂，裹右肘部，横过腹前，覆左胸和左臂，披于左肩后侧，衣边外翻。大衣衣纹左胸前左高右低弧线，背部未见衣纹。露出右前臂处可见衣袖（图一八六；图版二〇六，2）。

二　菩萨像

共 49 件。按照菩萨姿态将其分为三类：立像、半跏趺坐像、思维坐像，另有姿态不明菩萨像为一类。分类按编号顺序介绍如下。

（一）菩萨立像

共 33 件。

H16∶032

1. 名称：菩萨立像

2. 材质：汉白玉

3. 时代：唐

4. 尺寸：通高 19.9、通宽 8.8、像身高 15.4 厘米，座高 2.9、长 8.8、宽 3.7 厘米。

5. 保存状况：头颈缺失，右手指略残，左手持物残半。

6. 题记：无

7. 造像：造单尊菩萨立像。右臂屈肘上举，左臂自然下垂。右手掌心朝内，持一物。左手提瓶，瓶身竖椭圆形，饼状底，瓶残半。手握天衣。残存颈根。腹部鼓出。上身着内衣，自左肩到右胁下。

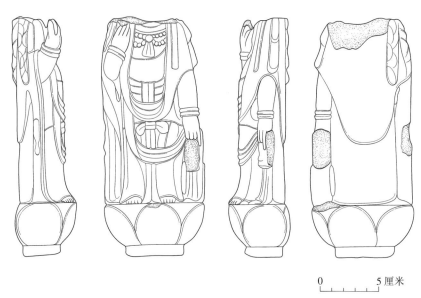

0 ⌎⌎⌎⌎⌎⌎ 5 厘米

图一八七　菩萨立像（H16：032）

下身着裙，裙边外翻，底边平。腰上缘中部一束带自衣内翻出，并在两腿间打单结，下垂至座，末端呈鱼尾状。天衣在背后呈"U"形下垂至臂部，天衣自左肩下垂至腹前呈"U"型上绕至右前臂，搭肘垂于身体右侧至仰莲台面上。右侧天衣绕于两膝前呈"U"型，握于左手，下垂至台面上。左臂可见凸起带状物，左胸前可见冠缯带下垂。右肩侧后可见两股带状物，饰不规则"S"形纹。戴项圈，自上而下依次是凸弦纹、连珠纹、连弧状连珠纹，正中一宝珠，下有流苏。两手腕戴双环腕钏。跣足，裙边覆足。仅刻脚趾，五指分明。立于半圆形仰莲台，浅浮雕莲瓣一层，共4瓣，莲瓣近圆形，素面。下为一圆柄形榫柱（图一八七；图版二〇七，1、2）。

H16：034

1. 名称：菩萨立像

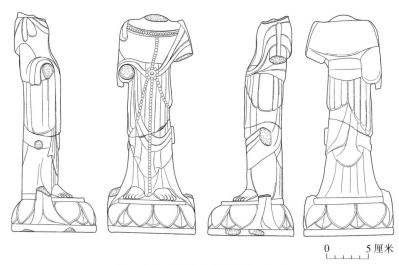

0 ⌎⌎⌎⌎⌎⌎ 5 厘米

图一八八　菩萨立像（H16：034）

2. 材质：汉白玉

3. 时代：唐

4. 尺寸：通高 25.4、通宽 10.7、像身高 21.5 厘米，座高 4.4、长 10.7、宽 10 厘米。

5. 保存状况：头部、左臂、右前臂以下和天衣部分缺失。膝处断裂，已粘接。局部略残失。

6. 题记：无

7. 造像：造单尊菩萨立像。躯体略左倾，腹微鼓，右胯略提，左膝略前屈。可见左上臂下垂，右臂屈肘平举。右臂与右胸侧表现不明显。残余颈部平面呈椭圆状。肩部可见部分冠缯带残块。上身可见天衣，覆双肩。左侧天衣自左上臂下垂，腹前上绕，穿过团花状饰物，搭右前臂下垂，下垂部分断失。右侧天衣，自腰右侧下垂至膝处上绕，以下断失，座台两侧残余天衣残块。天衣正面衣纹阶梯状，背面部分无衣纹。下身着长裙，覆脚踝。腰间系带，背部可见横条状，底边呈下弧形，素面。背面未表现双腿。共可见 3 层裙纹，第一层为裙缘外翻，右侧下垂裙缘较长，左侧下垂裙缘较短至臀侧，刻划竖直较密集裙纹，正面底边分界不清，背面底边尖拱形；第二层自一层下至小腿处，正面刻划竖直裙纹，背面刻划右高左低弧线裙纹，底边呈连续"S"形；第三层自二层下至座台上，下摆略外侈，刻划裙纹竖向弧线。

戴连珠状项圈，呈"U"形，上下边缘刻划凸弦纹，中间刻划连珠纹。项圈中部下垂一条连珠带至腹前团花状饰物。腹前刻划团花状装饰物，由内到外分 3 层：内层圆珠，素面；中层一圈凸起，素面；外层连珠组成的环形。团花状饰物下垂 3 条连珠带，可分为左中右 3 条，左段斜向左大腿侧；中段沿两腿间下垂至莲台上；右段斜向右腿近膝侧。

露足尖，跣足，呈八字形外摆，立于莲座上。座平面为圆形，自上而下分三段，上段较小浅圆台，素面；中段浮雕双层覆莲瓣，中脊微凸，瓣尖略厚，莲瓣宽大，内层莲瓣只露部分瓣尖；下段较大浅圆台，素面。底面略平，四周有放射状凿痕，边缘打磨（图一八八；图版二〇七，3、4）。

H16：057

1. 名称：菩萨立像

2. 材质：汉白玉

3. 时代：唐

4. 尺寸：通高 20.5、通宽 8、像身高 16 厘米，座高 4.8、长 8、宽 6.8 厘米。

5. 保存状况：菩萨腹部以上残失，残存菩萨立像下半身和座。局部略有残失。

6. 题记：无

7. 造像：残存菩萨立像下部。腿前可见天衣，呈两重"U"形，衣纹呈阶梯状，座两侧可见天衣残块，尾部呈倒三角形。下身着长裙，覆脚踝，腰部系带，结绳沿腿内侧下垂，腰带刻划绳纹。裙可见 3 层，第一层为裙缘外翻，底边呈连弧形。第二层自外翻裙缘下至近膝处，底边呈连弧形。第三层为自二层下至脚踝，垂座台上。正面裙纹双腿分别浮雕"U"形弧线。背面未表现双腿。背面可见上部分为"U"形裙纹，下部分为半"U"形裙纹。露足尖，跣足，刻划脚趾，呈八字形外摆。

立于莲座之上。莲座平面为圆形。分上下 3 层：上层较小浅圆台，素面；中层浮雕双层覆莲瓣，

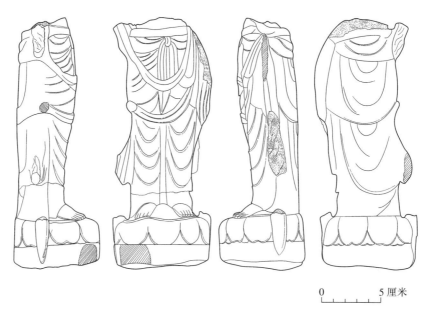

图一八九　菩萨立像（H16∶057）

莲瓣宽大，外层莲瓣瓣尖内凹，略厚，内层莲瓣只露瓣尖；下层浅圆台，素面。底面内凹，有不规则凿痕（图一八九；图版二○八，1、2）。

H16∶059

1. 名称：菩萨立像

2. 材质：汉白玉

3. 时代：唐

4. 尺寸：通高 12.1、通宽 9、像身高 3.1、座高 8.5、座直径 5.5—9 厘米。

5. 保存状况：立像脚踝以上残失，樽形莲座局部略残。

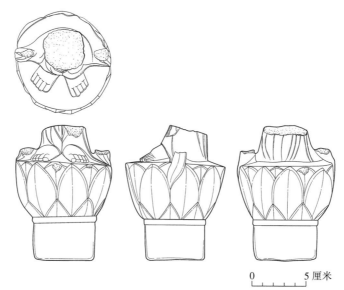

图一九○　菩萨立像（H16∶059）

6. 题记：无

7. 造像：残存菩萨立像，仅见小腿部着裙垂至身两侧台面，裙边覆脚面，背部阴刻5道竖向裙纹。天衣底端垂于莲台两侧。双足呈八字形，足跟并拢，脚掌宽厚。脚趾修长，刻指甲。莲台圆形，浮雕3层仰莲瓣，每层莲瓣均为8瓣。下层呈三角形，中部内凹，阴刻竖线一道，中层莲瓣宽厚，略呈三角形，中脊凸起。上层仅从中层两瓣之间露出尖部，略显中脊。座基上段为一层素面圆台，下段素面榫形圆台。底面有较细凿痕，边缘打磨（图一九〇；图版二〇八，3）。

H16：064

1. 名称：菩萨立像

2. 材质：汉白玉

3. 时代：北齐—隋

4. 尺寸：通高 12.7、通宽 5.2、像身高 12.7 厘米。

5. 保存状况：菩萨腰部以上、足以下残失，残存造像腰以下，足以上部分。左臂残失。

6. 题记：无

7. 造像：菩萨立像一尊，右手置于胯侧，刻划五指，手掌朝下，大拇指与食指伸直，其余弯曲。右手腕处戴腕钏，呈双层素面圈状。右手持环状物。腹微鼓。可见下身着裙，正面见裙缘略微外翻。腰间系带，结带两分沿腿下垂，左侧结带下垂至左大腿处，尾部上扬，右侧结带下垂至近膝处，每侧结带下垂两条。小腿处裙缘重叠数层。刻划裙纹竖向状弧线。底边呈连续倒三角形。背面素面（图一九一；图版二〇八，4）。

H16：065

1. 名称：菩萨立像

2. 材质：汉白玉

3. 时代：唐

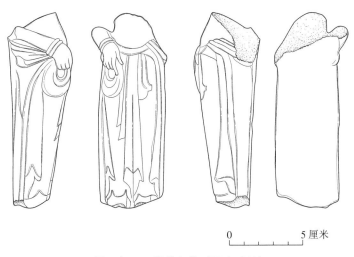

0　　　　　　　　5 厘米

图一九一　菩萨立像（H16：064）

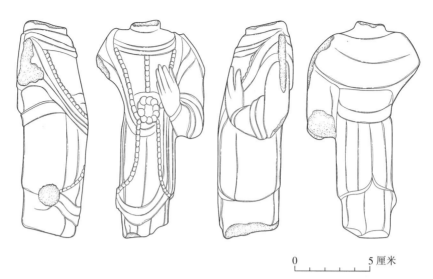

图一九二　菩萨立像（H16：065）

4. 尺寸：通高 14、通宽 7.7、像身高 14 厘米。

5. 保存状况：头部、右臂、部分天衣及小腿以下残失。部分左肘残失。局部略残失。

6. 题记：无

7. 造像：菩萨立像一尊。左臂屈肘上举，左手置于左胸前，刻划五指，并拢，掌心朝内，指尖朝上。双肩侧有冠缯带残块。残余颈部平面呈椭圆形。宽圆肩，腰较细，腹微鼓。上身肩披天衣，左侧天衣覆左肩沿身侧，下垂至近小腿处上绕，呈半"U"形，以下断失。右侧天衣覆右肩沿胸右侧，下垂至腹前上绕搭左肘后下垂，下垂部分缺失。天衣背面部分较宽，衣纹呈阶梯状。下身着裙，腰部系带，背面可见腰带，衣缘外翻，后侧下垂较长至臀部，底边呈尖拱状，前侧下垂较短。阴刻裙纹竖向弧线。未表现双腿。

戴项圈，长条状，呈"U"形，中部阴刻一道弧线，分别下垂 3 条连珠带与腹前团花装饰相连。手腕佩戴腕钏。腹前浮雕圆珠组成的团花，下垂两条连珠带分别与膝两侧相连，各呈半"U"形（图一九二；图版二〇九）。

H16：103

1. 名称：菩萨立像

2. 材质：汉白玉

3. 时代：隋

4. 尺寸：通高 51.5、通宽 15、像身高 41、座高 11、座直径 5—11.4 厘米。

5. 保存状况：头部和双手缺失。腰部、右臂及足部断裂，已粘接。两臂侧面冠缯带残缺。局部略残失。

6. 题记：无

7. 造像：菩萨立像一尊（图一九三；图版二一〇；图版二一一，1、2）。左臂屈肘下垂至左跨侧，右臂屈肘上举至腰右侧。腰较细，腹微鼓。双臂侧下垂冠缯带残块。残余颈部平面呈椭圆形。上

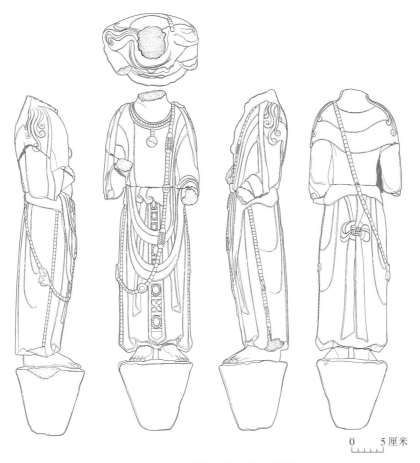

图一九三　菩萨立像（H16：103）

臂侧各披5缕"S"状发丝，发尾卷曲。双肩披天衣，左侧天衣覆肩沿身侧，下垂至大腿前，上绕搭右肘下垂，下垂部分断失。右侧天衣覆肩沿身侧下垂，至膝处上绕搭左肘下垂，下垂部分断失。天衣背面部分较宽。天衣中部阴刻一道衣纹。下身着长裙，腰部系带，结绳沿两腿前下垂至小腿处。可见腿部背面下垂两股系带，臀部浮雕中国结状装饰物，系带沿两腿间下垂至近足处（图版二一一，3）。上裙缘外翻，略下垂，正面底边呈连续"S"状，折叠数层，背面底边呈上弧形。裙下摆略外侈。刻划正面裙纹竖向弧线，双腿侧各有两道半"U"形弧线裙纹，背面无明显裙纹，底边略呈连续"S"状。

戴项圈，呈"U"弧形，自上而下分3段：上下段凸弦纹，中段连珠纹。项圈下下垂圆珠，由3颗小圆珠相连。浮雕自左肩至右膝侧环绕连珠状璎珞，其中相间穗状、椭圆状、花状和圆珠状装饰物。正面自腰部下垂长条状牌饰，尾部呈倒三角状，中部分为数格，浮雕团花状、柿带纹等装饰物。双腿侧自腰部至裙底浮雕连珠状璎珞。

露双足，足尖略外摆，分离，跣足，刻划脚趾、趾甲，立于倒圆锥状榫上。榫台面较平。侧面上段3厘米，素面，其下为纵向的浅痕，底面粗糙。

H16：110

1. 名称：菩萨立像

0 ┣━━━━┫ 5 厘米

图一九四　菩萨立像（H16∶110）

2. 材质：汉白玉

3. 时代：唐

4. 尺寸：通高26.1、通宽10.2、像身高22.3、座高4.4、座直径10.2厘米。

5. 保存状况：头部、右臂、左手和部分天衣缺失。膝处断裂，已粘接。局部略有残失。

6. 题记：无

7. 造像：菩萨立像一尊。左臂屈肘平举。宽圆肩，腰较细，腹微鼓。左胯略上提，右膝略前屈。上臂侧见冠缯带残块。残余颈部平面呈椭圆形。颈细长，可见椭圆形颈根。上身双肩披天衣，右侧天衣覆右肩沿右胸侧下垂，于腹前上绕横过大团花装饰，以下缺失。左侧部分天衣，自左肘处沿身侧下垂，至右膝处上绕，以下断失。座两侧残存天衣残块。背部天衣较宽，天衣衣纹呈阶梯状。下身着长裙，覆脚踝，下摆略外侈，垂于座台上。裙纹正面可辨二层，第一层为上裙缘外翻，前侧下垂较短，后侧下垂较长。正面裙纹多竖向弧线，前侧外翻底边呈连续"S"形。第二层自一层下至座台上，竖向裙纹，底边圆拱形。背面裙纹可辨3层：第一层裙纹，竖向平行状弧线，底边右高左低弧线；第二层阴刻裙纹竖向弧线，底边呈连续S状；第三层裙纹竖向弧线，较第二层密集，裙垂于座台上。底边较平直。

戴项圈，长条状，呈"U"形，自上而下分3段，上下凸弦纹，中间连珠纹。项圈底端右侧下垂一条连珠带，自右胸前至左腿侧，中部偏右下垂两条连珠带与腹前团花物相连。腹部浮雕圆珠组成的团花装饰，自内向外分3层：圆珠、素面环形、圆珠组成的环形，其下垂两条连珠带分别向两腿侧延伸，没入裙中，呈八字形。

露足尖和部分肥厚脚背，呈八字形外摆，刻划脚趾，跣足。立于莲台座。座平面为圆形，自上而下分3段：上段较小浅圆台，素面，台面中部略高；中段浮雕双层覆莲瓣，外层莲瓣呈桃形，6片，莲瓣宽大，瓣尖略厚，未外翻，中脊微凸，内层莲瓣只露部分中脊和瓣尖；下段较大浅圆台，素面。底面略平，有放射状凿痕，边缘打磨（图一九四；图版二一二）。

H16∶127

1. 名称：菩萨立像
2. 材质：汉白玉
3. 时代：唐
4. 尺寸：通高18.5、通宽10.3、像身高14.4厘米，座高3.9、长9.4、宽7.1厘米。
5. 保存状况：头部、部分左前臂及座台以下缺失。部分天衣缺失。局部略有残失。
6. 题记：无
7. 造像：菩萨立像一尊（图一九五）。左臂屈肘上举。右臂下垂，手垂至腿侧，与身体分离，握天衣，刻划五指。躯体略左倾，宽圆肩，腹微鼓，提右胯，左膝略屈。双上臂侧可见冠缯带残块。残余颈部平面呈椭圆形，可见三层肉褶。上身着天衣，覆双肩，肩右侧天衣沿身侧下垂至腹前上绕，搭左肘后下垂，下垂部分缺失。左侧天衣自左肩处下垂至膝处上绕，至右手后下垂，其中一节残失。背部天衣呈横向窄条状，素面，背部天衣下，腰带上露背部，中间有竖向凹痕。躯体左侧自腰下可

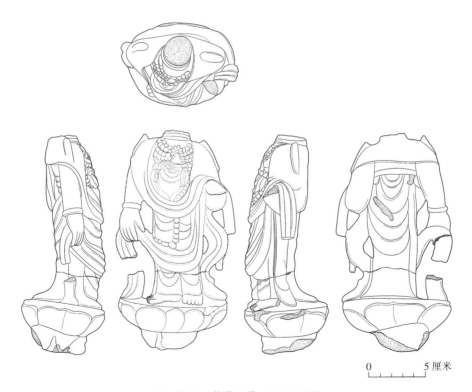

图一九五　菩萨立像（H16∶127）

见一条"S"形帛带。天衣正面衣纹呈阶梯状。下身着长裙,覆脚踝,自胸下可见腰带,腰带上刻划波浪状衣纹。上裙缘外翻,正面下垂较短,背面下垂至臀部,刻划"U"形裙纹,底边呈倒尖拱形。正面双腿各刻划纵向"U"形弧线裙纹,背面未表现双腿,浮雕3道"U"形裙纹,裙后摆圆弧状曳地。

戴项圈,由4条并列下弧形连珠带组成,自上而下第三条素面,项圈中部有圆珠组成的团花,团花中部有三角状流苏下垂。戴璎珞,可见一条连珠带状,自左胸斜向腹前,后沿双腿中部垂至膝处,后上绕右膝侧。右腕戴腕钏。

露足,跣足,刻脚趾,足尖分离,左足足尖朝前,右足足尖略朝右,略呈丁字形,立于莲台上。莲台平面为椭圆形,浮雕仰莲4瓣,莲瓣宽大,中脊微凸,瓣尖略厚,尖部较尖。莲台下可见圆柱状残块(图版二一三;图版二一四,1)。

H16:158

1. 名称:菩萨立像

2. 材质:汉白玉

3. 时代:唐

4. 尺寸:通高17.3、通宽13.1、像身高7厘米,座高10.3、长13.1、宽10.1厘米。

5. 保存状况:残存造像小腿及座。局部略有残失。

6. 题记:无

7. 造像:残存菩萨立像腿足部,有台基。下身着裙,覆脚踝,下摆略外侈,垂于座台上。可见腿部衣纹有两层,上层裙正面刻划斜向弧线裙纹,正面底边呈连续"S"状,背面底边"U"形和"S"形;下层裙刻划竖向弧线裙纹,正面底边呈上弧形,背面底边呈连续"S"形。双腿间有带状物垂至座台上,中部刻划竖向弧线,尾部流苏,呈倒三角状。背面未表现双腿。座台两侧可见天衣残块。

露足尖,呈八字形外摆,刻划脚趾及趾甲。立于莲座。座台平面为圆形,座台上刻划轮廓线,侧面浮雕双层仰莲瓣,瓣尖窄长,中脊微凸,瓣尖略厚,内层莲瓣只露部分中脊和瓣尖。座基圆形,自上而下分两层,上层浮雕双层覆莲瓣,莲瓣宽硕,中脊微凸,瓣尖略厚,内层莲瓣只露部分中脊和

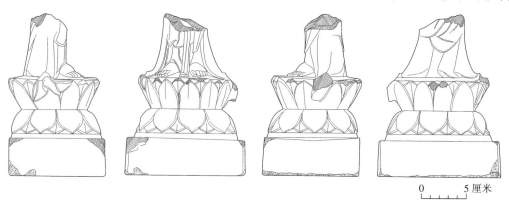

图一九六 菩萨立像(H16:158)

瓣尖；下层浅圆台，素面。

　　台基长方体，素面，台面较平，底面略平，有呈放射状浅痕（图一九六；图版二一四，2）。

H16∶180

1. 名称：菩萨立像
2. 材质：汉白玉
3. 时代：唐
4. 尺寸：通高 21.2、通宽 9、像身高 18.2、座高 2.5、榫高 1.4 厘米。
5. 保存状况：头部、双前臂、座台以下及部分天衣缺失。近足处断裂，已粘接。局部略残失。
6. 题记：无
7. 造像：菩萨立像，左臂屈肘略上举。右上臂下垂。躯体略左倾，宽圆肩，腹微鼓。双腿细长。双上臂侧可见冠缯带残块。残余颈部平面呈椭圆形，可见两道蚕节纹。上身着天衣，覆双肩，肩右侧天衣沿身侧下垂至大腿前上绕，搭左肘后下垂，下垂部分缺失。左侧天衣自左肩处下垂至膝处上绕，以下残失。背部天衣呈横向窄条状，素面，背部天衣下，腰带上露背部，中间有竖向凹痕。躯体左侧自腰下可见一条"S"形帛带。天衣正面衣纹呈阶梯状。下身着长裙，覆脚踝，正面自腹下可见腰带，腰带上刻划斜向弧线衣纹。上裙缘外翻，正面下垂较短，背面下垂至近膝处，刻划"U"形裙纹，底边呈倒尖拱形。正面双腿各刻划纵向"U"形弧线裙纹，背面未表现双腿，见 4 道"U"形裙纹。

　　戴项圈，由四条并列下弧形连珠带组成，自上而下第三条素面，项圈中部有圆珠组成的团花，团花中部有三角状流苏下垂。戴璎珞，可见一条连珠带状，自左胸斜向腹前，后沿双腿中部垂至膝处，后上绕右膝侧。

　　露足，跣足，刻脚趾，足尖分离，呈八字形外摆，双足间有三角状流苏状物，立于莲台上。莲台横向椭圆形，浮雕仰莲 4 瓣，莲瓣宽大，中脊不明显，瓣尖略厚，尖部较尖。莲台下可见圆柱状残块

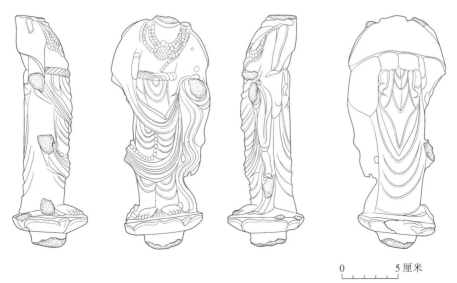

0　　　　　　5 厘米

图一九七　菩萨立像（H16∶180）

（图一九七；图版二一五）。

H16：183

1. 名称：菩萨立像

2. 材质：汉白玉

3. 时代：唐

4. 尺寸：通高17.6、通宽8.3、像身高17.6厘米。

5. 保存状况：头部残失，左手及右臂残失，大腿部断裂，已粘接。两小腿以下残失。左臂冠缯带略残，天衣部分残失。

6. 题记：无

7. 造像：菩萨立像一尊。上半身向右后倾。右膝略前屈，左臂屈肘上举。右臂缺失。仅见颈根。两臂外侧可见部分冠缯带。双肩披天衣，搭于背部和上臂，背部较宽，阴刻两道下弧线。右肩天衣垂于腰右侧，上搭左前臂，垂于体侧，左肩天衣斜向右膝部，再绕至右腿右侧断失。天衣均刻3层衣纹。下身着3层裙，腰部裙边翻成绳状凸起。由内至外，第一层，至大腿部，阴刻竖向衣纹，底边多呈"S"形。第二层，至膝部，下缘向体侧外侈，后部衣纹呈"人"字形两分。第三层覆腿，可见部分衣褶。

胸前佩戴项圈。项圈中部饰连珠纹，两边缘凸弦纹，呈"U"形挂于胸前。正中坠一饼状装饰，下有流苏。项圈两端下接一连珠纹璎珞，呈下弧形，在腹部与流苏相接，并打结。打结处两旁接两根璎珞，呈八字形下垂，至两膝外侧，绕于身后上收，遮于第一层衣裙下（图一九八；图版二一六）。

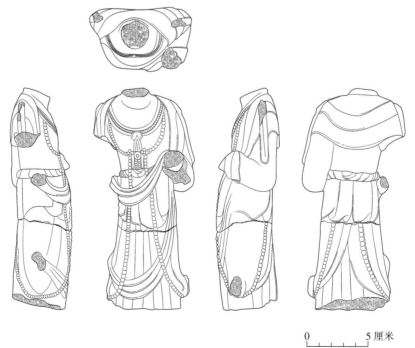

0　　　　　5厘米

图一九八　菩萨立像（H16：183）

H16：191

1. 名称：菩萨立像

2. 材质：汉白玉

3. 时代：唐

4. 尺寸：通高 24.8、通宽 10.9、像身高 21.1、座高 3.7、座直径 10.9 厘米。

5. 保存状况：头部、左手、右手腕和部分天衣缺失。近膝处断裂，已粘接。局部略残失。

6. 题记：无

7. 造像：菩萨立像一尊，左臂屈肘平举。右臂下垂，右手至腿侧，刻划五指，大拇指与食指伸直，其余弯曲，手握天衣。腹微鼓，腰较细，左跨略上提，右膝略前屈。双腿较长。双肩侧有冠缯带下垂。残余颈部平面呈椭圆状。上身着内衣，自左肩至右胁下，有衣边，宽 0.4 厘米，腹前阴刻 3 道竖向弧线衣褶痕迹。天衣披双肩，背部较宽，刻划背部天衣两侧竖向、斜向衣纹，中部三道半 "U" 形衣纹；左侧天衣自左肘处沿身侧下垂至小腿处，上绕穿过右手，后下垂至座台上；右侧天衣覆右肩沿右上臂斜向垂至腹前，上绕搭左肘后下垂，下垂部分缺失，座左侧残余天衣残块。天衣正面衣纹呈阶梯状。下身着长裙，覆脚踝，下摆略外侈，垂至座台上。正面衣纹见两层，上层下垂至近膝处，裙纹密集竖向弧线，底边呈连续 "S" 形；下层垂至座台上，裙纹密集竖向弧线，左小腿处可见一处竖向连续 "S" 形底边，整体底边呈连弧形。背面未表现双腿。背面衣纹辨三层：上层下垂较长至近膝处，阴刻衣纹竖向直线状，底边呈连弧形；中层下垂至膝下，裙纹竖向弧线状，底边呈连续 "S" 形；下层垂至座台上，裙纹竖直状弧线，底边连续 "S" 形。

图一九九　菩萨立像（H16：191）

戴项圈，呈"U"形，自上而下分3段，上下两段凸弦纹，中段连珠纹，项圈两侧各下垂一条连珠带，左侧连珠带，沿左胸侧下垂至左肘外侧，下垂部分缺失，右侧连珠带，沿右胸侧至左膝侧，呈半"U"形。项圈中部分别下垂3条连珠带与腹前团花相连。腹前雕刻圆珠组成的团花，向下伸出2条连珠带分别垂至两腿侧，呈倒"V"字形。

露部分脚背和足尖，跣足，刻划脚趾，呈八字形外摆，立于莲台上。台平面为圆形，自上而下分3段：上段较小浅圆台，素面；中段浮雕双层覆莲瓣，莲瓣宽硕，中脊高凸，脊两侧有椭圆状高凸物，瓣尖外翻，内层莲瓣只露部分中脊和外翻瓣尖；下段较大浅圆台，素面。底面略平，有密集放射状凿痕，边缘打磨（图一九九；图版二一七）。

H16：193

1. 名称：菩萨立像

2. 材质：汉白玉

3. 时代：唐

4. 尺寸：通高19.9、通宽10.8、像身高17.5厘米，座高2.4、长10.8、宽9.5厘米。

5. 保存状况：头部、双肩、右胸、右臂、左手和部分天衣缺失。近足处和座台断裂，已粘接。局部略残失。

6. 题记：无

7. 造像：菩萨立像一尊。左臂屈肘略上举，腹微鼓。天衣残存两段，呈半"U"形，一段在腹前，另一段在膝处，座两侧有天衣残块，尾部呈鱼尾状，衣纹呈阶梯状。下身着长裙，覆脚踝，下摆略外侈，垂于座台上。上裙缘外翻，前侧外翻部分刻划竖向裙纹，底边为波浪线组成的倒三角状，

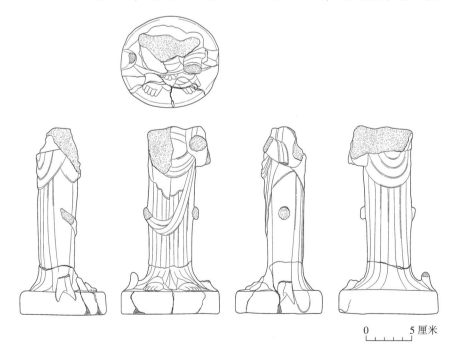

图二〇〇　菩萨立像（H16：193）

后侧外翻部分刻划3道"U"形弧线裙纹，底边"U"形。裙其余部分刻划裙纹密集竖向状弧线。背面未表现双腿。露足尖，跣足，呈八字形外摆，刻划脚趾，立于圆形台上。台平面为椭圆形，素面，台面边缘为削边，削边宽0.5厘米。底面略平，有浅痕（图二○○；图版二一八）。

H16：222

1. 名称：菩萨立像

2. 材质：汉白玉

3. 时代：不详

4. 尺寸：通高19.4、通宽8.7、像身高14.1、座通体高5.4、仰莲高3.3、仰莲直径7.9、榫高2.1、榫直径3.9厘米。

5. 保存状况：头部、双手缺失、部分天衣缺失和座台以下缺失。局部略残失。

6. 题记：无

7. 造像：菩萨立像一尊，左臂屈肘上举，右上臂下垂。腹微鼓，腰略细，刻划肚脐，身型矮宽。上臂侧可见冠缯带残块。残余颈部平面呈椭圆状，可见2蚕道和椭圆形颈根。上身着帔帛，自左肩至右胁下，背部打圆结，结带两分，一端左伸，一端下垂。双肘间搭天衣，腿前部分呈"U"形下垂，两端自肘下垂至座台上，下垂部分残失。座台台面两侧有天衣残块，尾部呈倒三角形。帔帛和天衣衣纹呈阶梯状。下身着长裙，覆脚踝，下摆略外侈，背面可见垂至座台上，正面表现双腿，背面未表现。腰间系带打圆结，结绳两分下垂，左侧结带较长，垂于天衣上方。腰带阴刻两道横向弧线衣纹。腿部正面"U"形天衣上见2道"U"形弧线裙纹，"U"形天衣下腿部各见3道"U"形裙纹。腿部背面裙纹分上下两段：上段刻划2道"U"形弧线；下段6道斜向弧线。

戴连珠带项圈，呈下弧形。双上臂戴臂钏，阴刻2道横向弧线。戴腕钏，双层素面环状。

露肥厚脚背和足尖，跣足，刻划脚趾，略呈八字形外摆，立于座上。座台平面为圆形，台面中部略高，侧面刻双层仰莲瓣，外层莲瓣宽大，较长，瓣尖外翻，中脊微凸，内层莲瓣只露瓣尖。莲台下

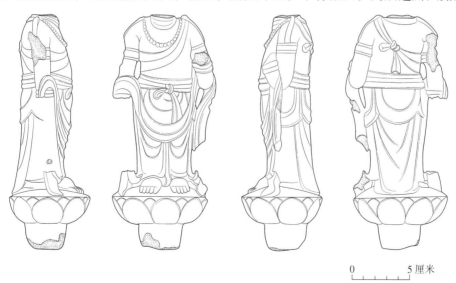

图二○一　菩萨立像（H16：222）

可见圆柱状残块（图二〇一；图版二一九）。

H16：223

1. 名称：菩萨立像
2. 材质：汉白玉
3. 时代：唐
4. 尺寸：通高 24.6、通宽 11、像身高 19.7 厘米，座高 6.1、长 11、宽 7.3 厘米。
5. 保存状况：头和上半身不存，残余下半身和座。局部略磕碰。
6. 题记：无
7. 造像：天衣腿前可见两段，呈"U"形，一段位于大腿前，一段位于膝前，衣纹呈阶梯状，座台侧可见天衣残块。下身着长裙，覆脚踝，下摆略外侈，垂于座台上，正面表现双腿，背面未表现。腰间系带，阴刻"U"形、半"U"形弧线。下身自上而下可见 3 层衣纹：第一层外翻裙缘，略下垂，正面刻划竖向直线裙纹，背面中部阴刻 4 道半"U"形衣纹和竖向弧线，底边呈波浪线组成的倒三角形；第二层呈八字形，置于腿侧，中部刻划斜向弧线衣纹；第三层自一层下垂至座台上，正面双腿前刻划裙纹"U"形弧线各 3 道，背面刻划半"U"形弧线状裙纹。璎珞共 4 条，正面及背面自腰中部至膝侧连珠带状，正面璎珞顶部有椭圆状物。

露足尖，跣足，略呈八字形外摆，刻划脚趾，立于座上。座平面呈横向椭圆状，台面中部略高，自上而下分两层：上层浮雕双层仰莲瓣，莲瓣宽大，中脊微凸，瓣尖略厚，内层莲瓣只露中脊和瓣尖；下层浅台，素面。底面略平，密集放射状凿痕，边缘打磨（图二〇二；图版二二〇）。

H16：224

1. 名称：菩萨立像
2. 材质：汉白玉
3. 时代：唐

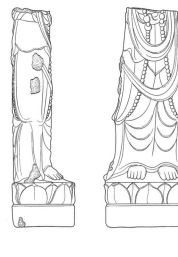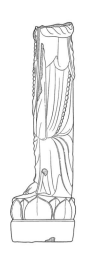

0　　　5 厘米

图二〇二　菩萨立像（H16：223）

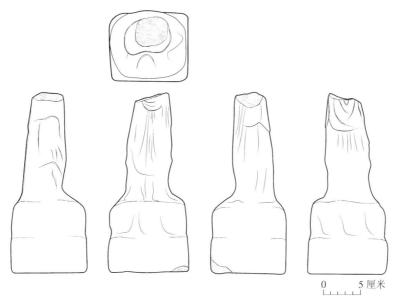

图二〇三　菩萨立像（H16：224）

4. 尺寸：通高 23.7、通宽 10.8、像身高 14.7、座高 9.5 厘米。

5. 保存状况：整体残损严重，菩萨上半身缺失，台基略残。

6. 题记：无

7. 造像：菩萨立像一尊。跣足立于莲台上。右腿略屈，重心左倾。下身着裙两层，内层裙下缘垂及覆莲台台面上，阴刻对称竖向衣纹。外层裙至后膝处，阴刻"V"形衣纹。两腿间下垂一束带，残存膝部天衣，呈下弧形。可见大腿处两道下弧形天衣，体侧下垂的衣缘垂至覆莲台两侧。

菩萨跣足站立于莲台面上，足部漫漶。覆莲台平面为圆形，浅浮雕双层覆莲瓣，外层莲瓣尖拱形，内层仅从外层两瓣之间露出尖部，每层均 9 瓣。台基素面方形，底面呈向心放射状凿痕（图二〇三；图版二二一）。

H16：255

1. 名称：菩萨立像

2. 材质：汉白玉

3. 时代：唐

4. 尺寸：通高 23.1、通宽 9.6、像身高 19.6 厘米，座高 3.5、长 9.6、宽 8.6 厘米。

5. 保存状况：头部残失，右前臂残断，左手缺失。天衣大部分断失，上半身断裂，已粘接，小腿处断裂，已粘接。

6. 题记：无

7. 造像：菩萨立像一尊，右臂下垂。左臂屈肘。右腿屈膝。上半身略后倾，腹部前凸。两肩外侧各有一带状物，中间饰连珠纹，应为冠缯带，背部天衣呈扇形，阴刻 4 道下弧形衣纹，天衣搭两肩，覆双臂。右襟从右腰部绕搭左前臂，垂于体侧，天衣断为 3 段，中部阴刻 4 道衣纹。左襟从左肘内下垂，至右膝下呈"U"字形上绕。下身着裙，可见 3 层，由内至外，第一层阴刻纵向衣纹，可见

图二〇四　菩萨立像（H16：255）

"S"形褶皱，裙下缘垂至覆莲台台面上；第二层垂至大腿部，阴刻纵向衣纹，"S"形底边；第三层腰部翻出宽裙边，素面。背面似露素面长条状腰带。

佩带项圈，边缘饰凸弦纹，中间饰连珠纹，两肩前各一圆形牌饰，由两同心圆组成，中心嵌一圆珠。右牌饰下接璎珞，垂于两膝间，上绕于左肘。项圈下接3根连珠纹璎珞，中间一根有圆饼状装饰，下垂至腹前，交于圆形牌饰，由外围10颗连珠及中心嵌一颗宝珠组成。其下接两根呈八字形两分璎珞，接于首根璎珞。

菩萨跣足略呈八字形，脚掌宽厚，脚趾刻出。立于素面浅圆台，莲座两侧残余天衣衣角。其下浮雕双层覆莲瓣，外层莲瓣尖拱形，内层仅从外层两瓣之间露出尖部，略显中脊，外层8瓣，内层6瓣。下部为素面浅圆台。底面中部粗糙，外围呈向心放射状凿痕（图二〇四；图版二二二）。

H16：259

1. 名称：菩萨立像

2. 材质：汉白玉

3. 时代：唐

4. 尺寸：通高24、通宽10.1、像身高20.4厘米，座高3.6、长10.1、宽9.1厘米。

5. 保存状况：头部、左臂、部分右前臂和部分天衣部断失。像在近膝处和近脚踝处均断裂，已粘接。局部略残损。

6. 题记：无

图二〇五　菩萨立像（H16：259）

7. 造像：菩萨立像（图二〇五），左上臂下垂。右臂屈肘略平举。腰较细，腹略鼓，左膝前屈，右胯上提，上半身略向左侧倾斜，躯体呈"S"形。双腿较长。双肩侧见冠缯带残块。残余颈部平面呈椭圆形。上身着内衣，自左肩至右胁下，有衣边，未见明显衣纹。天衣覆双肩，背部较宽大，背面天衣部分见斜向和"U"形弧线；左侧天衣残存自左胯上搭右前臂部分，右侧天衣残余自肩部下垂至左膝下部分，座台两侧有天衣残块，正面天衣部分衣纹呈阶梯状。下身着裙，腰间系带，背部可见，中部刻划一道横向弧线。背面未表现双腿。自上而下见3层裙纹：第一层上裙缘外翻，正面下垂至大腿前，背面下垂至膝盖处，正面底边分界不清，背面底边略呈波浪状；第二层自一层下垂至小腿处，底边呈连续"S"形；第三层自二层下垂至座台上，下摆略外侈，覆脚踝。裙纹均刻划竖向弧线，正面3层裙纹稀疏相似，背面裙纹自上而下逐渐稀疏。

戴项圈，呈"U"形，双股连珠带组成，中部分别下垂3条连珠带至腹前团花。双肩前有圆形饰物，内部刻划小圆圈，各下垂一条连珠带至小腿前相接，呈"U"形弧线。腰部有1颗较大圆珠和9颗较小圆珠组成的团花饰物，其下分别垂一条连珠带至膝侧。

双足覆衣下，跣足，露足尖，略呈八字形外摆，立于莲座上。座平面为圆形，自上而下分3段：上段较小浅圆台，素面；中段浮雕双层覆莲瓣，莲瓣宽大，中脊微凸，瓣尖略厚，内层莲瓣只露部分中脊和外翻瓣尖；下段较大浅圆台，素面。底面略平，有不规则凿痕，边缘打磨（图版二二三）。

H16：262

1. 名称：菩萨立像

0　　　　5厘米

图二〇六　菩萨立像（H16∶262）

2. 材质：汉白玉

3. 时代：唐

4. 尺寸：通高19、通宽11.8、像身高11.7、座高7.5、座直径11.8厘米。

5. 保存状况：上半身残缺，天衣大部分断失，小腿处断裂，已粘接。覆莲台底缘略残。

6. 题记：无

7. 造像：菩萨立像一尊（图二〇六），左腿屈膝，躯体略向右倾。天衣见垂于膝部，呈"U"形，阴刻两道衣纹。腰部、两腿侧及体侧台面，均可见天衣残痕。下身着裙，可见3层，由上至下，上层仅见褶皱，应为裙边外翻；中层覆两大腿外侧，后面呈八字形两分，裙缘略外侈，分别浮雕两条纵向凸棱状衣纹；下层裙下缘垂至仰莲台面上，正面浮雕凸棱状，左右对称斜向衣纹，背面阴刻竖向衣纹。

正面中部3根连珠状璎珞从裙底边内垂出，两膝间一绳带束住，打结，垂至仰莲台面，刻划两道竖向衣纹。腿两侧各一根璎珞，沿中层裙边环绕。背面垂下两根璎珞，"X"形相交下垂，末端有流苏。

菩萨跣足站立于束腰座上一浅圆台，脚趾刻出，可见趾甲。座台平面为圆形，浮雕双层仰莲瓣，莲瓣宽厚，瓣尖均残，素面。每重莲瓣均为10瓣。下有花萼，底部相连，略呈三角形。莲瓣下有层素面圆台下收。束腰圆柱形，素面。座基自上而下有3段：上段为一层素面圆台；中段浮雕双层覆莲瓣，莲瓣宽厚，中脊高凸，两侧各有一椭圆形高凸物，瓣尖外翻，内层莲瓣仅从外层两瓣之间露出尖部，中脊高凸，瓣尖略外翻；下部为素面浅圆台。底面见不规则凿痕（图版二二四）。

H16∶270

1. 名称：菩萨立像

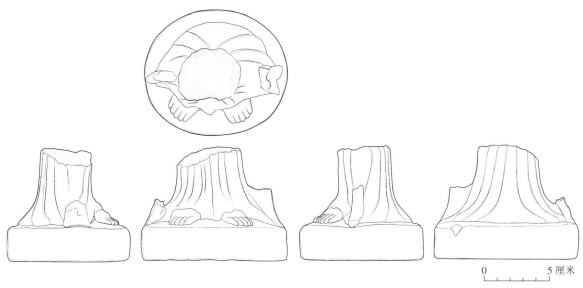

图二〇七　菩萨立像（H16：270）

2. 材质：汉白玉

3. 时代：唐

4. 尺寸：通高 8.3、通宽 11、像身高 5.9 厘米，座高 2.5、长 11、宽 9.3 厘米。

5. 保存状况：造像小腿以上残失，身体两侧残余天衣衣角。

6. 题记：无

7. 造像：残存菩萨立像一尊，小腿处着裙，裙边覆脚面，裙下缘两侧外侈，覆座，右侧天衣角呈鱼尾状。前后均阴刻八字形衣纹。跣足，呈八字形，五指分明，立于素面圆台上。台面四周低，中部略高，边缘略削。底面打磨，略有少许凿痕（图二〇七；图版二二五）。

H16：272

1. 名称：菩萨立像

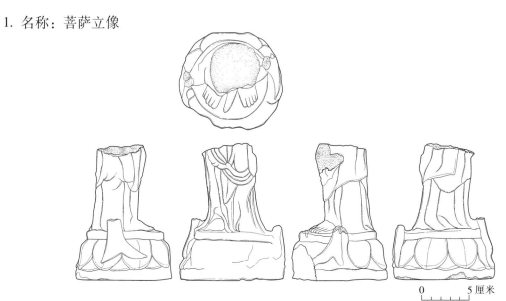

图二〇八　菩萨立像（H16：272）

2. 材质：汉白玉

3. 时代：唐

4. 尺寸：通高 13.4、通宽 10.4、像身高 8.7、座高 4.6、座直径 10.4 厘米。

5. 保存状况：菩萨膝部以上缺失，身体两侧残余天衣衣角，覆莲台正面残损。

6. 题记：无

7. 造像：菩萨立像一尊。仅见站立于覆莲圆台，左膝略屈，重心右倾。仅见腿部着裙两层，内层裙下缘外侈置座。正面衣边覆脚踝，两足间置一裙角。外层至膝下部，背面浅浮雕竖向衣纹。左膝前可见呈"U"形下垂天衣，阴刻两道衣纹。两腿间可见一段呈"U"形下垂璎珞，由串珠连接。身体两侧残余天衣衣角覆座，呈鱼尾状。

菩萨跣足立于素面浅圆台面上，五趾分明。其下接圆形覆莲台。浅浮雕双层覆莲瓣，外层莲瓣宽厚；内层仅在外层的两瓣之间露出瓣尖，可见莲瓣 5 瓣，中脊略凸，瓣尖略外翻。莲瓣下素面圆形台。底面有不规则凿痕（图二〇八；图版二二六）。

H16：273

1. 名称：菩萨立像

2. 材质：汉白玉

3. 时代：唐

4. 尺寸：通高 12.1、通宽 10.5、像身高 7.6 厘米，座高 4、长 10.5、宽 7.8 厘米。

5. 保存状况：造像小腿以上残失，横方体座右前侧残损。

6. 题记：无

7. 造像：残存菩萨立像一尊。

腿部着裙，素面，仅脚踝上可见竖向"S"形衣纹。裙边呈圆拱形，露脚踝，跣足，呈八字形，脚掌宽厚，两足面筋骨凸起，五趾分明，立于横方体台上。台横方体，素面，左侧面有彩绘痕迹。底

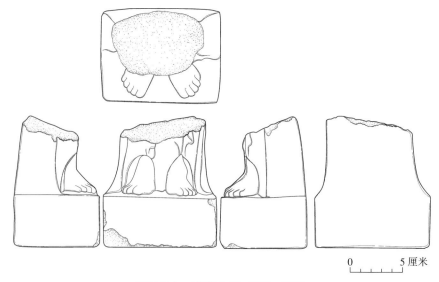

图二〇九　菩萨立像（H16：273）

面可见斜向粗凿痕。背面素面，可见土锈（图二○九；图版二二七，1、2）。

H16：296

1. 名称：菩萨立像

2. 材质：汉白玉

3. 时代：唐

4. 尺寸：通高11.8、通宽5.9、像身高6.6厘米，座高5.1、长5.9、宽5.5厘米。

5. 保存状况：残余像下半身和座。局部略残损。

6. 题记：台基正面和背面可见铭文痕迹，文字不辨。

7. 造像：菩萨立像一尊（图二一○）。下身着裙，垂于座台两侧，覆脚踝，下摆略外侈。正面自上而下可见三层裙纹：第一层素面，底边呈倒三角形；第二层位于双腿侧，呈片状，垂至膝侧，未见明显衣纹；第三层自第一层下垂至座台上，正面刻划沿腿中部对称状斜向弧线。背面未表现双腿。背面裙纹无明显分界，刻划竖直状弧线裙纹。可见天衣，残余足上"U"形天衣和两腿侧有残断处。双腿间有带状物下垂，中部刻划一道竖向直线。裙长覆踝。

跣足，足尖外摆，立于莲台上。莲台平面为圆形，浮雕单层覆莲瓣，莲瓣细密，中脊表现不明显，瓣尖较平。莲台下有高方台，四侧壁刻字，字迹漫漶不清。底部略平，可见密集斜向凿痕，边缘打磨（图版二二七，3）。

H16：303

1. 名称：菩萨立像

2. 材质：汉白玉

3. 时代：唐

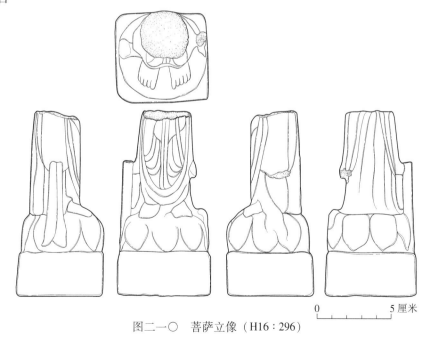

图二一○　菩萨立像（H16：296）

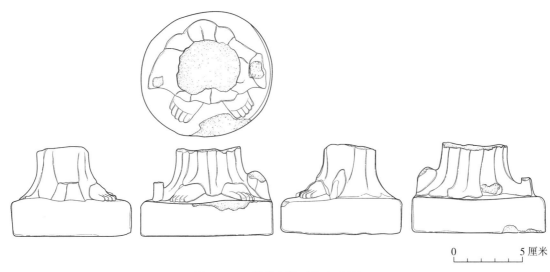

图二一一　菩萨立像（H16：303）

4. 尺寸：通高 6.4、通宽 10、像身高 3.7 厘米，座高 2.7、长 10、宽 8.7 厘米。

5. 保存状况：仅残余立像足座。

6. 题记：无

7. 造像：残存菩萨立像一尊（图二一一）。可见下身着裙，覆脚踝，下摆略外侈，垂于座台上。背面未表现双腿。刻划裙纹密集竖向平行弧线，底边略呈连弧形。座两侧见天衣残部。裙覆脚踝，露部分肥厚足背和足尖，双足略外摆，刻划脚趾，立于浅圆台。圆台素面，台面中部略高，边缘有削边。底面略平，有放射状凿痕，边缘打磨（图版二二七，4、5）。

H16：311

1. 名称：菩萨立像

2. 材质：汉白玉

3. 时代：唐

4. 尺寸：通高 13.1、通宽 9.5、像身高 13.1 厘米。

5. 保存状况：残存上半身，头部、左前臂、右手缺失。局部略残失。

6. 题记：无

7. 造像：菩萨立像一尊，可见左上臂下垂，右臂屈肘上举。腹微鼓，上半身略左倾。残余颈部平面呈椭圆形，可见 3 道蚕节纹。颈下阴刻一道圆弧状肉褶。胸部轮廓明显，刻划下乳线，以及一道横向肉褶，刻划肚脐。上身披天衣，背部部分较宽。左侧天衣自肩部垂至大腿处，后上绕搭右肘下垂，下垂部分缺失，右侧自肩部沿身侧下垂。天衣呈阶梯状。下身着长裙，裙缘外翻，正面与背面下垂较长，侧面较短，正面外翻裙缘底边呈倒三角状，背面底边呈半圆状。刻划正面衣纹数道竖向平行弧线，背面刻"U"形弧线衣纹，较密集（图二一二；图版二二八）。

H16：327

1. 名称：菩萨立像

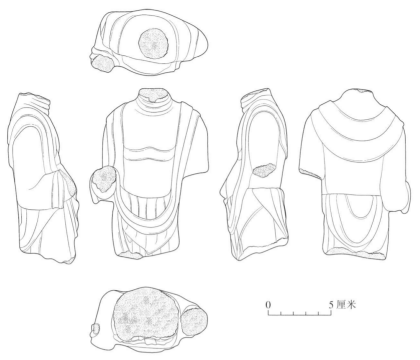

图二一二　菩萨立像（H16：311）

图二一三　菩萨立像（H16：327）

2. 材质：汉白玉

3. 时代：唐

4. 尺寸：通高 25.4、通宽 9、像身高 23 厘米，座高 2.6、长 9、宽 7.8 厘米。

5. 保存状况：头部残失，两前臂残失，腰部断裂、两小腿断裂已粘接。躯体两侧天衣残失。

6. 题记：无

7. 造像：菩萨立像一尊。两臂下垂，左臂屈肘。腹部鼓出，提左胯，身体右后仰。仅见颈部浮雕两道蚕节纹，刻下乳线，其下刻一层肉褶。上身可见天衣，从背后搭于双肩，背后天衣呈"U"形下垂，阴刻一下弧形。右侧天衣下垂，腹前上绕，其下有团花状饰物，搭左前臂下垂，下垂部分断失，腿侧可见天衣残块。左侧天衣下垂，至膝处上绕。天衣中部均阴刻一道衣纹。下身着长裙，覆脚踝，下摆外侈。裙前后刻竖向衣纹。裙腰翻卷，刻波曲纹。后部素面，浮雕下垂裙边，呈下弧形。跣足呈八字形外摆，立于圆台上，脚掌宽厚，刻脚趾。圆台素面，边缘略削。脚两侧台面可见天衣衣角。底面可见平行斜向凿痕（图二一三；图版二二九）。

H16：337

1. 名称：菩萨立像

2. 材质：汉白玉

3. 时代：唐

4. 尺寸：通高 15、通宽 4.9、像身高 12.4 厘米，座高 2.6、长 4.9、宽 4.9 厘米。

5. 保存状况：头部缺失。小腿处断裂，已粘接。局部略残，可见土锈痕迹。

6. 题记：无

7. 造像：菩萨立像，双臂屈肘上举，双手合掌于胸前。溜肩，上半身略后仰。双手腕处可见

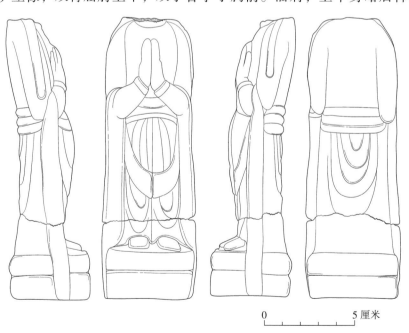

0　　　　　5 厘米

图二一四　菩萨立像（H16：337）

腕钏，素面环状。双上臂侧可见下垂冠缯带残块。残余颈部平面呈椭圆形。胸部轮廓明显，腹微鼓。上身可见天衣，较宽，搭双肘部下垂至座两侧，腿前部分下垂至膝处，呈"U"形，未见衣纹。下身着长裙，覆脚踝，下摆略外侈，敷于座台侧，腰间系带，结绳两分下垂至天衣上部。背面腰带上见阶梯状横向弧线衣纹。正面表现双腿，背面未表现，正面腿部各阴刻"U"形弧线裙纹，背面中部阴刻5道"U"形弧线裙纹。露足尖，双足略外摆，未刻脚趾，立于座台上。台平面为横向椭圆形，台面上刻划轮廓线，侧面中部横向刻一周凹线，其余素面。底面中部内凹，可见不规则凿痕，边缘打磨（图二一四；图版二三〇）。

G1 : 2

1. 名称：菩萨立像
2. 材质：红陶
3. 时代：唐
4. 尺寸：通高 15、通宽 7.7、像身高 12、座高 3、座直径 7.7 厘米。
5. 保存状况：头、颈缺失。局部略残损。
6. 题记：无
7. 造像：菩萨立像。左臂下垂，手置于左腿前侧，掌心朝内，呈半握状，握瓶状物。右臂屈肘上举，手置于胸前，掌心朝内，呈半握状，大拇指和食指伸直，朝左，其余弯曲，举莲蕾状物。腹微鼓。双肩前有冠缯带残段，中部阴刻1道竖向弧线，尾部呈倒三角状。天衣自背部向前绕双上臂，沿身侧下

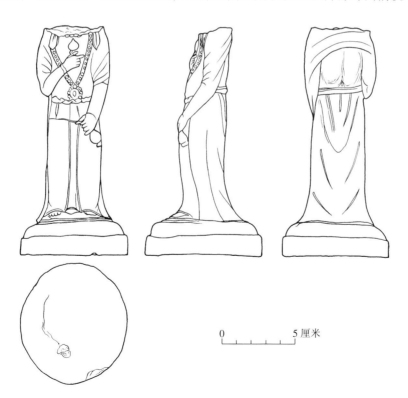

0 _____ 5 厘米

图二一五　菩萨立像（G1 : 2）

垂至座台上，天衣背面见2道横向弧线衣纹。背面天衣下腰带上露背部分，中部有一道竖向凹痕。下身着长裙，下摆略外侈，覆脚踝，腰间系带，背面可见，横向长条状，素面。正面上裙缘外翻，上缘呈连弧状，外翻部分刻划竖向裙纹，底边略呈波浪状，背面未见外翻裙缘。裙正面未见裙纹，背面裙纹刻划9道竖斜状弧线，呈对称状。戴项圈，连珠带状，见局部。自双肩至腹部下垂连珠带，呈"V"字形，与腹前圆珠组成的圆形饰物相连。裙正面自腰带下垂带状物至座台上，素面，尾部呈倒三角形。

露足尖，两足分离，刻划脚趾，立于座台上。座台为覆钵形，素面，分上下两层，上层为二层叠涩递增浅圆台，素面；下层高圆台，侧面中部一周弦纹。底面中部略内凹，素面光滑（图二一五；图版二三一）。

G1：3

1. 名称：菩萨立像残块
2. 材质：红陶
3. 时代：唐
4. 尺寸：通高4、通宽5.5厘米。
5. 保存状况：残余部分座和台基。
6. 题记：无
7. 造像：可辨为菩萨立像一尊，仅见座台两侧有天衣带残断。座为覆钵状，可分上下两层，上层圆柱状，上窄下宽，素面；下层为浅圆台，素面。台基平面为方形。台面中部略高；四侧面素面，光滑；底边中部呈圆锥状内凹，素面光滑，边缘略平（图二一六；图版二三二，1）。

G1：5

1. 名称：菩萨立像
2. 材质：红陶
3. 时代：唐
4. 尺寸：通高12、通宽5.5、像身高10、座高3.1厘米。
5. 保存状况：头部缺失。足部断裂，已粘接。局部略残失。
6. 题记：无
7. 造像：菩萨立像一尊。左臂屈肘上举，手置于胸前，掌心朝内，呈半握状举莲蕾状物。右臂下垂，手置于右腿前侧，掌心朝内，呈半握状握瓶状物。腹微鼓。

双肩前有冠缯带残段。可见天衣，自背部向前绕双上臂，沿身侧下垂至座台上，未见衣纹。背面天衣下腰带上露背部分，中部有一道竖向凹痕。下身着长裙，下摆略外侈，覆脚踝，腰间系带，背面可见，横向长条状，素面。正面表现双腿，背面未表现，未见裙纹。露足尖，两足

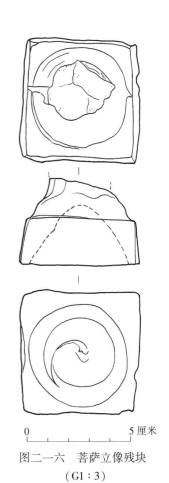

0　　　　　　　　5厘米

图二一六　菩萨立像残块
（G1：3）

分离，立于座台上。座台覆钵形，素面。

座基平面为方形。台面中部略高；四侧面素面，光滑；底边中部呈圆锥状内凹，素面光滑，边缘略平（图二一七；图版二三二，2、3、4）。

G1∶8

1. 名称：菩萨立像残块

2. 材质：灰胎红陶

3. 时代：唐

4. 尺寸：通高 12、通宽 8 厘米。

5. 保存状况：残余下半身，足部缺失，局部残失。残块内部中空，只雕刻正面，左右侧面为削斜边，背面中部略鼓，素面。

6. 题记：无

7. 造像：菩萨立像一尊，左手下垂至左膝侧，刻划五指，呈半握状，提瓶状物，左膝略前屈。腿侧有天衣下垂，左小腿侧衣边呈连续"S"形。下身着裙，上裙缘外翻，底边呈倒尖拱形，刻划竖向褶皱。双腿前分别刻划斜向弧线裙纹（图二一八；图版二三三）。

G1∶18

1. 名称：菩萨立像残块

2. 材质：白胎红陶

3. 时代：唐

4. 尺寸：通高 7.5、通宽 4.3、像身高 5.7、座高 1.8 厘米。

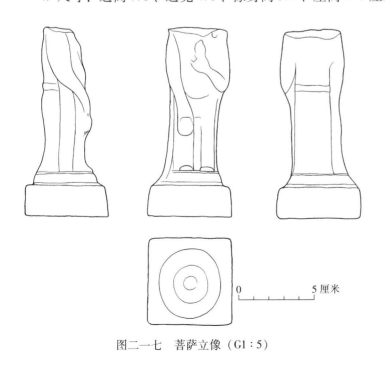

图二一七　菩萨立像（G1∶5）

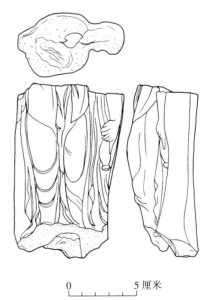

图二一八　菩萨立像残块（G1∶8）

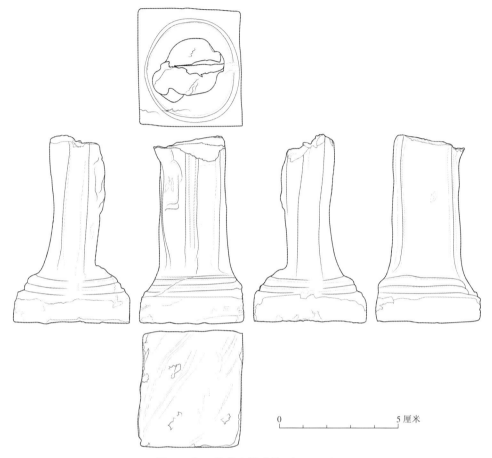

图二一九　菩萨立像残块（G1：18）

5. 保存状况：残余下半身，局部略残损。

6. 题记：无

7. 造像：菩萨立像，右手垂至右腿前，指尖朝下提瓶状物。下身着裙，覆脚踝，正面表现双腿，背面未表现，未见裙纹，双腿侧有天衣下垂至座台上。双腿间自腰下垂带状物至座台上，刻划边缘轮廓线。露足尖，表现不明显。立于浅圆台上。圆台3层叠涩，素面，中层圆台较大。台基平面略呈方形。台面中部略高，四侧面及底面略平，素面（图二一九）。

（二）半跏趺坐像

共3件。

H16：155

1. 名称：佛装半跏趺坐像

2. 材质：汉白玉

3. 时代：唐

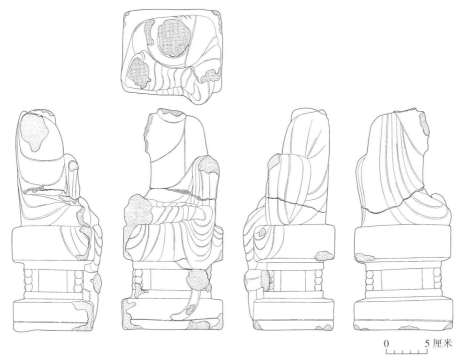

0   5厘米

图二二〇　佛装半跏趺坐像（H16：155）

4. 尺寸：通高 25.4、通宽 11.9、像身高 20.6 厘米，座高 11.8、长 11.9、宽 8.6 厘米。

5. 保存状况：头部、左手、右臂、左足和座束腰个别立柱缺失。像腰部断裂，已粘接。右膝和座局部略残失。

6. 题记：无

7. 造像：佛装半跏趺坐，左臂屈肘平举。左腿屈膝下垂至座束腰正面左侧，右腿盘腿横放。残余颈部平面呈椭圆形。胸部轮廓明显。内衣袒右，自左肩至右胁下，素面。大衣袒右，左侧衣襟自左肩下垂，右侧衣襟自腰右侧上绕，横过腹前，搭左前臂沿身侧下垂至座台上。上身衣纹简略，左上臂未见衣纹，左前臂衣纹横向弧线阶梯状，左腿衣纹密集"U"形弧线，右腿衣纹竖向弧线阶梯状，背部衣纹左高右低弧线。座台前部衣纹可见竖向弧线，底边连续"S"形，略与座台底边齐平。双足覆衣下，未露足，两膝之间腿部较平，左足踏小莲台，莲茎自座基正面中部斜向上举。

坐束腰座。座台平面为方形，素面，两层叠涩下收，素面。束腰八棱柱状，素面，四角圆雕连珠立柱，每根立柱由 3 颗圆珠组成。座基分上下分两层：上层浅方台，素面；下层高方台，底部阴刻一周弦线。底面略平，有不规则凿痕，边缘打磨（图二二〇；图版二三四）。

H16：269

1. 名称：仪凤三年地藏像

2. 材质：汉白玉

3. 时代：唐仪凤三年（678 年）

4. 尺寸：通高 16.7、通宽 11.5、像身高 4.3 厘米，座高 12.4、长 11.3、宽 9.1 厘米。

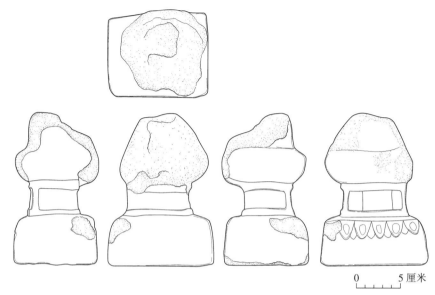

图二二一　仪凤三年地藏像（H16：269）

5. 保存状况：残余部分下半身和座，残损严重。

6. 题记：座基正面阴刻 5 列，识别 10 字；背面阴刻 6 列，识别 12 字（图版二三五，3）。录文如下：

（正）仪凤/三年/十一/月五/日敬/（背）为七/世父/母为/亡父/母造/地藏

7. 造像：半跏趺坐像一尊，左腿下垂，右腿横盘。着衣不详，衣纹漫漶不清。未露足，坐于束腰座上。座台平面为横方形，背面可见两层莲瓣痕迹，外层莲瓣之间露出内层莲瓣中脊和尖部。莲瓣下有一层浅横方台，素面。束腰八棱柱状，四角圆雕立柱，后侧余 2 根。座基横方形，分上下 3 层，上层较小浅方台，素面；中层浮雕双层覆莲瓣，外层莲瓣较宽，中脊微凸，脊两侧有椭圆形高凸物，内层莲瓣只露瓣尖；下层较大高方台，正面和背面可见铭文。底面略平，有略呈放射状斜向凿痕，边缘未见打磨（图二二一；图版二三五，1、2）。

H16：323

1. 名称：菩萨半跏趺坐像

2. 材质：汉白玉

3. 时代：唐

4. 尺寸：通高 29.5、通宽 11.9、像身高 14.1 厘米，座高 15.4、长 11.9、宽 6.1 厘米。

5. 保存状况：头部残失，两前臂残失，左脚略残，右小腿残失，腰部断裂已粘接，座基局部略残。

6. 题记：无

7. 造像：菩萨半跏趺坐像一尊。左腿横盘台座上，左脚置台座；右腿自然下垂。两臂下垂，左手抚左膝内侧，四指伸直，拇指分开。有肚脐，腹部略鼓。仅见颈根，阴刻一蚕道，刻下乳线。两臂外侧可见冠缯带残部，由串珠和柱状物相间连接。上身可见天衣，从背后搭于双臂，背后天衣呈"U"形下垂。双臂阴刻两道衣纹，背后阴刻两道下弧线。身两侧可见天衣残衣角，呈鱼尾状。下身

图二二二　菩萨半跏趺坐像（H16:323）

着裙，裙腰翻卷，刻波曲纹。从腰中部垂下一束带，座台前打结，呈"U"形上绕至左小腿下。腿部均阴刻数道斜向衣纹。腰后浮雕下垂裙边，呈八字形。裙覆遮座台正面及两侧，座台正面两转角呈斜向衣纹，两侧呈"U"形衣纹。

胸前佩戴项圈。项圈中部饰连珠纹，两边缘凸弦纹，呈"U"形挂于胸前。正中及左右胸前各坠一宝珠，下有流苏。腰部下垂两根璎珞，呈八字形下垂，右侧方格状璎珞，绕膝部收于腿侧，左侧连珠状璎珞，绕座台前角收于腰后。

左脚掌心向上，刻脚趾。座台为双层束腰长方体台，在四角处分别有圆柱形立柱，仅存右后侧一根，其下单层方台下收。束腰八棱柱，外围四角各圆雕一根立柱，右前角用7颗圆珠，其余用6颗圆珠上下连接。座基自上而下有两段，上段为两层素面方台叠涩，下段双层束腰长方体台，四角处分别有根圆柱形立柱。正面座基下层正中伸出一长方体台，似浮雕卷草纹。圆柄状浅台基，底面可见平行斜向凿痕（图二二二；图版二三六）。

（三）思维坐像

共7件。分为单尊式和多尊式。

1. 单尊式，4件。

H16:025

1. 名称：思维菩萨像
2. 材质：汉白玉
3. 时代：北齐
4. 尺寸：通高17.2、通宽14.6、像身高11.9厘米。
5. 保存状况：残存造像腰部以上部分。

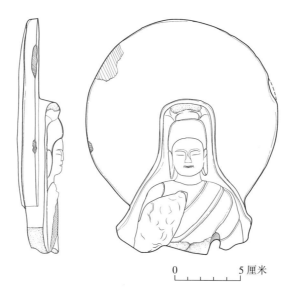

图二二三　菩萨思维像（H16∶025）

6. 题记：无

7. 造像：造菩萨像一尊。

菩萨左上臂下垂，右臂屈肘上举，残。宽圆肩。可见头光，圆形，较大，素面，上部较前倾。头戴宝冠，冠面浮雕3片莲瓣，两侧下垂冠缯带至上臂侧。头部未刻发丝，发际线平缓。面部长圆，额头较宽，五官紧凑，眉弓与鼻根相连；眼细长，微闭，上眼睑鼓起，可见下眼睑；鼻宽，鼻头残；上唇薄，下嘴唇较厚，嘴角微上扬；双耳贴头，下垂齐下颌。颈短，较宽，圆弧状颈根。颈部戴项圈，呈倒尖拱形，素面。上身可见内衣，自左肩至右胁下，有衣边。可见左上臂缠绕天衣，素面（图二二三；图版二三七，1）。

H16∶045

1. 名称：菩萨思维坐像

2. 材质：汉白玉

3. 时代：北齐

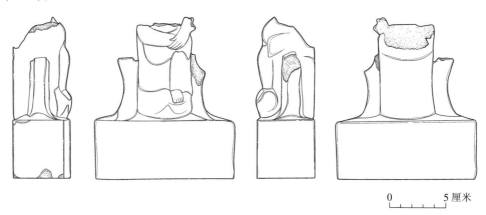

图二二四　菩萨思维坐像（H16∶045）

4. 尺寸：通高 13.9、通宽 13.1、像身高 7.7、座高 3.1 厘米，台基高 5.6、长 13.1、宽 4.9 厘米。

5. 保存状况：造像上半身残失，横方体台基局部略残。

6. 题记：无

7. 造像：思维坐像一尊。仅见右腿横盘，右小腿搭于左腿上；左腿自然下垂，足踏于半圆形台面上。左手抚于右脚踝处，脚趾刻出。可见座两侧残余天衣衣角垂于台基。跣足，脚掌略宽，左脚五趾漫漶。右脚脚掌朝外，脚尖朝下，五指残。座台近圆柱形，背面阴刻一道下弧线。左脚踏半圆形台侧面似阴刻莲瓣。横方体台基，素面，底面内凹（图二二四；图版二三七，2、3、4）。

H16：076

1. 名称：菩萨思维坐像残块

2. 材质：汉白玉

3. 时代：东魏

4. 尺寸：通高 10.1、通宽 11 厘米。

5. 保存状况：造像上半身残失，右膝略残，台座断失。

6. 题记：无

7. 造像：思维坐像一尊。右腿半跏趺坐于台座上，左手抚右脚踝处，五指并拢，左手戴双环腕钏。右小腿搭于左腿之上。左腿自然下垂。下身着裙，两小腿各阴刻三条"U"形衣纹。着衣覆遮座台正面，可见两层，外层衣缘阴刻下弧形衣纹。内层阴刻竖向衣纹。可见右脚，脚掌朝外，五趾刻出，脚尖朝下。背面可见座台素面，圆环形，其下残失（图二二五；图版二三八）。

H16：161

1. 名称：武定七年太子思维像

2. 材质：汉白玉

3. 时代：东魏武定七年（549 年）

4. 尺寸：通高 23.8、通宽 18.1、像身高 10.2、主尊座高 3.2 厘米，台基高 11.8、长 18.1、宽 10.8 厘米。

5. 保存状况：造像上半身缺失，右膝部残，右足足尖残，长方体台上两侧可见残块。局部略有残失。

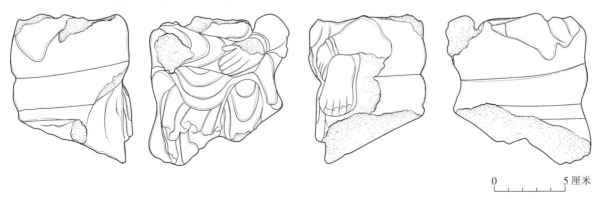

0　　　　　5 厘米

图二二五　菩萨思维坐像残块（H16：076）

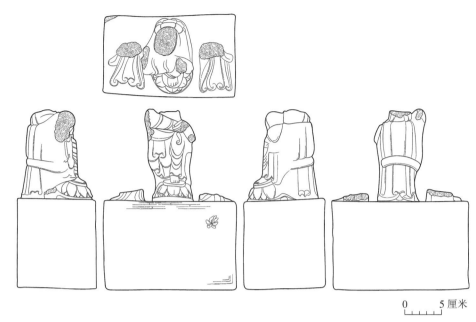

图二二六　武定七年太子思维像（H16：161）

6. 题记：台基后侧阴刻8列52字（图版二三九，3）。自右向左竖读，录文为：

　　　大魏武定七年/岁次癸巳正月/丁巳朔十日佛第子/王舍生敬造玉/石太子思惟像/上为皇帝师僧/父母己身眷属/嗒生有那一时成佛

7. 造像：菩萨思维坐像一尊，左腿屈膝下垂踏于一覆莲瓣座，右腿盘腿横放，右脚踝置于左膝上。左手刻划五指，掌心朝内，指尖朝右斜下方，抚右脚踝处。下身着裙，覆脚踝，左膝前可辨末端卷曲的纹样，右小腿下有着衣下垂，可见两层，第一层略下垂，素面，底边呈"U"形；第二层双层竖向褶皱，底边呈连续"S"形。背面可见着衣覆座，刻划竖向弧线，底边呈连续"S"和"U"形，中部有一横带。台基两侧有帛带下垂，刻划竖向衣纹，底边呈连续"S"形。左足踏覆莲台，露足尖，刻划脚趾，跣足，右足略残。坐圆柱状座。覆莲台自上而下分3段：上段较小浅圆台，素面；中段浮雕双层覆莲瓣，外层莲瓣5片，莲瓣宽大，瓣尖略外翻，中脊微凸，内层莲瓣只露高凸中脊和瓣尖，4片；下段较大浅圆台，素面。

台基为高大横方台，正面可辨黑色描线与红色、蓝色和绿色彩绘痕迹，背面刻题记。底面中部略凹，四周有放射状凿痕，边缘打磨（图二二六；图版二三九，1、2）。

多尊式，3件。

H16：159

1. 名称：菩萨思维坐像三尊
2. 材质：汉白玉
3. 时代：北齐
4. 尺寸：通高30.1、通宽20.5、菩萨像高19、主尊座高8.4、左侧弟子像高16.5、左侧弟子圆

图二二七　菩萨思维坐像三尊（H16：159）

台高 2、右侧弟子高 1.3、右侧弟子圆台高 2.2 厘米，台基高 9.3、长 20.5、宽 9.6 厘米。

5. 保存状况：主尊头颈及右手缺失，腰部断裂，已粘接。右侧弟子像缺失，残存足座。长方体底座前侧右下角残缺，后侧左下角略有残缺。局部略有残失。可见墨绘。

6. 题记：无

7. 造像：造像三尊，分别是菩萨坐像一尊，胁侍比丘立像二尊。有横方形台基。

主尊菩萨思维坐，左腿屈膝下垂，右腿盘腿横放，右脚踝置于左膝上。左臂屈肘下垂，左手抚右脚踝处，刻划五指，指尖朝右。右臂屈肘上举，肘部置于右膝之上，右前臂于右胸前。腰较细。上身着内衣，自左肩至右胁下，阴刻两道左高右低弧线衣纹。左肩披天衣，覆上臂后沿身侧“S”形下垂至台面，座右侧可见部分天衣，天衣中部阴刻一道弧线。背部未刻划，有墨绘痕迹。下身着长裙，覆脚踝，左腿阴刻 3 道“U”形弧线裙纹，右腿 3 道竖向“S”形裙纹，右腿下有着衣下垂，可见两层，第一层略下垂，素面，底边呈“U”形；第二层中部刻划 3 道“U”形弧线，两侧竖向褶皱“S”形底边，整体底边呈右高左低弧线。左手腕处戴腕钏。露足尖，跣足，右足掌心朝左，脚掌朝下，刻划脚趾。左足踏小圆台，略向左外摆，刻划脚趾，脚下圆台椭圆状素面。坐于圆柱状座，素面。

左侧弟子立像，弟子像与主尊左侧下垂天衣相连，双臂屈肘上举，合掌于胸前。溜肩。身形细长。可见头光，椭圆状，素面。头光后有墨绘莲花。头部未刻发丝，面部椭圆，眉呈上弧状，与鼻根相连；上眼脸鼓起，有卧蚕，鼻高窄；鼻梁和鼻头等宽，鼻头残；上嘴唇略残，下嘴唇较厚，嘴角微上扬。双耳肥大，贴头，下垂至肩部，颈短，表现不明显。大衣披双肩，左侧衣襟自肩斜至腹前，后沿两腿中部下垂至小腿处，右侧衣襟下垂至腹部，其中衣角上搭左前臂下垂，其余部分下垂覆腿，至小腿处。刻划衣纹左高右低弧线。下身着裙，覆脚踝，小腿处可见一道竖直裙纹。露足尖，呈八字形，竖向椭圆状，立于小圆台上，圆台平面为椭圆形，素面。

右侧弟子立像，露足尖，呈八字形，椭圆状，立于小圆台上，圆台平面为椭圆形，素面。

　　台基为横方体，台面较平，左、右、后三壁素面，前壁下部有浅坛，底面中部内凹，四周有斜向平行状凿痕，边缘打磨。坛上有香炉、双狮和二立像。香炉在坛中部，莲芯生出半身像双手向上托举香炉，呈桃形，像面圆，睁目，五官刻划简略。底部莲瓣似2层，外层莲瓣3片，宽大，内层只露瓣尖，2片。香炉两侧有卧狮，朝向香炉，左侧狮子头顶部残，嘴紧闭，两前腿立起一前一后，胸部突出，后腿部屈膝蹲坐，尾部从躯体下向前延伸。右侧狮子左耳立起，右耳残，椭圆形眼球目视前方，上唇凸起，前腿立起一前一后，后腿屈膝蹲坐，尾部从躯体下向前延伸。左侧立像左臂略屈肘下垂，手置于左跨侧，右臂于胸前屈肘上举，右手置于左上臂前。头戴冠，素面，冠缯带垂至上臂侧。面部方圆，眉弓与鼻根相连，眼闭，细长，鼻略残，鼻较长，鼻梁与鼻头等宽，嘴细长，五官刻划简略。身侧有帛带下垂至台面上，下身着裙，覆脚踝，露足尖，刻划脚趾，呈八字形外摆。右侧立像左臂于胸前屈肘上举，左手置于右上臂前，右臂略屈肘平举，右手残。头部略斜，面部方圆，上眼睑略鼓，眼细长，鼻较长，鼻梁与鼻头等宽，嘴细长，五官刻划简略。身侧有帛带下垂至台面上，下身着裙，覆脚踝，露足尖，右足残，未刻脚趾，呈八字形外摆。坛正面可见墨绘仰莲，莲瓣较长，细密，沿中部莲瓣斜向两分，可见14瓣（图二二七；图版二四〇、二四一）。

H16：335

1. 名称：天统三年菩萨思维坐三尊像
2. 材质：汉白玉
3. 时代：北齐天统三年（567年）
4. 尺寸：通高24.2、通宽：18.8、主尊身高8.3、左侧弟子身高12.8、右侧弟子身高2.6、座高7厘米。
5. 保存状况：右侧弟子像残余左腿一部分和双足残存，主尊头部、右手和部分天衣缺失。局部略有残失。

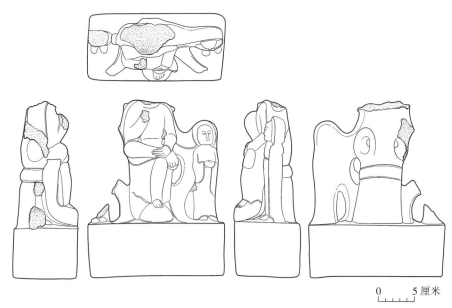

0　　　　5厘米

图二二八　天统三年菩萨思维坐三尊像（H16：335）

6. 题记：台基右侧面阴刻 3 列，识别 12 字；背面阴刻 7 列，识别 27 字；左侧面阴刻 1 列，识别 3 字（图版二四二，2）。自右向左竖读，录文如下：

（右）天统三年/五月七日佛/弟子张/（背）景来敬/造白玉像/一区为亡息/张供礼有/为亡考父/母及之己身/眷属□/（左）时成佛

7. 造像：主尊思维坐，左腿屈膝下垂踏小圆台，右腿盘腿横放，脚踝置于左腿上，脚趾朝下。左臂屈肘下垂，左手抚右脚踝处，刻划五指，指尖朝右。右臂屈肘上举，右手置于右胸前。躯体微前倾，腰较细。主尊残余颈部平面呈椭圆状，可见阴刻一蚕道和椭圆状颈根。着衣垂于座基，衣纹简略，可见右腿下垂衣襟和左腿覆脚踝衣襟。像左侧可见"S"状天衣与左侧弟子像相连。像右侧可见天衣残段。未刻衣纹。跣足，刻划脚趾。左足踏座，圆锥状，素面。坐于圆柱状座上，背面可见座分两层，上层小圆台，下层高圆柱状，素面。

左侧弟子立像，双臂屈肘平举，作拱手状，手掌未表现。可见头光，圆形，素面。头部未刻发丝。面部竖向椭圆状，眉弓与鼻根相连；眼细长，微闭，上眼睑鼓起；鼻梁平面呈长条状，较高；颧骨微凸；刻划人中；唇薄，嘴角上扬；耳部表现不明显。颈短，表现不明显。着衣表现不明显，可见手臂下垂衣巾，左臂下垂衣巾较长，衣覆脚踝。未刻衣纹。弟子像露足尖，未见脚趾，呈八字形外摆，立于台基上。

台基平面为长方形，台基右侧面中央可辨蓝色彩绘痕迹，两侧壁及后侧刻铭文，正面素面（图二二八；图版二四二，1）。

H16：352

1. 名称：河清元年菩萨思维坐像
2. 材质：汉白玉
3. 时代：北齐河清元年（562 年）
4. 尺寸：通高 74、通宽 32、像身高 38 厘米，座高 15、长 32、宽 13 厘米。
5. 保存状况：头光断裂，已粘接；菩萨腰部断裂，已粘接；座台断裂，已粘接；台基左前角断裂，已粘接。左肘部残失，右手残失。主尊两侧莲台残失。背屏右侧边缘略残。背面可见多处土锈。
6. 题记：台基背面阴刻 9 列，识别 58 字；左侧面阴刻 3 列，识别 19 字（图版二四四）。自右向左竖读，录文如下：

（背）大齐河清元年/岁次癸未正月/丙寅朔七日壬申/张令思造像一区/上为皇帝群僚/存亡七世居家眷/属边地众生常/愿恒佛闻法妙乐/国土善愿从心/（左）令思妻显□敬/妻白朋辉大女/玉娜次婉玉小征弟

7. 造像：菩萨思维坐像一尊（图二二九）。右腿横盘，右小腿搭于左腿之上，左腿自然下垂。左手抚于右脚踝处，五指并拢。右臂屈肘上举至胸部。头戴冠，上部残，有三冠面。冠缯带自头两侧下

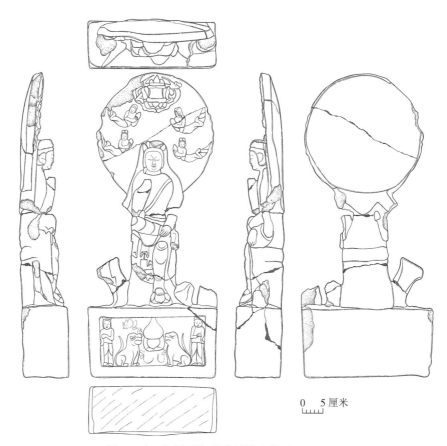

图二二九　河清元年菩萨思维坐像（H16：352）

垂至肘部。发纹素面，眼微闭，鼻残。嘴小略斜，唇峰明显。右脸颊有一球状凸起，下颌阴刻"U"形纹，颈部上窄下宽。上身见内衣袒右，自左肩到右胁下，刻衣边。下身着裙，覆脚踝，有裙腰，右小腿阴刻3道"U"形衣纹，左小腿阴刻3组双"U"形衣纹。右腿下可见裙褶覆座。座两侧可见天衣衣角置台基面上，末端尖状外侈。

　　菩萨头光浮雕左右对称，头两侧各有两身伎乐天，呈弧形飞舞；顶部是一座亭阁式覆钵塔，塔两侧各有一龙。覆钵塔塔底为覆莲台，五瓣圆拱形莲瓣。塔基一层浅方台，塔身方形，其上两层檐。翔龙伸一爪托塔底莲台，一爪蜷曲，一腿蹬塔檐，另一腿蜷曲。面部未刻，尾部向塔尖。飞天四尊形象一致，身躯弯呈弧形，一腿蜷曲，一腿舒展，上身裸露，下身着裙，一足外露。足心向上。头戴宝冠。刻裙腰。双手屈于胸前，似持一物，目微闭。菩萨右脚跣足，脚掌朝外，刻脚趾，脚尖朝下。左脚跣足，踏双层覆莲台。外层3瓣，内层2瓣，素面。其下浅圆台。座台素面圆柱形。主尊左侧可见一残圆台，素面，上踏双足。右侧仅见圆形残痕。

　　横方体台基，底面略内凹，可见平行斜向凿痕。正面凿长方形框，内浅浮雕摩尼宝珠、蹲狮两尊、立像两尊，左右对称。摩尼宝珠圆尖形焰光，下为3瓣覆莲座。其下有黑色彩绘。摩尼宝珠两侧各有一蹲狮，面向宝珠，前肢支地，后腿卷曲，尾部上立。鼻宽略残。眼微闭，眼角上扬。嘴微闭，嘴角下吊。右狮头部上方墨绘莲瓣。立像戴冠，发际线平，面部漫漶。着裙两层，内层覆脚踝，外层两腿间裙边呈人字形外侈，垂至小腿处，跣足。左侧立像右肩衣垂于腿部，双臂屈肘，右手握拳横置胸前，左手似持物。右侧立像左肩衣垂于腿部，双臂屈肘，左手握拳横置胸前，右手似持物（图版二四三）。

（四）姿态不明造像

共 6 件。

H16∶119

1. 名称：菩萨头部
2. 材质：汉白玉
3. 时代：北齐—隋
4. 尺寸：残高 26.5、残宽 14、厚 7.7、头光残高 15.5 厘米。
5. 保存状况：残存头部。头光上部残缺，有断裂。
6. 题记：无
7. 造像：圆形头光，是否原呈桃尖形已无法知晓。头戴花冠，前面正中有宝瓶，两侧为花朵，缯带束发，由脑两侧后部穿过一花状扣节从耳后下垂，经肩前直至肘部，下部残断不明。头顶有高髻，可见发缕疏朗两分。前部头发中分，面部略方，鼻梁高挺，鼻尖残。额丰满，眉弓有凹线，线一侧斜面较大，上睑与眉弓区分微凹，双目细长，圆鼓有弧弯，下睑凸起于脸颊。嘴角凹入极深，唇沟舒缓，下颔丰圆，有一凹弧，双腮丰满，面部清晰，极富立体感，头光可见紫色彩绘。颈部圆润，双肩圆，串珠式项链 16 颗圆珠。颈后凸起隆线未刻出珠子。项链下垂两条缨络，纺锤形管饰与圆珠相间，胸部从项链垂下三条垂链，珠子 5—6 颗，端头的垂珠膨大，以中间垂链者最大，隐约可见弦纹两周。披帛从右肩外搭左前臂。左手上举持物，已残。右臂断缺。背部较简化，披巾上有冠带，两根垂直，并向中间斜直并拢，下部残。项链边缘还保留极少的彩绘（图二三〇；图版二四五、二四六、二四七）。

图二三〇　菩萨头部（H16∶119）

H16∶132

1. 名称：菩萨头部

2. 材质：汉白玉

3. 时代：北齐

4. 尺寸：残高 15.4、通宽 9 厘米。

5. 保存状况：残存头部。

6. 题记：无

7. 造像：汉白玉石质杂有黑点。菩萨面部生动，符合解剖学，额部中凹，双眉凸鼓，眉弓中有凹弧线，眉梢尖。上睑前凸，细长目，双面颊圆凸，鼻梁挺直，双翼有阴线隔开，嘴唇部前凸，嘴角深凹，唇沟缓凹，丰颔，双耳下垂。发丝清晰，从中间分开呈"U"形，双侧鬓角覆盖各一缕头发从耳廓上面后拂压在莲花冠的垂缯之下。头发黑色，头正上方发髻整体呈弧顶鱼尾式，发丝富有质感，虽然不是从粗细上模仿发丝，但抓住神似的规律，表达出走向，发缕的脊棱有变化，一般不在正中，线条有意涩滞，与面部滑润之感形成显明对比。莲花冠 3 瓣，每瓣阴刻各有 6 朵云气纹，线条均为斜面，线底尖细。头前正中垂下短带呈红色。双侧宝缯均下部残断。头后部未经刻意雕琢，显现粗雕的杂乱之线痕，有一圆柱的榫，已残断。颈部光滑（图二三一；图版二四八、二四九）。

H16∶165

1. 名称：武平三年双观世音像

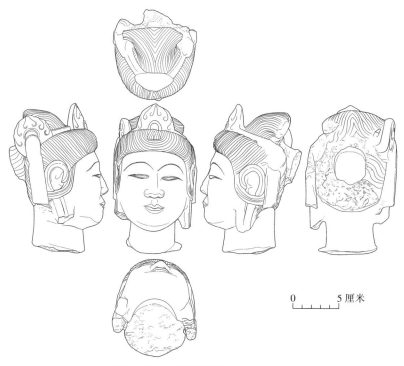

图二三一　菩萨头部（H16∶132）

图二三二 武平三年双观世音像 （H16：165）

2. 材质：汉白玉

3. 时代：北齐武平三年 （572 年）

4. 尺寸：通高 21.5、通宽 28.4 厘米，座高 8.7、长 28.4、宽 13.1 厘米。

5. 保存状况：残存像座及台基。

6. 题记：台基背面阴刻 9 列，识别 31 字，自右向左竖读（图版二五〇，2、3）。录文如下：

武平三/年三月八/日司州清/河郡功/曹崔□/礼为息/君晓敬/造双观世/音像一堀

7. 造像：尊像大部不存，仅见二尊像足部（图二三二）。尊像立于台基中部，双足露足尖，呈八字形外摆，立于莲座上。莲座浮雕双层覆莲瓣，莲瓣宽大，瓣尖略厚，内层莲瓣只露瓣尖。莲瓣下有浅圆台，素面。

二尊像前左、右两侧各有一莲座，右侧莲座上有六棱柱状残块，素面。莲座浮雕双层覆莲瓣，莲瓣宽大，瓣尖略厚，内层莲瓣只露瓣尖。莲瓣下有浅圆台，素面。

二尊像后左、右两侧各有两个椭圆柱状残块，内侧二柱较粗、较高，应为龙树树干；外侧二柱较细，左侧保存较多似有双足，右侧仅存痕迹。

台基为横方体，正面底部可见浅坛，侧面素面，底面中部内凹，有斜向平行状粗凿痕。坛上中部浮雕香炉，桃状，立于莲座上。莲座平面为圆形，浮雕双层覆莲瓣，莲瓣宽大，外层 3 片莲瓣，内层莲瓣只露瓣尖，可见 2 片，瓣尖略厚。莲瓣下有椭圆状浅圆台，素面。香炉两侧对称浮雕双卧狮，造像相似。挺胸，抬头，未刻眼珠，嘴唇前凸，微闭，面部刻划简略。前腿直立一前一后，后腿蹲坐，刻划爪子，尾部沿背部竖起，末端向后弯曲。狮外侧对称浮雕双人像。左侧人物立像，左臂略屈肘，下垂至大腿部，刻划手指，右臂屈肘抬至左胸前。腹微鼓，右胯上提，躯体左倾，头部左倾，戴冠，两侧有冠缯带下垂，面部长圆，五官刻划简略。着衣下摆略外侈，下垂至台面上，未刻衣纹。露足尖，跣足，呈八字形外摆，刻划脚趾。右侧人像对称相似（图版二五〇，1）。

H16：179

1. 名称：菩萨头部残块

2. 材质：汉白玉

3. 时代：不详

4. 尺寸：通高 4.5、通宽 4.3、像身高 3 厘米。

5. 保存状况：残余菩萨头部及部分头光，面部略残。

6. 题记：无

7. 造像：残存菩萨头像，戴冠，有三冠面，冠缯带自头两侧下垂，发际线平直。面部残损，仅见眼微闭，双耳较大，贴面下垂。

背屏前后素面（图版二五一，1）。

H16：346

1. 名称：菩萨头像

2. 材质：汉白玉

3. 时代：唐

4. 尺寸：通高 8.6、通宽 5、像身高 8.9 厘米。

5. 保存状况：宝冠局部略残，鼻尖残损，右耳垂残。整体略残损。

6. 题记：无

7. 造像：残存菩萨头像一尊。前额无发纹，两侧发丝上束，两侧鬓角各一束发贴耳，遮于冠缯带下，发际线平直。宝冠后阴刻人字形发纹，颈后部发缘两分。面部方圆，眉弓弯凸，眉中阴刻线一道。眼细长微闭，上眼睑略鼓。眉弓接鼻梁，鼻尖残。嘴角深凹微上翘，嘴唇略残。双耳大，贴头，耳垂长。下颌一道阴刻线，有脂肪袋。颈部阴刻一蚕道。菩萨头戴宝冠，冠顶略尖，正面饰一宝珠，上有圆珠形纹饰。天冠台宽。两侧冠缯带下垂至耳后断失。

头后部见方形榫断茬（图二三三；图版二五一，2、3、4）。

G1：7

1. 名称：菩萨头像

2. 材质：红陶

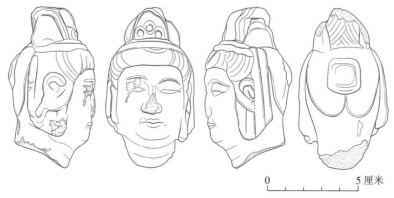

0　　　　　　5 厘米

图二三三　菩萨头像（H16：346）

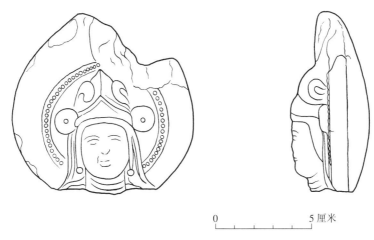

图二三四　菩萨头像（G1：7）

3. 时代：不详

4. 尺寸：通高8.6、通宽9.4厘米。

5. 保存状况：残余头部，头光顶部有缺失，局部略残失。

6. 题记：无

7. 造像：残存菩萨头像，戴宝冠，三冠面，正面呈三角状，两侧冠面半环状，冠台正中有椭圆状物，冠两侧下垂冠缯带，与冠连接部分有较大圆形物，素面。头部未见发丝，发际线平缓。面部长圆，五官模糊不清，阴刻眉线；眼细长；颧骨突出；鼻梁窄，鼻头残；唇部较厚；未刻划耳部；戴耳饰，下垂小圆珠。颈部细长，刻划两蚕道。

背屏圆形，顶部略尖，正面较平，头后刻划一圈连珠带，连珠带边缘两周轮廓线，背面略鼓，素面（图二三四；图版二五二）。

三　比丘像

共17件，按编号顺序描述如下。

H16：028

1. 名称：比丘立像

2. 材质：汉白玉

3. 时代：唐

4. 尺寸：通高21.7、通宽8.5、像身高15.9、座高5.8、仰莲直径8.5、榫直径4.7厘米。

5. 保存状况：头部残失。

6. 题记：无

7. 造像：比丘立像，两臂下垂，前臂交于腹前，左手握右手腕部，左手五指并拢，右手无名指、小拇指屈。颈部阴刻两蚕道。内衣袒右，自左肩到右胁下。大衣袒右，覆左肩，绕右胁下，衣边外翻，其中衣角上搭左前臂下垂，其余下垂覆右腿。左襟下垂，覆左腿右臂似披中衣，绕右前臂下垂。

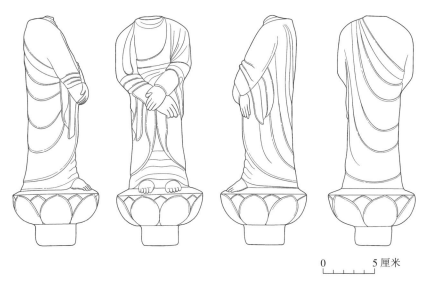

图二三五　比丘立像（H16：028）

正面下部衣边呈人字形两分，且衣边翻起。左臂浮雕两道斜向衣褶，从颈后垂一衣角覆右臂。背部沿大衣边浮雕 5 道下弧形衣纹。腿部可见裙，阴刻 4 道横向衣纹，后部衣边垂至莲台面上。双足宽厚，五趾刻出，脚趾略长。仰莲座平面为圆形，台面中间高边缘低。浮雕双层仰莲瓣，每重莲瓣均为 6 瓣，外层莲瓣宽厚，素面，呈圆拱形，内层仅从外层两瓣之间露出尖部。榫形素面底座，底面可见不规则凿痕（图二三五；图版二五三）。

H16：050

1. 名称：比丘立像
2. 材质：汉白玉
3. 时代：唐

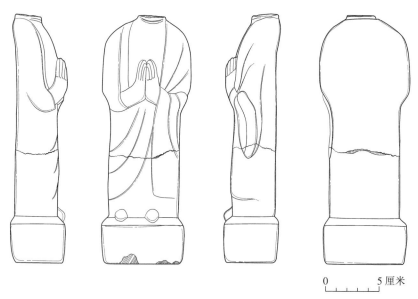

图二三六　比丘立像（H16：050）

4. 尺寸：通高 22.5、通宽 7.9、像身高 18.1 厘米，座高 4.6、长 7.9、宽 4.8 厘米。

5. 保存状况：头部缺失。膝盖处断裂，已粘接。局部略有残失。

6. 题记：无

7. 造像：比丘立像，双臂屈肘平举，合掌于胸前，刻划手指，手掌较厚。残余颈部平面呈椭圆形，可见一蚕道和上弧形颈根。胸微鼓。大衣披双肩，左侧衣襟覆左臂，下垂至小腿处，腿部衣边呈直角状。右侧衣襟覆右上臂，绕右肘，衣角上搭左前臂下垂至左膝侧，其余下垂至小腿处，腿部衣边呈左高右低弧形状。右胸前见一道竖向弧线至右前臂。刻划大衣 4 道左高右低弧线衣纹，向手腕处聚集。背面未见衣纹。露足尖，浮雕呈椭圆状。立于方台上。方台下有台基，平面为椭圆形，台面中部略高，周缘较低，素面，底面略平，有粗凿痕（图二三六；图版二五四）。

H16：071

1. 名称：比丘立像

2. 材质：汉白玉

3. 时代：唐

4. 尺寸：通高 16.9、通宽 6.8、像身高 12.9 厘米，座高 4、长 6.8、宽 5.4 厘米。

5. 保存状况：造像上半身残失。圆台局部略残。

6. 题记：无

7. 造像：比丘立像，略前倾。小腿部可见内衣置座，覆脚面。大衣厚重，正面可见衣缘两分，正中可见一倒三角形衣边，垂至小腿部，通体无衣纹。仅刻双足脚趾。圆台素面，近椭圆形，底面可见平行竖向凿痕（图二三七；图版二五五）。

H16：122

1. 名称：比丘立像

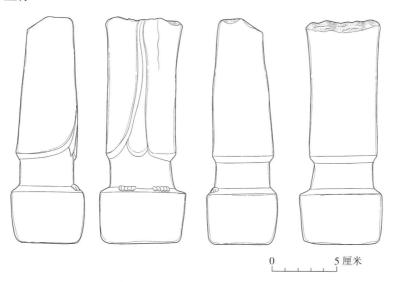

0　　　　　5 厘米

图二三七　比丘立像（H16：071）

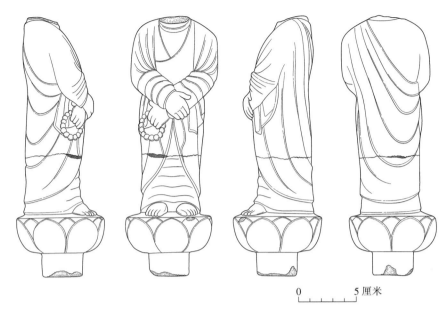

0 _____ 5 厘米

图二三八　比丘立像（H16：122）

2. 材质：汉白玉

3. 时代：唐

4. 尺寸：通高21.8、通宽7.6、像身高16.1、座高5.7、仰莲径7.6、榫高2.1、榫直径3.5厘米。

5. 保存状况：头部残失，腿部断裂已粘接，榫形底座略残。

6. 题记：无

7. 造像：比丘立像，两臂下垂，前臂交于腹前，右手握左手腕部，右手五指并拢；左手拇指分开，四指并拢，持一串佛珠，可见12颗珠。颈部可见两蚕道。内衣覆双肩，右衽，交于胸前。大衣袒右，覆左肩，绕右胁下，衣边外翻，右襟绕右前臂，可见右前臂横向衣纹，垂于右前臂下。左襟绕左前臂，可见左前臂横向衣纹，垂于体侧。正面下部衣边呈人字形两分，且衣边翻起。两臂浮雕四道斜向衣褶。背部沿大衣边浮雕5道下弧形衣纹。腿部可见内衣，阴刻四道横向衣纹，后部衣边垂至莲台面上。双足宽厚，五趾刻出，脚趾略长。呈八字形立于莲台上，仰莲座平面为圆形，台面中间高边缘低。浮雕双层仰莲瓣，每重莲瓣均为6瓣，外层莲瓣宽厚，素面，呈尖拱形，内层仅从外层两瓣之间露出尖部。榫形素面底座，底部断面粗糙（图二三八；图版二五六）。

H16：136

1. 名称：比丘立像

2. 材质：汉白玉

3. 时代：唐

4. 尺寸：通高15.6、通宽6.4、像身高13.1厘米，座高2.7、长6.4、宽3.7厘米。

5. 保存状况：头部缺失。局部略残失。

6. 题记：无

7. 造像：比丘立像，双手交叉于腹前，左手在内，右手在外，指尖朝左下方，掌心朝内，刻

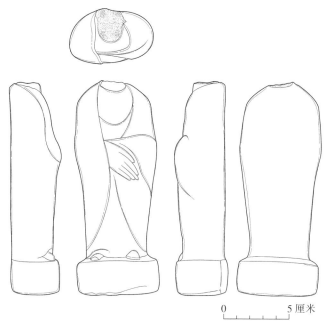

图二三九　比丘立像（H16：136）

划五指，并拢，手指较长。溜肩。残余颈部平面呈椭圆形。胸微鼓。内衣上缘呈圆弧，未刻衣纹。大衣披双肩，双领下垂，左侧衣襟斜向垂至腹前，后下垂覆腿，右侧衣襟垂至腹前，衣角上搭左前臂下垂，其余下垂腿部。腿部衣边呈人字形两分，大衣背部可见垂至椭圆形台上。未刻衣纹。下身着长裙，覆脚踝。未刻裙纹。双足覆衣下，露足尖，浮雕呈椭圆状，立于座台上。座台平面为椭圆形，较高，素面，台面中部略凸。底面略平，可见凿痕，粗糙，边缘打磨（图二三九；图版二五七，1）。

H16：137

1. 名称：比丘立像

2. 材质：汉白玉

3. 时代：唐

4. 尺寸：通高 17.7、通宽 5.9、像身高 16.5 厘米，座高 1.2、长 5.9、宽 3.1 厘米。

5. 保存状况：头部残失，背面可见土锈。

6. 题记：无

7. 造像：比丘立像，右手朝左下，贴于腹部，五指并拢，手左右两侧略鼓，似双臂屈肘。手部较大，下半身较长，比例失准。仅见大衣衣边，自左肩到右胁下，覆右肩，右侧衣襟从腹部向左前臂绕搭，下垂至腿部。衣边垂至椭圆台一周，正面可见衣边从右手下呈人字形两分。腿部可见内衣，素面。双足仅露出脚尖部，立于椭圆形台上，底面可见竖向凿痕（图二四○；图版二五七，2）。

H16：150

1. 名称：比丘立像

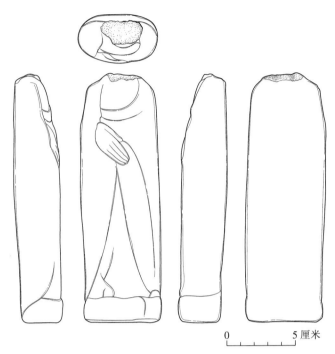

图二四〇　比丘立像（H16：137）

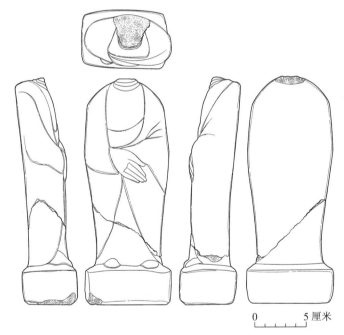

图二四一　比丘立像（H16：150）

2. 材质：汉白玉

3. 时代：唐

4. 尺寸：通高21.5、通宽8.4、像身高17.9、座高3.6厘米。

5. 保存状况：头部缺失。座正面右下角缺失。腿部断裂，已粘接。局部略残失。

6. 题记：无

7. 造像：比丘立像，双臂下垂，双手交叉于腹前，左手在内，右手在外，指尖朝向左下方，掌心朝内，刻划五指，并拢，手指较长。溜肩，胸微鼓。残余颈部平面呈椭圆形，可见 3 道蚕节纹，椭圆形颈根。内衣上缘呈左高右低弧线，未见明显衣纹。大衣披双肩下垂覆腿，正面垂至近足处，背面见大衣垂至座台上。两侧衣边在腹前相交，其中右侧衣襟下垂至腹前，衣角绕右腕上搭左前臂下垂，其余下垂覆腿。腿部衣边呈人字形。衣纹简略。下身着长裙，覆脚踝。未刻裙纹。双足覆衣下，露足尖，浮雕呈椭圆状，立于座台上。台平面为方形，素面，台面中部略凸，底面略平，可见粗凿痕，未打磨（图二四一；图版二五八，1）。

H16：187

1. 名称：比丘立像

2. 材质：汉白玉

3. 时代：唐

4. 尺寸：通高21.3、通宽8.2、像身高18.3厘米，座高3.1、长7.5、宽5.5厘米。

5. 保存状况：头部、指尖和座台以下缺失。局部略残失。

6. 题记：无

7. 造像：比丘立像，双臂屈肘略上举，双掌合十于胸前，刻划手指，手掌肥厚。上半身略前倾。残余颈部平面呈椭圆形。可见颈根。未见内衣。中衣覆右肩、臂，背部可见中衣压于大衣下。大衣袒右，背部可见宽衣边自左肩至右胁下，背部衣纹4道“U”形弧线，正面佛衣结构对称，覆双臂，均为双腕处下垂内外两层衣襟，衣边呈“S”形，内层底边呈倒三角形。双臂衣纹刻划斜向弧线向肘部聚集，下身着长裙，覆脚踝，垂至座台上。裙中部阴刻一道竖向裙纹，阴刻裙纹横向弧线阶梯状。露足尖，跣足，刻划脚趾，足背肥厚，呈八字形外摆，立于莲台上。台平面为圆形，台面中部略高，浮雕双层仰莲瓣，莲瓣宽大，瓣尖略厚，中脊表现不明显，内层莲瓣只露部分中脊和瓣尖。底面有圆形柱榫残痕（图二四二；图版二五八，2）。

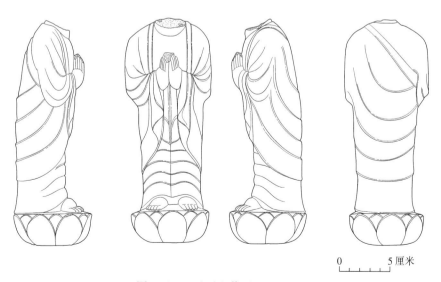

0　　　　　5厘米

图二四二　比丘立像（H16：187）

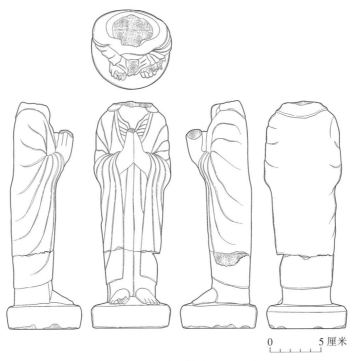

图二四三　比丘立像（H16∶195）

H16∶195

1. 名称：比丘立像

2. 材质：汉白玉

3. 时代：唐

4. 尺寸：通高21.6、通宽7.9、像身高19.5、座高2、座直径7.9厘米。

5. 保存状况：头部缺失，小腿处断裂，已粘接，左侧断裂口处残，手指处断失。可见多处土锈。

6. 题记：无

7. 造像：造像立于素面浅圆台上，上半身略前倾。两臂屈肘，于胸前合十，手背筋骨突出。残余颈部，颈骨突起，可见锁骨，袒露胸部，肋骨突起，颈部似有头戴饰物的下摆垂于肩部。正面佛衣结构对称，内衣覆双肩，交于胸前，"V"形衣边，沿衣边阴刻线一道，垂至脚踝，两腿间阴刻一道竖向衣纹，后侧衣缘置台面。大衣覆双肩，搭双臂下垂，衣缘垂至小腿处。两臂分别浅浮雕3道上弧形衣纹，两前臂各阴刻4道竖向衣纹，斜向身侧。造像跣足略呈八字形立于圆台上，脚面筋骨突出，五趾分明。素面圆形台，中部略高，边缘略削。底面边缘打磨，中部无规则凿痕（图二四三；图版二五九，1）。

H16∶265

1. 名称：比丘立像

2. 材质：汉白玉

3. 时代：唐

4. 尺寸：通高8.3、通宽4.5、像身高4.9厘米，座高3.4、长4.5、宽3.9厘米。

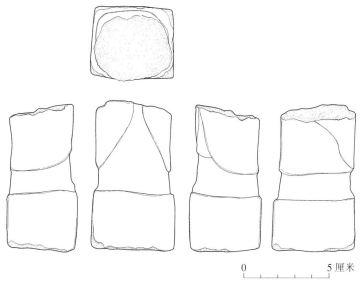

图二四四　比丘立像（H16∶265）

5. 保存状况：残余像下半身和座。局部略残失。

6. 题记：无

7. 造像：比丘立像。可见外衣下摆，正面腿部衣边呈八字形。下身着裙，未见裙纹，底边横向直线。裙下为椭圆柱状，正面底端浮雕椭圆状凸起，表现双足，平行状，立于座上。座为横方体，素面。底面略平，有竖向凿痕，粗糙，边缘未打磨（图二四四；图版二五九，2）。

H16∶267

1. 名称：比丘立像

2. 材质：汉白玉

3. 时代：不详

4. 尺寸：通高 12.5、通宽 10、像身高 12.5 厘米。

5. 保存状况：头部及腿部以下残失，双手略残。

6. 题记：无

7. 造像：比丘立像，两臂屈肘，于胸前合十，腹部略鼓。可见大衣裹双臂，两臂下有下垂衣襟。可见衣边从腹部呈人字形两分，腿部衣纹呈八字形斜向体侧，左臂有 3 道斜向衣纹，右臂竖向衣纹。比丘左侧残余一弧形树干状背屏，双手上似有一物（图二四五；图版二六〇，1）。

H16∶313

1. 名称：比丘立像

2. 材质：汉白玉

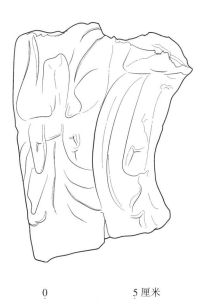

图二四五　比丘立像（H16∶267）

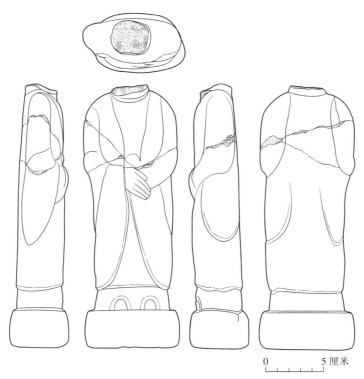

图二四六　比丘立像（H16：313）

3. 时代：唐

4. 尺寸：通高 22.1、通宽 8.2、像身高 19、座高 3 厘米。

5. 保存状况：头部残失。像残断三块，已粘接。局部略残失。

6. 题记：无

7. 造像：比丘立像，双臂下垂，双手抚于腹前，右手压左手，刻划右手手指，掌心朝内，指尖朝左下方。略前倾。残余颈部，平面呈椭圆形，颈部可见阴刻 2 蚕道，椭圆形颈根。有胸肌中缝。大衣披双肩下垂覆腿，下垂至近足部。双领下垂，覆手臂，双襟下垂至腹部。自手腕处下垂衣缘外翻，衣边呈人字形。衣纹表现不明显。腹前见半圆状雕刻。下身着裙，素面，双足位置为横向椭圆台，正面阴刻两个半圆形表现足尖，立于座台上。台横向椭圆状，素面，台面略平，底面略平，有不规则凿痕（图二四六；图版二六〇，2）。

H16：314

1. 名称：比丘立像

2. 材质：汉白玉

3. 时代：唐

4. 尺寸：通高 23.3、通宽 7.2、像身高 19.6 厘米，座高 3.7、长 7.2、宽 4.4 厘米。

5. 保存状况：头部残失，腿部断裂已粘接。

6. 题记：无

7. 造像：比丘站立，两臂下垂，前臂交于腹前，右手抚左手上，右手五指并拢，一指已残。内衣覆双肩，有宽衣边，右衽。大衣覆双肩，可见右襟裹右前臂，一衣角搭左前臂，阴刻一道弧形衣

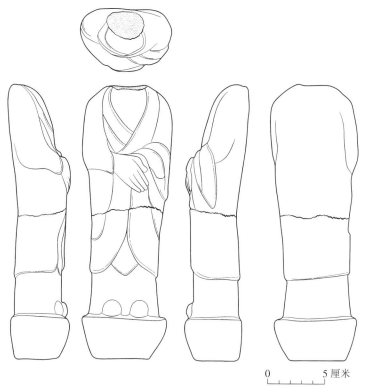

图二四七　比丘立像（H16∶314）

纹。正面可见衣边从右手下呈人字形两分，其下可见一倒三角形衣边，垂至小腿部。小腿部可见内衣置座，覆脚面，后部衣边垂至台面上。双足仅露出脚尖部，立于椭圆形台上，上宽下窄，台面边缘低，素面。底面粗糙，可见竖向凿痕（图二四七；图版二六一）。

H16∶320

1. 名称：比丘立像
2. 材质：汉白玉
3. 时代：不详
4. 尺寸：通高 12.3、通宽 7.7、像身高 9.5 厘米。
5. 保存状况：比丘面部残损，腿部以下残失。
6. 题记：无
7. 造像：比丘立像，两臂屈肘，于胸前合十，手较长。圆形头光，前后素面。面部残损，仅见耳大贴头，耳垂长至肩。可见大衣覆双肩衣边，左右胸各阴刻略弧竖向衣纹一道（图二四八；图版二六二，1）。

H16∶325

1. 名称：比丘立像

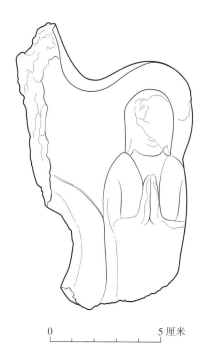

图二四八　比丘立像（H16∶320）

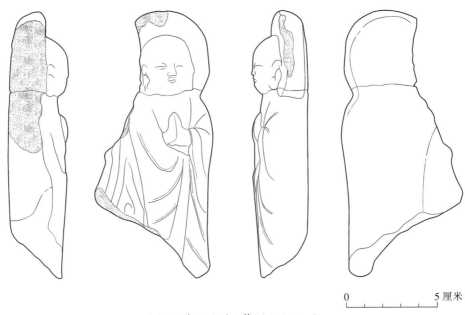

图二四九　比丘立像（H16：325）

2. 材质：汉白玉

3. 时代：不详

4. 尺寸：通高 14.2、通宽 6、像身高 14.2 厘米。

5. 保存状况：头光右侧残，腿部以下残失，颈部断裂，已粘接。

6. 题记：无

7. 造像：比丘立像，两臂屈肘，于胸前合十，腹部略鼓。圆形头光，前后素面。圆顶丰额，眼微闭，眼角平直，鼻梁微挺，嘴角内凹上扬，耳大贴头，耳垂长，短颈。可见大衣覆双肩，裹右臂绕搭左臂下垂。腿部两道竖向衣纹，两侧各 3 道斜向衣纹，斜向身侧。比丘右侧有人字形阴线纹饰（图二四九；图版二六二，2）。

G2：16

1. 名称：比丘像头部

2. 材质：红陶

3. 时代：唐

4. 尺寸：通高 3.5、通宽 3.4 厘米。

5. 保存状况：头部以下残失。

6. 题记：无

7. 造像：造像面部漫漶，双耳大，贴头，耳垂长。鼻宽，鼻头圆（图二五〇；图版二六三，1）。

G2：17

1. 名称：比丘像头部

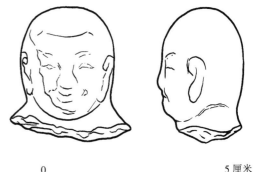

图二五〇　比丘像头部（G2：16）

2. 材质：红陶

3. 时代：唐

4. 尺寸：通高 3.3、通宽 2.7 厘米。

5. 保存状况：头部以下残失。

6. 题记：无

7. 造像：造像发际线呈"U"形，头顶素面。眉弓弯凸，眼微闭，呈上弧形，眼角下吊，宽鼻，鼻头圆。下嘴唇厚，有两酒窝，双耳大，贴头，耳垂长。下颌一道阴刻线，有脂肪袋（图二五一；图版二六三，2）。

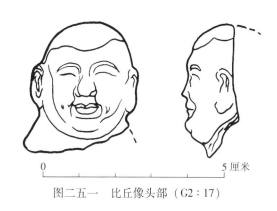

0 ———————— 5 厘米

图二五一　比丘像头部（G2：17）

四　童子像

共 5 件。按编号顺序描述如下。

H16：247

1. 名称：童子坐像

2. 材质：汉白玉

3. 时代：唐

4. 尺寸：通高 10.6、通宽 7.7、像身高 7.9、座高 3.2、座直径 5.3—7.7 厘米。

5. 保存状况：头部缺失，莲座后部略残，正面多处土锈，

6. 题记：无

7. 造像：童子坐像，两腿向外屈膝，双脚掌心相并。两臂下垂，屈肘，双手置腹前，上托一球

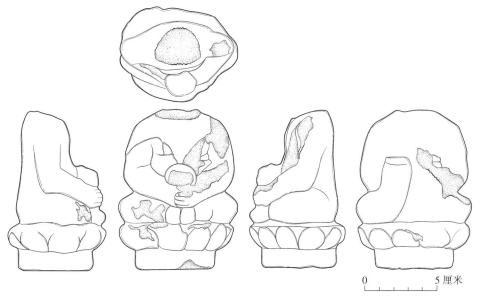

0 ———————— 5 厘米

图二五二　童子坐像（H16：247）

状物，左手握住右手。胸肌略鼓。双肩披巾，胸、背各一角下垂，两肩各一角垂至两臂中部。可见腰部束带，胸部披巾两侧有吊带。后部束带系结两分成人字形。脚穿短靴，坐于莲台上。座台浮雕莲瓣两重，外层莲瓣宽厚，呈圆拱形，内层莲瓣仅从外层两瓣之间露出尖部。外层莲瓣 10 片，内层 9 瓣。其下接一近圆榫形座基，光素无纹。座底有斜向凿痕（图二五二；图版二六四，1）。

G1：4

1. 名称：童子坐像

2. 材质：红陶

3. 时代：唐

4. 尺寸：通高 8.2、通宽 6.4、像身高 7.2 厘米，座高 1、长 5.9、宽 4.2 厘米。

5. 保存状况：头部和座部分残失。

6. 题记：无

7. 造像：两腿向外屈膝，双脚掌心向内。两臂下垂，左手置腿上，右手抚兽。双肩披巾，胸、背各一角下垂，两肩各一角垂至两臂中部。蹲兽面部朝右，立耳，咧嘴，前腿置童子左手，后腿蜷曲置童子右腿。脚穿短靴，坐于六边形素面浅台，底面呈圆锥形内凹，素面（图二五三；图版二六四，2）。

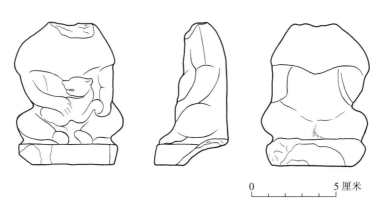

图二五三　童子坐像（G1：4）

G1：6

1. 名称：童子坐像

2. 材质：红陶

3. 时代：唐

4. 尺寸：通高 8.5、通宽 7、像身高 7.5 厘米，座高 1、长 7、宽 4.6 厘米。

5. 保存状况：头部缺失，局部略残损可见前后合范裂痕。

6. 题记：无

7. 造像：童子坐像，两腿向外屈膝，双脚掌心向内（图二五四）。两臂下垂，屈肘，左手置腿上，右手抚兽。双肩披巾，胸、背各一角下垂，两肩各一角垂至两臂中部。胸前与背部可见 "V" 形衣边。右手抚兽，兽面部朝右，立耳，咧嘴，前腿置童子左手，后腿蜷曲置童子右腿。脚穿短靴，坐

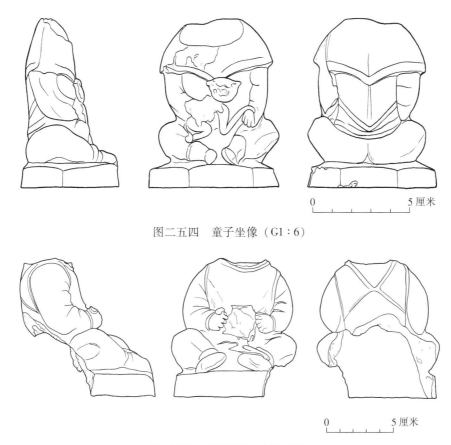

图二五四　童子坐像（G1∶6）

0　　　　　　　　5 厘米

图二五五　童子坐像（G1∶10）

于六边形素面浅台，底面呈圆锥形内凹，素面。可见制作时按压留下的指纹（图版二六五）。

G1∶10

1. 名称：童子坐像

2. 材质：红陶

3. 时代：唐

4. 尺寸：通高9.8、通宽8.5、像身高7.8厘米，座高2、残长5、残宽4.5厘米。

5. 保存状况：头部和臀部缺失。后侧可见内部空心，表面磨光。

6. 题记：无

7. 造像：童子坐像。两腿向外屈膝，双脚掌心向内。两臂下垂，屈肘，双手置腰部，握拳。双手戴腕钏。可见颈下衣边，两臂衣边，背部"X"形衣纹。兽右前肢置童子右手上，兽面部残损，后腿蜷曲搭童子左脚踝。脚穿短靴，坐于四边形浅台。底部中空（图二五五；图版二六六，1）。

G2∶4

1. 名称：童子坐像

2. 材质：灰陶

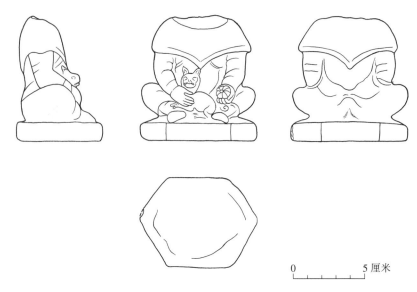

图二五六　童子坐像（G2：4）

3. 时代：唐

4. 尺寸：通高8.5、通宽7.5、像身高7.5厘米，座高1、长7.5、宽6厘米。

5. 保存状况：头部缺失。

6. 题记：无

7. 造像：童子坐像，两腿向外屈膝，双脚掌心向内。两臂下垂，屈肘，双手置腿上。双肩披巾，胸、背各一角下垂，两肩各一角垂至两臂中部。右手抚兽，兽面部朝前，立耳，咧嘴，前腿置童子右腿，后腿蜷曲置座。左手托一莲花状物。脚穿短靴，坐于六边形浅台，底面磨光（图二五六；图版二六六，2）。

第四节　造像残块

此类造像残块，共28件。按编号顺序描述如下。

H16：018

1. 名称：莲座

2. 材质：汉白玉

3. 时代：北齐

4. 尺寸：通高21.1、通宽27.1厘米。

5. 保存状况：座基四角均有缺失。局部略残失。

6. 题记：无

图二五七　莲座（H16：018）

7. 造像：造像无存。

座台覆盆状，座台上浮雕双层覆莲瓣，莲瓣宽硕，瓣尖外翻，中脊高凸，脊两侧有椭圆形高凸物，内层莲瓣只露瓣尖。座台侧面浮雕自上而下分3段，上下段刻划长条纹，素面；中段浮雕莲花纹饰带，以正面宝珠对称状分布，浮雕莲蕾、莲花、莲叶和卷草纹状饰物。

座基方形，正面饰壶门，壶门内浮雕香炉，自上而下分3段：上段较小椭圆状饰物；中段较大圆珠；下段短圆柱，两侧有斜向莲蕾和莲叶。两端浮雕对称相似卧狮，胸微挺，头微昂，前腿斜向直立，一前一后，后腿蹲坐，刻划爪子，尾部呈"S"状上扬，耳向后直立，刻划眼珠，鼻头位于上嘴唇顶部，嘴唇较大，前凸，微张（图二五七；图版二六七、二六八）。

H16：038

1. 名称：台座

2. 材质：汉白玉

3. 时代：不详

4. 尺寸：通高18.4、通宽21.7厘米。

5. 保存状况：座台上沿左前角缺失，左后角残断，已粘接，座束腰四角处各有两重立柱，仅残余左前角内侧立柱一根，其余均断失，座基下沿略残。

6. 题记：无

7. 造像：造像无存。

束腰八棱柱形，束腰上端，四面浮雕连接扁立柱，呈尖拱形，其外侧均可见一立柱断痕。束腰四面各浅浮雕伎乐一尊，整体漫漶。正面伎乐似结跏趺坐，双臂屈肘，握一物；右侧似结跏趺坐，吹笛；后部似结跏趺坐，弹琵琶；左侧结跏趺坐，头部长圆，双手似于腹前持一物。座基自上而下有两段：上段为两层素面方台叠涩；下段座基四面上下缘各有一道阴刻线，前后两面刻划两壶门，左右两侧面刻划一壶门。底面可见中部竖向凿痕，左右两侧横向凿痕。

图二五八　台座（H16∶038）

台座为素面横方体，表面可见中心粗糙磨痕，外围呈放射状凿痕。其下一层素面方台下收（图二五八；图版二六九，1）。

H16∶055

1. 名称：莲座
2. 材质：汉白玉
3. 时代：唐
4. 尺寸：通高4.2、通宽13.5厘米。
5. 保存状况：圆形覆莲台座基两处缺损。
6. 题记：无
7. 造像：造像无存。

座基自上而下有3段：上段为3层素面圆台叠涩，最上层台面中部可见圆形断面，应为座基圆形束腰痕迹，外围可见6根圆形立柱断面；中段浮雕双层覆莲瓣，上层残余7瓣，莲瓣宽厚，中脊高凸，两侧各有一椭圆形高凸物，瓣尖外翻；下层仅在上层的两瓣之间露出瓣尖，残余6瓣，中脊高凸，瓣尖外翻；下段素面浅圆台。底面内凹，可见呈中心放射状凿痕（图二五九；图版二六九，2）。

H16∶104

1. 名称：天宝七载座基
2. 材质：汉白玉
3. 时代：唐天宝七载（748年）
4. 尺寸：通高4.9、通长12.2、宽8.9厘米。
5. 保存状况：座基正面右下角残损，可见部分土锈。
6. 题记：座基正面阴刻方格字界5列，识别13字；右侧面阴刻3列，识别7字；背面阴刻方格字界，识别1字。自右

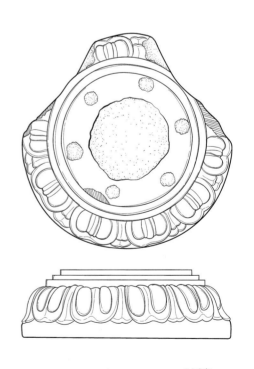

图二五九　莲座（H16∶055）

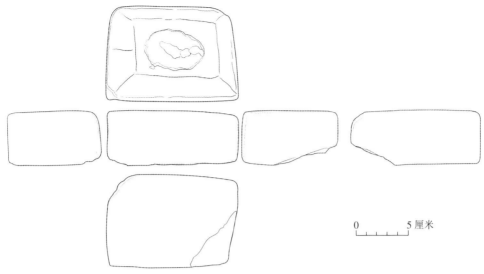

图二六〇 天宝七载座基（H16：104）

向左竖读，录文如下：

　　（正）天宝七/载十月/十日转二/娘为□/过□/（右）敬造/□子一区/□家供/（背）养……

　　7. 造像：造像无存，仅见横方形座基，台面中有竖椭圆形残痕，原应有造像。台面打磨较光，台面阴刻有"回"字形边框。座基前后左侧面阴刻铭文，底面粗糙（图二六〇；图版二七〇）。

H16：114

　　1. 名称：座基残块

　　2. 材质：青石

　　3. 时代：唐

　　4. 尺寸：长 13.8、宽 15、高 5 厘米。

　　5. 保存状况：座基一侧残失，两圆形凹槽之间边缘残损。

　　6. 题记：座基一侧残存阴刻 3 列，识别 3 字，自右向左读，录文如下：

　　　　□□/敬/造

　　7. 造像：造像不存。座基方形，台面可见两圆形凹槽。一大一小，较小者位于座基一角，较大者残半，槽略深于较小者。槽内均底面粗糙，应置造像之用。座基一侧面阴刻铭文，其余侧面磨光，素面，底面可见不规则凿痕（图二六一；图版二七一，1、3、5）。

H16：115

　　1. 名称：座基残块

　　2. 材质：青石

　　3. 时代：唐

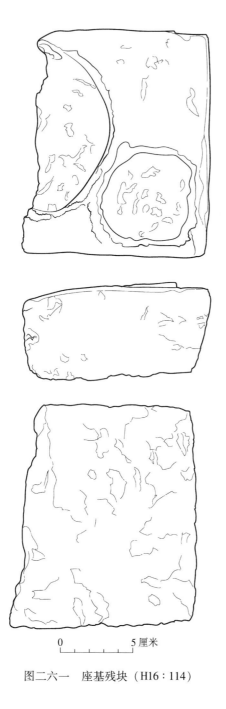

图二六一　座基残块（H16：114）

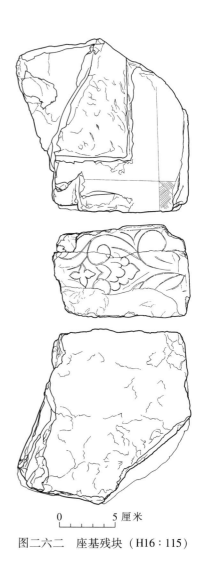

图二六二　座基残块（H16：115）

4. 尺寸：通高 8.1、通宽 15.2、长 14.9 厘米。

5. 保存状况：残存方形座基一角。

6. 题记：无

7. 造像：造像无存。座基方形，台面打磨较光，台面上每边各阴刻一道直线，角部阴刻密集的交错细线。台面内有方形凹槽，槽内底面粗糙，应置造像之用。座基一侧面浅浮雕忍冬纹饰，另一面磨光素面，底面粗糙（图二六二；图版二七一，2、4、6）。

H16：118

1. 名称：座基残块

2. 材质：青石

3. 时代：不详

4. 尺寸：通高9、通宽14.9、长5.6厘米。

5. 保存状况：仅残余座基一角。

6. 题记：无

7. 造像：造像无存。座基可见上层浅台一角。其下浮雕双层覆莲瓣，外层莲瓣宽厚，中脊高凸，两侧各有一椭圆形高凸物，瓣尖翻翘，莲瓣可见5瓣，每瓣根部相连；下层仅从上层两瓣之间露出尖部，可见4瓣。台基横方体，素面。底面可见斜向平行凿痕（图二六三；图版二七二）。

图二六三　座基残块（H16：118）

H16：123

1. 名称：仪凤三年像座

2. 材质：青石

3. 时代：唐仪凤三年（678年）

4. 尺寸：通高5、通长15.2、通宽12.9厘米。

5. 保存状况：座基整体较完整，铭文略有残损。

6. 题记：座基四面刻有题记。正面阴刻方格字界6列，识别12字，右侧阴刻方格字界7列，识别14字，背侧阴刻方格字界6列，识别4字，左侧阴刻方格字界6列，识别8字（图版二七四）。自右向左竖读，录文如下：

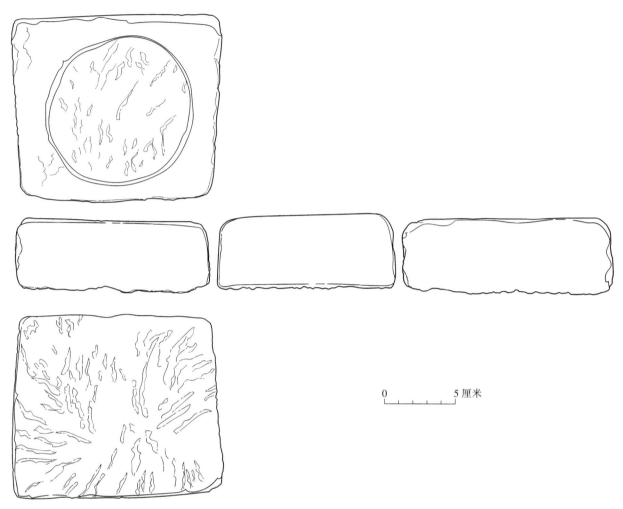

0 _____ 5 厘米

图二六四　仪凤三年像座（H16∶123）

（右）前潞/州屯/留县/主簿/张等/为女/二娘/（背）□荷/□顽/□□/□宝/□□/心□/（左）□钟/□□/□发/净心/敬造/尊像/（正）一区/仪凤/三年/七月/十五/日成

0 _____ 5 厘米

图二六五　座基残块（H16∶128）

7. 造像：造像无存。座基方形，台面中部有圆形凹槽，槽内可见平行斜向凿痕，应置造像之用。座基四个侧面均阴刻铭文，底面可见不规则凿痕（图二六四；图版二七三）。

H16∶128

1. 名称：座基残块

2. 材质：青石

3. 时代：不详

4. 尺寸：通高4.5、通宽7.5、长5.6厘米。

5. 保存状况：残存座基一角。

6. 题记：座基背面阴刻方格字界2列，识别4字，自右向左竖读，录文如下：

　　……皇帝□/世光□……

　　7. 造像：造像无存。座基方形，台面打磨较光，座基一侧面阴刻铭文，底面为断裂面（图二六五；图版二七五，1）。

H16：144

1. 名称：天统四年像座
2. 材质：汉白玉
3. 时代：北齐天统四年（568 年）
4. 尺寸：通高 10.3、通宽 22.1、像身高 4.1 厘米，座高 5.1、长 21.2、宽 8 厘米。
5. 保存状况：造像脚以上均缺失，像座旁分别残余一座。横方体台基左侧下缘残，后面两上角略残。
6. 题记：座基右侧面阴刻 3 列，识别 8 字，背面阴刻 8 列，识别 24 字，左侧面阴刻 4 列，识别 13 字，自右向左竖读（图版二七五，3）。录文如下：

　　（右）大齐/天统四/年七月/（背）廿二日/佛弟子/比丘尼/宝钦敬/造双太/子象一/躯上为/皇帝陛/（左）下师僧父/母法界众/生同时/作佛

　　7. 造像：残存主尊造像两尊、胁侍两尊足部及座痕迹。残存右侧主尊左足，跣足踏于覆莲座上，脚掌宽厚，脚面局部残损，余四趾。覆莲座为双层莲瓣。仅见右侧莲台外层莲瓣 3 瓣，素面呈尖拱形，内层仅从外层两瓣间露出尖部。底部为一素面浅半圆台。左侧主尊足座不辨。两主尊座外侧各残余天衣衣角，沿座一侧下垂置横方体台面上，末端尖状。主尊天衣外侧各可见一残块，应为胁侍像痕迹（图二六六；图版二七五，2）。

台基为横方体，左后右三面均阴刻铭文。底面内凹，可见平行斜向凿痕。

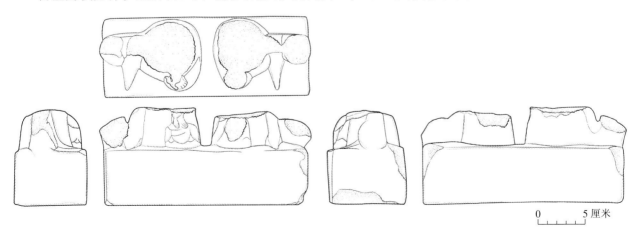

0　　　　　　5 厘米

图二六六　　天统四年像座（H16：144）

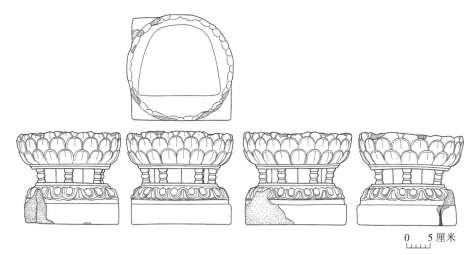

图二六七　莲座（H16：162）

H16：162

1. 名称：莲座

2. 材质：汉白玉

3. 时代：唐

4. 尺寸：通高19.9、通宽23.3、座高19.9、座直径23.3厘米。

5. 保存状况：仰莲上层边缘略残，覆莲及方形台基左后侧残损。

6. 题记：台基右侧及后侧阴刻，识别5字，但经过打磨，多数字迹已不存，录文如下：

　　　　……弥/陀像/一躯……

7. 造像：造像无存。

束腰仰覆莲座。台面有近梯形凹槽，前宽后窄。其下浮雕4层仰莲瓣，上两层高出台面。自下而上第一层，莲瓣20片，莲瓣边缘阴刻线，莲瓣呈圆拱形，瓣尖略翘，中脊略凸。第二层在第一层两瓣之间露出，形制与第一层相同，略显中脊。第三层在第二层两瓣之间露出，形制与第一层相同，仅露出上半部分。第四层仅露出尖部，三、四层大部分残损。莲瓣下有两层素面圆台叠涩下收。

束腰六棱柱形，素面，外围六面中部各有一立柱。均由3颗圆珠上下连接，珠间由单个环箍间隔。

座基自上而下有3段：上段为两层素面圆台叠涩；中段浮雕双层覆莲瓣，莲瓣宽厚，中脊高凸，两侧各有一椭圆形高凸物，瓣尖翻翘，莲瓣10片，每瓣根部相连；下层仅从上层两瓣之间露出中脊和尖部，瓣尖略上翘，残存10片；下段素面浅圆台。

台基长方体，素面（图二六七；图版二七六）。

H16：170

1. 名称：莲座

2. 材质：汉白玉

3. 时代：不详

4. 尺寸：通高 15.2、通宽 18.8、座高 6.5、座边长 18.8 厘米。

5. 保存状况：台基局部略残失。

6. 题记：无

7. 造像：造像无存。

座圆形，座台上中央有较大椭圆形孔，座分上下两层，上层浮雕双层覆莲瓣，外层莲瓣宽硕，中脊高凸，脊两侧有椭圆状高凸物，瓣尖外翻，共 8 片，内层莲瓣只露瓣尖，共 8 片；下层浅圆台，素面。

有方体高台基，素面。底面粗糙，有凿痕，中部有方孔与座台上孔相通，边缘未打磨（图二六八；图版二七七）。

0   5 厘米

图二六八　莲座（H16：170）

H16：206

1. 名称：龙朔二年覆莲底座

2. 材质：汉白玉

3. 时代：唐龙朔二年（662 年）

4. 尺寸：残高 9.2、底长 15.6、宽 14.3 厘米。

5. 保存状况：余覆莲台及方形台座，方形台两角缺失，另一角断裂已粘接，局部略有磕残。束腰残余约三分之一，腰部以上缺失。

6. 题记：自右向左竖读。一面 9 列，另一面应为 6 列，残余 5 列，每列 2—3 字。可辨 26 字，原应有 31 字。

龙朔/二年/十二月/六日赵/度妻/李弟/妻瞿/弟妻/高为/□□/□陁/像□/躯□/家供/养

7. 造像：无存。石质粗糙，为圆雕式仰覆莲底座。底座残余中腰以下，中部圆柱形束腰残余约

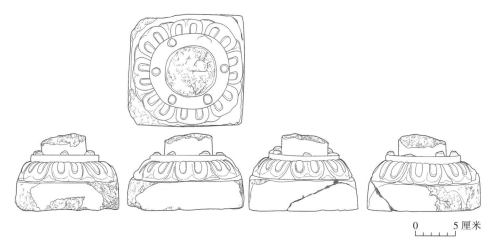

图二六九　覆莲底座（H16：206）

三分之一，下接一近圆形圆台，圆台边缘处残余 6 个蜀柱断痕。其下为覆盆形，侧缘浅浮雕有覆莲瓣两重，外层作宝装式，莲瓣中脊两侧各雕有两个椭圆形，尖部内凹外翘，两瓣两片，内层莲瓣从外层两瓣之间露出尖部，瓣尖略内凹，莲瓣 8 片，底部为一方形的台座，台面较大，略平，方座底面略内凹，有凿痕。两壁面光素无纹，其余相邻两壁面刻有铭文（图二六九；图版二七八）。

H16：252

1. 名称：足座残块
2. 材质：汉白玉
3. 时代：不详
4. 尺寸：通高 18.8、通宽 16.5、像身高 4.1、座高 13.5 厘米。
5. 保存状况：仅存足和座。可见土锈，局部略残损。
6. 题记：无

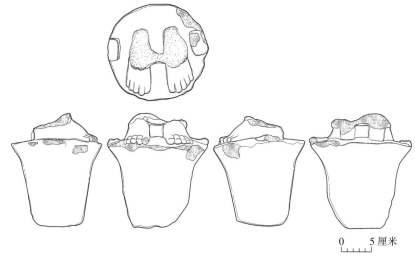

图二七〇　足座残块（H16：252）

7. 造像：残存立像一尊，露双足，右足上可见部分着衣底边，跣足，双足略呈平行状，刻划脚趾和指甲，立于座上。座榫状，座台上中部略鼓，侧面上部分约3厘米打磨，其余有凿痕，底面有不规则凿痕，粗糙（图二七〇；图版二七九，1、3）。

H16∶257

1. 名称：足座残块
2. 材质：汉白玉
3. 时代：不详
4. 尺寸：通高12.1、通宽12.5、像身高2、座高8.7厘米。
5. 保存状况：仅残余造像双足及榫形座，台面右侧缘残损。
6. 题记：无。
7. 造像：残存立像一尊，跣足，略呈八字形，五趾分明，刻指甲，立于榫形圆台上。双足两侧残余衣角，可见有棕红色彩绘线。立于素面榫形圆台。圆台侧面光滑，榫形柱侧面多处竖向凿痕。足后侧残余一横方体残块。台面四周低，中部略高（图二七一；图版二七九，2、4）。

H16∶316

1. 名称：莲座
2. 材质：汉白玉
3. 时代：不详
4. 尺寸：通高8.6、通宽12.2厘米。
5. 保存状况：座基一侧残失，整体略残损。
6. 题记：无

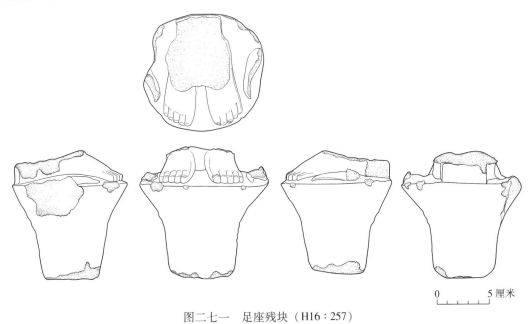

0　　　　　5厘米

图二七一　足座残块（H16∶257）

图二七二　莲座（H16∶316）

7. 造像：造像无存，仅存莲座座基。座基方圆形，上可见圆形束腰断茬。座基自上而下有 3 段，上段为两层素面圆台叠涩；中段浮雕两层覆莲瓣，上层残余 6 瓣，莲瓣宽厚，中脊高凸，两侧各有一椭圆形高凸物，瓣尖内凹；下层仅在上层的两瓣之间露出瓣尖，残余 6 瓣；下段素面浅方圆台。底面较平，略粗糙（图二七二；图版二八〇，1）。

H16∶330

1. 名称：如来像座

2. 材质：青石

3. 时代：唐

4. 尺寸：通高 9.9、通宽 8.2、像高 2.2、座高 7.9、长 8.2、宽 6.7 厘米。

5. 保存状况：如来像残余背部一角。佛座整体残损严重，束腰 5 根立柱断失，座台大部残，座基前、后均有残损。

6. 题记：无

7. 造像：束腰座，背面可见阴刻有衣纹。座台圆形，浮雕双层仰莲瓣，外层可见莲瓣 5 瓣，莲瓣宽厚，素面，中部微鼓，呈尖拱形。内层莲瓣仅从外层两瓣之间露出尖部，尖部均残，略显中脊，

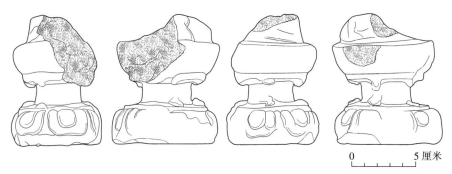

图二七三　如来像座（H16∶330）

可见莲瓣 4 瓣。座台下有层较小素面圆台。束腰圆柱形，素面，外围有圆雕 5 根立柱，均断失。座基自上而下有 3 段，上段为单层素面圆台；中段浮雕双层覆莲瓣，外层可见 6 瓣，莲瓣宽厚，呈圆拱形，每瓣中部均有一椭圆形高凸物。内层仅从外层两瓣之间露出尖部、中脊，可见 5 瓣；下段素面浅圆台，底面可见向心放射状凿痕（图二七三；图版二八○，2）。

H16：334

1. 名称：手部残块

2. 材质：汉白玉

3. 时代：不详

4. 尺寸：通高 7.2、通宽 4 厘米。

5. 保存状况：残余手掌，五指上半部残失。

6. 题记：无

7. 造像：仅见造像手掌，手掌宽厚，四指并拢，阴刻一道横向掌纹，两道斜向掌纹。手腕阴刻两道上弧形纹（图二七四；图版二八一，1）。

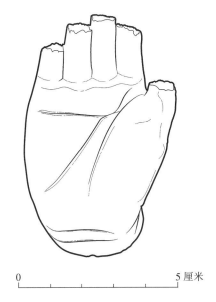

0   5厘米

图二七四 手部残块（H16：334）

G1：13

1. 名称：像座残块

2. 材质：红陶

3. 时代：唐

4. 尺寸：通高 6.2、通宽 9.8 厘米。

5. 保存状况：残余像座一角，局部略残失。

6. 题记：无

7. 造像：造像无存。残余座基一角，其上有浅台，素面，浅台上有一断面。座基侧面光滑，素面，略不平；底面中部半圆状深凹，光滑，壁面见 2 道凸棱，底面边缘较平，呈长条状，素面。该像座原为空心（图二七五；图版二八一，2）。

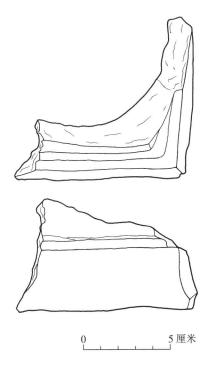

0   5厘米

图二七五 像座残块（G1：13）

G1：16

1. 名称：台基残块

2. 材质：白陶

3. 时代：唐

4. 尺寸：通高 10、通宽 12、厚 4 厘米。

5. 保存状况：仅存造像龛台基局部。残损严重。

6. 题记：无

7. 造像：残余台基的右下角。顶部、左侧面为断面；右侧面、底面和背面略平，素面，粗糙。正面台基上右侧见座，漫漶；台基底部可见基坛，基坛上右侧有卧狮痕迹，似面朝正面，前腿直立，双耳竖立，胸部前凸（图版二八二，1）。

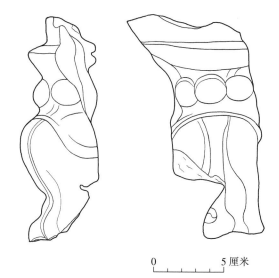

图二七六　台基残块（G1：24）

G1：24

1. 名称：像座残块
2. 材质：红陶
3. 时代：唐
4. 尺寸：通高 15.5、通宽 9.4 厘米。
5. 保存状况：局部残块。略残。
6. 题记：无
7. 造像：造像无存。束腰座，座上似有坐像，形制不明，束腰见 3 个半圆凸起，座基半圆状，素面。其下有断面。似有佩鞍坐骑（图二七六；图版二八二，2）。

G2：6

1. 名称：带头光像残块
2. 材质：红陶
3. 时代：唐
4. 尺寸：通高 9、通宽 6.5、像身高 8.5 厘米。
5. 保存状况：头光上部残，菩萨腰部以下残失。
6. 题记：无
7. 造像：右臂屈肘，右手举胸前，横握。左臂下垂。束高发髻，戴宝冠，上有对称卷形纹饰。

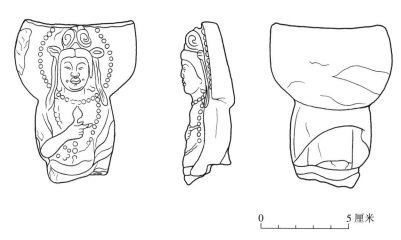

图二七七　带头光像残块（G2：6）

冠缯带头两侧打结，下垂至两肩。额前发际两分，弯眉，眼微闭，呈上弧形，宽鼻，人中宽，上唇厚，嘴两侧有圆形凹痕，下颌有脂肪袋。可见双肩披天衣，两臂有斜向衣纹。背部可见天衣上弧形衣边。颈前戴璎珞，饰连珠纹，正中坠一宝珠装饰，下接连珠状璎珞。项圈两端下接一连珠纹璎珞，呈弧形，在腹部与正中璎珞相接。

　　头光近圆形，略前倾，背面素面，正面头外围，浅浮雕连珠纹，呈圆形（图二七七；图版二八三）。

G2∶7

1. 名称：坐像残块

2. 材质：红陶

3. 时代：唐

4. 尺寸：通高5、通宽6.8、像身高4、座高1厘米。

5. 保存状况：造像腹部以上残失。

6. 题记：无

7. 造像：坐像残块，两腿向外屈膝，双脚掌心向内。双手掌心向上，屈指，置膝盖内侧。右手托一莲花状物。左手置兽左前肢。兽面部漫漶，卧姿，立尾。脚穿短靴，坐于六边形浅台。底面较粗糙（图二七八；图版二八四，1）。

G2∶8

1. 名称：带头光像残块

2. 材质：白陶

3. 时代：唐

4. 尺寸：通高9.2、通宽10.5、像身高4.5厘米。

5. 保存状况：菩萨头部以下背屏，躯体残失。

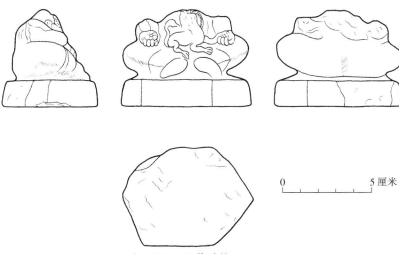

0　　　　　　　　　5厘米

图二七八　坐像残块（G2∶7）

6. 题记：无

7. 造像：束高发髻，戴宝冠，阴刻 3 道对称上弧形纹饰。额前及头两侧发纹左右对称，阴刻横向发纹，面部漫漶，仅见弯眉，眼微闭。

背屏呈尖拱形，前后素面（图版二八四，2）。

G2：9

1. 名称：带头光像残块

2. 材质：白陶

3. 时代：唐

4. 尺寸：通高 9、通宽 8、像身高 8 厘米。

5. 保存状况：头光上部残，菩萨胸部以下残失。

6. 题记：无

7. 造像：束高发髻，戴宝冠，上有对称卷形纹饰。冠缯带头两侧打结，下垂至两肩。可见天冠台，正中一宝珠，外围呈尖拱形装饰。

头光近圆形，略前倾，背面素面，正面头外围，可见有圆弧形装饰（图版二八五，1）。

G2：10

1. 名称：造像残块

2. 材质：红陶

3. 时代：唐

4. 尺寸：通高 7.6、通宽 6、像身高 7.6 厘米。

5. 保存状况：造像面部漫漶，下半身残失。

6. 题记：无

7. 造像：造像无存。面部漫漶，仅见眉弓弯凸，眼微睁，耳大贴头。双肩披巾，胸、背各一角下垂，两肩各一角垂至两臂中部（图二七九；图版二八五，2）。

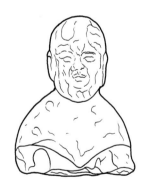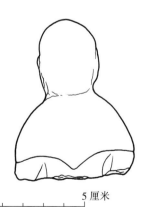

0   5 厘米

图二七九　造像残块（G2：10）

G2：12

1. 名称：立像残块

2. 材质：红陶

3. 时代：唐

4. 尺寸：通高 8、通宽 5、像身高 6.5、座高 1、径 5 厘米。

5. 保存状况：造像腿部以上残失，座基后部残损。

6. 题记：无

7. 造像：造像站姿，腿部后倾。腿部着裙，两腿间一束带覆座。天衣从腿两侧下垂覆座。立于浅圆台，其下接一层素面浅圆台。台基方形素面，底面磨光（图二八〇；图版二八六，1）。

G2：14

1. 名称：立像残块

2. 材质：红陶

3. 时代：唐

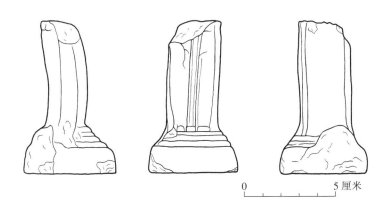

0　　　　　　5 厘米

图二八〇　立像残块（G2：12）

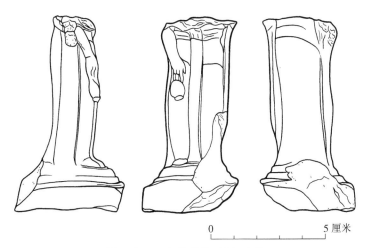

0　　　　　　5 厘米

图二八一　立像残块（G2：14）

4. 尺寸：通高 8.5、通宽 4.3、像身高 6.5、座高 1 厘米。

5. 保存状况：造像腰部以上残失，座基后部残损，左前侧残损。

6. 题记：无

7. 造像：造像站姿，右手下垂至大腿处。腰部宽裙边，腿部着裙，覆脚踝，两腿间一束带。阴刻 3 道竖向衣纹。右手中指，无名指屈指，勾一净瓶。立于浅圆台，素面，其下接一浅圆台。台基方形素面，底面磨光（图二八一；图版二八六，2）。

结　语

一　后底阁遗址与武城县

后底阁遗址位于南宫市东南部，处于南宫、枣强、故城和清河四县之间，同时也是邢台、衡水两市的交界之地，向东距离山东省的武城县界也仅有 20 多公里。此区域历史沿革复杂多变。后底阁遗址出土造像的铭文中，两次提到了武城县。

一为东魏武定五年一铺三尊像（H16：107），题记：

　　大魏武定五年八月十五日，清信士佛弟子武城县人，清州刺史崔敬丞、清河郡功曹崔曼略二人，合率邑义二百人等，敬造白玉像一区。上为皇帝陛下、师僧、父母、一切众生，龙华三会，俱登上首，所求如意，一时成佛。

二为唐乾封二年如来并坐像（H16：151），题记：

　　乾封二年岁次丁卯，十一月丁巳朔十六日壬申，卢州司户参军、第二男、散官张行本，为亡考妣敬造弥陁像一躯，上为皇帝及合家眷属，法界终生，共同此福。其年十一月十六日，并迁奉俱必。本妻武城崔果毅长女，本男：知绚、知则、知俭、知俱、知毅、知□、知纪，女：□娘、十娘。

历史上武城为邑为县，治所变化复杂。史书记载，县治变迁大体可为分八个阶段。

第一阶段：东武城邑。为战国赵邑。东武城县之前，战国时为赵邑，赵惠文王封孟尝君以武城。又孝成王封其弟胜于武城，号为平原君。

第二阶段：东武城县。汉高帝四年为东武城县阶段。

第三阶段：武城县（一）。西晋太康年间去"东"，称为武城县。

第四阶段：信成武城县。北齐天保七年（556 年）撤销武城，并入贝丘县。同时在信成设立新武城县。

第五阶段：武城县（二）。隋开皇六年（586 年）原武城县由贝丘县析出，重新恢复了旧治地，即武城县（一），贝丘县也随之改名清阳县。原在信成的武城县改名为清河县，此后其治地由信成迁至新建的县城葛仙庄，即今清河县治地。

第六阶段：永济渠西武城县。唐调露初（679—680 年），武城县移置永济渠西。

第七阶段：老城镇武城县。宋大观中（1107—1110 年），始移今武城县老城镇。

第八阶段：武城镇武城县。1973 县城迁往今址武城镇。

武城县现境域于 1964 年形成，遵照国务院行政区划调整规定，以运河为界，将武城县运河西部地域划归故城县。因此在 1964 年之前，武城县西与南宫市（县）搭界，而在 1964 年之后才因区划调整被故城县隔开。

后底阁遗址出土造像铭文中两次提到武城，一次为东魏武定五年（547 年），另一次为唐乾封二年（667 年），分别对应（东）武城治所变迁史的第三阶段和第五阶段。根据调查与勘探，后底阁遗址东西 1428、南北 1542 米，面积达到 220 万平方米，比较符合唐代县城的规模①。另外遗址西北有大型墓地，因而后底阁遗址极有可能是东武城和武城治所（第三阶段和第五阶段）。

《战国策》载有苏秦有关赵国和齐国的两段话："当今之时，山东之建国，莫如赵强。赵地方三千里，西有常山，南有河、漳，东有清河，北有燕国"，"齐南有泰山，东有琅邪，西有清河，北有勃海，所谓四塞之国也，地方二千余里"。据此，清河为赵齐之界河，属于赵国的东武城邑应在清河之西。《读史方舆纪要》卷一四南宫县黄路河条："在县南八十里。《志》云：上流自清河县城北流入境，疑即故清河矣。今堙废。其地斥卤，潦水数集。"该书卷一四武城县一字河条目下："又县西北五里有蔡河，又西北二十里曰黄芦河。"据此可推知，黄芦河距武城县 25 里。从地图测量武城县旧城老城镇至清凉江的直线距离为 13.6 公里，与黄芦河距离极为相近。测量南宫县到清凉江的直线距离为 35.5 公里，与黄路河距南宫县 80 里相近。黄路河与黄芦河音形接近，应为同一条河，又为南宫与武城共同拥有，所以为界河的可能性极大。目前两地的界河正是清凉江，因而清凉江可能就是《读史方舆纪要》所言黄路河或者黄芦河，即原来的清河。

2014 年邢台市文物管理处对永济渠进行了调查勘探，确认永济渠穿越临西县城东南隅、清河县城之西，东临临清古城遗址和贝州城址，河道为西南—东北走向，最后在北部边境大致循清凉江一线进入德州市境②。因而清凉江也是一条古河道，其名字与清河也极为接近，极有可能为清河或者清河的一段。既然赵齐以清河为界，那么东武城的位置也应在清河以西，即清凉江西北岸，与后底阁遗址地理位置相符。

综上，我们有理由相信，后底阁遗址就属于曾经的东武城邑和东武城县，应为两次武城县治所在地。

二　后底阁造像类型与内容

此次发掘出土造像共 279 件（附表一），其中具有铭文的造像 43 件（附表二）。通过整理，在造像体量与材质、造像内容、造像形制、造像时代等四个方面有了初步认识。

（一）造像体量与材质

根据造像尺寸大小，将 279 件造像分为 A 类造像、B 类造像、C 类造像三种。造像材质有石质

---

① 唐代县城边长一般为 500 米，后底阁遗址未发现城墙，遗址面积包括城内外文化堆积。
② 邢台市文物管理处：《隋唐大运河邢台段调查报告》，《河北省考古文集（五）》，科学出版社，2014 年。

造像和素烧陶瓷①造像两类，造像石质根据颜色和质地又可分为汉白玉和青石两种（表一）。

1. A 类造像

造像通高超过 50 厘米，体量较大，共计 13 件，约占全部造像的 4.6%。其中，12 件是汉白玉石质造像，1 件为青石质造像。

2. B 类造像

造像通高在 30—50 厘米之间，体量中等，共计 20 件，约占全部造像的 7.1%。其中，16 件是汉白玉石质造像，4 件为青石质造像且均为造像龛。

3. C 类造像

造像通高不超过 30 厘米（包括造像残块），体量较小，共计 246 件，约占全部造像的 88.2%。其中，有 196 件汉白玉石质造像、13 件青石质造像和 37 件素烧陶瓷造像。C 类造像包括造像残块，例如如来头部、手、足座以及背屏、头光等部分。所有素烧陶瓷造像均为 C 类。

表一　　　　　　　　　　　　　　　　后底阁造像体量、材质统计表

造像体量材质		编号（H16、G1、G2）	合计（件）	占比
A 类	汉白玉	H16：001、002、003、004、005、006、007、101、107、103、105、352	12	4.3%
	青石质	H16：353	1	0.3%
	素烧陶瓷	无	0	0%
B 类	汉白玉	H16：052、143、146、159、168、185、199、200、201、203、205、219、220、268、276、297	16	5.7%
	青石质	H16：172、215、236、239	4	1.4%
	素烧陶瓷	无	0	
C 类	汉白玉	H16：018、019、020、022、023、024、025、026、027、028、029、031、032、033、034、035、036、037、038、039、041、042、043、044、045、046、049、050、051、053、054、055、057、058、059、061、064、065、071、072、073、075、076、077、102、104、106、108、109、110、111、112、113、116、117、119、121、122、124、125、126、127、129、130、131、132、133、135、136、137、138、139、140、141、144、148、150、151、155、156、158、160、161、162、163、165、166、170、171、173、176、177、178、179、180、181、183、184、186、187、188、189、191、193、195、196、197、202、204、206、207、208、209、210、212、213、214、216、217、222、223、224、225、232、234、240、242、243、246、247、250、252、255、256、257、259、261、262、263、264、265、267、269、270、271、272、273、278、279、280、282、284、285、286、287、288、294、296、301、303、304、305、306、307、308、309、310、311、313、314、315、316、317、318、319、320、321、323、325、327、328、329、332、334、335、336、337、342、344、345、346、347、348、349、350、351	196	70.3%

① 未施釉的陶瓷生坯的烧成过程称素烧。后底阁遗址出土一定数量的陶瓷造像，器表无釉，胎质坚硬结实，组织致密，火候较高，颜色大体可分红（黄褐）、白、灰等，属陶瓷素烧器。关于此类材质的名称，学界意见不一。本报告内文和表格中提到的红陶、灰陶、白陶均属此类，暂时统称素烧陶瓷。

续表

造像体量材质		编号（H16、G1、G2）	合计（件）	占比
C类	青石质	H16：114、115、118、120、123、128、145、157、174、182、218、326、330	13	4.7%
	素烧陶瓷	G1：1、2、3、4、5、6、7、8、9、10、11、12、13、14、15、16、17、18、22、23、24、25、G2：1、2、3、4、6、7、8、9、10、11、12、14、15、16、17	37	13.3%
合计			279	100%

从上表可知，从材质来看，汉白玉石质造像共224件，青石质造像共18件，素烧陶瓷造像共37件，说明汉白玉石质是主流雕塑材质。从造像体量来看，A类造像和B类造像合计仅33件，而C类造像共196件，体量小的造像占绝大多数。综合来看，汉白玉石质的C类造像有196件，比重最大，说明小型的汉白玉造像是主要流行造像。

（二）造像形制

造像形制可分为背屏造像、龛式造像、圆雕造像三种。我们将出土的279件造像进行了形制统计（表二）。统计结果表明：圆雕造像的数量最多，共计170件，占总量的61%；其次是背屏造像，共计68件，占总量的24%；龛式造像最少，共计13件，占总量的5%；姿态不明在形制上无法归类的如来和菩萨残块20件，占总量7%；形制全不可辨的残块占10%。

表二　　　　　　　　　　后底阁造像形制统计表

造像形制	尊数	尊格	编号（H16、G1、G2）	合计（件）	占比
背屏造像 68件	多尊式	主尊如来	H16：006、007、024、105、107	5	24.4%
		主尊菩萨	H16：046、072、200、214、279、319	6	
	双尊式	如来	H16：145、216	2	
		菩萨	H16：039、138、141、163、176、186、210、213	8	
	单尊式	如来	H16：117、168、318	3	
		菩萨	H16：022、026、036、054、075、102、135、139、177、178、202、204、212、261、264、276、280、301、332、G2：2	20	
	残块		H16：023、042、049、058、061、073、077、120、185、240、242、246、250、256、263、271、315、321、328、336、G1：17、22、23、25	24	
龛式造像 13件	多尊式	主尊如来	H16：157、172、174、215、218、236、239、326、G1：14、G2：1、3、11、15	13	4.6%

续表

造像形制	尊数	尊格		编号（H16、G1、G2）	合计（件）	占比
圆雕造像 170件	多尊式	主尊如来	H16：171		1	61%
		主尊菩萨	H16：159、335、352		3	
	单尊式	如来		H16：001、002、003、004、005、027、029、031、033、035、037、041、043、044、051、052、101、106、108、109、111、112、113、116、121、124、125、126、129、130、131、133、140、143、146、148、151、156、160、166、173、181、182、184、188、189、196、197、199、201、203、205、207、208、209、217、219、220、225、232、234、268、278、284、285、286、287、288、294、297、304、305、306、307、308、309、310、317、329、342、353、G1：11、12、15	84	
		菩萨		H16：025、032、034、045、057、059、064、065、076、103、110、127、155、158、161、180、183、191、193、222、223、224、255、259、262、269、270、272、273、296、303、311、323、327、337、G1：2、3、5、8、18	40	
		比丘立像		H16：028、050、071、122、136、137、150、187、195、265、267、313、314、320、325、G2：16、17	17	
		童子像		H16：247、G1：4、6、10、G2：4	5	
	姿态不明	如来		H16：019、020、053、243、282、344、345、347、348、349、350、351、G1：1、9	14	
		菩萨		H16：119、132、165、179、346、G1：7	6	
形制不辨 28件				H16：018、038、055、104、114、115、118、123、128、144、162、170、206、252、257、316、330、334、G1：13、16、24、G2：6、7、8、9、10、12、14	28	10%
合计					279	100%

1. 背屏造像

68件。根据一件造像上的尊数，将其分为多尊式、双尊式、单尊式三种。

A 多尊式

共计11件，是背屏造像中数量最少的一种，均是汉白玉石质。5件主尊为如来，且造像体量较大；6件主尊为菩萨，且体量均较小。

B 双尊式

共计10件，均为汉白玉石质，体量均较小，背屏均素面、底部下收。两尊像姿态相同，大多无衣纹。尊格为如来的2件，尊格为菩萨的8件（其中2件有"观音菩萨"铭文）。

C 单尊式

共计 23 件，是背屏造像中数量最多的一种。体量均较小，完整的有 11 件。仅 G2：2 为红色素烧陶瓷，其余均为汉白玉质。背屏多前倾，底部下收，素面较多，少数有墨绘。尊格为如来的 3 件；尊格为菩萨的 20 件，占绝大多数。

其余 24 件为尊格不明的残块。

2. 龛式造像

共计 13 件，均为多尊式，主尊均为如来。其中 8 件为青石质，5 件为素烧陶瓷造像。青石质造像龛形制较统一，立面轮廓较方，呈尖拱形，尖部锥状突起；正中开龛，龛楣圆拱形。造像背面下部阴刻铭文；像体未雕刻衣纹，手部较大，比例失准；有横方体台基，正面延伸出长方形浅台，其上浮雕力士和两狮。素烧陶瓷造像形制较统一，外龛尖拱形，内龛三角形龛楣，两侧龛门有力士，横方体台基，正面延伸出长方形高台，其上正中浮雕童子，两侧浮雕蹲狮。

3. 圆雕造像

共计 170 件，其中多尊式造像 4 件，有 1 件主尊为如来，其余 3 件主尊为菩萨。没有双尊式造像。单尊式造像 146 件，其中如来像 84 件，菩萨像 40 件，比丘立像 17 件（包括 2 件头部），童子像 5 件。姿态不明的如来和菩萨残块 20 件。其中一件太子思维坐像（H16：161）归为单尊式，但主尊两侧台基上面有断茬，是主尊衣纹还是胁侍立像不易确定，不排除其为三尊式的可能性。

4. 形制不辨的残块 28 件。

（三）造像内容

造像按尊格分为如来、菩萨、比丘、童子四类。将保存相对完整的造像、3 件有铭文造像座（H16：046、206、214）以及 3 件题材可辨的造像残块（H16：072、279、287）共计 203 件进行统计（表三）。另外还有 76 件背屏、头光、足座残块计入统计结果。

表三 后底阁造像内容统计表

造像	姿态	尊数	造像编号（H16、G1、G2）	数量（件）
如来 103 件	跏趺坐像	二佛并坐像	H16：145、172、174、215、216	5
		单尊	H16：001、002、003、004、007、027、029、033、035、037、041、043、044、051、052、101、106、108、109、111、112、113、116、121、124、125、126、129、130、131、133、140、143、146、148、151、156、157、160、166、171、173、181、182、188、189、196、197、199、201、203、205、207、208、209、217、218、219、220、225、232、234、236、239、268、278、284、285、286、287、288、294、297、304、305、306、307、308、309、310、317、326、329、342；G2：3	85
	倚坐像		H16：005；G1：11、12、15；G2：1	5
	立像		H16：006、031、105、107、117、168、184、353	8

续表

造像	姿态	尊数	造像编号（H16、G1、G2）	数量（件）
菩萨 78件	思维坐像		H16：025、045、076、144、159、161、335、352	8
	半跏趺坐像		H16：155、269、323；G2：2	4
	立像	双尊	H16：039、138、141、163、165、176、186、210、213	9
		单尊	H16：032、034、036、046、054、057、059、064、065、072、075、102、103、110、119、127、135、139、158、177、178、180、183、191、193、200、202、204、212、214、222、223、224、255、259、261、262、264、270、272、273、276、279、280、296、301、303、311、319、327、332、337；G1：2、3、5、8、18	57
比丘 17件	立像		H16：028、050、071、122、136、137、150、187、195、265、267、313、314、320、325；G2：16、17	17
童子像 5件	坐像		H16：247；G1：4、6、10；G2：4	5
内容不辨 76件			H16：018、019、020、022、023、024、026、038、042、049、053、055、058、061、073、077、104、114、115、118、120、123、128、132、162、170、179、185、206、240、242、243、246、250、252、256、257、263、271、282、315、316、318、321、328、330、334、336、344、345、346、347、348、349、350、351；G1：1、7、9、13、14、16、17、22、23、24、25；G2：6、7、8、9、10、11、、12、14、15	76
合计				279

从上表可看出，主尊为如来的造像有103件，数量最多；主尊为菩萨的造像有78件，排列第二；比丘17件，数量较少；童子5件，数量最少。

1. 如来

如来像103件。按姿态可分为跏趺坐像、倚坐像和立像三类。其中，跏趺坐像90件、倚坐像5件、立像8件，跏趺坐像占绝大多数。

A 如来跏趺坐像

共90件，其中有二佛并坐像5件，一佛单尊或多尊造像85件。

5件二佛并坐像均有题记，其中H16：216为北齐天保六年（555年）二佛并坐造像，汉白玉石质，有较大背屏，横方形台基；其余4件均为唐代显庆年间的青石龛式造像。从二佛姿态来看，H16：216、H16：174两件造像的二佛姿态完全相同，另外三件造像的二佛姿态对称。一般认为二佛并坐造像是释迦、多宝二佛并坐题材，与《法华经》及其信仰传播有关。

一佛单尊或多尊造像多是单体圆雕汉白玉石质，体量大小相似，其中纪年造像有7件。如来大多头部残失，佛衣有三层佛衣、两层佛衣与一件横披、两层佛衣三类。如来手印几乎都为一手抚膝、一手举于胸前施无畏印，仅 1 件如来结跏趺坐像为双手抚膝（H16∶294），1 件如来结跏趺坐像双手合于腹前相叠施禅定印（H16∶35）。一般认为阿弥陀佛施禅定印，释迦牟尼施无畏印，从手印可推测造像中的绝大多数如来像是释迦牟尼。但是，在造像题记中有 12 件关于如来尊格的铭文均为"弥陀像"（11 件）或"弥陀佛"（1 件），一般认为"弥陀"是"阿弥陀佛"的简称，但"弥陀"铭文的造像中有 3 件是二佛并坐题材，其中应该没有阿弥陀佛，说明"弥陀"不一定代表阿弥陀佛。

B 如来倚坐像

共计 5 件，如来坐于高座，双腿下垂，腿部及两腿间衣纹均呈下弧形，大部分双膝外侈。H16∶005 像是汉白玉质单体圆雕像，体量较大，其余均为素烧陶瓷质，体量小。按尊数来看，有一佛单尊和一佛多尊，如 G2∶1 为素烧陶瓷龛式造像，一佛五尊像，造像残存三尊，分别是主尊如来倚坐像、右侧力士像，右侧胁侍像；H16∶005 为单尊如来倚坐像。一般认为倚坐的如来为弥勒。

C 如来立像

共计 8 件，佛衣均通肩式，手印皆为左手朝下、右手举于胸前施无畏印。其中背屏造像有 5 件，圆雕造像有 3 件。如来立像尊格可能为释迦牟尼或阿弥陀佛。

2. 菩萨

共计 78 件，按姿态分为立像 66 件、思维坐像 8 件（其中一件根据铭文提示所定）、半跏趺坐像 4 件。

A 菩萨立像

66 件。按菩萨尊数可分为单菩萨和双菩萨，多为汉白玉石质的背屏造像和单体圆雕造像。

单菩萨像 57 件。菩萨像头戴冠，可见冠缯带，一手上举于胸持莲蕾，一手下垂持一物，披天衣，着长裙，踏莲座。单体圆雕造像中的菩萨头部均残失，戴项圈，披天衣，腹前璎珞交叉，左手下垂握天衣，下身着长裙。其中有 2 件（H16∶046 和 H16∶214）单菩萨像有题记自名"观世音"菩萨，可推测单菩萨像应为观音菩萨题材。

双菩萨造像 9 件，大多为汉白玉石质，均有背屏（H16∶165 为造像残座）。菩萨像姿态相似，右手上举持莲蕾，左手朝下持一桃形物，头冠两侧下垂冠缯带，均未刻画衣纹。6 件双菩萨造像有纪年题记，其中 2 件题记自名"观世音"（H16∶163）或"双观世音"（H16∶165）名号。结合其他地区发现的双菩萨立像，可推测其尊格应为双观音菩萨题材。

B 菩萨思维坐像

共计 8 件，均为圆雕造像，其中 1 件为双菩萨思维坐像，7 件为单菩萨思维坐像。菩萨像姿态相同，左腿屈膝下垂踏小圆台，右腿盘腿横放，脚踝置于左腿上，脚趾朝下。左臂屈肘下垂，左手抚右脚踝处；右臂屈肘上举，右手置于右胸前。其中有 3 件造像有题记，2 件题记有"太子像"名号，如 H16∶161 为武定七年（549 年）造像，自铭"玉石太子思唯像"；H16∶144 天统四年（569 年）像座，题记自铭为"双太子象（像）一躯"；可见，菩萨思维坐像应为释迦牟尼成佛前的太子思维像，是北齐流行的题材之一。

C 半跏趺坐像

共计 4 件。从石质看，其中 3 件为汉白玉质，1 件素烧陶瓷。从姿态看，1 件造像左腿横盘、右腿下垂，其余 3 件均为左腿下垂，右腿盘腿横放。从着衣看，H16∶155 为僧装半跏坐像，H16∶323、

G2：2 为菩萨装半跏趺坐像。其中有纪年造像 1 件 H16：269，仪凤三年造像，仅残余菩萨下半身和座，题记自铭为"地藏"。从此题记及参考其他地区造像，半跏趺坐菩萨像应为地藏菩萨题材。

3. 比丘

共计 17 件。其中 15 件为汉白玉石质单体圆雕，2 件为素烧陶瓷造像。汉白玉比丘站立，双手合十，着僧衣，立于素面榫形台上。比丘像可能应为如来或菩萨造像的胁侍，是一铺多尊组合造像的一个组成部分。

4. 童子像

共计 5 件。其中 1 件为汉白玉石质（H16：247），其余均为素烧陶瓷。童子头部圆而大，均两腿向外屈膝、双脚掌心相并而坐，两臂下垂，屈肘，双手置腹前托一球状物，或怀里腿上有一只动物，其中一例右手抚动物、左手托莲花状物。童子像是唐代造像中可见的题材，具体身份不明。

5. 内容不辨 76 件。

三　后底阁造像时代与特征

后底阁出土造像共计 279 件，其中 43 件有题记，占造像总数的 15%。其中纪年题记造像 35 件，包括东魏纪年造像 5 件，北齐纪年造像 11 件，唐代纪年造像 19 件。其刻写方式均为阴刻楷体竖书。根据纪年造像特征，结合河北地区"定州系白石造像"[①] 和"邺城模式"[②] 造像时代特点，将后底阁造像中保存较好、年代特征可辨的 249 件，初步分为东魏、北齐—隋、唐代三个阶段（表四）。因部分造像损毁严重、仅具局部特征，无法窥其全貌，时代划分难免有所疏漏。同时把余下的年代不详的 30 件亦附列表后。

表四　　　　　　　　　　　　　后底阁造像时代统计表

时代	造像编号	纪年	材质	保存状况	造像类型	题材
东魏 14 件	H16：276	武定二年（544 年）	汉白玉	背屏残损	背屏造像	单菩萨立像
	H16：279	武定三年（545 年）	汉白玉	基座、莲台	背屏造像	一菩萨二比丘立像
	H16：107	武定五年（547 年）	汉白玉	背屏尖略残	背屏造像	一如来二菩萨立像
	H16：046	武定七年（549 年）	汉白玉	基座、莲台	背屏造像	一菩萨二比丘立像
	H16：161	武定七年（549 年）	汉白玉	残身、基座	圆雕造像	太子思维坐像
	H16：024	东魏	汉白玉	残背屏、头身	背屏造像	胁侍菩萨
	H16：036	东魏	汉白玉	背屏残损	背屏造像	单菩萨立像
	H16：076	东魏	汉白玉	残身	圆雕造像	单菩萨思维坐像
	H16：135	东魏	汉白玉	残背屏、头身	背屏造像	单菩萨立像
	H16：168	东魏	汉白玉	背屏残损	背屏造像	单如来立像
	H16：212	东魏	汉白玉	背屏残损	背屏造像	单菩萨立像

① 李静杰、田军：《定州系白石佛像研究》，《故宫博物院院刊》1999 年第 3 期。

② 何利群：《从北吴庄佛像埋葬坑论邺城造像的发展阶段与"邺城模式"》，《考古》2014 年第 5 期。

时代	造像编号	纪年	材质	保存状况	造像类型	题材
东魏 14件	H16：280	东魏	汉白玉	莲台、基座	背屏造像	单菩萨立像
	H16：301	东魏	汉白玉	残背屏、残身	背屏造像	单菩萨立像
	H16：318	东魏	汉白玉	残背屏、头部	背屏造像	单如来立像
北齐 ｜ 隋 53件	H16：216	天保六年（555年）	汉白玉	完好	背屏造像	二佛并坐像
	H16：163	天保九年（558年）	汉白玉	背屏残损	背屏造像	双尊菩萨立像
	H16：352	河清元年（562年）	汉白玉	基本完整	圆雕造像	一思维菩萨二比丘
	H16：214	河清三年（564年）	汉白玉	基座、莲台、足	背屏造像	一菩萨二比丘立像
	H16：335	天统三年（567年）	汉白玉	完整	圆雕造像	一思维菩萨二比丘
	H16：144	天统四年（568年）	汉白玉	基座、像残底	圆雕造像	双太子思维像
	H16：210	天统四年（568年）	汉白玉	背屏残损	背屏造像	双菩萨立像
	H16：141	天统□年 （565—568年）	汉白玉	背屏残损	背屏造像	双菩萨立像
	H16：039	武平二年（571年）	汉白玉	背屏残损	背屏造像	双菩萨立像
	H16：186	武平二年（571年）	汉白玉	背屏残损	背屏造像	双菩萨立像
	H16：165	武平三年（572年）	汉白玉	残基座、莲台	背屏造像	双菩萨立像
	H16：006	北齐	汉白玉	局部残损	背屏造像	一如来二菩萨二比丘立像
	H16：007	北齐	汉白玉	背屏、主尊头残	背屏造像	一如来坐像二菩萨二比丘立像
	H16：018	北齐	汉白玉	基座、莲台	圆雕造像	基座、莲台
	H16：019	北齐	汉白玉	残余头	圆雕造像	如来头像
	H16：022	北齐	汉白玉	残头及背屏	背屏造像	单菩萨立像
	H16：023	北齐	汉白玉	残存背屏局部	背屏残块	飞天、龙、璎珞
	H16：025	北齐	汉白玉	残头及背屏	圆雕造像	单菩萨思维像
	H16：026	北齐	汉白玉	残头	背屏造像	单菩萨立像
	H16：045	北齐	汉白玉	基座、像残底	圆雕造像	单菩萨思维像
	H16：049	北齐	汉白玉	残余圆柱像残块	背屏残块	龙、树
	H16：054	北齐	汉白玉	残身中部	背屏造像	单菩萨立像
	H16：058	北齐	汉白玉	残存圆柱状残块	背屏残块	龙、树
	H16：061	北齐	汉白玉	残存背屏局部	背屏残块	龙、树
	H16：075	北齐	汉白玉	基座、莲台	背屏造像	单菩萨立像
	H16：077	北齐	汉白玉	残余背屏局部	背屏残块	龙、树、坐佛
	H16：102	北齐	汉白玉	基座、残莲台	背屏造像	单菩萨立像
	H16：105	北齐	汉白玉	局部残损	背屏造像	一如来二菩萨立像
	H16：117	北齐	汉白玉	面部残缺	背屏造像	单如来立像

时代	造像编号	纪年	材质	保存状况	造像类型	题材
北齐 — 隋 53件	H16：132	北齐	汉白玉	残存头部	圆雕造像	菩萨头部
	H16：138	北齐	汉白玉	完整	背屏造像	双菩萨立像
	H16：139	北齐	汉白玉	基座、莲台	背屏造像	单菩萨立像
	H16：159	北齐	汉白玉	主尊头缺失	圆雕造像	一思维菩萨二弟子
	H16：176	北齐	汉白玉	完整	背屏造像	双菩萨立像
	H16：177	北齐	汉白玉	背屏残损	背屏造像	单菩萨立像
	H16：178	北齐	汉白玉	基本完整	背屏造像	单菩萨立像
	H16：200	北齐	汉白玉	背屏略残	背屏造像	一菩萨二弟子立像
	H16：202	北齐	汉白玉	头部、背屏残	背屏造像	单尊菩萨立像
	H16：204	北齐	汉白玉	完好	背屏造像	单尊菩萨立像
	H16：213	北齐	汉白玉	完整	背屏造像	双尊菩萨立像
	H16：250	北齐	汉白玉	残余背屏局部	背屏残块	树干
	H16：264	北齐	汉白玉	背屏残损	背屏造像	单尊菩萨像
	H16：319	北齐	汉白玉	背屏略残	背屏造像	一菩萨二弟子立像
	H16：328	北齐	汉白玉	背屏残块	背屏残块	菩提树枝叶
	H16：332	北齐	汉白玉	残身、头	背屏造像	单尊菩萨像
	H16：031	北齐—隋	汉白玉	头部残失	圆雕造像	如来立像
	H16：052	北齐—隋	汉白玉	头部缺失	圆雕造像	如来坐像
	H16：064	北齐—隋	汉白玉	余躯体中部	圆雕造像	菩萨立像
	H16：103	隋	汉白玉	头部、双手缺失	圆雕造像	菩萨立像
	H16：119	北齐—隋	汉白玉	菩萨头身	圆雕造像	菩萨头像
	H16：184	北齐—隋	汉白玉	局部残	圆雕造像	如来立像
	H16：315	北齐—隋	汉白玉	菩萨头、残头光	圆雕造像	菩萨头像
	H16：353	北齐—隋	青石	局部残	圆雕造像	如来立像
唐 181件	H16：145	显庆元年（656年）	汉白玉	背屏残余底部	背屏造像	二佛并坐像
	H16：174	显庆二年（657年）	青石	基本完好	龛式造像	二佛坐像
	H16：239	显庆二年（657年）	青石	基本完好	龛式造像	一如来二比丘二菩萨坐像
	H16：156	唐显庆三年（658年）	汉白玉	头部、右手缺失	圆雕造像	如来坐像
	H16：215	显庆四年（659年）	青石	基本完好	龛式造像	二如来二比丘二菩萨坐像
	H16：172	显庆五年（660年）	青石	基本完好	龛式造像	二如来二菩萨坐像
	H16：171	龙朔二年（662年）	汉白玉	主尊左右胁侍残	圆雕造像	如来坐像
	H16：206	龙朔二年（662年）	汉白玉	残余覆莲台	圆雕造像	莲座
	H16：002	龙朔三年（663年）	汉白玉	头光残、右手残	圆雕造像	如来坐像

时代	造像编号	纪年	材质	保存状况	造像类型	题材
唐 181 件	H16：151	乾丰二年（667 年）	汉白玉	头部缺失	圆雕造像	如来坐像
	H16：326	乾封三年（668 年）	青石	造像头部缺	龛式造像	一如来二比丘坐像
	H16：236	总章元年（668 年）	青石	基本完好	龛式造像	一如来二比丘二菩萨
	H16：157	总章二年（669 年）	青石	基本完好	龛式造像	一如来二菩萨坐像
	H16：182	咸亨元年（670 年）	青石	头部缺失	圆雕造像	如来坐像
	H16：001	上元元年（674 年）	汉白玉	右手残损	圆雕造像	如来坐像
	H16：123	仪凤三年（678 年）	汉白玉	铭文残损	造像残块	台基
	H16：269	仪凤三年（678 年）	汉白玉	风化严重	圆雕造像	地藏像
	H16：003	调露元年（679 年）	汉白玉	头缺失	圆雕造像	如来坐像
	H16：104	天宝七载（748 年）	汉白玉	右下角残损	造像残块	莲座
	G1：1	唐	红陶	头部缺失	圆雕造像	佛造像
	G1：2	唐	红陶	头颈缺失	圆雕造像	菩萨立像
	G1：3	唐	红陶	余部分座和台基	圆雕造像	菩萨立像
	G1：4	唐	红陶	头部和座残缺	圆雕造像	童子坐像
	G1：5	唐	红陶	头部缺失	圆雕造像	菩萨立像
	G1：6	唐	红陶	头部缺失	圆雕造像	童子坐像
	G1：8	唐	红陶灰胎	余躯体下半身	圆雕造像	菩萨立像
	G1：9	唐	白陶	余上半身	圆雕造像	如来像
	G1：10	唐	红陶	头、臀缺失	圆雕造像	童子坐像
	G1：11	唐	红陶	残余躯体及座	圆雕造像	如来倚坐像
	G1：12	唐	红陶	余下半身、座	圆雕造像	如来倚坐像
	G1：13	唐	红陶	残余坐像一角	造像残块	像座
	G1：14	唐	红陶	残龛	龛式造像	残主尊及一菩萨坐像
	G1：15	唐	红陶	残余下半身	圆雕造像	如来倚坐像
	G1：16	唐	白陶	残存造像台基	造像残块	台基残块
	G1：17	唐	红陶	余头光左半部	背屏造像	背屏残块
	G1：18	唐	灰陶白胎	残余下半身	圆雕造像	菩萨立像
	G1：22	唐	红陶	残余背屏局部	背屏造像	背屏
	G1：23	唐	红陶	残余背屏局部	背屏造像	背屏
	G1：24	唐	红陶	局部残块略残	造像残块	像座
	G1：25	唐	红陶	残余背屏局部	背屏造像	背屏
	G2：1	唐	红陶	残存三尊	龛式造像	一如来倚坐、二菩萨立像
	G2：2	唐	红陶	残块	背屏式造像	单尊半跏趺坐像
	G2：3	唐	红陶	残存三尊	龛式造像	一如来二菩萨二比丘坐像

时代	造像编号	纪年	材质	保存状况	造像类型	题材
唐 181件	G2：4	唐	灰陶	头部缺失	圆雕造像	童子坐像
	G2：6	唐	红陶	余上半身	圆雕造像	带头像残块
	G2：7	唐	红陶	余下半身	圆雕造像	坐像残块
	G2：8	唐	白陶	残余背屏	背屏造像	头光残块
	G2：9	唐	白陶	残余头部	不详	菩萨头像
	G2：10	唐	红陶	下半身残失	不详	造像残块
	G2：11	唐	红陶	残块	不详	不明
	G2：12	唐	红陶	腿部以上残失	不详	立像残块
	G2：14	唐	红陶	腰部以上残失	不详	立像残块
	G2：15	唐	红陶	残龛	龛式造像	一如来一菩萨坐像
	G2：16	唐	红陶	头部以下残失	圆雕造像	比丘头像
	G2：17	唐	红陶	头部以下残失	不详	比丘头像
	H16：004	唐	汉白玉	头缺失	圆雕造像	如来坐像
	H16：005	唐	汉白玉	右侧残损	圆雕造像	如来倚坐像
	H16：020	唐	汉白玉	风化严重	圆雕造像	如来头像
	H16：027	唐	汉白玉	余上半部	圆雕造像	如来坐像
	H16：028	唐	汉白玉	头部残失	圆雕造像	比丘立像
	H16：029	唐	汉白玉	余上半部	圆雕造像	如来坐像
	H16：032	唐	汉白玉	头残失，局部残	圆雕造像	菩萨立像
	H16：033	唐	汉白玉	局部残	圆雕造像	如来坐像
	H16：034	唐	汉白玉	头、两臂缺失	圆雕造像	菩萨立像
	H16：035	唐	汉白玉	头和立柱缺失	圆雕造像	如来立像
	H16：037	唐	汉白玉	躯体上半身缺失	圆雕造像	如来立像
	H16：041	唐	汉白玉	上身、立柱缺失	圆雕造像	如来坐像
	H16：043	唐	汉白玉	局部残	圆雕造像	如来坐像
	H16：044	唐	汉白玉	头部缺失	圆雕造像	如来坐像
	H16：050	唐	汉白玉	头部缺失	圆雕造像	比丘立像
	H16：051	唐	汉白玉	上半身缺失	圆雕造像	如来坐像
	H16：055	唐	汉白玉	残余覆莲	造像残块	莲座
	H16：057	唐	汉白玉	腹部以上残失	圆雕造像	菩萨立像
	H16：059	唐	汉白玉	脚踝以上缺失	圆雕造像	菩萨立像
	H16：065	唐	汉白玉	余躯体中部	圆雕造像	菩萨立像
	H16：071	唐	汉白玉	上半身缺失	圆雕造像	比丘立像

时代	造像编号	纪年	材质	保存状况	造像类型	题材
唐 181件	H16：101	唐	汉白玉	右手缺失	圆雕造像	如来坐像
	H16：106	唐	汉白玉	头、束腰缺失	圆雕造像	如来坐像
	H16：108	唐	汉白玉	头部束腰缺失	圆雕造像	如来坐像
	H16：109	唐	汉白玉	头部缺失	圆雕造像	如来坐像
	H16：110	唐	汉白玉	头部缺失	圆雕造像	菩萨立像
	H16：111	唐	汉白玉	头部缺失	圆雕造像	如来坐像
	H16：112	唐	汉白玉	头部缺失	圆雕造像	如来坐像
	H16：113	唐	汉白玉	头部缺失	圆雕造像	如来坐像
	H16：114	唐	汉白玉	局部残损	造像残块	台基
	H16：115	唐	汉白玉	残存坐基一角	造像残块	台基
	H16：116	唐	汉白玉	头部缺失	圆雕造像	如来坐像
	H16：121	唐	汉白玉	头、坐台下断失	圆雕造像	如来坐像
	H16：122	唐	汉白玉	头部残失	圆雕造像	比丘立像
	H16：124	唐	汉白玉	头部缺失	圆雕造像	如来坐像
	H16：125	唐	汉白玉	头部、左手缺失	圆雕造像	如来坐像
	H16：126	唐	汉白玉	胸部以上残失	圆雕造像	如来坐像
	H16：127	唐	汉白玉	头、坐台下断失	圆雕造像	菩萨立像残块
	H16：129	唐	汉白玉	头部缺失	圆雕造像	如来坐像
	H16：130	唐	汉白玉	头部缺失	圆雕造像	如来坐像
	H16：131	唐	汉白玉	头部缺失	圆雕造像	如来坐像
	H16：133	唐	汉白玉	束腰、立柱缺失	圆雕造像	如来坐像
	H16：136	唐	汉白玉	头部缺失	圆雕造像	比丘立像
	H16：137	唐	汉白玉	头部缺失	圆雕造像	比丘立像
	H16：140	唐	汉白玉	束腰立柱缺失	圆雕造像	如来坐像
	H16：143	唐	汉白玉	头部缺失	圆雕造像	如来坐像
	H16：146	唐	汉白玉	头部缺失	圆雕造像	如来坐像
	H16：148	唐	汉白玉	头部缺失	圆雕造像	如来坐像
	H16：150	唐	汉白玉	头部缺失	圆雕造像	比丘立像
	H16：155	唐	汉白玉	头部缺失	圆雕造像	佛装半跏趺坐像
	H16：158	唐	汉白玉	残存小腿和座,	圆雕造像	菩萨立像
	H16：160	唐	汉白玉	局部略有残失	圆雕造像	如来坐像
	H16：162	唐	汉白玉	局部残损	造像残块	莲座
	H16：166	唐	汉白玉	头部缺失	圆雕造像	如来坐像

时代	造像编号	纪年	材质	保存状况	造像类型	题材
唐 181件	H16：173	唐	汉白玉	头部缺失	圆雕造像	如来坐像
	H16：180	唐	汉白玉	头部缺失	圆雕造像	菩萨立像
	H16：181	唐	汉白玉	头部缺失	圆雕造像	如来坐像
	H16：183	唐	汉白玉	头部缺失	圆雕造像	菩萨立像残块
	H16：187	唐	汉白玉	头、坐台下断失	圆雕造像	比丘立像
	H16：188	唐	汉白玉	头部缺失	圆雕造像	如来坐像
	H16：189	唐	汉白玉	头、右前臂缺失	圆雕造像	如来坐像
	H16：191	唐	汉白玉	头部、双手缺失	圆雕造像	菩萨立像残块
	H16：193	唐	汉白玉	胸部以上缺失	圆雕造像	菩萨立像残块
	H16：195	唐	汉白玉	头部缺失	圆雕造像	比丘立像
	H16：196	唐	汉白玉	头、左前臂缺失	圆雕造像	如来坐像
	H16：197	唐	汉白玉	头、右前臂缺失	圆雕造像	如来坐像
	H16：199	唐	汉白玉	头、右前臂缺失	圆雕造像	如来坐像
	H16：201	唐	汉白玉	左右前臂缺失	圆雕造像	如来坐像
	H16：203	唐	汉白玉	头、束腰、缺失	圆雕造像	如来坐像
	H16：205	唐	汉白玉	左臂、右臂缺失	圆雕造像	如来坐像
	H16：207	唐	汉白玉	头部缺失	圆雕造像	如来坐像
	H16：208	唐	汉白玉	头部缺失	圆雕造像	如来坐像
	H16：209	唐	汉白玉	上半身缺失	圆雕造像	如来坐像
	H16：217	唐	汉白玉	头部、束腰缺失	圆雕造像	如来坐像
	H16：218	唐	青石	基本完好	龛式造像	一弥陀二菩萨坐像
	H16：219	唐	汉白玉	头、右前臂缺失	圆雕造像	如来坐像
	H16：220	唐	汉白玉	头、束腰缺失	圆雕造像	如来坐像
	H16：223	唐	汉白玉	上半身缺失	圆雕造像	菩萨立像残块
	H16：224	唐	汉白玉	上半身缺失	圆雕造像	菩萨立像残块
	H16：225	唐	汉白玉	头、束腰缺失	圆雕造像	如来坐像
	H16：232	唐	汉白玉	头部、束腰缺失	圆雕造像	如来坐像
	H16：234	唐	汉白玉	头部缺失	圆雕造像	如来坐像
	H16：247	唐	汉白玉	头部缺失	圆雕造像	童子坐像
	H16：255	唐	汉白玉	头部、左臂断失	圆雕造像	菩萨立像
	H16：259	唐	汉白玉	头、两臂缺失	圆雕造像	菩萨立像
	H16：262	唐	汉白玉	上半身缺失	圆雕造像	菩萨立像
	H16：265	唐	汉白玉	上半身缺失	圆雕造像	比丘立像

时代	造像编号	纪年	材质	保存状况	造像类型	题材
唐 181 件	H16：268	唐	汉白玉	局部残	圆雕造像	如来坐像
	H16：270	唐	汉白玉	余底座及小腿	圆雕造像	单尊菩萨立像
	H16：272	唐	汉白玉	膝部以上缺失	圆雕造像	菩萨立像
	H16：273	唐	汉白玉	余小腿以底座	圆雕造像	单尊菩萨立像
	H16：278	唐	汉白玉	头、左前臂断失	圆雕造像	如来坐像
	H16：284	唐	汉白玉	头、右臂缺失	圆雕造像	如来坐像
	H16：285	唐	汉白玉	头部、束腰缺失	圆雕造像	如来坐像
	H16：286	唐	汉白玉	头部缺失	圆雕造像	如来坐像
	H16：287	唐	汉白玉	头部、座缺失	圆雕造像	如来坐像
	H16：288	唐	汉白玉	上身、束腰缺失	圆雕造像	如来坐像
	H16：294	唐	汉白玉	头部缺失	圆雕造像	如来坐像
	H16：296	唐	汉白玉	余下半身和座	圆雕造像	菩萨立像
	H16：297	唐	汉白玉	束腰、左手缺失	圆雕造像	如来坐像
	H16：303	唐	汉白玉	残余立像足和座	圆雕造像	菩萨立像
	H16：304	唐	汉白玉	头部缺失	圆雕造像	如来坐像
	H16：305	唐	汉白玉	残余腰以下和座	圆雕造像	如来坐像
	H16：306	唐	汉白玉	上身、束腰缺失	圆雕造像	如来坐像
	H16：307	唐	汉白玉	头、左臂缺失	圆雕造像	如来坐像
	H16：308	唐	汉白玉	余下半身、坐台	圆雕造像	如来坐像
	H16：309	唐	汉白玉	余下身和仰莲座	圆雕造像	如来坐像
	H16：310	唐	汉白玉	头部、右臂缺失	圆雕造像	如来坐像
	H16：311	唐	汉白玉	残存上半身	圆雕造像	菩萨立像残块
	H16：313	唐	汉白玉	头部缺失	圆雕造像	比丘立像
	H16：314	唐	汉白玉	头部缺失	圆雕造像	比丘立像
	H16：317	唐	汉白玉	头、坐台下缺失	圆雕造像	如来坐像
	H16：323	唐	汉白玉	头部缺失	圆雕造像	菩萨半跏趺坐像
	H16：327	唐	汉白玉	头、双前臂缺失	圆雕造像	菩萨立像
	H16：329	唐	汉白玉	上身、束腰缺失	圆雕造像	如来坐像
	H16：330	唐	青石	余躯体一角	造像残块	如来像座
	H16：337	唐	汉白玉	头部缺失	圆雕造像	菩萨立像
	H16：342	唐	汉白玉	左手缺失	圆雕造像	如来坐像
	H16：344	唐	汉白玉	局部略残	圆雕造像	如来头像
	H16：345	唐	汉白玉	局部略残	圆雕造像	如来头像

时代	造像编号	纪年	材质	保存状况	造像类型	题材
唐 181件	H16：346	唐	汉白玉	局部略残	圆雕造像	菩萨头像
	H16：347	唐	汉白玉	局部略残	圆雕造像	如来头像
	H16：348	唐	汉白玉	局部略残	圆雕造像	如来头像
	H16：349	唐	汉白玉	局部略残	圆雕造像	如来头像
	H16：350	唐	汉白玉	局部略残	圆雕造像	如来头像
	H16：351	唐	汉白玉	局部略残	圆雕造像	如来头像
时代 不详 31件	H16：038	不详	汉白玉	局部残	不详	莲座
	H16：042	不详	汉白玉	余基座、双足	背屏造像	背屏造像台基
	H16：053	不详	汉白玉	余躯体中部	圆雕造像	佛装残胸像
	H16：072	不详	汉白玉	余台基	背屏造像	一铺三尊像残块
	H16：073	不详	汉白玉	余头光局部	背屏造像	背屏残块
	H16：118	不详	青石	余座基一角	造像残块	座基残块
	H16：120	不详	青石	余头光局部	背屏造像	背屏残块
	H16：128	不详	青石	余座基一角	造像残块	座基残块
	H16：170	不详	汉白玉	局部略残	造像残块	莲座
	H16：179	不详	汉白玉	余头、头光局部	圆雕造像	菩萨头部残块
	H16：185	不详	汉白玉	头光局部残	背屏造像	背屏残块
	H16：222	不详	汉白玉	余躯体、莲座	圆雕造像	菩萨立像残块
	H16：240	不详	汉白玉	残余背屏顶部	背屏造像	背屏残块
	H16：242	不详	汉白玉	残余背屏局部	背屏造像	背屏残块
	H16：243	不详	汉白玉	躯体上半部	圆雕造像	佛装残胸像
	H16：246	不详	汉白玉	余部分背屏	背屏造像	背屏残块
	H16：252	不详	汉白玉	余双足、座	造像残块	造像残块
	H16：256	不详	汉白玉	余头光一角	背屏造像	背屏残块
	H16：257	不详	汉白玉	残余双足、座	造像残块	造像残块
	H16：261	不详	汉白玉	残余躯体中部	背屏造像	菩萨立像
	H16：263	不详	汉白玉	余背屏局部	背屏造像	背屏残块
	H16：267	不详	汉白玉	残躯体中部	圆雕造像	比丘立像
	H16：271	不详	汉白玉	余背屏局部	背屏造像	背屏残块
	H16：282	不详	汉白玉	余躯体上半部	圆雕造像	佛装残胸像
	H16：316	不详	汉白玉	余座基	造像残块	莲座
	H16：320	不详	汉白玉	残上半身、背屏	圆雕造像	比丘立像
	H16：321	不详	汉白玉	余头、背屏	背屏造像	一铺单尊菩萨像

续表

时代	造像编号	纪年	材质	保存状况	造像类型	题材
时代不详31件	H16：325	不详	汉白玉	残上半身、背屏	圆雕造像	比丘立像
	H16：334	不详	汉白玉	余部分手掌	造像残块	手部残块
	H16：336	不详	汉白玉	余背屏顶部	背屏造像	背屏残块
	G1：7	不详	红陶	余头、头光	圆雕造像	菩萨头像

（一）东魏造像

14件。其中有4件纪年明确的造像，均为武定时期。有武定二年背屏单尊菩萨立像（H16：276）、武定三年背屏一铺三尊立像（H16：279）、武定五年背屏一铺三尊如来立像（H16：107）、武定七年太子思维像（H16：161）。另外还有1件，背屏一铺三尊菩萨立像（H16：046），从其风格特征来看为东魏时期，其台基有题记"□□七年"，考东魏帝王年号，应为"武定"年号。在无纪年造像中，推测为东魏时期造像9件。还有一些残块也应属于这一时期，但失去特征，不能确定。

1. 背屏式造像　12件。内容有如来和菩萨，均为立像，有一铺三尊和单尊像。

（1）如来造像　3件。

有三尊像1件（武定五年一铺三尊像H16：107）、单尊像2件（H16：168、318）。如来面相长圆，头顶磨光肉髻较高大。内着僧祇支，胸前系带打结，外罩双领下垂式袈裟，弧形双勾阴刻衣纹。胁侍菩萨披帛腹前穿璧交叉下垂至膝反折绕肘下垂体侧，披衫边缘有锯齿状突起。主尊脚下覆莲台，莲瓣宽厚，两半式莲瓣，每瓣中间凸起，将莲瓣分成两半，在每一半中间又有圆形隆起，瓣尖外翻。

（2）菩萨造像　均为立像，9件。三尊像2件，单尊像6件、多尊像右侧胁侍菩萨1件。

菩萨面相长圆，戴三叶冠，缯带垂肩，颈带尖圆项圈，袒右内衣，披帛于腹部穿璧交叉或于腹部结节交叉，下垂至膝又反折向上绕肘下垂。披衫外侈垂至台基台面，多有锯齿状凸起，外侧边缘有"S"形褶皱。如单尊像H16：276、H16：036和H16：135，菩萨面部长圆，披帛腹部穿璧交叉，披衫有锯齿状突起；H16：212，披帛腹部结节交叉，披衫可见"S"形褶皱。

这一时期造像背屏多为尖楣形，多平素，个别阴刻火焰纹。台基长方体形，多为素面，个别浮雕、彩绘图案，如武定七年法静造一铺三尊像（H16：046），题记自名"观世音像"，台基正面浅浮雕双狮、香炉，左右侧面龛内坐佛一尊，台面上红黑色彩绘忍冬、荷叶与莲苞图案。造像莲台皆为覆莲，莲瓣宽厚，多为两半式莲瓣。

2. 圆雕造像　2件。

武定七年太子思维（H16：161）和菩萨思维像残块（H16：076）。腿部单勾或双勾阴刻弧形曲线，裙下摆呈"S"形曲折，纹饰精美。披帛可见多道竖向衣纹褶皱。

要之，东魏造像材质均为汉白玉，但石质较为粗糙，颜色多闪现黄褐色。造像体量以中、小型造像为主，大型造像仅有H16：107一件。造像形制以背屏造像为主，少量圆雕造像，仅见于菩萨思维像。纪年造像中，H16：107 为武定五年（547 年）背屏一铺三尊像，主尊为如来。H16：276 为武定二年（544 年）背屏单尊菩萨像。H16：046 为武定七年（549）三尊菩萨造像。背屏造像是当时流行的造像形制，东魏造像如来和菩萨均有，且均见有三尊像和单尊像，以单菩萨造像数最多，其身份为观世音菩萨的可能性较大。圆雕太子思维像（H16：161）可能是新出现的一种造像题材。

（二）北齐—隋代造像

53 件。其中北齐纪年造像 11 件，年代最早的为北齐天保六年（555 年），最晚为北齐武平三年（572 年），均出现在多尊像上。

1. 背屏式造像　36 件。内容有一铺五尊、三尊、双尊和单尊像。

（1）如来造像 5 件。

一铺五尊（H16：007）、双尊坐像（H16：216 天保六年）、一铺五尊（H16：006）、三尊（H16：105）和单尊立像（H16：117）各 1 件。

如来面相方圆，较为圆润，颈部较短，躯体丰满，胸、腹部略鼓凸。外着通肩大衣，袒右内衣，胸前 "U" 形领边。立像衣纹边缘凸起，双勾阴刻衣纹分布均匀。坐像服饰薄软贴体，衣纹简洁。

H16：007，一如来二比丘二菩萨结跏趺坐像。体量大。胸部略鼓，袒右内衣。通肩大衣，胸前 "U" 形领边，服饰薄软贴体，衣纹刻画简洁，仅下摆衣纹呈 "S" 形褶皱。胁侍菩萨有圆形头光，上身裸露，胸部鼓凸，披帛两腿间 "X" 形相交至膝向上反折绕肘下垂。背屏弧扇形，由两棵交互缠绕的菩提树构成，树干分叉处镂空透雕，浅浮雕菩提树叶，正面顶部二龙单爪托举宝塔，口吐璎珞，其下左右对称飞天六身。

H16：006，一如来二比丘二菩萨立像。体量大。如来面相方圆，通肩大衣，胸前 "U" 形领边，下部衣纹弧形双勾阴刻。覆莲莲台，两半式莲瓣，莲瓣肥厚。菩萨上身裸露，左侧胁侍菩萨披帛腹部交叉绕向身后，胁侍菩萨披帛腹前打结相交，下垂至膝盖反折绕肘下垂。主尊莲台与胁侍莲台以 "龙衔莲" 的形式相连，是北魏—北齐时期在河北、山东地区流行的样式。

H16：105，一如来二菩萨立像。体量大。主尊如来，面向方圆，较丰润，高肉髻。通肩大衣，胸前 "U" 形领边，自左至右斜下双勾阴刻衣纹。覆莲莲台，两半式莲瓣。胁侍菩萨上身裸露，下身着裙，裙腰下翻，衣纹贴体，腿部弧形单勾阴刻衣纹，披帛缠肩绕臂沿体侧下垂。菩萨衣纹样式与北齐天保元年长孙氏造像胁侍菩萨近似[1]。H16：216，北齐天保六年二佛并坐像。结跏趺坐。磨光肉髻不显。头部方圆，短颈，双臂贴体下垂。袒右内衣，通肩大衣。H16：117，单尊如来立像，舟形背屏，袒右内衣，腹部略外鼓。通肩大衣，胸前 "U" 形领边，衣纹简略，仅下摆底边有 "S" 形褶皱，覆莲莲台黑色彩绘勾勒单瓣式莲瓣。

（2）菩萨造像　24 件。均为立像，内容有一铺三尊像、双尊像和单尊像。

菩萨面相方圆，脸型较为丰满圆润，颈较短，多带尖圆项圈。一类菩萨衣着较为复杂，上身内

① 中国社会科学院考古研究所、河北省文物研究所编制：《邺城文物菁华》，文物出版社，2014 年，第 154—155 页。

衣斜向单勾衣纹，下身着裙，披帛于腹部结节或"X"形交叉下垂至膝又反折绕肘下垂为其主要样式。外侧披衫依然存在，但多数已无外侧锯齿状突起。另一类菩萨衣纹简略，甚至不雕饰衣纹，服饰仅见披帛绕臂沿体侧下垂。覆莲莲台或素面圆台。莲台莲瓣单瓣式，较为低平。

三尊像3件。河清三年一菩萨二比丘造像H16：214，存台基及像足部、莲台。莲台莲瓣单瓣，披衫垂至台基。一菩萨二比丘造像H16：200，菩萨面相方圆。左侧披帛绕左臂下垂至腹，向上反折绕右臂下垂。右侧披帛下垂至右膝向上反折，于腹部绕过左侧披帛下垂至左膝后又向上反折绕左臂下垂，下身着裙，表现双腿。莲台莲瓣为单瓣，较低平。披帛样式与曲阳修德寺中隋代纪年造像形制相似①。H16：319面相圆润，颈短细，带圆项圈，前有坠饰。腹微鼓。披帛腹前结圆节"X"形交叉下垂膝下反折向上绕肘下垂。素面矮圆台。

双菩萨像9件，其中6件有纪年。天保九年造像H16：163及H16：176两件，菩萨面相方圆，袒右内衣，披帛腹部结节交叉下垂至膝反折于肘下垂至台基。下身着裙，表现双腿。莲台莲瓣为单瓣，较低平。天统、武平年间造像H16：210（天统四年）、H16：141（天统□年）、H16：186（武平二年）、H16：039（武平二年）及H16：213，菩萨面相较为圆润，短颈，衣纹简略，仅见披帛缠肩绕臂沿体侧下垂身体两侧。覆莲莲台，单瓣莲瓣，数量少，甚至不见莲瓣。另外H16：165（武平三年）造像，残存二主尊残足、四胁侍残足及菩提树干。

单尊菩萨像12件，均无纪年。H16：177，面相方圆，带尖圆项圈，披衫外侈下垂至台基面，边缘有锯齿状突起。腰束宽带，两腿间下垂垂带，有"X"形节。H16：178，面相方圆，缯带垂至肘部，颈粗短，带尖圆项圈，披帛腹部接圆节交叉下垂至膝下向上反折绕臂下垂体侧，素面矮圆台。H16：264，面相椭圆，颈粗短，披帛绕臂沿体侧下垂身体两侧，与武平、天统年间双菩萨造像特征一致。

这一时期造背屏形制以椭圆形或舟形背屏为主，尖楣形背屏依然存在，出现龙树背屏。背屏多平素，个别彩绘。H16：007，龙树背屏，背屏呈弧扇形，由两棵交互缠绕的菩提树构成，树干分叉处镂空透雕，浅浮雕菩提树叶，正面顶部二龙单爪托举宝塔，口吐璎珞。这种以透雕双树为背屏，佛像为主尊，衬托以龙、塔、飞天、璎珞装饰的"龙树背龛式"造像在天保年后广泛流行②，在河北地区的曲阳、藁城、蠡县、邺城等地多有发现③。另有7件背屏残块，浮雕或透雕飞天、璎珞、龙、菩提树、宝塔等图案，也应是树冠背屏造像残块。H16：176，正面红黑彩勾勒圆形头光、椭圆形身光，边缘勾勒火焰纹。H16：006，背面墨绘竹林、结跏趺像坐于方床之上、比丘手持荷花等图案。莲台皆为覆莲，莲瓣流行单瓣式，较低平，有的甚至彩绘莲瓣。有的立于素面圆台之上。

---

① 故宫博物院编：《故宫博物院藏品大系·雕塑编·河北曲阳修德寺遗址出土佛教造像》，图109、110，紫禁城出版社，2011年。

② 何利群：《从北吴庄佛像埋葬坑论邺城造像的发展阶段与"邺城模式"》，《考古》2014年第5期。

③ 蠡县造像见定州博物馆：《定州文物藏珍》图35，岭南美术出版社，2003年；曲阳修德寺造像见故宫博物院编《故宫博物院藏品大系·雕塑编·河北曲阳修德寺遗址出土佛教造像》紫禁城出版社，2011年，第135、166页；河北省博物院：《北朝壁画 曲阳石雕》，文物出版社，2014年，第192—193页；藁城造像见程纪中：《河北藁城发现一批北齐石造像》，《考古》1980年第3期；邺城地区造像见中国社会科学院考古研究所、河北省文物研究所等：《邺城北吴庄出土佛教造像》，科学出版社，2019年，第108—114、126—142、180—190页；邯郸市文物研究所：《邯郸古代雕塑精华》图49、50、61，文物出版社，2007年。

　　长方体台基大多仍然平素，少数正面浮雕、彩绘。H16：006，浮雕化生童子托举香炉、双狮；H16：007浮雕化生童子托举香炉、双狮及力士；H16：105浮雕有半跏趺坐菩萨思维像和双狮，这三件均为大型造像。H16：264，台基正面墨绘莲花三朵。

　　2. 圆雕造像　17件，除菩萨思维像外，出现了单体如来、菩萨造像。

　　菩萨思维像6件，其中三尊像2件、双尊像1件、单尊像2件。河清元年三尊像（H16：352）菩萨面相椭圆，丰满圆润。衣裙下摆衣褶方折，较为生硬。腿部单勾、双勾阴刻弧形衣纹。有圆形头光，浮雕双龙托宝塔及飞天四身。台基正面浮雕摩尼宝珠、双狮及人立像。天统三年三尊像（H16：335）和单尊像（H16：045），无衣纹。双尊像（H16：144）像座，题记自名"双太子像"。单尊像（H16：025），面相椭圆，缯带垂于肘部，袒右内衣有宽边，有光素圆形头光。

　　如来单体造像5件。H16：052，结跏趺坐像，胸肌略鼓，衣着贴体，几无衣纹，仰莲莲座，佛衣未覆莲座，双臂上曲，手部残缺。H16：184，立像，圆形头光，肉髻扁平，面相圆润，短颈，身体粗壮，衣纹简洁。H16：353，青石立像，体量较大。袒右内衣，腹部略鼓，双领下垂袈裟，衣纹简洁，薄软贴体，单勾阴刻波状衣纹。H16：031，立像，通肩大衣，胸前"U"形领边，单勾阴刻衣纹。

　　菩萨单体造像5件。H16：103，大型白石菩萨立像，身体细长，身姿挺拔直立。颈带圆项圈分三股，中间连珠纹饰，前有圆珠坠饰。腹部略鼓，服饰软薄贴体。左侧披帛下垂至膝下"U"形上绕右肘下垂，右侧披帛下垂至大腿"U"形上绕左肘下垂。裙腰外翻。系带两股下垂，中间垂带雕团花状、饰带纹饰物。胸前璎珞自左肩斜跨至右膝绕身后，身侧璎珞沿体下垂。H16：119，面相方圆，丰满圆润，三叶冠前正中有宝瓶，两侧为花朵，缯带束发，身前垂至肘部。颈部圆浑，带连珠纹圆形项链，前有三条圆珠坠饰，左右璎珞下垂。

　　造像台基1件，（H16：018）。上为覆莲台，两半式莲瓣，莲瓣宽硕。台基正面浮雕护法双狮、香炉，香炉周边莲蕾和莲叶环绕。

　　要之，北齐造像材质皆为汉白玉质，多数颜色较白，石质较细腻。造像形制，仍以背屏造像为主，出现了数量较多的圆雕造像。造像体量仍然以中、小型造像为主。从造像题材来看，11件北齐纪年造像中，H16：216为北齐天保六年（555年）二佛并坐像，汉白玉石质，有别于其余4件唐代高宗显庆年间的青石造像。7件菩萨纪年造像，6件双菩萨像，4件自名"观世音"。武平三年（572年）双观音像H16：165，自名"双观世音"，汉白玉质透雕。天保九年（558年）双观音像（H16：163），汉白玉石质背屏造像，有简略衣纹。北齐武平二年（571年）双观音造像（H16：186），台基正面浮雕香炉和蹲狮。双观音是北齐主要流行的造像内容之一。3件菩萨思维造像有纪年。H16：352，河清元年（562年）菩萨思维三尊像，有简略衣纹，有头光浮雕双龙托塔及飞天。H16：335天统三年（567年）菩萨思维三尊像，无衣纹。H16：144，北齐天统四年（568年）双菩萨思维坐像，汉白玉透雕，自名"双太子像"。菩萨思维坐像集中流行于东魏、北齐两朝。

　　造像中没有发现隋代纪年。但是从造像样式分析，有少数体量较大、比较精美的造像可能为隋代造像。圆雕单菩萨立像H16：103，体量大，雕刻精美，菩萨身体较细长，左肩斜挂单股璎珞，腰下有卷曲的裙纹，是隋代菩萨造像的特点。青石质造像（H16：353），体量较大，其体态雕刻平板，衣纹阴刻简略，腹部有横向波浪状衣纹，时代应为北齐—隋代，隋代可能性较大。汉白玉如来立像（H16：031），体量小，身体粗短，衣纹简略，具有北周—隋代风格。汉白玉石质的如来立像H16：

184，体量小，有圆形头光，体态平板，衣纹浅，应为北齐末期—隋代造像。汉白玉石质的如来结跏趺坐像（H16：052），体量中等，身体匀称，几乎无衣纹，佛衣未覆盖莲台，应为隋代造像。

（三）唐代造像

唐代造像 181 件，其中纪年造像 19 件：高宗时期造像 18 件，天宝时期造像残块 1 件。

1. 背屏造像　7 件。其中 6 件小型素烧陶瓷造像，1 件青石造像。

H16：145，显庆元年（656 年）青石二佛并坐像。着通肩大衣，胸部略凸，半跏趺坐。

2. 龛式造像　12 件。青石造像 8 件、红陶造像 4 件，均为高度 30 厘米左右的中小型造像。

其中 7 件有纪年，均为青石造像，6 件题记自名"弥陀像"。除 G2：1 为倚坐像外，其余均为结跏趺坐像。造像龛外顶部为尖拱形，龛内顶部圆弧形或方形，龛楣中部有锥状凸起。造像有二、三、四、五和六尊像。主尊"弥陀像"，胁侍有菩萨、比丘、力士等。主尊面相方圆或椭圆，肉髻，不刻发丝。胸部微鼓，袒右内衣、大衣，衣纹多不显或不表现衣纹。束腰形台座，圆形或方形。长方体台基，正面底部突出横方形台，台基正面浮雕有双狮、香炉或童子等。

3. 圆雕造像　146 件，成为时代主流形制。

除 H16：171 为如来三尊像外，其余均为单尊像，内容有如来、菩萨、力士、比丘、童子等。

（1）如来造像　91 件。倚坐像 4 件，结跏趺坐像 77 件，还有如来头部、佛装残身等姿态不明者 10 件。

纪年造像 7 件，分别为 H16：156（显庆三年 658 年）、H16：171（龙朔二年 662 年）、H16：002（龙朔三年 663 年）、H16：182（咸亨元年 670 年）、H16：151（乾封二年 667 年）、H16：001（上元元年 674 年）和 H16：003（调露元年 679 年）等造像。

造像头后头光多数不存，脑后多留有方形插榫。高肉髻，螺发或波纹发丝，个别磨光。发丝正面多呈旋涡状。面相方圆，眉目细长，表情温和，少数额头凸起圆形白毫相（H16：002、101、347、349、350、351 等）。下额多有月牙状弧线，颈部有蚕节纹。胸肌鼓凸，多刻划出胸沟及乳下线。手印除 H16：294 为腹前双手交叠结禅定印外，皆为一手抚膝，一手上举于胸前施无畏印。服饰除 H16：101 为袒左内衣、大衣、H16：294 为左衽交领内衣、通肩大衣外，皆为袒右内衣、大衣。大衣覆左肩绕右胁下，右侧衣襟腹前左绕，一角覆腿于座或垂蔽座前；另一角敷搭左臂下垂。H16：002 与 H16：005，敷搭左臂的大衣还分出一股于左肩打结系扣。右肩多袒露，少数中衣或披帛覆肩下垂。佛衣覆座或垂蔽座前。H16：001、H16：002、H16：151、H16：156、H16：171、H16：182 等 6 件纪年造像及无纪年造像 H16：307，佛衣覆座不垂蔽。纪年造像 H16：003 及其余造像佛衣皆垂蔽座前，有的垂蔽上部，有的垂蔽至基座下方。佛衣多浮雕凸起状衣纹。

像座束腰须弥座，多为仰覆莲座，少数素面。座台仰莲，为单瓣式莲瓣。座基覆莲，多为两半式莲瓣。束腰有圆形、方形、五棱、六棱和八棱等形状，多有透雕廊柱，多用连珠构成。束腰处还浮雕有力士、人面、伎乐、跪姿人物、立姿人物、圆形饰物等。束腰坐下为长方体台基，多素面，个别正面浮雕。如 H16：005 浮雕兽面，左右吐出莲茎，托起仰莲莲台以托如来双足。H16：171 中央浮雕力士托物，两侧蹲狮。

（2）菩萨像　均为立像，30件，此外还有姿态不明者和菩萨头部2件。

菩萨立像均体量较小，均无纪年。披帛样式基本相同，一端披帛下垂至腹后向上绕另一端肘部下垂；一端披帛下垂至膝附近上绕提于另一侧菩萨手部下垂。

第一类：菩萨身材略呈"S"形，身体较细长，胸肌不甚发达，鼓腹，髋部外扭。颈带连珠圆形项圈。H16：034、065、110、183、191、223、255、259、262等身披连珠璎珞，腹部多有由连珠组成圆形饰物。H16：057、193、224、272、296、311、327无璎珞。

第二类：H16：032、127、180、222等4件。带项圈，身侧短粗，比例失调。H16：222，披帛形制较为特殊。上身披帛自左肩至右胁下，背部打圆结。双手搭帛带，中部"U"形下垂至膝，两端搭肘部下垂。

第三类：H16：311和H16：323，身体略曲，颈部不带项圈，有蚕节纹，胸部鼓凸，刻划下乳线及胸下一道横向肉褶，腹部外鼓。无璎珞。

（3）地藏菩萨　3件。

H16：269为仪凤三年（678年）半跏趺坐像，题记名为"地藏"。另外还有佛装半跏趺坐像（H16：155）和菩萨装半跏趺坐像（H16：323）也应属于地藏菩萨像之类。

（4）比丘　13件。

其中12件为汉白玉，1件为素烧陶瓷。比丘像双手合十于胸或双手交叠于腹部。

（5）童子　5件。

其中1件为汉白玉，4件为素烧陶瓷。童子像两腿岔开，向外屈膝，双手胸前持球状物，或怀中一兽置于腿上，有兽者有一例左手托莲花状物。

（6）不明残块　2件。

4. 除背屏、龛式、圆雕造像三种形制外，余16件均为形制不详者。

综观上述，唐代造像质地除汉白玉造像和青石造像外，出现了数量较多的素烧陶瓷类造像。在汉白玉造像中有纪年造像9件，石质较北朝时期细腻，颜色较为明亮。17件青石造像中纪年造像9件。素烧陶瓷类共37件，均为无纪年小型造像。从造像形制来看，龛式造像是唐代新出现的形制。背屏造像仅有7件，其中1件青石造像，6件小型素烧陶瓷造像。汉白玉造像均为圆雕像，可见其已经成为时代主流。从造像内容来看，有如来结跏趺坐像、倚坐像、半跏趺坐像以及菩萨立像、半跏趺坐像等。H16：269为仪凤三年（678年）地藏造像之像座。一般认为僧装或菩萨装的半跏趺坐像为地藏菩萨像，是唐代流行的题材，故推测2件无纪年菩萨装半跏趺坐像均为地藏菩萨造像。

有纪年的圆雕单尊如来结跏趺坐像，仅1件为青石质，余均为汉白玉质。如来结跏趺坐于束腰莲座，莲台均为仰莲瓣，有的束腰处有连珠立柱，有的束腰部为扁体鼓状，座基为覆莲瓣，样式较为统一。无纪年的圆雕单尊如来结跏趺坐像约80件，亦应为初唐时期的造像。圆雕单尊如来结跏趺坐像是这批造像最主要的题材。主尊为如来的造像中有4件为倚坐像，其中1件汉白玉质，3件素烧陶瓷。倚坐如来像双膝大开，体态均匀，为初唐风格。龛式造像中，3件主尊为二佛并坐像（H16：172、174、215），且均有唐代高宗显庆年号。此类龛式造像与北齐的二佛并坐背屏造像有所不同。

圆雕单菩萨立像中，均体量较小，没有纪年题记。菩萨一般体态丰腴，胸腹鼓凸，腰肢扭动，身体多呈"S"形。服饰华美，披帛环绕身体，璎珞小巧精致，衣服轻薄贴体，线条自然流畅。上身袒露至腹，胸腹隆凸，披帛斜跨，璎珞满身。下着裙，腰束带。

另外，比丘和童子造像均无纪年，保存状态不佳，特征不明显。在邢窑出土大量素烧陶瓷同类产品，时代应为唐代无疑。

四　余论

关于这批造像的分期，其形制特征的演变无法按朝代更替而截然分开。南宫后底阁遗址，距离当时北方地区佛教文化中心邺城很近。邺城是曹魏、后赵、冉魏、前燕、东魏、北齐六朝国都。佛寺佛教在北齐之世达到顶峰，造像题材和组合多样化，无疑会对此地产生重大影响。后底阁出土的造像，时间从东魏到唐代，大致可分为三个阶段。第一阶段，东魏北齐初年造像，时代约在六世纪中期左右，依稀可见凉州模式和云冈模式的影子，带着南朝褒衣博带和秀骨清像造型的痕迹。第二阶段，北齐中后期至隋代，约在六世纪中叶以后，上承东魏武定年间白石造像的技术传统和构图特征，同时接受新一轮传入的笈多造像样式，创造出以"龙树背龛式"为主要特征的"邺城模式"①。第三阶段，唐代初期，六世纪晚期至七世纪中后期，北齐灭亡和北周武帝灭佛，"龙树背龛式"这种背屏造像样式淡出历史舞台，圆雕、龛式造像兴盛，并出现素烧陶瓷材质。

后底阁造像表现出节奏不同的两次质变。第一次为日濡月染式渐变，以龙树背龛式为突出特征的"邺城模式"，在东魏晚期萌芽，北齐初年初具雏形，天保年后成为主流。石材几乎均为白石，大多质地暗涩，当然亦不乏细丽精品。第二次，断崖式突变，初唐造像已与齐隋时期风格迥异，主要表现在三个方面：一是材质变化：白石造像质地大多细腻莹润；青石大量使用，多用于龛式造像，虽此类材质隋代已闻先声，但当时只见一件；素烧陶瓷造像流行，同类产品在邢窑大量出土。二是造像内容变化：出现圆雕童子造像和座基正面童子形象等。三是形制变化：圆雕盛兴，龛式多见，背屏衰落；造像技法和面貌突显写实风格和世俗倾向。

关于材质与原料产地。这批造像中的中、小型造像为个人或百姓造像，较大型造像为多人、官员或僧尼造像（表五），造像体量与造像者的地位和财力密切相关。其材质有三种原料，其中青石产地线索较少，铭文中有前潞州屯留县，其来自太行山区某地可能性最大。占有大宗的是白色大理石（汉白玉），自古便是一种名贵石材，在造像铭文题记中见称"玉像""玉石"或"白玉像"，其在太行山东麓房山、曲阳、安阳一线多有出产。从地缘考虑，后底阁白石造像的原料产地不外乎上述三地。以白石为石材，浮雕与透雕相结合为其主要技法，佛像形体相对较小，是定州系白石造像的特点②。探索后底阁造像材料来源，曲阳应该是关注的重点。素烧陶瓷造像在内丘邢窑遗址有大量出土③，后底阁的同类造像与之完全相同，应该是邢窑产品。

关于佛寺遗址毁废的时间和原因。这批佛像最终毁坏，经过有意识地挖坑一次性掩埋，说明经

① 中国社会科学院考古研究所、河北省文物研究所：《邺城北吴庄出土佛教造像》，科学出版社，2019 年。
② 李静杰、田军：《定州系白石佛像研究》，《故宫博物院院刊》1999 年第 3 期。
③ 河北省文物研究所发掘资料，未刊，王会民先生正在整理，得以先睹为快，谨致谢忱。

历了大规模集中毁灭性破坏。寺庙建筑也均被拆毁。北朝与隋唐造像混在一坑，说明这次毁坏不会早于唐代，很可能和唐武宗时期的灭佛事件"会昌法难"有关。但这其中有个疑问：初唐造像最多，最晚为盛唐天宝年间，距武宗灭佛的"会昌法难"约有百年，为何这期间没有造像？考察造像中心曲阳之地的修德寺出土造像，也恰恰没有这一段时间的造像，二者出奇地一致，为二者之间的关联提供了有力地佐证。此时没有毁佛事件发生，但造像活动处于停滞状态，究其原因，安史之乱改变了河北地区的正常秩序，使原有的佛教造像活动受到了影响，安史之乱平定后，地方割据势力膨胀丝毫不减于动荡带来的冲击与影响，这应是会昌法难前近百年无纪年像例出现的直接原因。到唐武宗会昌法难兴起，造像被毁坏掩埋，曲阳造像传统至此中断①。后底阁佛寺和造像很有可能是在这次灭佛活动中毁坏的。

关于姿态和着衣。这批造像的姿态和着衣富于变化。在唐代单尊如来圆雕造像上表现明显。披着方式多样，袒左和袒右均可见。一般如来造像右臂与躯干连在一起，未凿通透。而 H16∶004 等造像右臂与躯干之间镂空分离，因而衣纹相连，更易于明确观察衣纹走向。H16∶002 与其他程式化佛衣有别。一些细节也有差别。唐代造像的钩钮形制不一样，打结方法也不同。如 H16∶002 前钩后钮、双绳钩，而 H16∶005 前钮后钩、单绳钩。僧祇支有系带和不系带之分，且系带者有帛带和绳带之别。领边在 H16∶002 和 H16∶005 上发现，H16∶002 后背僧祇支被上衣盖住，而 H16∶005 后面僧祇支却未表现领边。H16∶005 倚坐佛垂下的两足各踏一小莲台，而在北魏末期并非如此，均直接踏在基座上，从北齐早期开始踏在小覆莲圆座上，其中多数两足分别踏一莲台，个别两足共踏一莲台。圆雕造像的基座细部亦非一致。H16∶002 底座下层覆莲瓣侧缘向内翻叠，与其他佛像不同。上下两层仰覆莲台之间内收的台面，有的为两层圆台（H16∶001），有的为一层圆台一层六棱台（H16∶002），有的仅为一层圆台（H16∶003）。下层莲台下面有的有一层圆台（H16∶001 有弦纹，H16∶003 无弦纹）；有的没有圆台，直接与方台相接（H16∶002）。莲座宝装莲花，一般同层莲瓣两边缘之间离开缝隙，仅 H16∶005 之方座两莲瓣之间紧邻无缝。H16∶004 束腰部分之鬼面，是从印度雕刻借鉴来的手法，与扶风法门寺汉白玉雕阿育王塔基壶门内鬼面形式约略相同。有些造像前额有圆凸白毫相，有些未见。如来跏趺坐于束腰台座上，悬裳式佛衣下缘类似台布，缘有尖角，有圆弧，中间部位或略偏右有一个尖角，为唐流行式样，衣纹与北朝应有区别，两纹之间隆起或起皱的衣纹似乎不见于北朝。敷覆台座的圆隆起绳状布纹，仍可远窥马土腊佛像衣纹手法。如来手印在同类造像上也不完全统一，一般为右手施无畏印，左手抚膝。但亦有例外如 H16∶004，右手抚膝，左手施无畏印。因时间关系，本报告未在姿态和着衣方面进行深入研究，今后在这方面需要继续工作，并在此基础上分型定式。

关于雕刻技艺。这批造像，阴刻、浮雕、透雕、圆雕等技法都有使用，及至唐代可谓炉火纯青。刀法简约灵活，表现生动传神。衣纹线条极为圆润流畅，富于圆转起伏变化，阴刻线断面为三角形。线条断面由浅及深多为斜面，线底尖细，既增强了立体感，又自然写实。肌体尤其面部，符合解剖学原理，追求神似，并注意打胚和出细的对比效果。例如 H16∶002，是一尊写实的佳作，肌肉量化感强，而北朝时期远未达到这种程度。菩萨 H16∶132，发丝富有质感，虽然不是从发丝直径的实际粗细上面模

---

① 冯贺军：《曲阳白石造像研究》，紫禁城出版社，2005 年，第 17 页。

仿，但准确表达发缕走向，发缕的脊棱一般不在正中，随着所处部位的不同而变化，线条有意涩滞，与面部滑润之感形成显明对比。这批造像是我们研究北朝至隋唐时代雕刻艺术的珍贵标本。

表五　　　　　　　　　　　　　　　　后底阁造像题记统计表

序号	编号	造像题记	通高	题材	时代
1	H16：276	大魏武定二年（544 年）三月廿二日，南宫赵显龟□□□□□敬造白玉象一区。阿婆现在记生，先方之□请土见□安隐，后一切合生，□同上愿。息、女、外，敬侍佛时	31.8	单菩萨立像	东魏
2	H16：279	刘敬兰敬造玉像一躯。上为皇家宰相、既身、父母、七世先亡、居家眷属，后为法界，咸同斯福。武定三年（545 年）岁□十月丙午朔五日甲戌造迄	12.5	一菩萨二比丘立像	东魏
3	H16：107	大魏武定五年（547 年）八月十五日，清信士佛弟子武城县人、清州刺史崔敬丞、清河郡功曹崔曼略二人合率邑义二百人等，敬造白玉像一区。上为皇帝陛下、师僧父母、一切众生，龙华三会，俱登上首，所求如意，一时成佛	88	一佛二菩萨立像	东魏
4	H16：161	大魏武定七年（547 年）岁次癸巳正月丁巳朔十日，佛第子王舍生敬造玉石太子思维像。上为皇帝、师僧、父母、已身、眷属、嗒生、有邪，一时成佛	23.8	太子思维坐像	东魏
5	H16：046	□□七年（549 年）三月六日，比丘僧法静为亡父母敬造观世音像一躯	10.2	一菩萨二比丘立像	东魏
6	H16：216	天保六年（555 年）七月廿四日，佛弟子比丘僧智□□玉像一区。□为皇祚□□，下为边地卷埃之类，后为七世先亡、父母、属眷、大小，宜佛□法，恒与□会，无量俱集	27.3	二佛并坐像	北齐
7	H16：163	天保九年（558 年）八月十九日，佛弟子张次显为亡息胡奴敬造观世音像一区。愿亡者记西方妙乐国土，又及一切众生，俱时成佛	16.9	双菩萨立像	北齐
8	H16：352	大齐河清元年（562 年）岁次癸未正月丙寅朔七日壬申，张令思造像一区。上为皇帝群僚、存亡七世、居家眷属、边地众生，常愿恒佛闻法、妙乐国土、善愿从心。令思妻、显□、敬妻、白朋辉、大女玉娜、次婉玉、小征弟	74	思维菩萨坐像	北齐
9	H16：214	河清三年（564 年）三月廿□，佛弟□□□□造观世音玉像一区，上为皇帝陛下，愿为居家眷属，□时成佛	12.9	一菩萨二胁侍立像	北齐
10	H16：144	大齐天统四年（568 年）七月廿二日，佛弟子比丘尼宝钦，敬造双太子像一躯。上为皇帝陛下、师僧父母、法界众生，同时作佛	10.3	双太子思维像	北齐
11	H16：210	天统四年（568 年）五月十二日，张福仁敬造白玉像一区	23.4	双菩萨立像	北齐

续表

序号	编号	造像题记	通高	题材	时代
12	H16：335	天统三年（569 年）五月七日，佛弟子张景来敬造白玉像一区为亡息。张供礼有为亡考父母及己身眷属。□时成佛	24.2	思维菩萨坐像	北齐
13	H16：141	天统□年五月七日，佛弟赵□为亡父母及夫、己身、眷属，一时作佛	19.9	双菩萨立像	北齐
14	H16：186	武平二年（571 年）三月二日，王次和造像一区，为一切众生	20.4	双菩萨立像	北齐
15	H16：039	武平二年（571 年）三月廿三日，比丘尼惠元为父造像一区	20	双菩萨立像	北齐
16	H16：165	武平三年（572 年）三月八日，司州清河郡功曹崔□礼，为息君晓敬造双观世音像一堰	21.5	双菩萨立像	北齐
17	H16：145	显庆元年（656 年）二月十八日，李君□妻为亡过父母敬造石像一区。合家供养。侍佛时	20	背屏式二佛并坐像	唐
18	H16：239	显庆二年（657 年）四月十二日，赵孝志为亡考敬造像一铺	32.2	龛式一坐佛二菩萨二比丘立像	唐
19	H16：174	大唐显庆二年（657 年）七月一日，张公王为己身敬造弥陁像一铺。合家供养。佛时	26.3	龛式双佛并坐像	唐
20	H16：156	显庆三年（658 年）五月廿五日贾士达妻刘为亡女造像一区	20.4	单尊佛坐像	唐
21	H16：215	显庆四年（659 年）三月十三日，张君宗敬为亡姑阿芙造弥陀像一铺。合家眷属，侍佛供养	34.6	龛式二佛并坐二菩萨二比丘立像	唐
22	H16：172	显庆五年（660 年）六月日王买德，为亡母敬造弥陁像一铺	30.2	龛式二佛并坐二菩萨立像	唐
23	H16：171	龙朔二年（662 年）四月八日，滕举妻刘，为七世先亡父母、现在卷属，敬造弥陀像一铺。上为皇帝，下为法界众生，并同斯福。刘女：希仁、摩仁、素□，刘男：宝珎、珎息、思敬、思负、思贤、思宝	19.2	一铺三尊如来坐像	唐
24	H16：206	龙朔二年（662 年）十二月六日，赵度妻、弟妻瞿、弟妻高，为□□□陁像□躯□家供养	9.2	莲座	唐
25	H16：002	大唐龙朔三年（663 年）岁次癸亥六月壬癸朔廿九日辛亥。大像主云骑尉韩善行队下五十人等，虽生在阎浮依希舍卫之国，奉□勑东罚，见亲之日不期，共发鸿心，造白玉像□铺。誓愿之后，圣泽之所有，征采昆山之无价，镌成此像。诸行人等沐浴洗心，终身皈敬，镌名于后。维那赵孝强、勋官王弘善、维那张文遇、维那王才卿、维那张祇达、维那张士雅、维那韩客仁、维那赵孝晟、维那张道仁、维那张大信、维那赵孝恪、维那张君胄、维那王行里、维那王晟感、维那赵善贵、刘玄琰、张师仁、张玄远、□玄儁、张感仁、张弘揩、赵元方、张善晏、张菅生、张处言、□忙生、赵大慈、苟玄贵、张高进、张黑仁、张善藏、林留客、林玄亮、张弘道、王广慎、姚通德、潘□德、维那李毛仁、维那王信正	91.7	单尊佛坐像	唐

序号	编号	造像题记	通高	题材	时代
26	H16：151	乾封二年（667年）岁次丁卯十一月丁巳朔十六日壬申，卢州司户参军、第二男、散官张行本为己考妣敬造弥陁像一躯。上为皇帝及合家眷属、法界终生，共同此福。其年十一月十六日并迁奉俱必。本妻武城崔果毅长女，本男：知绚、知则、知俭、知俱、知□、□□、知纪，女：□娘、十娘	27.9	单尊佛坐像	唐
27	H16：326	乾封三年（668年）正月十六日，韩善济自为身敬造弥陁像一铺。合家供养	17	龛式一佛二比丘像	唐
28	H16：236	总章元年（668年）七月十九日，刘士洛为亡过女敬造弥陁佛一铺。外生男李阿预，合家供养	35.1	龛式一佛二菩萨二比丘像	唐
29	H16：157	总章二年（669年）十月廿一日，田向七母刘为亡息阿仵敬造弥陀像一铺。合家供养.	28.7	龛式一佛二菩萨像	唐
30	H16：182	咸亨元年（670年）九月十二日，张□习为亡父敬造弥陁像一区。合家供养	28.4	单尊如来坐像	唐
31	H16：001	上元元年（674年）正月一日，贾士达敬弥陀像一躯。上为天皇，下及七世先亡、师僧父母、法界苍生。同施人等：达妻刘，达息，贾德通、弟天造、大务、元振、大禹、妹胜娘、二娘、三娘、四娘，通息、威节、弟威严，都惟那张婆□，通妻王，造妻崔，男威容、威俭、威猛，女阿容、阿妙，务妻赵，男威敬，女娥莫，振妻田，男神荷、阿九，女无方、无端、宝积，禹妻韩，男威果，女阿娥。合家供养	89.3	单尊如来坐像	唐
32	H16：123	前洛州屯留县主薄张等，为女二娘、□荷、□顽、□□、□宝、□□、心□、□钟、□□、□发、净心敬造尊像一区，仪凤三年（678年）七月十五日成	5	不详	唐
33	H16：269	仪凤三年（678年）十一月五日，敬为七世父母为亡父母造地藏	16.7	地藏半跏趺坐像	唐
34	H16：003	惟大唐调露元年（679年）十月日，大像主宣勇师上柱国韩善行队下五十人等，奉勅东征，敬造弥陀像一躯并二菩萨。上为天皇、天后，下为七世先亡。都维那上骑都尉韩客仁、维那上护军王信政、上柱国张文遇、轻车张弘道、维那上护军赵孝恪、上柱国贾夫造、骑都尉张祇达、护军张胡仁、上柱国潘行兴、上柱国张仁亮、护军张黑仁、上骑都尉张弘怀、上柱国王师受、上骑都尉王金柱、轻车郑义深、上护军崔康师、护军李子贡、轻车□玄携、骑都尉王仁员、轻车张感仁、上柱国刘玄嗣、□军刘玄琰、轻车翟及□、轻车姚通德、轻车王元景、轻车王德济、护军王文质、柱国潘行宽、轻车李毛仁、轻车□□果、□车张□秀、护□□朗□、护	71	单尊如来坐像	唐

序号	编号	造像题记	通高	题材	时代
34	H16：003	□□天度、轻车寻君武、护军苟玄贵、护军田师楷、轻车宋□利、轻车王道师、轻车张谨慎、轻车侯天德、轻车李怀感、轻车王玄友、轻车王师文、柱国王钦明、轻车马小豹、轻车王汉贤、护军张仁智、轻车王习成、轻车王智臣、轻车王定方、轻车王立义、轻车王弘立、轻车□□□、轻车寻君□、轻车张有道、柱国王弘善、轻车张禄专、轻车廿阿孩、轻车李表仁、轻车田弘眆、轻车韩文经、轻车郑仁弘、轻车马留生、骑都尉寻师表、柱国王元礼			
35	H16：104	天宝七载（748年）十月十日，转二娘为□过□，敬造□子一区，□家供养……	6	不详	唐
36	H16：006	□毗罗寺大像主比丘惠岩	68.5	一佛二菩萨二比丘立像	北齐
37	H16：007	比丘惠岩供养/比丘僧璨供养/比丘惠洛供养/比丘惠桀供养	100	一坐佛二菩萨二比丘立像	北齐
38	H16：117	清信女纯亏、明照、清信女亏宝、宝番，供养	29.6	背屏式单尊如来像	北齐
39	H16：139	像主惠愍	11.9	背屏式单尊菩萨立像	北齐
40	H16：114	□□敬造	5	不详	唐
41	H16：128	……皇帝□世光□……	4.5	不详	不详
42	H16：162	……弥陀像一躯……	19.9	不详	唐
43	H16：120	供	6.9	不详	不详

附　录

后底阁造像颜料成分检测报告

西北大学文化遗产学院

Date	positions	Mode	総経過時間	No.	部位	Ca	Fe	Al	Si	P	S	Cl	K	Mn	Cu	As	Se	Rb	Sr	Mo	W	Au	Hg	Pb	Th	LE
2018/9/21	#1	Cal Check	14.96		test																					
2018/9/21	#3	Geochemistry	34.98	176	火焰 Red	39.2	0.4	0.9	3.1	0.2	0.9	ND	0.1	ND	ND	ND	ND	ND	0	ND	ND	0.1	ND	0	ND	55
2018/9/21	#13	Geochemistry	34.98	176	背面 Nothing	40.9	0.3	1.4	3.3	ND	0.4	ND	0.1	ND	ND	0	ND	ND	0	ND	ND	ND	ND	ND	ND	53.6
2018/9/21	#14	Geochemistry	34.98	176	背面 Red	39.8	0.7	1.9	5.2	ND	0.5	ND	0.2	ND	ND	ND	ND	ND	0	ND	ND	ND	ND	0	ND	51.6
2018/9/21	#15	Geochemistry	34.98	176	背面 Red	41.1	0.3	ND	1.8	0.2	0.7	ND	ND	ND	0	ND	ND	ND	0	ND	ND	0.1	ND	0	ND	55.9
2018/9/21	#16	Geochemistry	34.98	176	頭光頂部 Red	33.4	0.2	ND	2	0.2	1.1	ND	0.1	ND	0	ND	ND	0	0	0	0.3	0.1	1.2	0.1	ND	61.3
2018/9/21	#18	Geochemistry	34.98	176	身光縁 Red	43.5	0.6	0.9	2.9	ND	0.5	ND	ND	ND	ND	ND	ND	ND	0	ND	ND	0	ND	ND	ND	51.6
2018/9/21	#19	Geochemistry	34.98	176	底部 Nothing	33.3	0.6	1.9	5.5	ND	0.3	ND	0.2	0.1	ND	ND	ND	ND	0	ND	ND	ND	ND	0	ND	58.2
2018/9/21	#22	Geochemistry	34.99	117	光背 Red	25.2	2.7	2.6	9.2	0.5	2.1	ND	1	ND	0	0.1	ND	ND	0	ND	ND	ND	ND	0.4	ND	56
2018/9/21	#23	Geochemistry	34.97	117	方座 Red	4.2	0.8	1.2	5.6	1.5	14.6	10.2	0.6	ND	ND	2.7	0.1	ND	ND	0.1	1.3	ND	1.5	41.4	0.1	14.1
2018/9/21	#26	Geochemistry	34.98	117	光背 Nothing	36.8	0.1	ND	0.8	0.2	0.8	ND	ND	ND	0	ND	ND	ND	ND	ND	ND	ND	ND	0.1	ND	61.2
2018/9/21	#27	Geochemistry	34.98	161	方座 Blue	37.8	0.4	0.7	2.9	ND	0.6	ND	0.1	ND	ND	ND	ND	ND	ND	ND	ND	ND	ND	0	ND	57.5
2018/9/21	#30	Geochemistry	34.99	161	方座 Red	41.3	0.6	0.7	2.9	ND	0.8	ND	ND	ND	0	ND	ND	ND	ND	ND	ND	ND	ND	0	ND	53.7

后底阁造像成分分析检测报告

西北大学文化遗产学院

序	实验编号	外观特征	XRF 分析结果	XRD 分析结果	材质
1	XN－1	砖红色，类似于瓦片	主要元素为硅、钙、镁、铁、铝等元素	主要矿物成分为石英	推测为人工烧制的硅酸盐类制品
2	XN－2	灰白色，类似于瓦片	主要元素为硅、钙、镁、铁、铝等元素	主要矿物成分为石英	推测为人工烧制的硅酸盐类制品
3	XN－3	灰白色，类似于陶片	主要元素为硅、钙、镁、铁、铝等元素	主要矿物成分为石英	推测为人工烧制的硅酸盐类制品
4	XN－4	白色，类似于陶片	主要元素为硅、钙、镁、铁、铝等元素	主要矿物成分为石英	推测为人工烧制的硅酸盐类制品
5	XN－5	深灰色，类似于陶片	主要元素为硅、钙、镁、铁、铝等元素	主要矿物成分为石英	推测为人工烧制的硅酸盐类制品
6	XN－6	白色石头	主要元素为硅、钙、镁、铁、铝等元素	主要矿物成分为方解石	推测为方解石、白云石混合而成的大理岩
7	XN－7	灰色，类似于瓦片	主要元素为硅、钙、镁、铁、铝等元素	主要矿物成分为石英	推测为人工烧制的硅酸盐类制品
8	XN－8	灰白色，类似于瓦片	主要元素为硅、钙、镁、铁、铝等元素	主要矿物成分为石英	推测为人工烧制的硅酸盐类制品
9	XN－9	白色石头	主要元素为硅、钙、镁、铁、铝等元素	主要矿物成分为方解石	推测为方解石、白云石混合而成的大理岩
10	XN－10	白色石头	主要元素为硅、钙、镁、铁、铝等元素	主要矿物成分为方解石	推测为方解石、白云石混合而成的大理岩

一 测试条件

1. X 射线粉晶衍射：仪器型号为理学 Smart LAB。实验参数：Cu 靶，石墨单色器，电压 40 kV，电流 200 mA，扫描方式：连续扫描，扫描速度 10°/min，狭缝 DS = SS = 1°，RS = 0.15mm。

2. 便携式 X 荧光仪：仪器型号为 S1TITAN/TRACER5（美国 BRUKER 公司）。实验参数：电压 15kV–50kV，测试时间 60s—80s，激发源为 Rh 靶，真空测试，选用 GeoExploration 测试模式。

二　实验结果

1. 样品照片

图 1

图 2

2. X 射线粉晶衍射（本次实验用小刀刮取少量粉末进行 XRD 检测）

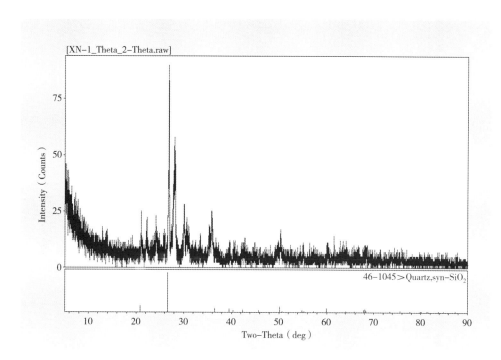

样品编号：XN－1

依据方法：依据 PDF2 粉末衍射数据库，参比样品，如谱图下部所列数据进行对比。物相检索出石英。

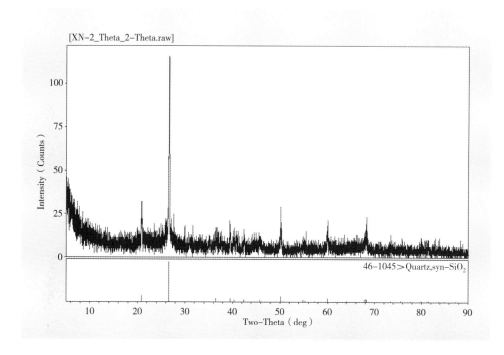

样品编号：XN－2

依据方法：依据 PDF2 粉末衍射数据库，参比样品，如谱图下部所列数据进行对比。物相检索出石英。

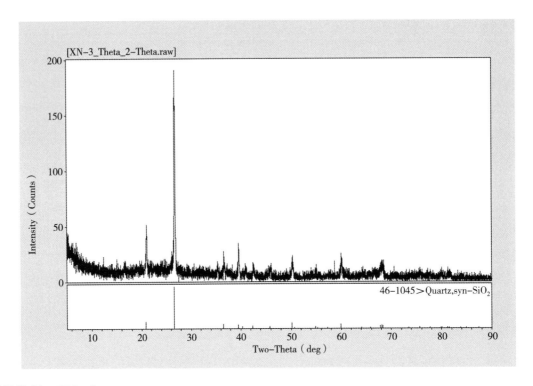

样品编号：XN－3

依据方法：依据 PDF2 粉末衍射数据库，参比样品，如谱图下部所列数据进行对比。物相检索出石英。

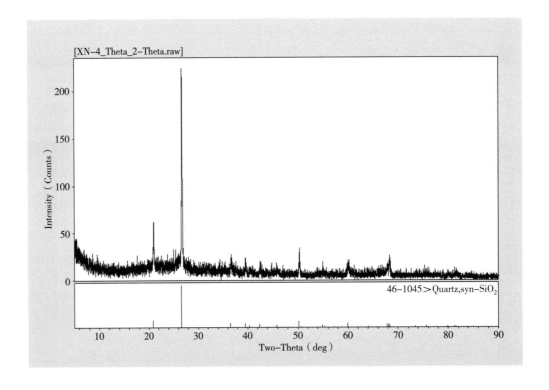

样品编号：XN－4

依据方法：依据 PDF2 粉末衍射数据库，参比样品，如谱图下部所列数据进行对比。物相检索出石英。

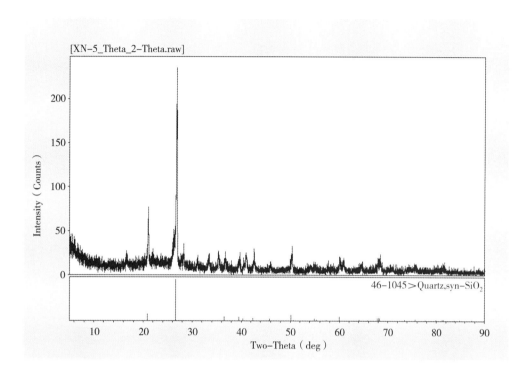

样品编号：XN‑5

依据方法：依据 PDF2 粉末衍射数据库，参比样品，如谱图下部所列数据进行对比。物相检索出石英。

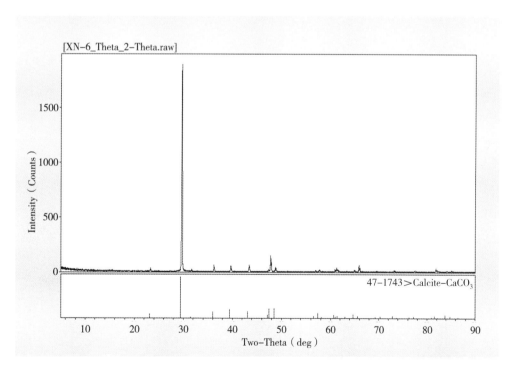

样品编号：XN‑6

依据方法：依据 PDF2 粉末衍射数据库，参比样品，如谱图下部所列数据进行对比。物相检索出方解石。

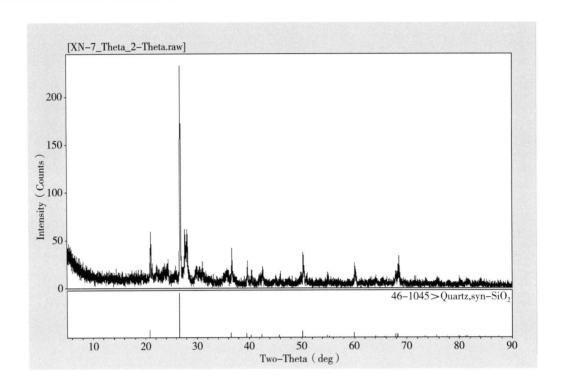

样品编号：XN-7

依据方法：依据 PDF2 粉末衍射数据库，参比样品，如谱图下部所列数据进行对比。物相检索出石英。

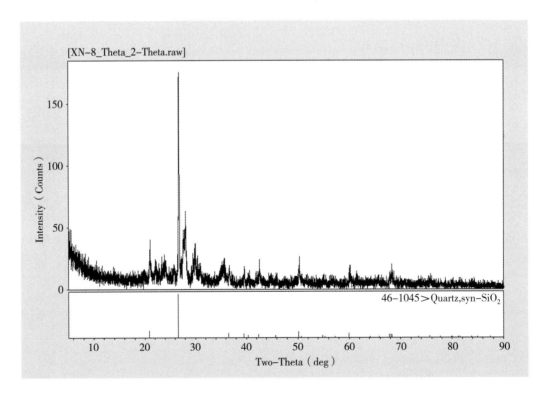

样品编号：XN-8

依据方法：依据 PDF2 粉末衍射数据库，参比样品，如谱图下部所列数据进行对比。物相检索出石英。

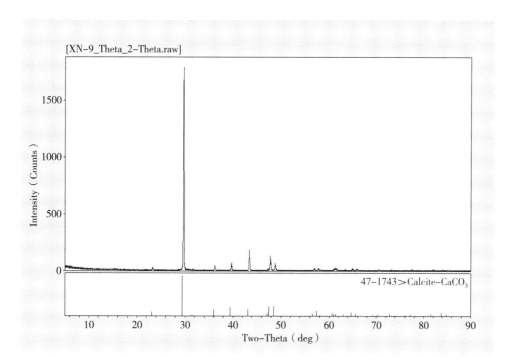

样品编号：XN – 9

依据方法：依据 PDF2 粉末衍射数据库，参比样品，如谱图下部所列数据进行对比。物相检索出方解石。

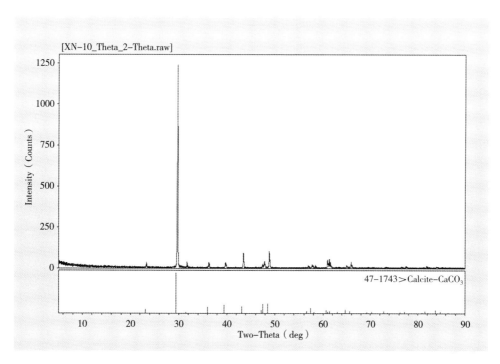

样品编号：XN – 10

依据方法：依据 PDF2 粉末衍射数据库，参比样品，如谱图下部所列数据进行对比。物相检索出的方解石。

3. 便携式 X 荧光仪

02204-Limestone.pdz	AssayTime: 2018/12/10 17:22:42	ElapsedTime: 49
Alloy 1:	Match No:	

Field Info			
Operator	Supervisor	Name	xn-1
ID	XT SAMPLE	Field1	
Field2			

Element Name	Min	%	Max	+/- [*3]
$MgCO_3$	0	15.304	0	3.361
Al_2O_3	0	6.702	0	0.381
SiO_2	0	34.915	0	0.483
P_2O_5	0	0.000	0	0.092
SO_3	0	0.785	0	0.032
K_2O	0	2.751	0	0.037
$CaCO_3$	0	26.619	0	0.141
TiO_2	0	0.930	0	0.024
MnO	0	0.323	0	0.019
Fe_2O_3	0	11.670	0	0.043

02205-Limestone.pdz	AssayTime: 2018/12/10 17:24:23	ElapsedTime: 50
Alloy 1:	Match No:	

Field Info			
Operator	Supervisor	Name	xn-2
ID	XT SAMPLE	Field1	
Field2			

Element Name	Min	%	Max	+/- [*3]
$MgCO_3$	0	10.219	0	2.364
Al_2O_3	0	15.637	0	0.479
SiO_2	0	53.485	0	0.576
P_2O_5	0	0.000	0	0.065
SO_3	0	0.863	0	0.026
K_2O	0	2.899	0	0.036
$CaCO_3$	0	10.583	0	0.075
TiO_2	0	1.214	0	0.021
MnO	0	0.078	0	0.015
Fe_2O_3	0	5.022	0	0.025

02206-Limestone.pdz	AssayTime: 2018/12/10 17:25:58	ElapsedTime: 50	
Alloy 1:		Match No:	

Field Info			
Operator	Supervisor	Name	xn-3
ID	XT SAMPLE	Field1	
Field2			

Element Name	Min	%	Max	+/- [*3]
$MgCO_3$	0	10.887	0	2.472
Al_2O_3	0	13.910	0	0.470
SiO_2	0	54.250	0	0.578
P_2O_5	0	0.000	0	0.063
SO_3	0	0.685	0	0.024
K_2O	0	4.176	0	0.043
$CaCO_3$;	0	10.108	0	0.080
TiO_2	0	1.080	0	0.020
MnO	0	0.075	0	0.015
Fe_2O_3	0	4.830	0	0.025

02207-Limestone.pdz	AssayTime: 2018/12/10 17:27:38	ElapsedTime: 50	
Alloy 1:		Match No:	

Field Info			
Operator	Supervisor	Name	xn-4
ID	XT SAMPLE	Field1	
Field2			

Element Name	Min	%	Max	+/- [*3]
$MgCO_3$	0	9.514	0	2.255
Al_2O_3	0	16.102	0	0.505
SiO_2	0	62.650	0	0.622
P_2O_5	0	0.174	0	0.056
SO_3	0	0.277	0	0.016
K_2O	0	1.817	0	0.030
$CaCO_3$	0	3.346	0	0.042
TiO_2	0	1.130	0	0.019
MnO	0	0.180	0	0.015
Fe_2O_3	0	4.810	0	0.023

02208-Limestone.pdz	AssayTime: 2018/12/10 17:29:17	ElapsedTime: 51
Alloy 1:	Match No:	

Field Info			
Operator	Supervisor	Name	xn-5
ID	XT SAMPLE	Field1	
Field2			

Element Name	Min	%	Max	+/- [*3]
$MgCO_3$	0	8.885	0	2.179
Al_2O_3	0	20.996	0	0.572
SiO_2	0	58.742	0	0.649
P_2O_5	0	0.001	0	0.051
SO_3	0	0.414	0	0.019
K_2O	0	2.950	0	0.038
$CaCO_3$	0	3.370	0	0.046
TiO_2	0	1.166	0	0.020
MnO	0	0.051	0	0.015
Fe_2O_3	0	3.425	0	0.021

02209-Limestone.pdz	AssayTime: 2018/12/10 17:30:50	ElapsedTime: 46
Alloy 1:	Match No:	

Field Info			
Operator	Supervisor	Name	xn-6
ID	XT SAMPLE	Field1	
Field2			

Element Name	Min	%	Max	+/- [*3]
$MgCO_3$	0	6.667	0	2.904
Al_2O_3	0	1.245	0	0.087
SiO_2	0	7.691	0	0.174
P_2O_5	0	0.000	0	0.097
SO_3	0	0.717	0	0.030
K_2O	0	0.322	0	0.013
$CaCO_3$	0	82.102	0	0.203
TiO_2	0	0.124	0	0.015
MnO	0	0.042	0	0.008
Fe_2O_3	0	1.090	0	0.016

02210-Limestone.pdz	AssayTime: 2018/12/10 17:33:00	ElapsedTime: 49
Alloy 1:	Match No:	

Field Info			
Operator	Supervisor	Name	xn-7
ID	XT SAMPLE	Field1	
Field2			

Element Name	Min	%	Max	+/- [*3]
$MgCO_3$	0	13.561	0	2.887
Al_2O_3	0	8.511	0	0.413
SiO_2	0	47.130	0	0.536
P_2O_5	0	0.000	0	0.078
SO_3	0	2.255	0	0.043
K_2O	0	2.950	0	0.037
$CaCO_3$	0	15.535	0	0.099
TiO_2	0	1.076	0	0.022
MnO	0	0.245	0	0.017
Fe_2O_3	0	8.737	0	0.033

02211-Limestone.pdz	AssayTime: 2018/12/10 17:34:37	ElapsedTime: 48
Alloy 1:	Match No:	

Field Info			
Operator	Supervisor	Name	xn-8
ID	XT SAMPLE	Field1	
Field2			

Element Name	Min	%	Max	+/- [*3]
$MgCO_3$	0	13.279	0	2.827
Al_2O_3	0	7.776	0	0.363
SiO_2	0	44.202	0	0.495
P_2O_5	0	0.000	0	0.080
SO_3	0	0.921	0	0.029
K_2O	0	2.473	0	0.033
$CaCO_3$	0	21.729	0	0.110
TiO_2	0	0.767	0	0.019
MnO	0	0.291	0	0.016
Fe_2O_3	0	8.562	0	0.033

02212-Limestone.pdz	AssayTime: 2018/12/10 17:36:23	ElapsedTime: 47
Alloy 1:	Match No:	

Field Info			
Operator	Supervisor	Name	xn-9
ID	XT SAMPLE	Field1	
Field2			

Element Name	Min	%	Max	+/- [*3]
$MgCO_3$	0	9.103	0	3.079
Al_2O_3	0	1.889	0	0.134
SiO_2	0	14.768	0	0.254
P_2O_5	0	0.000	0	0.100
SO_3	0	1.014	0	0.034
K_2O	0	0.639	0	0.017
$CaCO_3$	0	70.063	0	0.197
TiO_2	0	0.394	0	0.019
MnO	0	0.078	0	0.010
Fe_2O_3	0	2.051	0	0.020

02213-Limestone.pdz	AssayTime: 2018/12/10 17:37:52	ElapsedTime: 47
Alloy 1:	Match No:	

Field Info			
Operator	Supervisor	Name	xn-10
ID	XT SAMPLE	Field1	
Field2			

Element Name	Min	%	Max	+/- [*3]
$MgCO_3$	0	8.229	0	2.810
Al_2O_3	0	2.171	0	0.125
SiO_2	0	15.253	0	0.241
P_2O_5	0	0.000	0	0.094
SO_3	0	1.265	0	0.034
K_2O	0	0.556	0	0.015
$CaCO_3$	0	70.514	0	0.184
TiO_2	0	0.227	0	0.015
MnO	0	0.057	0	0.009
Fe_2O_3	0	1.729	0	0.018

后底阁造像统计表

序	编号	造像名称	材质	造像类型	造像题材	时代	尺寸（厘米）	题记
1	H16：001	上元元年如来坐像	汉白玉	圆雕造像	如来单尊坐像	唐上元元年（674年）	通高89.3 通宽32.6	有
2	H16：002	龙朔三年如来坐像	汉白玉	圆雕造像	如来单尊坐像	唐龙朔三年（663年）	通高91.7 通宽40.6	有
3	H16：003	调露元年如来坐像	汉白玉	圆雕造像	如来单尊坐像	唐调露元年（679年）	通宽71 通高36	有
4	H16：004	如来坐像	汉白玉	圆雕造像	如来单尊坐像	唐	通高68.2 通宽29.7	无
5	H16：005	如来倚坐像	汉白玉	圆雕造像	如来倚坐像	唐	通高87.6 通宽35	无
6	H16：006	惠岩造一铺五尊像	汉白玉	背屏造像	一佛二比丘二菩萨立像	北齐	通高68.5 通宽44.2	有
7	H16：007	惠岩等造一铺五尊像	汉白玉	背屏造像	一佛二比丘二菩萨坐像	北齐	通高100 通宽64.8	有
8	H16：018	莲座	汉白玉	造像残块	不详	北齐	通高21.1 通宽27.1	无
9	H16：019	如来头像	汉白玉	圆雕造像	如来	北齐	通高11 通宽10.95	无
10	H16：020	如来头像	汉白玉	圆雕造像	如来	唐	通高11.9 通宽7.4	无
11	H16：022	一铺单尊菩萨像	汉白玉	背屏造像	菩萨（内容不辨）	北齐	背屏高7.8 背屏宽13.2	无
12	H16：023	背屏残块	汉白玉	背屏造像	不详	北齐	通高9.1 通宽10.7	无
13	H16：024	多尊式背屏造像胁侍菩萨	汉白玉	背屏造像	菩萨（内容不辨）	东魏	通高18.5 通宽16.2	无
14	H16：025	菩萨思维像	汉白玉	圆雕造像	菩萨思维坐像	北齐	通高17.2 通宽14.6	无
15	H16：026	一铺单尊菩萨像	汉白玉	背屏造像	菩萨（内容不辨）	北齐	通高10.2 通宽11.9	无

序	编号	造像名称	材质	造像类型	造像题材	时代	尺寸（厘米）	题记
16	H16：027	如来坐像	汉白玉	圆雕造像	如来单尊坐像	唐	通高 17.4 通宽 10.4	无
17	H16：028	比丘立像	汉白玉	圆雕造像	比丘	唐	通高 21.7 通宽 8.5	无
18	H16：029	如来坐像	汉白玉	圆雕造像	如来单尊坐像	唐	通高 16.4 通宽 10.8	无
19	H16：031	如来立像	汉白玉	圆雕造像	如来立像	北齐—隋	通高 16.7 通宽 6	无
20	H16：032	菩萨立像	汉白玉	圆雕造像	单尊菩萨立像	唐	通高 19.9 通宽 8.8	无
21	H16：033	如来坐像	汉白玉	圆雕造像	如来单尊坐像	唐	通高 23.2 通宽 10.6	无
22	H16：034	菩萨立像	汉白玉	圆雕造像	单尊菩萨立像	唐	通高 25.4 通宽 10.7	无
23	H16：035	如来坐像	汉白玉	圆雕造像	如来单尊坐像	唐	通高 18 通宽 8.9	无
24	H16：036	一铺单尊菩萨像	汉白玉	背屏造像	单尊菩萨立像	东魏	通高 21.4 通宽 11.9	无
25	H16：037	如来坐像	汉白玉	圆雕造像	如来单尊坐像	唐	通高 10.6 通宽 7.5	无
26	H16：038	莲座	汉白玉	造像残块	不详	不详	通高 18.4 通宽 21.7	无
27	H16：039	武平二年一铺二菩萨像	汉白玉	背屏造像	双尊菩萨立像	北齐武平二年 （571 年）	通高 20 通宽 10.7	有
28	H16：041	如来坐像	汉白玉	圆雕造像	如来单尊坐像	唐	通高 15.4 通宽 10.8	无
29	H16：042	背屏造像台基	汉白玉	背屏造像	不详	不详	通高 7.2 通宽 10	无
30	H16：043	如来坐像	汉白玉	圆雕造像	如来单尊坐像	唐	通高 23.4 通宽 10.1	无
31	H16：044	如来坐像	汉白玉	圆雕造像	如来单尊坐像	唐	通高 23.9 通宽 10.5	无
32	H16：045	菩萨思维像	汉白玉	圆雕造像	菩萨思维坐像	北齐	通高 13.9 通宽 13.1	无

序	编号	造像名称	材质	造像类型	造像题材	时代	尺寸（厘米）	题记
33	H16：046	法静造一铺三尊像	汉白玉	背屏造像	一菩萨二比丘	东魏	通高10.2 通宽15.7	有
34	H16：049	背屏残块	汉白玉	背屏造像	不详	北齐	通高9 通宽6.2	无
35	H16：050	比丘立像	汉白玉	圆雕造像	比丘	唐	通高22.5 通宽7.9	无
36	H16：051	如来坐像	汉白玉	圆雕造像	如来单尊坐像	唐	通高9.5 通宽8.8	无
37	H16：052	如来坐像	汉白玉	圆雕造像	如来单尊坐像	北齐—隋	通高50 通宽36	无
38	H16：053	佛装残胸像	汉白玉	圆雕造像	不详	不详	通高15.2 通宽15.7	无
39	H16：054	一铺单尊菩萨像	汉白玉	背屏造像	单尊菩萨立像	北齐	通高15.5 通宽17	无
40	H16：055	莲座	汉白玉	造像残块	不详	唐	通高4.2 通宽13.5	无
41	H16：057	菩萨立像	汉白玉	圆雕造像	单尊菩萨立像	唐	通高20.5 通宽8	无
42	H16：058	背屏残块	汉白玉	背屏造像	不详	北齐	通高12.2 通宽6.5	无
43	H16：059	菩萨立像	汉白玉	圆雕造像	单尊菩萨立像	唐	通高12.1 通宽9	无
44	H16：061	背屏残块	汉白玉	背屏造像	不详	北齐	通高7.4 通宽17.6	无
45	H16：064	菩萨立像	汉白玉	圆雕造像	单尊菩萨立像	北齐—隋	通高12.7 通宽5.2	无
46	H16：065	菩萨立像	汉白玉	圆雕造像	单尊菩萨立像	唐	通高14 通宽7.7	无
47	H16：071	比丘立像	汉白玉	圆雕造像	比丘	唐	通高16.9 通宽6.8	无
48	H16：072	一铺三尊像残块	汉白玉	背屏造像	一菩萨二胁侍	不详	通高8.7 通宽15.7	无
49	H16：073	背屏残块	汉白玉	背屏造像	不详	不详	通高14.5 通宽24.3	无

序	编号	造像名称	材质	造像类型	造像题材	时代	尺寸（厘米）	题记
50	H16：075	一铺单尊菩萨像残块	汉白玉	背屏造像	单尊菩萨立像	北齐	通高 10 通宽 11.9	无
51	H16：076	菩萨思维坐像残块	汉白玉	圆雕造像	菩萨思维坐像	东魏	通高 10.1 通宽 11	无
52	H16：077	背屏残块	汉白玉	背屏造像	不详	北齐	通高 13 通宽 10.2	无
53	H16：101	如来坐像	汉白玉	圆雕造像	如来单尊坐像	唐	通高 53.5 通宽 20.9	无
54	H16：102	一铺单尊菩萨像残块	汉白玉	背屏造像	单尊菩萨立像	北齐	通高 11.9 通宽 13	无
55	H16：103	菩萨立像	汉白玉	圆雕造像	单尊菩萨立像	隋	通高 51.5 通宽 15	无
56	H16：104	天宝七载基座	汉白玉	造像残块	不详	唐天宝七载 （748 年）	通高 4.9 通长 12.2	有
57	H16：105	一铺三尊像	汉白玉	背屏造像	一佛二菩萨立像	北齐	通高 101 通宽 65	无
58	H16：106	如来坐像	汉白玉	圆雕造像	如来单尊坐像	唐	通高 26 通宽 11.7	无
59	H16：107	一铺三尊像	汉白玉	背屏造像	一佛二菩萨立像	东魏武定五年 （547 年）	通高 88 通宽 50	有
60	H16：108	如来坐像	汉白玉	圆雕造像	如来单尊坐像	唐	通高 27.5 通宽 15.9	无
61	H16：109	如来坐像	汉白玉	圆雕造像	如来单尊坐像	唐	通高 24.4 通宽 11.4	无
62	H16：110	菩萨立像	汉白玉	圆雕造像	单尊菩萨立像	唐	通高 26.1 通宽 10.2	无
63	H16：111	如来坐像	汉白玉	圆雕造像	如来单尊坐像	唐	通高 27.7 通宽 12.5	无
64	H16：112	如来坐像	汉白玉	圆雕造像	如来单尊坐像	唐	通高 21.3 通宽 10	无
65	H16：113	如来坐像	汉白玉	圆雕造像	如来单尊坐像	唐	通高 14.9 通宽 10.4	无
66	H16：114	座基残块	青石	造像残块	不详	唐	通高 13.8 通宽 15	有

序	编号	造像名称	材质	造像类型	造像题材	时代	尺寸（厘米）	题记
67	H16：115	座基残块	青石	造像残块	不详	唐	通高 8.1 通宽 15.2	无
68	H16：116	如来坐像	汉白玉	圆雕造像	如来单尊坐像	唐	通高 23.7 通宽 10.5	无
69	H16：117	亏宝等造一铺单尊如来像	汉白玉	背屏造像	如来立像	北齐	通高 29.6 通宽 12.1	有
70	H16：118	座基残块	青石	造像残块	不详	不详	通高 9 通宽 14.9	无
71	H16：119	菩萨头像	汉白玉	圆雕造像	单尊菩萨立像	北齐—隋	通高 26.5 通宽 14	无
72	H16：120	背屏残块	青石	背屏造像	不详	不详	通高 3.9 通宽 6.9	有
73	H16：121	如来坐像	汉白玉	圆雕造像	如来单尊坐像	唐	通高 16.7 通高 9.5	无
74	H16：122	比丘立像	汉白玉	圆雕造像	比丘	唐	通高 21.8 通宽 7.6	无
75	H16：123	像座	青石	造像残块	不详	唐仪凤三年 （678 年）	通高 5 通宽 12.9	有
76	H16：124	如来坐像	汉白玉	圆雕造像	如来单尊坐像	唐	通高 16.6 通宽 8.2	无
77	H16：125	如来坐像	汉白玉	圆雕造像	如来单尊坐像	唐	通高 21.1 通宽 10.4	无
78	H16：126	如来坐像	汉白玉	圆雕造像	如来单尊坐像	唐	通高 19.5 通宽 9.5	无
79	H16：127	菩萨立像	汉白玉	圆雕造像	单尊菩萨立像	唐	通高 18.5 通宽 10.3	无
80	H16：128	座基残块	青石	造像残块	不详	不详	通高 4.5 通宽 7.5	有
81	H16：129	如来坐像	汉白玉	圆雕造像	如来单尊坐像	唐	通高 23.2 通宽 10.9	无
82	H16：130	如来坐像	汉白玉	圆雕造像	如来单尊坐像	唐	通高 21 通宽 12.4	无
83	H16：131	如来坐像	汉白玉	圆雕造像	如来单尊坐像	唐	通高 19.9 通宽 11	无

续表

序	编号	造像名称	材质	造像类型	造像题材	时代	尺寸（厘米）	题记
84	H16：132	菩萨头像	汉白玉	圆雕造像	菩萨（内容不辨）	北齐	通高15.4 通宽9	无
85	H16：133	如来坐像	汉白玉	圆雕造像	如来单尊坐像	唐	通高29.3 通宽11.3	无
86	H16：135	一铺单尊菩萨像	汉白玉	背屏造像	单尊菩萨立像	东魏	通高26.5 通宽22.7	无
87	H16：136	比丘立像	汉白玉	圆雕造像	比丘	唐	通高15.6 通宽6.4	无
88	H16：137	比丘立像	汉白玉	圆雕造像	比丘	唐	通高17.7 通高5.9	无
89	H16：138	一铺二菩萨像	汉白玉	背屏造像	双尊菩萨立像	北齐	通高26.3 通宽13.5	无
90	H16：139	惠愍造一铺单尊菩萨像	汉白玉	背屏造像	单尊菩萨立像	北齐	通高11.9 通宽10.9	有
91	H16：140	如来坐像	汉白玉	圆雕造像	如来单尊坐像	唐	通高26.4 通宽9.8	无
92	H16：141	天统□年一铺二菩萨像	汉白玉	背屏造像	双尊菩萨立像	北齐天统□年	通高19.9 通宽12.8	有
93	H16：143	如来坐像	汉白玉	圆雕造像	如来单尊坐像	唐	通高35.5 通宽19	无
94	H16：144	天统四年像座	汉白玉	造像残块	菩萨思维坐像	北齐天统四年（568年）	通高10.3 通宽22.1	有
95	H16：145	一铺二佛像	青石	背屏造像	双尊如来	唐显庆元年（656年）	通高20 通宽19.7	有
96	H16：146	如来坐像	汉白玉	圆雕造像	如来单尊坐像	唐	通高34.4 通宽19.4	无
97	H16：148	如来坐像	汉白玉	圆雕造像	如来单尊坐像	唐	通高25.3 通宽14	无
98	H16：150	比丘立像	汉白玉	圆雕造像	比丘	唐	通高21.5 通宽8.4	无
99	H16：151	乾封二年如来坐像	汉白玉	圆雕造像	如来单尊坐像	唐乾封二年（667年）	通高27.9 通宽16	有
100	H16：155	佛装半跏坐像	汉白玉	圆雕造像	半跏趺菩萨坐像	唐	通高25.4 通宽11.9	无

序	编号	造像名称	材质	造像类型	造像题材	时代	尺寸（厘米）	题记
101	H16：156	显庆三年如来坐像	汉白玉	圆雕造像	如来单尊坐像	唐显庆三年（658 年）	通高20.4 通宽12.8	有
102	H16：157	总章二年一龛三尊像	青石	龛式造像	一佛二菩萨	唐总章二年（669 年）	通高28.7 通宽19.5	有
103	H16：158	菩萨立像	汉白玉	圆雕造像	单尊菩萨立像	唐	通高17.3 通宽13.1	无
104	H16：159	菩萨思维坐像三尊	汉白玉	圆雕造像	菩萨思维坐像（一菩萨二比丘）	北齐	通高30.1 通宽20.5	无
105	H16：160	如来坐像	汉白玉	圆雕造像	如来单尊坐像	唐	通高26.9 通宽11.5	无
106	H16：161	武定七年太子思维像	汉白玉	圆雕造像	菩萨思维坐像	东魏武定七年（549 年）	通高23.8 通宽18.1	有
107	H16：162	莲座	汉白玉	造像残块	不详	唐	通高19.9 通宽23.3	有
108	H16：163	天保九年一铺二菩萨像	汉白玉	背屏造像	双尊菩萨立像	北齐天保九年（558 年）	通高30.6 通宽19.5	有
109	H16：165	武平三年双观世音像	汉白玉	圆雕造像	双尊观音立像	北齐武平三年（572 年）	通高21.5 通宽28.4	有
110	H16：166	如来坐像	汉白玉	圆雕造像	如来单尊坐像	唐	通高29.4 通宽13	无
111	H16：168	一铺单尊如来像	汉白玉	背屏造像	如来立像	东魏	通高37.6 通宽16.5	无
112	H16：170	莲座	汉白玉	造像残块	不详	不详	通高15.2 通宽18.8	无
113	H16：171	龙朔二年三尊像	汉白玉	圆雕造像	一坐佛二胁侍像	唐龙朔二年（662 年）	通高19.2 通宽24.8	有
114	H16：172	一龛四尊像	青石	龛式造像	二佛二菩萨	唐显庆五年（660 年）	通高30.2 通宽21.4	有
115	H16：173	如来坐像	汉白玉	圆雕造像	如来单尊坐像	唐	通高26.1 通宽15	无
116	H16：174	显庆二年一龛二佛像	青石	龛式造像	双尊如来	唐显庆二年（657 年）	通高26.3 通宽21.4	有
117	H16：176	一铺二菩萨像	汉白玉	背屏造像	双尊菩萨立像	北齐	通高29.3 通宽17.3	无

序	编号	造像名称	材质	造像类型	造像题材	时代	尺寸（厘米）	题记
118	H16：177	一铺单尊菩萨像	汉白玉	背屏造像	单尊菩萨立像	北齐	通高 27.8 通宽 12.4	无
119	H16：178	一铺单尊菩萨像	汉白玉	背屏造像	单尊菩萨立像	北齐	通高 23.9 通宽 10.6	无
120	H16：179	菩萨头部残块	汉白玉	圆雕造像	菩萨 （内容不辨）	不详	通高 4.5 通宽 4.3	无
121	H16：180	菩萨立像	汉白玉	圆雕造像	单尊菩萨立像	唐	通高 21.2 通宽 9	无
122	H16：181	如来坐像	汉白玉	圆雕造像	如来单尊坐像	唐	通高 19.1 通宽 13.3	无
123	H16：182	咸亨元年如来坐像	青石	圆雕造像	如来单尊坐像	唐咸亨元年 （670 年）	通高 28.4 通宽 12.8	有
124	H16：183	菩萨立像残块	汉白玉	圆雕造像	单尊菩萨立像	唐	通高 17.6 通宽 8.3	无
125	H16：184	如来立像	汉白玉	圆雕造像	如来立像	北齐—隋	通高 14.6 通宽 6	无
126	H16：185	背屏残块	汉白玉	背屏造像	不详	不详	通高 25.9 通宽 29.8	无
127	H16：186	武平二年一铺二菩萨像	汉白玉	背屏造像	双尊菩萨立像	北齐武平二年 （571 年）	通高 20.4 通宽 10.5	有
128	H16：187	比丘立像	汉白玉	圆雕造像	比丘	唐	通高 21.3 通宽 8.2	无
129	H16：188	如来坐像	汉白玉	圆雕造像	如来单尊坐像	唐	通高 17.2 通宽 8.7	无
130	H16：189	如来坐像	汉白玉	圆雕造像	如来单尊坐像	唐	通高 29.7 通宽 14.2	无
131	H16：191	菩萨立像	汉白玉	圆雕造像	单尊菩萨立像	唐	通高 24.8 通宽 10.9	无
132	H16：193	菩萨立像	汉白玉	圆雕造像	单尊菩萨立像	唐	通高 19.9 通宽 10.8	无
133	H16：195	比丘立像	汉白玉	圆雕造像	比丘	唐	通高 21.6 通宽 7.9	无
134	H16：196	如来坐像	汉白玉	圆雕造像	如来单尊坐像	唐	通高 21.9 通宽 10.8	无

序	编号	造像名称	材质	造像类型	造像题材	时代	尺寸（厘米）	题记
135	H16：197	如来坐像	汉白玉	圆雕造像	如来单尊坐像	唐	通高29.9 通宽14.5	无
136	H16：199	如来坐像	汉白玉	圆雕造像	如来单尊坐像	唐	通高32.1 通宽19.6	无
137	H16：200	一铺三尊像	汉白玉	背屏造像	一菩萨二比丘	北齐	通高34.3 通宽18.7	无
138	H16：201	如来坐像	汉白玉	圆雕造像	如来单尊坐像	唐	通高41.1 通宽19.7	无
139	H16：202	一铺单尊菩萨像	汉白玉	背屏造像	单尊菩萨立像	北齐	通高16 通宽11.1	无
140	H16：203	如来坐像	汉白玉	圆雕造像	如来单尊坐像	唐	通高35.2 通宽19	无
141	H16：204	一铺单尊菩萨像	汉白玉	背屏造像	单尊菩萨立像	北齐	通高23.8 通宽11.3	无
142	H16：205	如来坐像	汉白玉	圆雕造像	如来单尊坐像	唐	通高43.1 通宽19	无
143	H16：206	覆莲底座	汉白玉	造像残块	莲座	唐龙朔二年 （662年）	通高9.2 通宽15.6	有
144	H16：207	如来坐像	汉白玉	圆雕造像	如来单尊坐像	唐	通高18.9 通宽8.8	无
145	H16：208	如来坐像	汉白玉	圆雕造像	如来单尊坐像	唐	通高25.8 通宽14	无
146	H16：209	如来坐像	汉白玉	圆雕造像	如来单尊坐像	唐	通高15.5 通宽13.8	无
147	H16：210	天统四年一铺二菩萨像	汉白玉	背屏造像	双尊菩萨立像	北齐天统四年 （568年）	通高23.4 通宽15.6	有
148	H16：212	一铺单尊菩萨像	汉白玉	背屏造像	单尊菩萨立像	东魏	通高28.9 通宽13.9	无
149	H16：213	一铺二菩萨像	汉白玉	背屏造像	双尊菩萨立像	北齐	通高29.9 通宽17.1	无
150	H16：214	河清三年一铺三尊像	汉白玉	背屏造像	一菩萨二胁侍	北齐河清三年 （564年）	通高12.9 通宽22.4	有
151	H16：215	显庆四年一龛六尊像	青石	龛式造像	二佛二比丘 二菩萨	唐显庆四年 （659年）	通高34.6 通宽26.8	有

序	编号	造像名称	材质	造像类型	造像题材	时代	尺寸（厘米）	题记
152	H16：216	天保六年一铺二佛像	汉白玉	背屏造像	双尊如来	北齐天保六年（555年）	通高 27.3 通宽 13.7	有
153	H16：217	如来坐像	汉白玉	圆雕造像	如来单尊坐像	唐	通高 26.1 通宽 12.1	无
154	H16：218	一龛三尊像	青石	龛式造像	一佛二菩萨	唐	通高 24.5 通宽 17.2	无
155	H16：219	如来坐像	汉白玉	圆雕造像	如来单尊坐像	唐	通高 30.8 通宽 14.9	无
156	H16：220	如来坐像	汉白玉	圆雕造像	如来单尊坐像	唐	通高 30.6 通宽 14.7	无
157	H16：222	菩萨立像	汉白玉	圆雕造像	单尊菩萨立像	不详	通高 19.4 通宽 8.7	无
158	H16：223	菩萨立像	汉白玉	圆雕造像	单尊菩萨立像	唐	通高 24.6 通宽 11	无
159	H16：224	菩萨立像	汉白玉	圆雕造像	单尊菩萨立像	唐	通高 23.7 通宽 10.8	无
160	H16：225	如来坐像	汉白玉	圆雕造像	如来单尊坐像	唐	通高 25 通宽 12	无
161	H16：232	如来坐像	汉白玉	圆雕造像	如来单尊坐像	唐	通高 24.3 通宽 11.2	无
162	H16：234	如来坐像	汉白玉	圆雕造像	如来单尊坐像	唐	通高 19.9 通宽 10.5	无
163	H16：236	总章元年一龛五尊像	青石	龛式造像	一佛二比丘二菩萨	唐总章元年（668年）	通高 35.1 通宽 23.5	有
164	H16：239	显庆二年一龛五尊像	青石	龛式造像	一佛二比丘二菩萨	唐显庆二年（657年）	通高 32.2 通宽 21.6	有
165	H16：240	背屏残块	汉白玉	背屏造像	不详	不详	通高 8.6 通宽 14.2	无
166	H16：242	背屏残块	汉白玉	背屏造像	不详	不详	通高 9.2 通宽 7	无
167	H16：243	佛装残胸像	汉白玉	圆雕造像	不详	不详	通高 9.1 通宽 7.5	无
168	H16：246	背屏残块	汉白玉	背屏造像	不详	不详	通高 14 通宽 16.6	无

续表

序	编号	造像名称	材质	造像类型	造像题材	时代	尺寸（厘米）	题记
169	H16：247	童子坐像	汉白玉	圆雕造像	童子	唐	通高10.6 通宽7.7	无
170	H16：250	背屏残块	汉白玉	背屏造像	不详	北齐	通高19.3 通宽6.8	无
171	H16：252	造像残块	汉白玉	造像残块	不详	不详	通高18.8 通宽16.5	无
172	H16：255	菩萨立像	汉白玉	圆雕造像	单尊菩萨立像	唐	通高23.1 通宽9.6	无
173	H16：256	背屏残块	汉白玉	背屏造像	不详	不详	通高9.9 通宽12.6	无
174	H16：257	造像残块	汉白玉	造像残块	不详	不详	通高12.1 通宽12.5	无
175	H16：259	菩萨立像	汉白玉	圆雕造像	单尊菩萨立像	唐	通高24 通宽10.1	无
176	H16：261	一铺单尊菩萨像	汉白玉	背屏造像	单尊菩萨立像	唐	通高9.2 通宽7.2	无
177	H16：262	菩萨立像	汉白玉	圆雕造像	单尊菩萨立像	唐	通高19 通宽11.8	无
178	H16：263	背屏残块	汉白玉	背屏造像	不详	不详	通高9.2 通宽7.3	无
179	H16：264	一铺单尊菩萨像	汉白玉	背屏造像	单尊菩萨立像	北齐	通高18.3 通宽11.1	无
180	H16：265	比丘立像	汉白玉	圆雕造像	比丘	唐	通高8.3 通宽4.5	无
181	H16：267	比丘立像	汉白玉	圆雕造像	比丘	不详	通高12.5 通宽10	无
182	H16：268	如来坐像	汉白玉	圆雕造像	如来单尊坐像	唐	通高30.3 通宽12	无
183	H16：269	仪凤三年地藏像	汉白玉	圆雕造像	半跏趺菩萨坐像	唐仪凤三年（678年）	通高16.7 通宽11.5	无
184	H16：270	单尊菩萨立像	汉白玉	圆雕造像	单尊菩萨立像	唐	通高8.3 通宽11	无
185	H16：271	背屏残块	汉白玉	背屏造像	不详	不详	残长11.3 通宽9.2	无

序	编号	造像名称	材质	造像类型	造像题材	时代	尺寸（厘米）	题记
186	H16：272	菩萨立像	汉白玉	圆雕造像	单尊菩萨立像	唐	通高 13.4 通宽 10.4	无
187	H16：273	菩萨立像	汉白玉	圆雕造像	单尊菩萨立像	唐	通高 12.1 通宽 10.5	无
188	H16：276	武定二年一铺单尊菩萨像	汉白玉	背屏造像	单尊菩萨立像	东魏武定二年（544 年）	通高 31.8 通宽 15	有
189	H16：278	如来坐像	汉白玉	圆雕造像	如来单尊坐像	唐	通高 24.2 通宽 12.7	无
190	H16：279	武定三年一铺三尊像残块	汉白玉	背屏造像	一菩萨两胁侍立像	东魏武定三年	通高 12.5 通宽 14	有
191	H16：280	一铺单尊菩萨像	汉白玉	背屏造像	单尊菩萨立像	东魏	通高 10.6 通宽 11.6	无
192	H16：282	佛装残胸像	汉白玉	圆雕造像	不详	不详	通高 11.3 通宽 11.6	无
193	H16：284	如来坐像	汉白玉	圆雕造像	如来单尊坐像	唐	通高 17.9 通宽 12	无
194	H16：285	如来坐像	汉白玉	圆雕造像	如来单尊坐像	唐	通高 26.1 通宽 12.4	无
195	H16：286	如来坐像	汉白玉	圆雕造像	如来单尊坐像	唐	通高 23.7 通宽 12.2	无
196	H16：287	如来坐像	汉白玉	圆雕造像	如来单尊坐像	唐	通高 19.7 通宽 13	无
197	H16：288	如来坐像	汉白玉	圆雕造像	如来单尊坐像	唐	通高 17.5 通宽 11	无
198	H16：294	如来坐像	汉白玉	圆雕造像	如来单尊坐像	唐	通高 11.8 通宽 10.5	无
199	H16：296	菩萨立像	汉白玉	圆雕造像	单尊菩萨立像	唐	通高 11.8 通宽 5.9	无
200	H16：297	如来坐像	汉白玉	圆雕造像	如来单尊坐像	唐	通高 36.4 通宽 14.7	无
201	H16：301	一铺单尊菩萨像	汉白玉	背屏造像	单尊菩萨立像	东魏	通高 8.5 通宽 11.7	无
202	H16：303	菩萨立像	汉白玉	圆雕造像	单尊菩萨立像	唐	通高 6.4 通宽 10	无

序	编号	造像名称	材质	造像类型	造像题材	时代	尺寸（厘米）	题记
203	H16：304	如来坐像	汉白玉	圆雕造像	如来单尊坐像	唐	通高 14.7 通宽 7.9	无
204	H16：305	如来坐像	汉白玉	圆雕造像	如来单尊坐像	唐	通高 15.7 通宽 10.1	无
205	H16：306	如来坐像	汉白玉	圆雕造像	如来单尊坐像	唐	通高 19.5 通宽 13.1	无
206	H16：307	如来坐像	汉白玉	圆雕造像	如来单尊坐像	唐	通高 15.2 通宽 8.4	无
207	H16：308	如来坐像	汉白玉	圆雕造像	如来单尊坐像	唐	通高 10 通宽 15.5	无
208	H16：309	如来坐像	汉白玉	圆雕造像	如来单尊坐像	唐	通高 8.6 通宽 10.9	无
209	H16：310	如来坐像	汉白玉	圆雕造像	如来单尊坐像	唐	通高 28.3 通宽 12.6	无
210	H16：311	菩萨立像残块	汉白玉	圆雕造像	单尊菩萨立像	唐	通高 13.1 通宽 9.5	无
211	H16：313	比丘立像	汉白玉	圆雕造像	比丘	唐	通高 22.1 通宽 8.2	无
212	H16：314	比丘立像	汉白玉	圆雕造像	比丘	唐	通高 23.3 通宽 7.2	无
213	H16：315	背屏残块	汉白玉	背屏造像	菩萨 （内容不辨）	北齐—隋	通高 7 通宽 7.3	无
214	H16：316	莲座	汉白玉	造像残块	不详	不详	通高 8.6 通宽 12.2	无
215	H16：317	如来坐像	汉白玉	圆雕造像	如来单尊坐像	唐	通高 17.6 通宽 11.2	无
216	H16：318	一铺单尊如来像	汉白玉	背屏造像	如来	东魏	通高 25.3 通宽 22.2	无
217	H16：319	一铺三尊像	汉白玉	背屏造像	一菩萨二比丘	北齐	通高 26.6 通宽 11.8	无
218	H16：320	比丘立像	汉白玉	圆雕造像	比丘	不详	通高 12.3 通宽 7.7	无
219	H16：321	背屏残块	汉白玉	背屏造像	菩萨 （内容不辨）	不详	通高 10.5 通宽 9.4	无

序	编号	造像名称	材质	造像类型	造像题材	时代	尺寸（厘米）	题记
220	H16：323	菩萨半跏趺坐像	汉白玉	圆雕造像	半跏趺菩萨坐像	唐	通高29.5 通宽11.9	无
221	H16：325	比丘立像	汉白玉	圆雕造像	比丘	不详	通高14.2 通宽6	无
222	H16：326	一龛三尊像	青石	龛式造像	一佛二比丘	唐乾封三年（668年）	通高17 通宽18.4	有
223	H16：327	菩萨立像	汉白玉	圆雕造像	单尊菩萨立像	唐	通高25.4 通宽9	无
224	H16：328	背屏残块	汉白玉	背屏造像	不详	北齐	通高21.7 通宽15.2	无
225	H16：329	如来坐像	汉白玉	圆雕造像	如来单尊坐像	唐	通高22.1 通宽17.9	无
226	H16：330	如来像座	青石	造像残块	不详	唐	通高9.9 通宽8.2	无
227	H16：332	一铺单尊菩萨像	汉白玉	背屏造像	单尊菩萨立像	北齐	通高12.6 通宽8.5	无
228	H16：334	手部残块	汉白玉	造像残块	不详	不详	通高7.2 通宽4	无
229	H16：335	菩萨思维三尊像	汉白玉	圆雕造像	菩萨思维坐像（一菩萨二弟子）	北齐天统三年（567年）	通高24.2 通宽18.8	有
230	H16：336	背屏残块	汉白玉	背屏造像	不详	不详	通高9.3 通宽13.5	无
231	H16：337	菩萨立像	汉白玉	圆雕造像	单尊菩萨立像	唐	通高15 通宽4.9	无
232	H16：342	如来坐像	汉白玉	圆雕造像	如来单尊坐像	唐	通高29.7 通宽12.1	无
233	H16：344	如来头像	汉白玉	圆雕造像	如来	唐	通高14.7 通宽8.4	无
234	H16：345	如来头像	汉白玉	圆雕造像	如来	唐	通高6 通宽4	无
235	H16：346	菩萨头像	汉白玉	圆雕造像	菩萨（内容不辨）	唐	通高8.6 通宽5	无
236	H16：347	如来头像	汉白玉	圆雕造像	如来	唐	通高10.8 通宽6.3	无

序	编号	造像名称	材质	造像类型	造像题材	时代	尺寸（厘米）	题记
237	H16：348	如来头像	汉白玉	圆雕造像	如来	唐	通高9.8 通宽5.9	无
238	H16：349	如来头像	汉白玉	圆雕造像	如来	唐	通高10.2 通宽5.9	无
239	H16：350	如来头像	汉白玉	圆雕造像	如来	唐	通高8.6 通宽6	无
240	H16：351	如来头像	汉白玉	圆雕造像	如来	唐	通高9 通宽5.4	无
241	H16：352	菩萨思维坐像	汉白玉	圆雕造像	菩萨思维坐像	北齐河清元年（562年）	通高74 通宽32	有
242	H16：353	如来立像	青石	圆雕造像	如来立像	北齐—隋	通高71 通宽23	无
243	G1：1	佛装残胸像	红陶	圆雕造像	如来	唐	通高8.3 通宽9.8	无
244	G1：2	菩萨立像	红陶	圆雕造像	单尊菩萨立像	唐	通高15 通宽7.7	无
245	G1：3	菩萨立像残块	红陶	圆雕造像	单尊菩萨立像	唐	通高4 通宽5.5	无
246	G1：4	童子坐像	红陶	圆雕造像	童子	唐	通高8.2 通宽6.4	无
247	G1：5	菩萨立像	红陶	圆雕造像	单尊菩萨立像	唐	通高12 通宽5.5	无
248	G1：6	童子坐像	红陶	圆雕造像	童子	唐	通高8.5 通宽7	无
249	G1：7	菩萨头像	红陶	圆雕造像	菩萨（内容不辨）	不详	通高8.6 通宽9.4	无
250	G1：8	菩萨立像残块	红陶	圆雕造像	单尊菩萨立像	唐	通高12 通宽8	无
251	G1：9	如来头胸像	白陶	圆雕造像	如来	唐	通高14.6 通宽9.7	无
252	G1：10	童子坐像	红陶	圆雕造像	童子	唐	通高9.8 通宽8.5	无
253	G1：11	如来倚坐像	红陶	圆雕造像	如来倚坐像	唐	通高18.3 通宽15.4	无

序	编号	造像名称	材质	造像类型	造像题材	时代	尺寸（厘米）	题记
254	G1：12	如来倚坐像	红陶	圆雕造像	如来倚坐像	唐	通高23 通宽15	无
255	G1：13	像座残块	红陶	造像残块	不详	唐	通高6.2 通宽9.8	无
256	G1：14	一铺三尊像	红陶	龛式造像	不详	唐	通高10.9 通宽14.7	无
257	G1：15	如来倚坐像	红陶	圆雕造像	如来倚坐像	唐	通高10 通宽10.6	无
258	G1：16	台基残块	白陶	造像残块	不详	唐	通高10 通宽12	无
259	G1：17	背屏残块	红陶	背屏造像	不详	唐	通高11.6 通宽5.5	无
260	G1：18	菩萨立像残块	灰陶	圆雕造像	单尊菩萨立像	唐	通高7.5 通宽4.3	无
261	G1：22	背屏残块	红陶	背屏造像	不详	唐	通高10 通宽5.7	无
262	G1：23	背屏残块	红陶	背屏造像	不详	唐	通高11.5 通宽6.1	无
263	G1：24	像座残块	红陶	造像残块	不详	唐	通高15.5 通宽9.4	无
264	G1：25	背屏残块	红陶	背屏造像	不详	唐	通高20 通宽5.5	无
265	G2：1	一龛五尊像	红陶	龛式造像	一佛二胁侍二力士倚坐像	唐	通高18.5 通宽14.8	无
266	G2：2	一铺单尊菩萨像	红陶	背屏造像	半跏趺菩萨坐像	唐	通高25 通宽14.4	无
267	G2：3	一龛五尊像	红陶	龛式造像	一佛二胁侍菩萨二力士坐像	唐	通高29 通宽19.5	无
268	G2：4	童子坐像	灰陶	圆雕造像	童子	唐	通高8.5 通宽7.5	无
269	G2：6	带头光残块	红陶	造像残块	菩萨 （内容不辨）	唐	通高9 通宽6.5	无
270	G2：7	坐像残块	红陶	造像残块	不详	唐	通高5 通宽6.8 身像高4	无

序	编号	造像名称	材质	造像类型	造像题材	时代	尺寸（厘米）	题记
271	G2：8	带头光像残块	白陶	造像残块	不详	唐	通高9.2 通宽10.5	无
272	G2：9	带头光菩萨像	白陶	造像残块	菩萨	唐	通高9 通宽8	无
273	G2：10	造像残块	红陶	造像残块	不详	唐	通高7.6 通宽6	无
274	G2：11	造像龛残块	红陶	龛式造像	不详	唐	通高10.5 通宽11	无
275	G2：12	立像残块	红陶	造像残块	不详	唐	通高8 通宽5	无
276	G2：14	立像残块	红陶	造像残块	不详	唐	通高8.5 通宽4.3	无
277	G2：15	造像龛残块	红陶	龛式造像	残存一佛一菩萨	唐	通高14 通宽13	无
278	G2：16	比丘像头部	红陶	圆雕造像	比丘	唐	通高3.5 通宽3.4	无
279	G2：17	比丘像头部	红陶	圆雕造像	比丘	唐	通高3.3 通宽2.7	无

Abstract

The Houdige Site is located in the southern part of Zizhong Town, 29 km southeast of Nangong City, Hebei Province. Nangong belongs to Xingtai Municipal, located in the southeastern part of Hebei Province. It is part of the Hebei Plain, which is an alluvial plain of the ancient Yellow River water system, the basin of Heilonggang River. The Site is situated at the ancient road belt of the ancient Yellow River, Qing River and Zhang River. It spans the four natural villages of the Houdige, Xidige, Yangjiajuan and Jiajiatun.

In April 2006, the villagers of Houdige discovered the stone statues when digging earth. The Hebei Provincial Cultural Relics Bureau commissioned the Hebei Provincial Cultural Relics Research Institute to form a joint archaeological team with the Cultural Relics Departments of Xingtai Municipal and Nangong Municipal, and carried out survey and excavation for the Houdige Site from April to December.

According to the survey, the Site covers an area up to 2. 2 million square meters, with one burial area each on the northwest and southeast edges, which may be a site of an ancient planned town. Combined with the place names in the inscriptions of the unearthed statues and referred to the relevant historical and geographical literature, the Houdige Site may be the Dongwucheng County in the east of Kingdom Zhao during the Warring States Period, and the Wucheng Country (Dongwucheng County) during the period from the Han Dynasty to the early Tang Dynasty.

The excavation site is located north of the Site in the west of Houdige Village. A total of 16 ash pits have been found, including one statue burial pit; and there are two ash ditches, one brick floor, a number of unearthed building components, and ahuge Chiwen (a kind of ornament on roof ridge in the shape of a legendary animal). There are a large number of exquisite stone statues buried in the statue burial pit (H16), therefore it can be considered that this is a Buddhist temple site, which may be the Vishuo Temple mentioned in the inscriptions on the statues. The statues were intentionally destroyed and buried, and the ground buildings and foundations were all destroyed. According to the inscriptions on the statues, the building elements and the ceramic fragments, especially the lotus eaves tile, it is preliminarily concluded that the Buddhist temple was eventually destroyed no earlier than the Tang Dynasty. The discovery of more than 200 Buddhist statues at Houdige Site is another important discovery of Buddhist archaeology in Hebei Province after the Xiude Temple in Quyang County in the 1950s. The materials of the statues can be divided into 3 types, namely white marble, bluestone and biscuit ware. The formations can be divided into four categories: Back – screen statues, Niche statues, Round sculpture, and Statue residue. The themes include Tathagata, Bodhisattva, Bhikkhu and Lads. There are 43 statues with inscriptions, 35 of which are clearly dated, involving the Eastern Wei Dynasty, the Northern Qi Dynasty and the Tang Dynasty. Taking the chronology statues as the scaleplate and combining with the chronology statues in other places, the statues of Houdige Site are divided into three stages: Eastern Wei Dynasty, Northern Qi Dynasty to Sui Dynasty, and Tang Dynasty.

The Houdige Site is located on the west side of the Yongji Canal, the Grand Canal of the Sui and Tang Dynasties. It may be the location of the important city – Dongwu City, Dongwucheng County and Wucheng County during the period from Warring States to the Pre Tang times. In the Northern Qi Dynasty, it once became the seat of Qinghe County. The opening of the Yongji Canal in the Sui Dynasty greatly promoted the development of Wucheng County and also promoted the prosperity of the local Buddhist temples. The identification of the location of Wucheng County is of great significance for the study of the changes of the ancient administrative divisions and ancient rivers in the border areas of Hebei and Shandong provinces.

The statues unearthed from the Houdige Site belong to small and medium – sized individual Buddhist statues enshrined in family shrines or temples. The duration spans two climaxes of the development of ancient Chinese Buddhist imagery art: the Wei, Jin, Southern and Northern Dynasties and the Sui and Tang Dynasties. Among them, the white marble statues are especially expressive, with distinctive characteristics of Dingzhou system, and the plebification tendency of the statues is obvious. In particular, the skill level of statue making was superb in Tang Dynasty, with accurate description, moderate proportion, graceful and lively images, the statues are really the perfect combination of Buddhist art and sculpture art. This group of statues are of many varieties, large quantities, fine craftsmanship, long duration, and some are clearly dated, which provide valuable materials for studying the Buddhist culture and regional characteristics of the Qinghe district from the Northern Dynasties to Tang Dynasty, and have great value for studying the history of Buddhism, the art of carving, the regional system of culture in China and the ancient buddhism movement and the Buddhist Statue Burial System. They are reliable specimens for studying the types and themes of Buddhist statues. In addition, the biscuit ware statues have exquisite expressiveness, which are consistent with the similar statues unearthed from the Xingyao Site in Neiqiu, Hebei Province, and provide important clues for studying the circulation and transmission of Buddhist products and processes.

后　记

　　《南宫后底阁》杀青，距后底阁遗址田野发掘工作完成，正好生肖一轮十二年整，令人感慨良多。考古工作的魅力在于发现时的惊喜，而这种惊喜稍纵即逝。田野工作的艰苦与探索的过程，就是一次人生磨砺。当年酷暑难耐中挥动手铲与探铲的煎熬，夜晚蜷缩在废弃教室一角感觉楼房随风摇曳的惶恐，被村民锁在门内如同囚禁的不堪，莫名停电的愤懑，渐渐沉淀在时间的河流里。

　　田野工作的完成，才是考古研究的新起点。将这批神秘、精美、珍贵的造像全面科学地发表，与学术界和公众分享，是我们的梦想，也是沉甸甸的责任。但是，这绝非易事。漫长的整理过程，更是对毅力和责任心的考验。我们在2006年南水北调邯郸林村墓群的紧张发掘间隙完成了后底阁遗址的抢救性发掘，后来转战一个又一个考古工地，而后底阁遗址资料的整理工作却从未停止。但是，它又无法全面铺开，只能利用项目之间的空当。时光的流转，人员的变动，使得参与整理工作的人员名单有一长串。

　　通过一年又一年的不懈努力，寒来暑往无数业余碎片时间的累积，以及许多人的无私帮助，才终于完成了《南宫后底阁》这部著作。在这部著作出版之前，后底阁造像已经走进了河北博物院的展厅里，许多学者已经开始进行分析研究，更有众多国内外学者翘首以盼报告的出版。《南宫后底阁》是河北省第一部佛寺遗址发掘报告，具有一定开创性。南北朝至唐代是我国佛教发展的最高峰，以邺城、定州为中心形成佛教文化发展的胜地，佛寺兴盛，后底阁遗址佛教造像是北朝至唐代河北东南部佛教文化发展的典型标本。报告的出版必将带动佛教造像艺术地方类型的研究。希望这部凝结众多参与者心血的著作能够掀起研究后底阁造像的热潮。

　　本项目负责人为张春长。本报告由河北省文物研究所张春长、魏曙光和邢台市文物管理处李恩玮、张明主编执笔；线图由河北省文物研究所胡强、柴佳和河北博物院郝建文以及石家庄铁道大学王晓芬绘制；照相由张春长、魏曙光完成。参加整理工作的有河北省文物研究所陈伟、齐瑞普、梁亮、王忠刚、柴佳佳、王永亮、贾会、韦雪雪、韩梦琳与邢台市文物管理处柴秋兰、王一等；拓片由王忠刚、魏廷芬等完成；造像材质检测分析、颜料成分分析由西北大学文化遗产学院完成；西北大学于春副教授以及研究生王冠宇、孙旭琦等参加了后期整理工作。因水平有限，加之复杂环境的影响，发掘、整理和研究不免存在错讹失误，敬请方家批评指正。

　　河北省文物研究所历任所长曹凯、韩立森、李耀光、张文瑞对发掘和整理工作大力支持。感谢谢飞、马永清、郭瑞海等诸位先生亲赴现场协调推进抢救发掘工作所付出的巨大努力。此批文物的出土和发掘得到中共南宫市委、市政府、南宫市文化广电和新闻出版局、南宫市人民武装部、南宫市公安局和南宫市文物保管所等有关部门的鼎立相助。特别是南宫市文化广电和新闻出版局张范津局长和南宫市文物保管所张兴岭所长，为这批文物的发现发掘和保护工作付出了辛勤劳动。感谢为报告整理编写付出艰苦劳动的所有人员和参加后底阁遗址田野考古的工作人员。特别感谢河北省文物局、河北省文物研究所、邢台市人民政府、邢台市文化旅游局、南宫市人民政府的支持与帮助。

南宫后底阁

（下册）

河北省文物研究所
邢台市文物管理处　编著
南宫市文物保管所

张春长　　魏曙光　　主编
李恩玮　　张　明

文物出版社

1. 发掘区地貌（东—西）

2. 发掘位置（东南—西北）

图版一　后底阁遗址发掘现场

1. 发掘现场

2. 探方内的部分灰坑（东—西）

图版二　后底阁遗址发掘现场

1. 探方T301北壁剖面

2. 造像埋藏坑H16（上为北）

图版三　后底阁遗址发掘现场

图版四　埋藏坑 H16 造像出土情况（上为东）

1. G2（上为南）

2. H16与G1（上为西）

3. G1内堆积（上为西）

4. 砖砌地面ZM1(上为东)

图版五　重要遗迹

1. 绳纹筒瓦（T101④：1）

2. 条砖（T103④：3）

3. 素面筒瓦（T101④：2）

4. 方砖（G1：32）

图版六　出土建筑构件

图版七　鸱吻（G1 : 31）

1. 鸱吻（G1：31）右侧　　　　　　2. 鸱吻（G1：31）左侧

3. 鸱吻（G1：31）背面　　　　　　4. 鸱吻（G1：31）正面

图版八　鸱吻（G1：31）

1. 石猪（T302④：1）

2. 陶壶（C：3）

3. 陶罐（C：1）

4. 陶壶（C：2）

图版九　出土石猪和采集陶器

图版一〇 惠岩造一铺五尊像（H16：006）

1. 惠岩造一铺五尊像（H16：006）左侧菩萨

2. 惠岩造一铺五尊像（H16：006）右侧迦叶

3. 惠岩造一铺五尊像（H16：006）右侧狮子

4. 惠岩造一铺五尊像（H16：006）
右侧迦叶和菩萨

图版一一　惠岩造一铺五尊像（H16 ： 006）

1. 惠岩造一铺五尊像（H16：006）主尊

3. 惠岩造一铺五尊像（H16：006）
左侧阿难头部

2. 惠岩造一铺五尊像（H16：006）
左侧阿难

4. 惠岩造一铺五尊像（H16：006）
左侧像座和龙

图版一二　惠岩造一铺五尊像（H16：006）

图版一三　惠岩造一铺五尊像（H16：006）背面墨绘

1. 惠岩造一铺五尊像（H16：006）
右侧菩萨和迦叶

2. 惠岩造一铺五尊像（H16：006）背屏左侧龙

3. 惠岩造一铺五尊像（H16：006）
左侧狮子

4. 惠岩造一铺五尊像（H16：006）背屏右侧龙

图版一四　惠岩造一铺五尊像（H16 ： 006）

1. 惠岩造一铺五尊像（H16：006）台基上面

2. 惠岩造一铺五尊像（H16：006）台基右侧

3. 惠岩造一铺五尊像（H16：006）台基正面

4. 惠岩造一铺五尊像（H16：006）台基左侧

5. 惠岩造一铺五尊像（H16：006）
台基正面中部

6. 惠岩造一铺五尊像（H16：006）
台基右侧题记拓片

图版一五　惠岩造一铺五尊像（H16：006）

图版一六　惠岩等造一铺五尊像（H16：007）正面

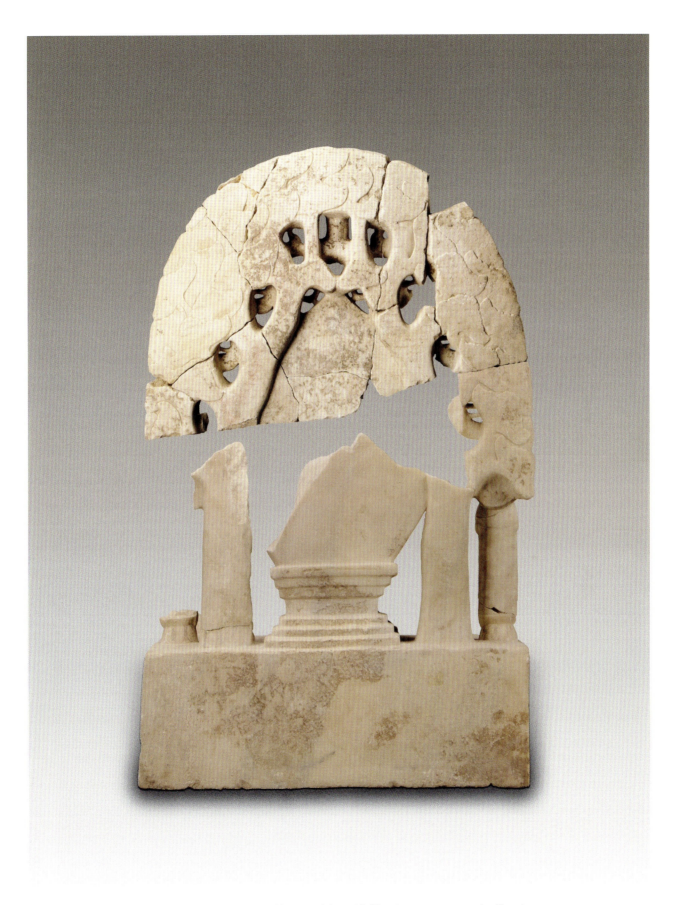

图版一七　惠岩等造一铺五尊像（H16 ： 007）背面

1. 惠岩等造一铺五尊像（H16：007）主尊

2. 惠岩等造一铺五尊像（H16：007）
主尊手、脚细部

3. 惠岩等造一铺五尊像（H16：007）左侧阿难

图版一八　惠岩等造一铺五尊像（H16：007）

1. 惠岩等造一铺五尊像（H16：007）
左侧阿难头部

3. 惠岩等造一铺五尊像（H16：007）右侧迦叶

2. 惠岩等造一铺五尊像（H16：007）
左侧狮子背部黑彩

4. 惠岩等造一铺五尊像（H16：007）
右侧迦叶头部

图版一九　惠岩等造一铺五尊像（H16：007）

1. 惠岩等造一铺五尊像（H16：007）
右侧菩萨

2. 惠岩等造一铺五尊像（H16：007）
右侧菩萨和迦叶

3. 惠岩等造一铺五尊像（H16：007）右侧菩萨头部

图版二〇　惠岩等造一铺五尊像（H16 ： 007）

1. 惠岩等造一铺五尊像（H16：007）背屏正面局部浮雕

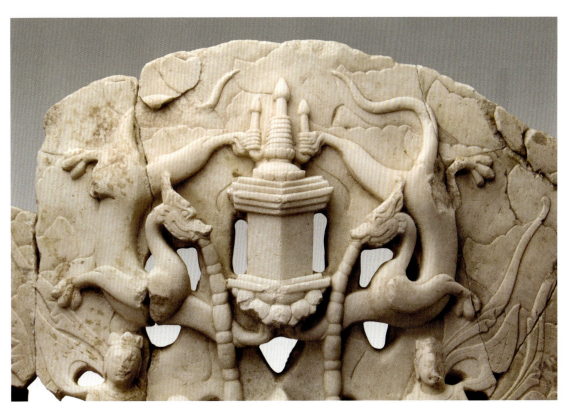

2. 惠岩等造一铺五尊像（H16：007）背屏正面浮雕双龙托塔

图版二一　惠岩等造一铺五尊像（H16：007）

1. 惠岩等造一铺五尊像（H16：007）
背屏左侧飞天

2. 惠岩等造一铺五尊像（H16：007）
背屏局部彩绘

3. 惠岩等造一铺五尊像（H16：007）
背屏后面局部浮雕

4. 惠岩等造一铺五尊像（H16：007）
座前浮雕

图版二二　惠岩等造一铺五尊像（H16：007）

1. 惠岩等造一铺五尊像（H16：007）座面彩绘

2. 惠岩等造一铺五尊像（H16：007）座面左侧彩绘

图版二三　惠岩等造一铺五尊像（H16：007）

1. 惠岩等造一铺五尊像（H16：007）座面右侧彩绘

2. 惠岩等造一铺五尊像（H16：007）座前童子托香炉

图版二四　惠岩等造一铺五尊像（H16：007）

1. 惠岩等造一铺五尊像（H16：007）座前左侧力士

2. 惠岩等造一铺五尊像（H16：007）座前左侧狮子

图版二五　惠岩等造一铺五尊像（H16：007）

1. 惠岩等造一铺五尊像（H16：007）像座左侧题记及墨绘

2. 惠岩等造一铺五尊像（H16：007）像座右侧题记及墨绘

图版二六　惠岩等造一铺五尊像（H16：007）

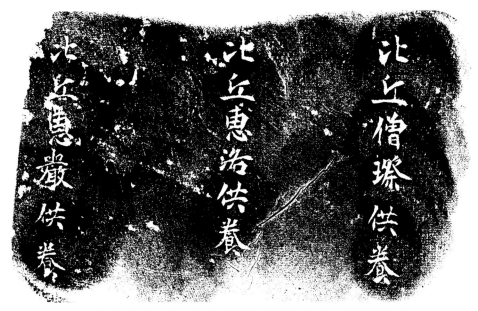

1. 惠岩等造一铺五尊像（H16：007）像座左侧题记拓片

2. 惠岩等造一铺五尊像（H16：007）像座右侧题记拓片

图版二七　惠岩等造一铺五尊像（H16：007）

1. 一铺三尊像（H16：046）正面

2. 一铺三尊像（H16：046）左侧龛像

3. 一铺三尊像（H16：046）右侧龛像

4. 一铺三尊像（H16：046）像座底面

图版二八　法静造一铺三尊像（H16：046）

1. 一铺三尊像（H16：046）底座铭文

2. 一铺三尊像（H16：046）铭文拓片

图版二九　法静造一铺三尊像（H16：046）

1. 一铺三尊像残块（H16∶072）正面

2. 一铺三尊像残块（H16∶072）俯视

图版三〇　一铺三尊像残块（H16∶072）

图版三一　一铺三尊像（H16 ： 105）正面

图版三二　一铺三尊像（H16 ： 105）背面

图版三三　武定五年一铺三尊像（H16：107）正面

1. 武定五年一铺三尊像（H16：107）背面

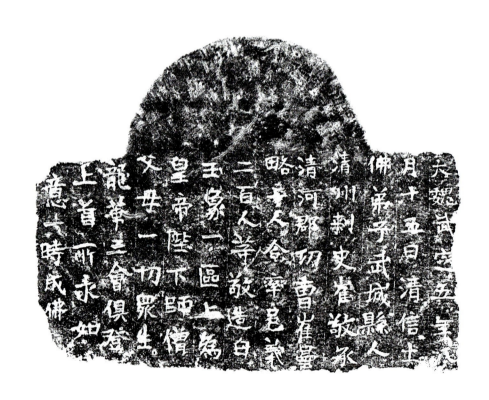

2. 武定五年一铺三尊像（H16：107）拓片

图版三四　武定五年一铺三尊像（H16 ： 107）

图版三五　一铺三尊像（H16 ： 200）

1. 河清三年一铺三尊像（H16：214）正面

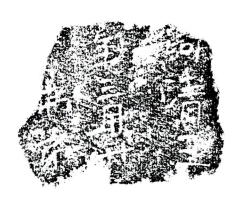

2. 河清三年一铺三尊像（H16：214）右侧拓片

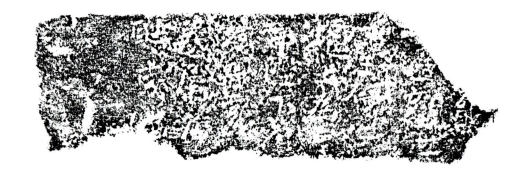

3. 河清三年一铺三尊像（H16：214）背面拓片

图版三六　河清三年一铺三尊像（H16：214）

1. 武定三年一铺三尊像残块（H16：279）正面

2. 武定三年一铺三尊像残块（H16：279）背面拓片

图版三七　武定三年一铺三尊像残块（H16：279）

图版三八　一铺三尊像（H16 ： 319）

1. 多尊式背屏造像胁侍菩萨像（H16：024）　　　2. 显庆元年一铺二佛像（H16：145）正面

3. 显庆元年一铺二佛像（H16：145）背面　　　4. 显庆元年一铺二佛像（H16：145）拓片

图版三九　多尊式背屏造像胁侍菩萨像（H16 ： 024）和显庆元年一铺二尊像（H16 ： 145）

1. 天保六年一铺二佛像（H16：216）正面　　　2. 天保六年一铺二佛像（H16：216）侧面

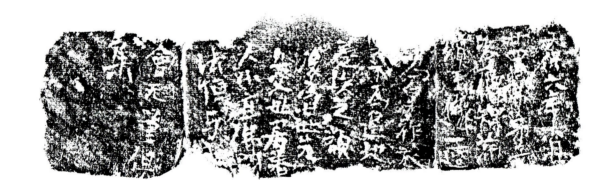

3. 天保六年一铺二佛像（H16：216）拓片

图版四〇　天保六年一铺二佛像（H16 ： 216）

图版四一　武平二年一铺二菩萨像（H16：039）正面

图版四二　武平二年一铺二菩萨像（H16∶039）背面

1. 武平二年一铺二菩萨像（H16：039）
台基左侧

2. 武平二年一铺二菩萨像（H16：039）
台基右侧

3. 武平二年一铺二菩萨像（H16：039）台基背面

4. 武平二年一铺二菩萨像（H16：039）台基底面

图版四三　武平二年一铺二菩萨像（H16 ： 039）台基

1. 武平二年一铺二菩萨像（H16：039）台基右侧铭文拓片

2. 武平二年一铺二菩萨像（H16：039）台基背面铭文拓片

3. 武平二年一铺二菩萨像（H16：039）台基左侧铭文拓片

图版四四　武平二年一铺二菩萨像（H16：039）台基铭文拓片

图版四五　一铺二菩萨像（H16：138）

1. 天统□年一铺二菩萨像（H16：141）正面　　　　2. 天统□年一铺二菩萨像（H16：141）侧面

3. 天统□年一铺二菩萨像（H16：141）拓片

图版四六　天统□年一铺二菩萨像（H16 ： 141）

1. 天统五年一铺二菩萨像（H16：163）正面　　　2. 天统□年一铺二菩萨像（H16：163）背面

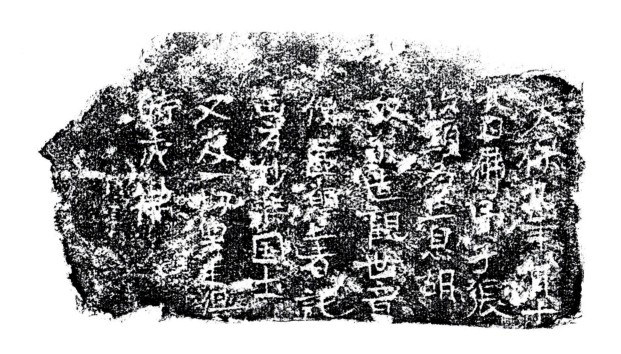

3. 天统□年一铺二菩萨像（H16：163）拓片

图版四七　天保九年一铺二菩萨像（H16：163）

1. 一铺二菩萨像（H16：176）正面　　　　　2. 一铺二菩萨像（H16：176）侧面

图版四八　一铺二菩萨像（H16 ： 176）

1. 武平二年一铺二菩萨像（H16∶186）正面　　　2. 武平二年一铺二菩萨像（H16∶186）侧面

3. 武平二年一铺二菩萨像（H16∶186）拓片

图版四九　武平二年一铺二菩萨像（H16∶186）

1. 天统四年一铺二菩萨像（H16：210）正面

2. 天统四年一铺二菩萨像（H16：210）侧面

3. 天统四年一铺二菩萨像（H16：210）左面、背面、右面拓片

图版五〇　天统四年一铺二菩萨像（H16 ： 210）

1. 一铺二菩萨像（H16：213）正面

2. 一铺二菩萨像（H16：213）侧面

图版五一　一铺二菩萨像（H16：213）

1. 亏宝等造一铺单尊如来像（H16：117）正面　　2. 亏宝等造一铺单尊如来像（H16：117）侧面

3. 亏宝等造一铺单尊如来像（H16：117）背面拓片

图版五二　亏宝等造一铺单尊如来像（H16：117）

1. 一铺单尊如来像（H16：168）正面

2. 一铺单尊如来像（H16：168）背面

图版五三　一铺单尊如来像（H16：168）

1. 一铺单尊如来像（H16：318）　　　　　2. 一铺单尊菩萨像（H16：022）

3. 一铺单尊如来像（H16：026）

图版五四　一铺单尊如来像（H16：318、022、026）

1. 一铺单尊菩萨像（H16：036）正面

2. 一铺单尊菩萨像（H16：036）侧面

图版五五　一铺单尊菩萨像（H16：036）

1. 一铺单尊菩萨像（H16：054）　　　　　　2. 一铺单尊菩萨像（H16：075）正面

3. 一铺单尊菩萨像（H16：075）侧面　　　　4. 一铺单尊菩萨像（H16：075）侧面

图版五六　一铺单尊菩萨像（H16 ： 054、075）

1. 一铺单尊菩萨像（H16：102）正面　　　　2. 一铺单尊菩萨像（H16：102）侧面

3. 一铺单尊菩萨像（H16：135）正面　　　　4. 一铺单尊菩萨像（H16：135）侧面

图版五七　一铺单尊菩萨像（H16： 102、135）

右侧面

左侧面

1. 一铺单尊菩萨像（H16：139）正面

2. 一铺单尊菩萨像（H16：139）拓片

3. 一铺单尊菩萨像（H16：177）正面

4. 一铺单尊菩萨像（H16：178）正面

图版五八　一铺单尊菩萨像（H16：139、177、178）

1. 一铺单尊菩萨像（H16：202）正面　　　　2. 一铺单尊菩萨像（H16：202）背面

3. 一铺单尊菩萨像（H16：204）正面　　　　4. 一铺单尊菩萨像（H16：204）侧面

图版五九　一铺单尊菩萨像（H16 ： 202、204）

1. 一铺单尊菩萨像（H16：212）正面

2. 一铺单尊菩萨像（H16：212）侧面

图版六〇　一铺单尊菩萨像（H16 ： 212）

1. 一铺单尊菩萨像（H16：261）正面

2. 一铺单尊菩萨像（H16：261）侧面

图版六一　一铺单尊菩萨像（H16：261）

1. 一铺单尊菩萨像（H16：264）正面

2. 一铺单尊菩萨像（H16：264）侧面

图版六二　一铺单尊菩萨像（H16：264）

1. 武定二年一铺单尊菩萨像（H16：276）正面　　2. 武定二年一铺单尊菩萨像（H16：276）侧面

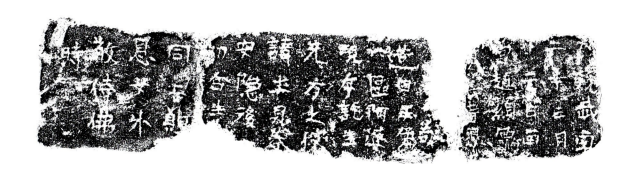

3. 武定二年一铺单尊菩萨像（H16：276）左面、背面、右面拓片

图版六三　武定二年一铺单尊菩萨像（H16：276）

1. 一铺单尊菩萨（H16：280）正面

2. 一铺单尊菩萨（H16：280）背面

3. 一铺单尊菩萨像（H16：301）

4. 一铺单尊菩萨像（H16：332）

图版六四　一铺单尊菩萨（H16 ： 280、301、332）

图版六五　一铺单尊菩萨像（G2：2）

1. 背屏残块（H16：023）

2. 背屏造像台基（H16：042）正面

3. 背屏造像台基（H16：042）俯视

4. 背屏残块（H16：049）

图版六六　背屏残块（H16：023、049）和背屏造像台基（H16：042）

1. 背屏残块（H16：058）

2. 背屏残块（H16：061）

图版六七　背屏残块（H16 ： 058、061）

1. 背屏残块（H16：073）正面

2. 背屏残块（H16：073）背面

图版六八　背屏残块（H16：073）

1. 背屏残块（H16：077）正面

2. 背屏残块（H16：077）背面

图版六九　背屏残块（H16：077）

1. 背屏残块（H16：120）

2. 背屏残块（H16：185）

图版七〇　背屏残块（H16：120、185）

1. 背屏残块（H16：242）

2. 背屏残块（H16：246）

3. 背屏残块（H16：250）

4. 背屏残块（H16：256）

图版七一　背屏残块（H16 ： 242、246、250、256）

1. 背屏残块（H16：263）

2. 背屏残块（H16：271）

3. 背屏残块（H16：315）

4. 背屏残块（H16：321）

图版七二　背屏残块（H16： 263、271、315、321）

1. 背屏残块（H16：328）正面

2. 背屏残块（H16：328）背面

图版七三　背屏残块（H16：328）

1. 背屏残块（H16：336）

2. 背屏残块（G1：17）

3. 背屏残块（G1：22）

4. 背屏残块（G1：23）

图版七四　背屏残块（H16：336；G1：17、22、23）

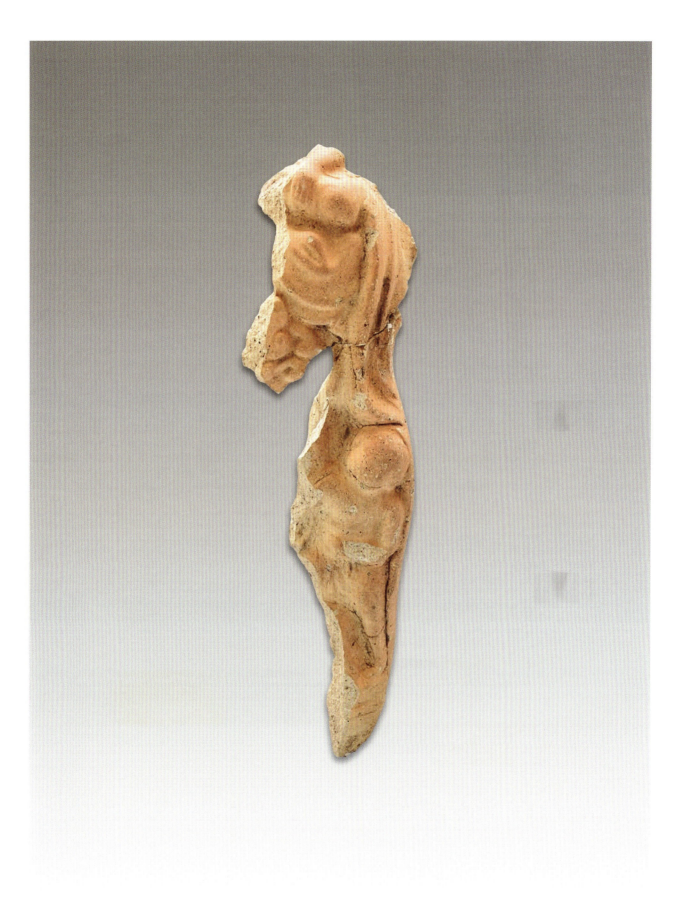

图版七五　背屏残块（G1：25）

图版七六　总章二年一龛三尊像（H16 ： 157）正面

图版七七　总章二年一龛三尊像（H16：157）背面拓片

图版七八　显庆五年一龛四尊像（H16：172）

图版七九　显庆五年一龛四尊像（H16：172）背面拓片

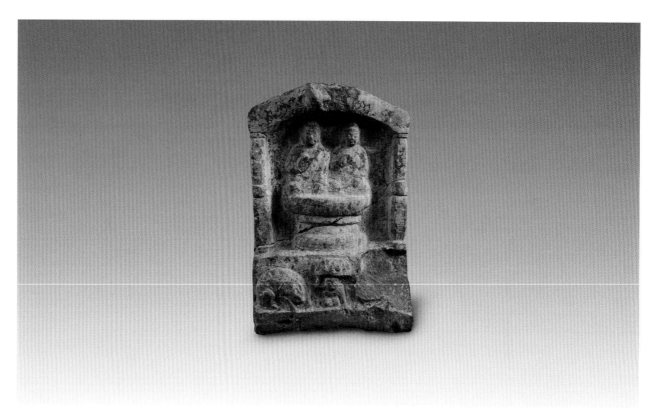

1. 显庆二年一龛二佛像（H16：174）正面

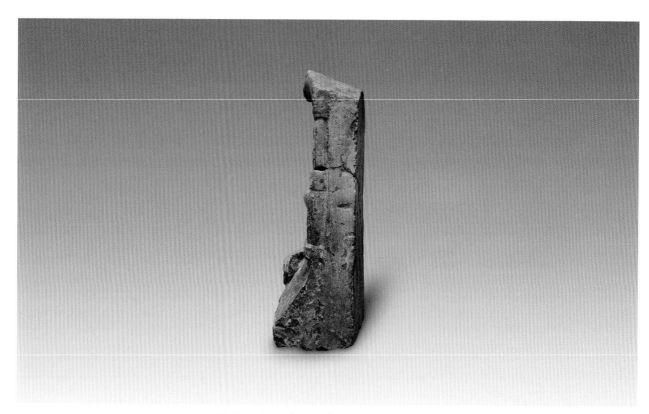

2. 显庆二年一龛二佛像（H16：174）侧面

图版八〇　显庆二年一龛二佛像（H16 ： 174）

图版八一　显庆二年一龛二佛像（H16：174）背面拓片

图版八二　显庆四年一龛六尊像（H16：215）

图版八三　显庆四年一龛六尊像（H16 ： 215）背面拓片

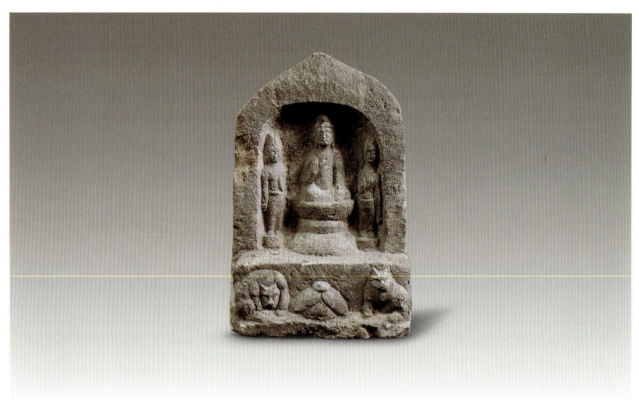

1. 一龛三尊像（H16：218）正面

2. 一龛三尊像（H16：218）背面

图版八四　一龛三尊像（H16 ： 218）

1. 总章元年一龛五尊像（H16：236）正面

2. 总章元年一龛五尊像（H16：236）背面拓片

图版八五　总章元年一龛五尊像（H16 ： 236）

1. 显庆二年一龛五尊像（H16：239）正面

2. 显庆二年一龛五尊像（H16：239）斜侧视

图版八六　显庆二年一龛五尊像（H16：239）

图版八七　显庆二年一龛五尊像（H16：239）背面拓片

1. 乾封三年一龛三尊像（H16：326）正面

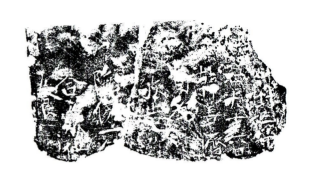

2. 乾封三年一龛三尊像（H16：326）背面拓片

3. 一龛五尊像（G2：1）

4. 一龛五尊像（G2：3）

5. 造像龛残块（G2：11）

6. 造像龛残块（G2：15）

图版八八　乾封三年一龛三尊像（H16：326）、一龛五尊像（G2：1、3）及造像龛
残块（G2：11、15）

图版八九　如来立像（H16∶031）

1. 如来立像（H16：184）正面

2. 如来立像（H16：184）侧面

图版九〇　如来立像（H16：184）

图版九一　如来立像（H16 ： 353）正面

图版九二　如来立像（H16：353）背面

图版九三　如来倚坐像（H16：005）正面

1. 如来倚坐像（H16：005）右面

2. 如来倚坐像（H16：005）背面

3. 如来倚坐像（H16：005）头部

图版九四　如来倚坐像（H16：005）

1. 如来倚坐像（H16：005）钩纽

2. 如来倚坐像（H16：005）绳结

图版九五　如来倚坐像（H16：005）钩纽与绳结

1. 如来倚坐像（H16：005）怪兽

2. 如来倚坐像（H16：005）像座左侧

图版九六　如来倚坐像（H16：005）局部

1. 如来倚坐像（H16：005）像座左侧力士

2. 如来倚坐像（H16：005）像座右侧

图版九七　如来倚坐像（H16 ： 005）局部

1. 如来倚坐像（H16：005）像座右侧力士

2. 如来倚坐像（H16：005）像座背面

图版九八　如来倚坐像（H16：005）局部

1. 如来倚坐像（H16：005）像座背面力士

2. 如来倚坐像（G1：11）

图版九九　如来倚坐像（H16：005、G1：11）

1. 如来倚坐像（G1：12）

2. 如来倚坐像（G1：15）

图版一〇〇　如来倚坐像（G1：12、15）

图版一〇一　上元元年如来坐像（H16：001）正面

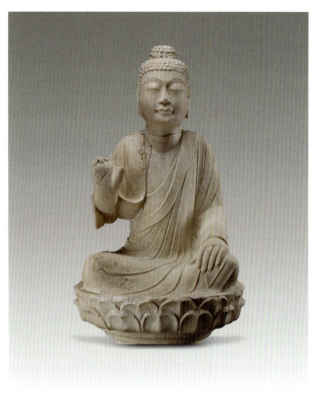

1. 上元元年如来坐像（H16：001）上身正面

2. 上元元年如来坐像（H16：001）背面

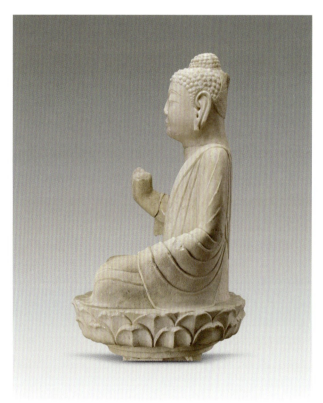

3. 上元元年如来坐像（H16：001）左侧

4. 上元元年如来坐像（H16：001）右侧

图版一○二　上元元年如来坐像（H16：001）

1. 上元元年如来坐像（H16：001）头部正面

2. 上元元年如来坐像（H16：001）右后侧视　　3. 上元元年如来坐像（H16：001）左前侧视

图版一〇三　上元元年如来坐像（H16：001）

1. 上元元年如来坐像（H16：001）像座正面铭文

2. 上元元年如来坐像（H16：001）像座右侧铭文

图版一〇四　上元元年如来坐像（H16：001）像座铭文

1. 上元元年如来坐像（H16：001）像座左侧

2. 上元元年如来坐像（H16：001）像座正侧铭文拓片

3. 上元元年如来坐像（H16：001）像座右侧铭文拓片

图版一〇五　上元元年如来坐像（H16：001）局部及铭文拓片

图版一〇六　龙朔三年如来坐像（H16：002）正面

1. 龙朔三年如来坐像（H16：002）右侧

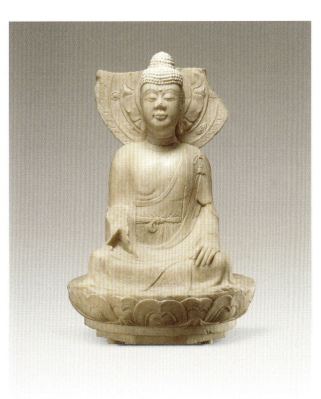

2. 龙朔三年如来坐像（H16：002）上身正面　　　3. 龙朔三年如来坐像（H16：002）上身背面

图版一〇七　龙朔三年如来坐像（H16：002）局部

1. 龙朔三年如来坐像（H16：002）上身左侧　　　　2. 龙朔三年如来坐像（H16：002）上身右侧

3. 龙朔三年如来坐像（H16：002）头部

图版一〇八　龙朔三年如来坐像（H16：002）局部

1. 龙朔三年如来坐像（H16：002）带结

3. 龙朔三年如来坐像（H16：002）左手

4. 龙朔三年如来坐像（H16：002）
托举力士正面

2. 龙朔三年如来坐像（H16：002）钩纽

5. 龙朔三年如来坐像（H16：002）
托举童子侧面

6. 龙朔三年如来坐像（H16：002）
像座后面

图版一○九　龙朔三年如来坐像（H16：002）局部

1. 龙朔三年如来坐像（H16：002）像座正面铭文

2. 龙朔三年如来坐像（H16：002）像座左侧铭文

3. 龙朔三年如来坐像（H16：002）像座右侧铭文

图版一一〇　龙朔三年如来坐像（H16：002）像座铭文

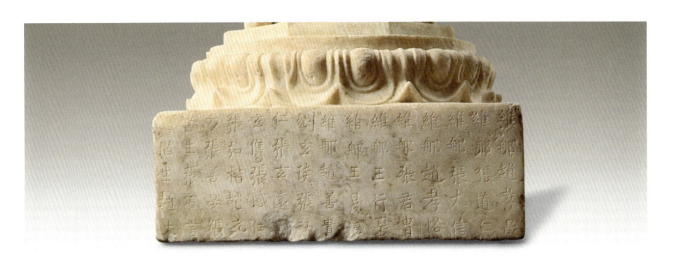

1. 龙朔三年如来坐像（H16：002）像座背面铭文

2. 龙朔三年如来坐像（H16：002）像座正面铭文拓片

3. 龙朔三年如来坐像（H16：002）像座左侧铭文拓片

图版一一一　龙朔三年如来坐像（H16：002）像座铭文拓片

1. 龙朔三年如来坐像（H16：002）像座右侧铭文拓片

2. 龙朔三年如来坐像（H16：002）像座背面铭文拓片

图版一一二　龙朔三年如来坐像（H16：002）像座铭文拓片

1. 调露元年如来坐像（H16：003）正面

2. 调露元年如来坐像（H16：003）背面

3. 调露元年如来坐像（H16：003）左前侧

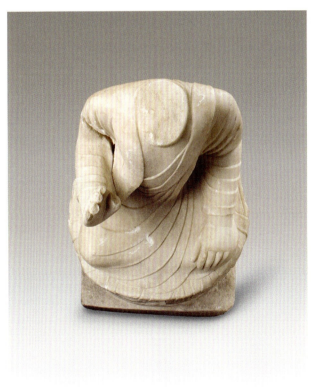

4. 调露元年如来坐像（H16：003）前上俯视

图版一一三　调露元年如来坐像（H16：003）

1. 调露元年如来坐像（H16：003）正面力士

2. 调露元年如来坐像（H16：003）左手

图版一一四　调露元年如来坐像（H16 ： 003）局部

1. 调露元年如来坐像（H16：003）像座正面

2. 调露元年如来坐像（H16：003）台基正面铭文

3. 调露元年如来坐像（H16：003）台基左侧铭文

图版一一五 调露元年如来坐像（H16：003）局部及铭文

1. 调露元年如来坐像（H16：003）台基右侧铭文

2. 调露元年如来坐像（H16：003）台基背面铭文

图版一一六　调露元年如来坐像（H16：003）铭文

1. 调露元年如来坐像（H16：003）台基正面铭文拓片

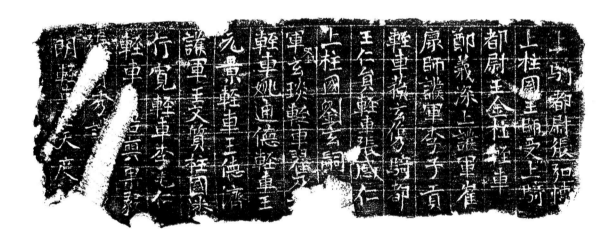

2. 调露元年如来坐像（H16：003）台基右侧铭文拓片

图版一一七　调露元年如来坐像（H16：003）铭文拓片

1. 调露元年如来坐像（H16：003）台基背面铭文拓片

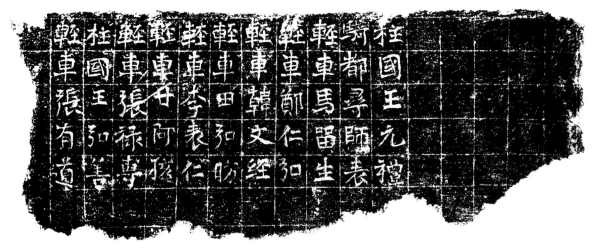

2. 调露元年如来坐像（H16：003）台基左侧铭文拓片

图版一一八　调露元年如来坐像（H16：003）铭文拓片

图版一一九　如来坐像（H16：004）正面

1. 如来坐像（H16：004）右侧

2. 如来坐像（H16：004）左侧

图版一二〇　如来坐像（H16：004）

2. 如来坐像（H16：004）绳结

1. 如来坐像（H16：004）前上俯视

4. 如来坐像（H16：004）右手

3. 如来坐像（H16：004）右手

图版一二一　如来坐像（H16 ： 004）局部

1. 如来坐像（H16：004）像座正面

2. 如来坐像（H16：004）像座左侧

3. 如来坐像（H16：004）像座右侧

4. 如来坐像（H16：004）背面

图版一二二　如来坐像（H16 ： 004）局部

1. 如来坐像（H16：004）像座前面人面

2. 如来坐像（H16：004）像座右侧人面

3. 如来坐像（H16：004）像座右后侧人面

4. 如来坐像（H16：004）像座左侧人面

5. 如来坐像（H16：004）像座左后侧人面

6. 如来坐像（H16：004）像座右前侧人面

图版一二三　如来坐像（H16：004）局部

图版一二四　如来坐像（H16 ∶ 027）

图版一二五　如来坐像（H16：029）

图版一二六　如来坐像（H16：033）

1. 如来坐像（H16：035）正面

2. 如来坐像（H16：035）背面

图版一二七　　如来坐像（H16：035）

1. 如来坐像（H16：037）

2. 如来坐像（H16：041）

图版一二八　如来坐像（H16：037、041）

1. 如来坐像（H16：043）正面

2. 如来坐像（H16：043）侧面

图版一二九　如来坐像（H16：043）

1. 如来坐像（H16∶044）

2. 如来坐像（H16∶051）

图版一三〇　如来坐像（H16 ∶ 044、051）

1. 如来坐像（H16：052）正面

2. 如来坐像（H16：052）左侧

3. 如来坐像（H16：052）背面

4. 如来坐像（H16：052）右侧

图版一三一　如来坐像（H16：052）

1. 如来坐像（H16：052）莲花座正面

2. 如来坐像（H16：052）莲花座俯视

3. 如来坐像（H16：052）莲花座底部

4. 如来坐像（H16：052）底面

5. 如来坐像（H16：052）俯视

图版一三二　如来坐像（H16：052）莲花座

图版一三三　如来坐像（H16：101）

1. 如来坐像（H16：101）背面

2. 如来坐像（H16：101）左侧视

3. 如来坐像（H16：101）右侧视

图版一三四　如来坐像（H16：101）

图版一三五　如来坐像（H16 ： 106）

图版一三六　如来坐像（H16 ： 108）

图版一三七　如来坐像（H16 ： 109）

图版一三八　如来坐像（H16：111）

图版一三九　如来坐像（H16 ： 112）

图版一四〇　如来坐像（H16：113）

1. 如来坐像（H16：116）正面

2. 如来坐像（H16：116）左侧

3. 如来坐像（H16：116）右侧

4. 如来坐像（H16：116）背面

图版一四一　如来坐像（H16：116）

1. 如来坐像（H16：116）俯视

2. 如来坐像（H16：116）底面

图版一四二　如来坐像（H16：116）

图版一四三　如来坐像（H16 ： 121）

图版一四四　如来坐像（H16：124）

1. 如来坐像（H16：125）正面 　　　　　　　2. 如来坐像（H16：125）右侧

3. 如来坐像（H16：125）背面 　　　　　　　4. 如来坐像（H16：125）左侧

图版一四五　　如来坐像（H16：125）

图版一四六　如来坐像（H16 ： 126）

1. 如来坐像（H16：129）正面

2. 如来坐像（H16：129）背面

图版一四七　如来坐像（H16：129）

图版一四八　如来坐像（H16 ： 130）

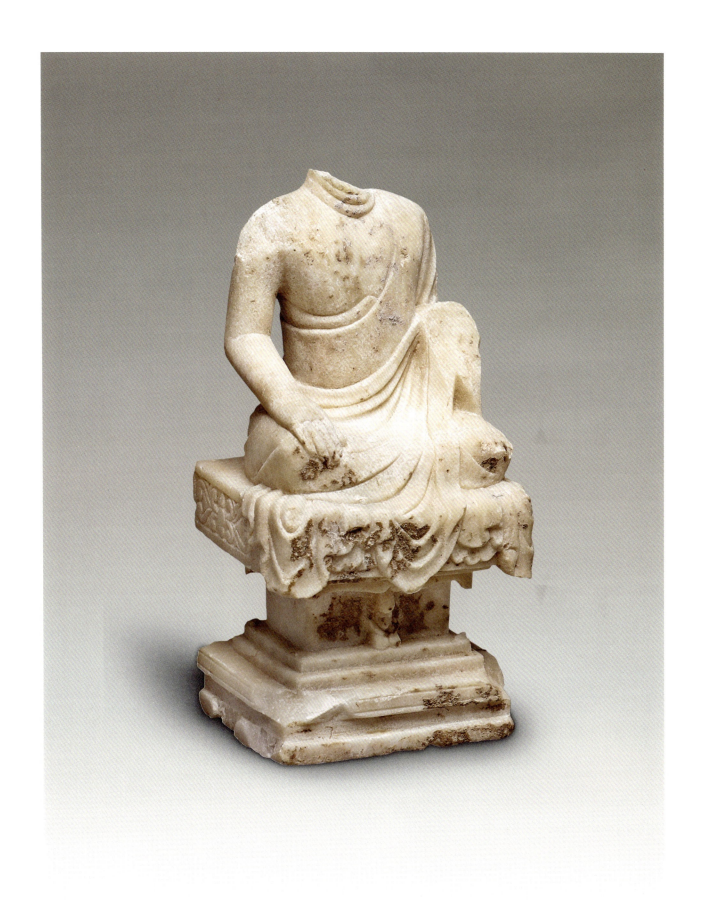

图版一四九　如来坐像（H16：131）

图版一五〇 如来坐像（H16 ： 133）

图版一五一　如来坐像（H16：140）正面

1. 如来坐像（H16：140）左前侧

2. 如来坐像（H16：140）左侧

3. 如来坐像（H16：140）右侧

4. 如来坐像（H16：140）背面

图版一五二　如来坐像（H16：140）

图版一五三 如来坐像（H16：143）正面

1. 如来坐像（H16：143）侧面

2. 如来坐像（H16：143）背面

图版一五四　如来坐像（H16 ： 143）

图版一五五　如来坐像（H16 ： 146）

图版一五六　如来坐像（H16：148）

图版一五七　乾封二年如来坐像（H16：151）正面

1. 乾封二年如来坐像（H16：151）背面

2. 乾封二年如来坐像（H16：151）背面铭文

3. 乾封二年如来坐像（H16：151）右侧铭文

4. 乾封二年如来坐像（H16：151）左侧铭文

5. 乾封二年如来坐像（H16：151）座底面

图版一五八　乾封二年如来坐像（H16：151）

图版一五九　乾封二年如来坐像（H16 ： 151）像座右面、背面、左面拓片

图版一六〇 显庆三年如来坐像（H16：156）

图版一六一　如来坐像（H16：160）

图版一六二　如来坐像（H16 ： 166）

图版一六三　如来坐像（H16 ： 173）

图版一六四　如来坐像（H16 ∶ 181）

图版一六五　咸亨元年如来坐像（H16：182）正面

1. 咸亨元年如来坐像（H16：182）背面

2. 咸亨元年如来坐像（H16：182）背面拓片

图版一六六　咸亨元年如来坐像（H16 ： 182）背面及拓片

图版一六七　如来坐像（H16：188）

图版一六八　如来坐像（H16：189）

图版一六九　如来坐像（H16 ： 196）

图版一七〇　如来坐像（H16：197）

图版一七一　如来坐像（H16 ： 199）

图版一七二　如来坐像（H16：201）

图版一七三　如来坐像（H16 ： 203）

图版一七四　如来坐像（H16 ： 205）

图版一七五　如来坐像（H16 ∶ 207）

图版一七六　如来坐像（H16 ： 208）

图版一七七　如来坐像（H16：209）

图版一七八　如来坐像（H16 ： 217）

图版一七九　如来坐像（H16：219）

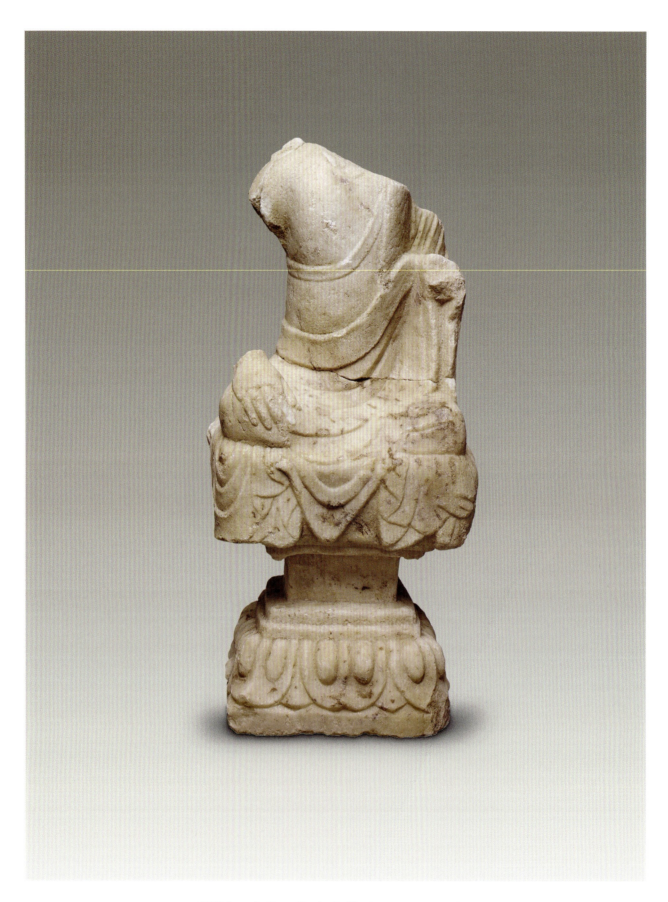

图版一八〇　如来坐像（H16：220）

图版一八一　如来坐像（H16 ： 225）

图版一八二　如来坐像（H16：232）

图版一八三　如来坐像（H16：234）

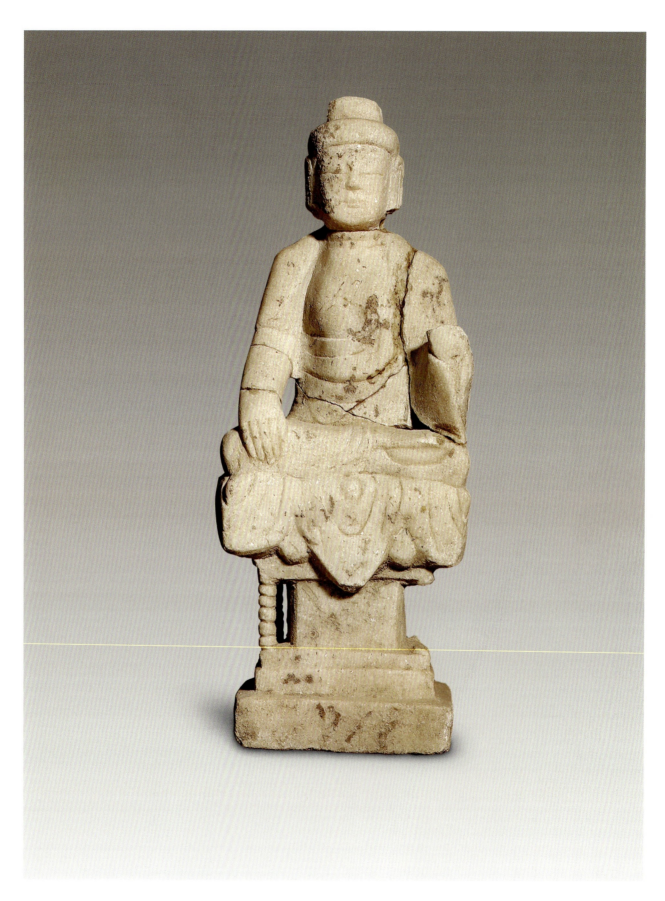

图版一八四　如来坐像（H16：268）正面

1. 如来坐像（H16：268）左斜侧面

2. 如来坐像（H16：268）左侧

3. 如来坐像（H16：268）背面

4. 如来坐像（H16：268）右前侧

图版一八五　　如来坐像（H16：268）

图版一八六　如来坐像（H16∶278）

图版一八七　如来坐像（H16 ∶ 284）

图版一八八　如来坐像（H16 ∶ 285）

图版一八九　如来坐像（H16 ： 286）

1. 如来坐像（H16：287）

2. 如来坐像（H16：288）

图版一九〇　如来坐像（H16： 287、288）

图版一九一　如来坐像（H16：294）

图版一九二　如来坐像（H16 ： 297）

1. 如来坐像（H16：304）

2. 如来坐像（H16：305）

图版一九三　如来坐像（H16 ： 304、305）

1. 如来坐像（H16：306）

2. 如来坐像（H16：307）

图版一九四　如来坐像（H16 ： 306、307）

1. 如来坐像（H16：308）

2. 如来坐像（H16：309）

图版一九五　如来坐像（H16：308、309）

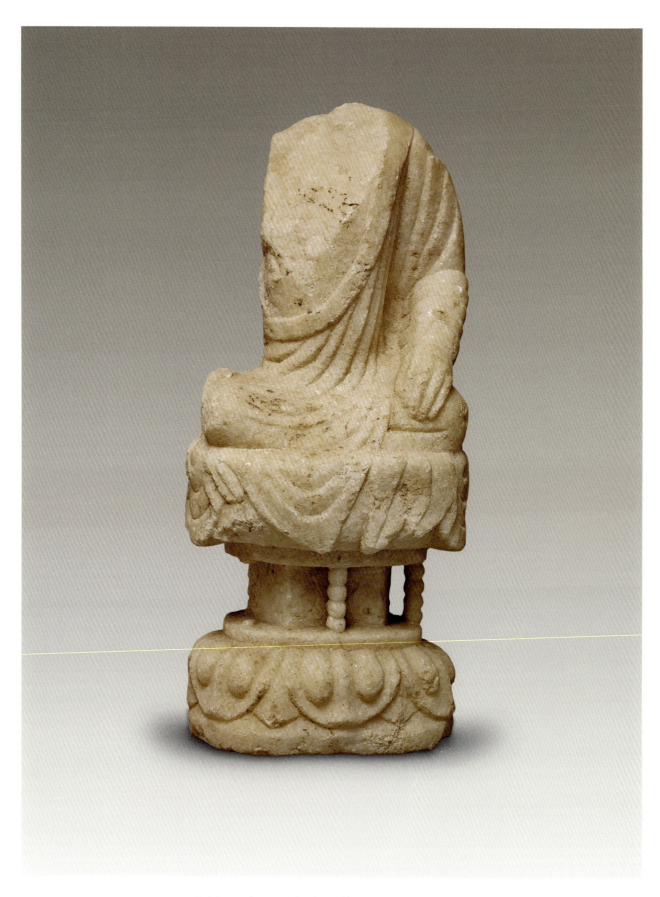

图版一九六　如来坐像（H16 ： 310）

1. 如来坐像（H16：317）

2. 如来坐像（H16：329）

图版一九七　如来坐像（H16：317、329）

图版一九八　如来坐像（H16 ： 342）

1. 龙朔二年三尊像（H16：171）

2. 龙朔二年三尊像（H16：171）左侧、背面、右侧拓片

3. 如来头像正面（H16：019）

4. 如来头像右侧（H16：019）

图版一九九　龙朔二年三尊像（H16：171）和如来头像（H16：019）

1. 如来头像（H16：020）正面

2. 如来头像（H16：020）侧面

图版二〇〇　如来头像（H16：020）

1. 佛装残胸像（H16∶053）正面　　　　2. 佛装残胸像（H16∶053）背面

3. 佛装残胸像（H16∶243）　　　　　　4. 佛装残胸像（H16∶282）

图版二〇一　佛装残胸像（H16 ∶ 053、243、282）

1. 如来头像（H16：344）正面　　　　　　2. 如来头像（H16：344）右侧

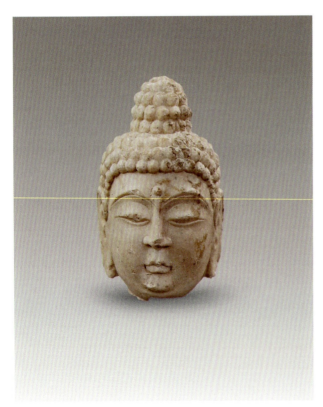
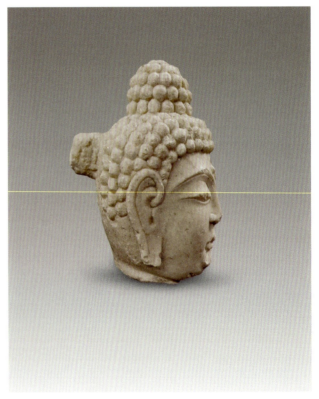

3. 如来头像（H16：347）正面　　　　　　4. 如来头像（H16：347）右侧

图版二〇二　如来头像（H16：344、347）

1. 如来头像（H16：348）正面　　　　　　2. 如来头像（H16：348）右侧

3. 如来头像（H16：349）正面　　　　　　4. 如来头像（H16：349）背面

图版二○三　如来头像（H16：348、349）

1. 如来头像（H16：345）正面

2. 如来头像（H16：345）右侧

3. 如来头像（H16：345）背面

4. 如来头像（H16：345）左侧

二〇四　如来头像（H16：345）

1. 如来头像（H16：350）正面

2. 如来头像（H16：350）右侧

3. 如来头像（H16：351）正面

4. 如来头像（H16：351）右侧

二〇五　如来头像（H16 ： 350、351）

1. 佛装残胸像（G1：1）

2. 如来头胸像（G1：9）

图版二〇六　佛装残胸像（G1：1、9）

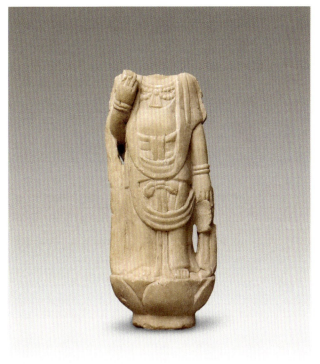 

1. 菩萨立像（H16：032）正面　　　　2. 菩萨立像（H16：032）背面

3. 菩萨立像（H16：034）正面　　　　4. 菩萨立像（H16：034）背面

图版二〇七　菩萨立像（H16：032、034）

1. 菩萨立像（H16：057）正面

2. 菩萨立像（H16：057）背面

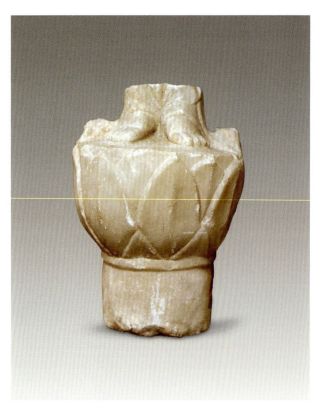

3. 菩萨立像（H16：059）

4. 菩萨立像（H16：064）

图版二〇八　菩萨立像（H16：057、059、064）

1. 菩萨立像（H16：065）正面

2. 菩萨立像（H16：065）背面

图版二〇九　菩萨立像（H16：065）

图版二一〇　菩萨立像（H16：103）正面

1. 菩萨立像（H16：103）背面　　　　　　2. 菩萨立像（H16：103）右侧

3. 菩萨立像（H16：103）身后带结细部

图版二一一　菩萨立像（H16：103）

图版二一二　菩萨立像（H16∶110）

图版二一三　菩萨立像（H16：127）正面

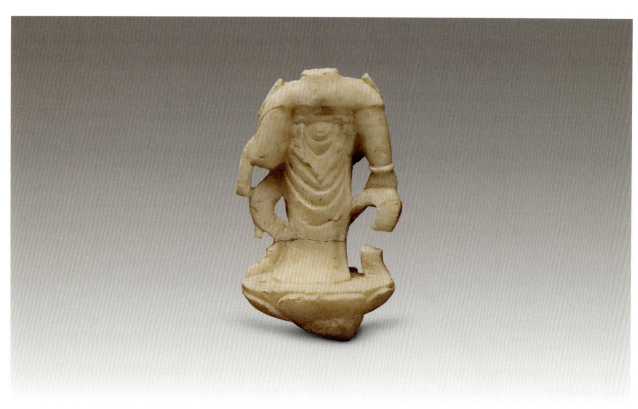

1. 菩萨立像（H16：127）背面

2. 菩萨立像（H16：158）正面

图版二一四　菩萨立像（H16： 127、158）

1. 菩萨立像（H16：180）正面

2. 菩萨立像（H16：180）背面

图版二一五　菩萨立像（H16 ： 180）

1. 菩萨立像（H16∶183）正面

2. 菩萨立像（H16∶183）背面

图版二一六　菩萨立像（H16∶183）

1. 菩萨立像（H16：191）正面

2. 菩萨立像（H16：191）背面

图版二一七　菩萨立像（H16：191）

1. 菩萨立像（H16：193）正面

2. 菩萨立像（H16：193）背面

图版二一八　菩萨立像（H16 ： 193）

1. 菩萨立像（H16：222）正面

2. 菩萨立像（H16：222）背面

图版二一九　菩萨立像（H16：222）

1. 菩萨立像（H16：223）正面

2. 菩萨立像（H16：223）背面

图版二二〇　菩萨立像（H16 ： 223）

1. 菩萨立像（H16：224）正面

2. 菩萨立像（H16：224）右侧

图版二二一　菩萨立像（H16 ： 224）

1. 菩萨立像（H16：255）正面

2. 菩萨立像（H16：255）背面

图版二二二　菩萨立像（H16：255）

1. 菩萨立像（H16：259）正面

2. 菩萨立像（H16：259）背面

图版二二三　菩萨立像（H16：259）

1. 菩萨立像（H16：262）正面

2. 菩萨立像（H16：262）背面

图版二二四　菩萨立像（H16：262）

1. 菩萨立像（H16：270）正面

2. 菩萨立像（H16：270）左侧

图版二二五　菩萨立像（H16 ： 270）

1. 菩萨立像（H16：272）正面

2. 菩萨立像（H16：272）左侧

图版二二六　菩萨立像（H16：272）

1. 菩萨立像（H16：273）正面　　　　　　2. 菩萨立像（H16：273）侧面

4. 菩萨立像（H16：303）正面

3. 菩萨立像（H16：296）正面　　　　　　5. 菩萨立像（H16：303）背面

图版二二七　菩萨立像（H16： 273、296、303）

1. 菩萨立像（H16：311）正面

2. 菩萨立像（H16：311）背面

图版二二八　菩萨立像（H16 ： 311）

1. 菩萨立像（H16：327）正面

2. 菩萨立像（H16：327）背面

图版二二九　菩萨立像（H16：327）

1. 菩萨立像（H16：337）正面

2. 菩萨立像（H16：337）背面

图版二三〇　菩萨立像（H16：337）

1. 菩萨立像（G1：2）正面

2. 菩萨立像（G1：2）左侧

3. 菩萨立像（G1：2）背面

4. 菩萨立像（G1：2）右侧

图版二三一　菩萨立像（G1：2）

1. 菩萨立像残块（G1：3）

2. 菩萨立像（G1：5）正面

3. 菩萨立像（G1：5）左侧

4. 菩萨立像（G1：5）背面

图版二三二　菩萨立像残块（G1：3）和菩萨立像（G1：5）

1. 菩萨立像残块（G1：8）正面

2. 菩萨立像残块（G1：8）背面

图版二三三　菩萨立像残块（G1：8）

图版二三四　佛装半跏趺坐像（H16∶155）

1. 仪凤三年地藏像（H16：269）正面

2. 仪凤三年地藏像（H16：269）左侧

3. 仪凤三年地藏像（H16：269）正面、背面拓片

图版二三五　仪凤三年地藏像（H16：269）

图版二三六 菩萨半跏趺坐像（H16 ： 323）

1. 菩萨思维像（H16：025）

2. 菩萨思维坐像（H16：045）正面

3. 菩萨思维坐像（H16：045）左侧

4. 菩萨思维坐像（H16：045）背面

图版二三七　菩萨思维像（H16：025）和菩萨思维坐像（H16：045）

1. 菩萨思维坐像残块（H16：076）正面

2. 菩萨思维坐像残块（H16：076）背面

图版二三八　菩萨思维坐像残块（H16 ： 076）

1. 武定七年太子思维像（H16：161）正面

2. 武定七年太子思维像（H16：161）背面

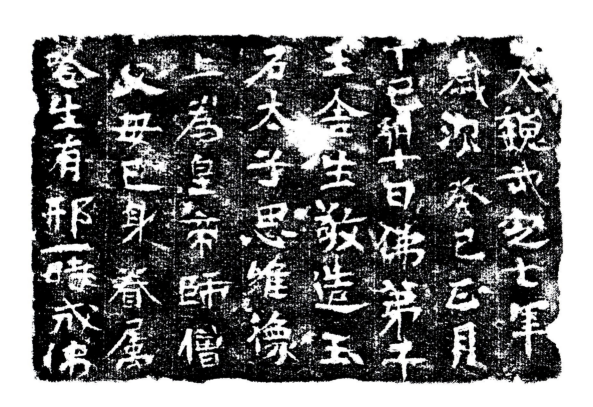

3. 武定七年太子思维像（H16：161）背面拓片

图版二三九　武定七年太子思维像（H16：161）

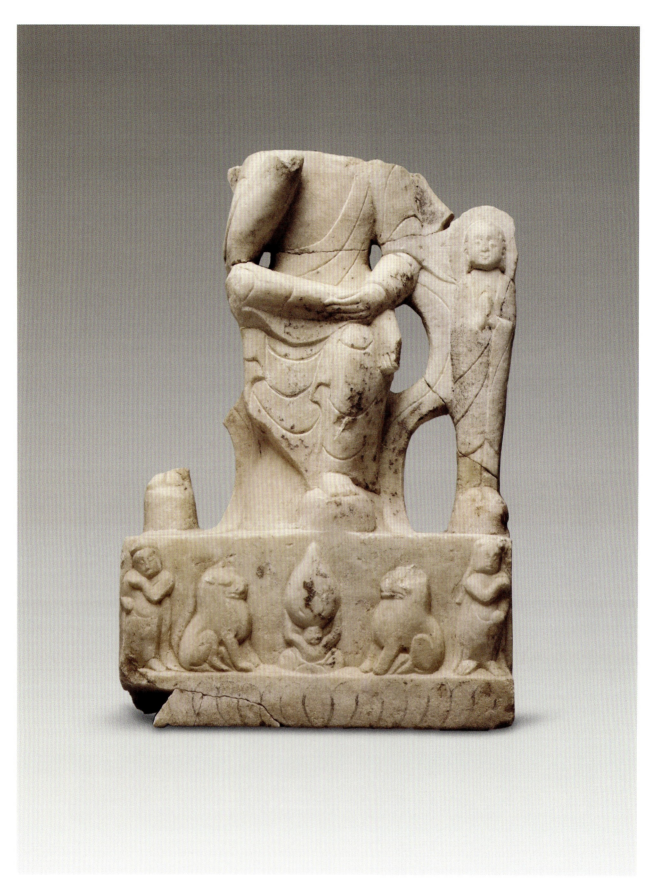

图版二四〇　菩萨思维坐像三尊（H16：159）正面

图版二四一　菩萨思维坐像三尊（H16 ： 159）背面

1. 天统三年菩萨思维坐三尊像（H16：335）

背面

左侧

右侧

2. 天统三年菩萨思维坐三尊像（H16：335）背面、右侧、左侧拓片

图版二四二　天统三年菩萨思维坐三尊像（H16：335）

图版二四三　河清元年菩萨思维坐像（H16∶352）

1. 河清元年菩萨思维坐像（H16：352）
台基背面铭文

2. 河清元年菩萨思维坐像（H16：352）
台基左侧铭文

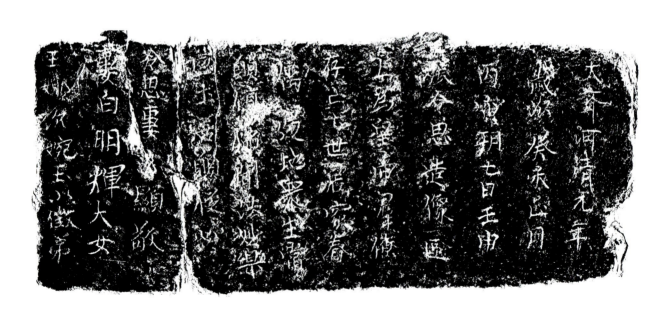

3. 河清元年菩萨思维坐像（H16：352）台基左侧背面铭文拓片

图版二四四　河清元年菩萨思维坐像（H16：352）铭文

图版二四五　菩萨头部（H16：119）正面

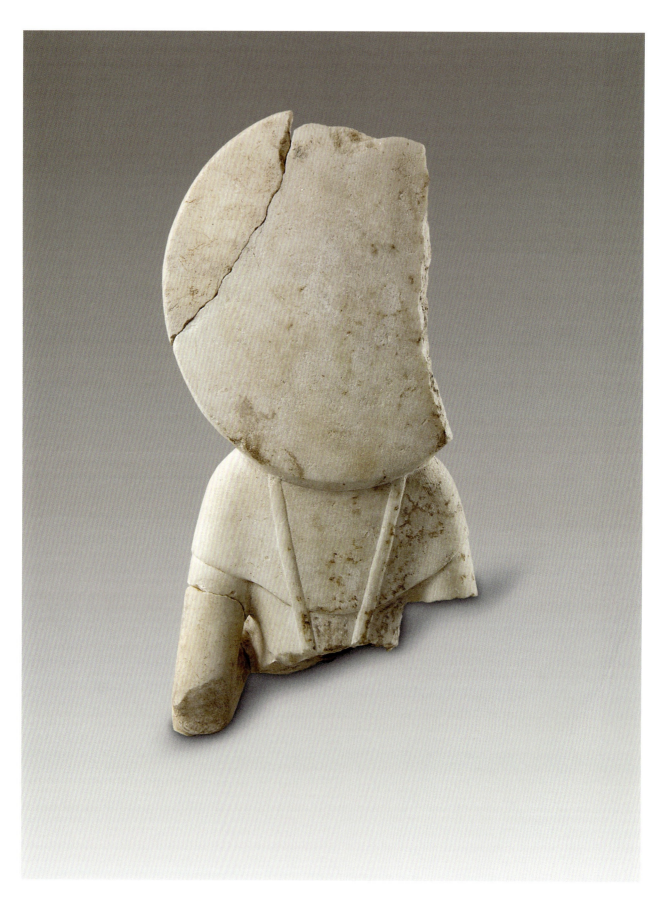

图版二四六　菩萨头部（H16 ： 119）背面

1. 菩萨头部（H16：119）左侧

2. 菩萨头部（H16：119）右侧

图版二四七　菩萨头部（H16：119）

1. 菩萨头部（H16：132）正面

2. 菩萨头部（H16：132）背面

图版二四八　菩萨头部（H16 ： 132）

1. 菩萨头部（H16：132）左侧

2. 菩萨头部（H16：132）右侧

图版二四九　菩萨头部（H16 ： 132）

1. 武平三年双观世音像（H16：165）正面

2. 武平三年双观世音像（H16：165）背面

3. 武平三年双观世音像（H16：165）背面拓片

图版二五〇　武平三年双观世音像（H16：165）

1. 菩萨头部残块（H16：179）

2. 菩萨头像（H16：346）正面

3. 菩萨头像（H16：346）背面

4. 菩萨头像（H16：346）俯视

图版二五一　菩萨头部残块（H16：179）及菩萨头像（H16：346）

1. 菩萨头像（G1：7）正面

2. 菩萨头像（G1：7）背面

图版二五二　菩萨头像（G1：7）

1. 比丘立像（H16：028）正面

2. 比丘立像（H16：028）背面

图版二五三　比丘立像（H16：028）

1. 比丘立像（H16：050）正面

2. 比丘立像（H16：050）背面

图版二五四　比丘立像（H16：050）

1. 比丘立像（H16∶071）正面

2. 比丘立像（H16∶071）背面

图版二五五　比丘立像（H16∶071）

1. 比丘立像（H16：122）正面

2. 比丘立像（H16：122）背面

图版二五六　比丘立像（H16： 122）

1. 比丘立像（H16：136）

2. 比丘立像（H16：137）

图版二五七　比丘立像（H16：136、137）

1. 比丘立像（H16：150）

2. 比丘立像（H16：187）

图版二五八　比丘立像（H16：150、187）

1. 比丘立像（H16：195）

2. 比丘立像（H16：265）

图版二五九　比丘立像（H16： 195、265）

1. 比丘立像（H16：267）

2. 比丘立像（H16：313）

图版二六〇　比丘立像（H16： 267、313）

1. 比丘立像（H16：314）正面

2. 比丘立像（H16：314）背面

图版二六一　比丘立像（H16：314）

1. 比丘立像（H16：320）

2. 比丘立像（H16：325）

图版二六二　比丘立像（H16：320、325）

1. 比丘像头部（G2：16）

2. 比丘像头部（G2：17）

图版二六三　比丘像头部（G2：16、17）

1. 童子坐像（H16∶247）

2. 童子坐像（G1∶4）

图版二六四　童子坐像（H16∶247；G1∶4）

1. 童子坐像（G1∶6）正面

2. 童子坐像（G1∶6）背面

图版二六五　童子坐像（G1∶6）

1. 童子坐像（G1：10）

2. 童子坐像（G2：4）

图版二六六　童子坐像（G1：10；G2：4）

1. 莲座（H16：018）正面

2. 莲座（H16：018）俯视

图版二六七　莲座（H16：018）

1. 莲座（H16：018）后侧

2. 莲座（H16：018）右侧

3. 莲座（H16：018）左侧

4. 莲座（H16：018）左前侧

5. 莲座（H16：018）底面

图版二六八　莲座（H16：018）

1. 台座（H16：038）

2. 台座（H16：055）

图版二六九　台座（H16：038、055）

1. 天宝七载座基（H16：104）正面

2. 天宝七载座基（H16：104）右侧

3. 天宝七载座基（H16：104）背面

图版二七〇　天宝七载座基（H16：104）

1. 座基残块（H16：114）俯视

2. 座基残块（H16：115）俯视

3. 座基残块（H16：114）侧面

4. 座基残块（H16：115）侧面

5. 座基残块（H16：114）底面

6. 座基残块（H16：115）底面

图版二七一　座基残块（H16：114、115）

1. 座基残块（H16：118）正面

2. 座基残块（H16：118）侧面

3. 座基残块（H16：118）底面

图版二七二　座基残块（H16：118）

1. 仪凤三年像座（H16：123）正面

2. 仪凤三年像座（H16：123）左侧

3. 仪凤三年像座（H16：123）背面

4. 仪凤三年像座（H16：123）右侧

5. 仪凤三年像座（H16：123）俯视

6. 仪凤三年像座（H16：123）底面

图版二七三　仪凤三年像座（H16：123）

1. 仪凤三年像座（H16：123）正面拓片

2. 仪凤三年像座（H16：123）左侧拓片

3. 仪凤三年像座（H16：123）背面拓片

4. 仪凤三年像座（H16：123）右侧拓片

图版二七四　仪凤三年像座（H16 ： 123）拓片

1. 座基残块（H16：128）

2. 天统四年像座（H16：144）

3. 天统四年像座（H16：144）左侧、背面、右侧拓片

图版二七五　座基残块（H16：128）和天统四年像座（H16：144）

图版二七六　莲座（H16：162）

1. 莲座（H16：170）侧视

2. 莲座（H16：170）俯视

图版二七七　莲座（H16：170）

1. 覆莲底座（H16：206）正面

2. 覆莲底座（H16：206）右侧

3. 覆莲底座（H16：206）背面

4. 覆莲底座（H16：206）左侧

5. 覆莲底座（H16：206）俯视

5. 覆莲底座（H16：206）底面

图版二七八　覆莲底座（H16：206）

1. 足座残块（H16：252）正面

2. 足座残块（H16：257）正面

3. 足座残块（H16：252）俯视

4. 足座残块（H16：257）俯视

图版二七九　足座残块（H16：252、257）

1. 莲座（H16：316）

如来像座（H16：330）

图版二八〇　莲座（H16：316）和如来像座（H16：330）

1. 手部残块（H16：334）

2. 像座残块（G1：13）

图版二八一　手部残块（H16：334）和像座残块（G1：13）

1. 台基残块（G1：16）

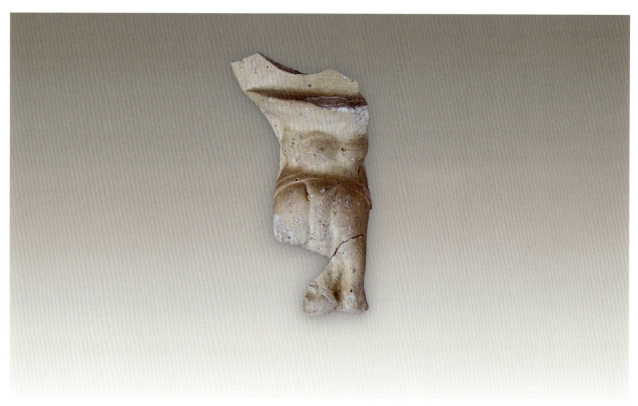

2. 台基残块（G1：24）

图版二八二　台基残块（G1：16、24）

图版二八三　带头光像残块（G2：6）

1. 坐像残块（G2：7）

2. 带头光像残块（G2：8）

图版二八四　坐像残块（G2：7）和带头光像残块（G2：8）

1. 带头光像残块（G2：9）

2. 造像残块（G2：10）

图版二八五　带头光像残块（G2：9）和造像残块（G2：10）

1. 立像残块（G2∶12）

2. 立像残块（G2∶14）

图版二八六　立像残块（G2∶12、14）